DAS REISEBUCH NORWEGEN

Die schönsten Ziele entdecken
Highlights, Naturwunder und Traumrouten

DAS REISEBUCH NORWEGEN

Die schönsten Ziele entdecken

Highlights, Naturwunder und Traumrouten

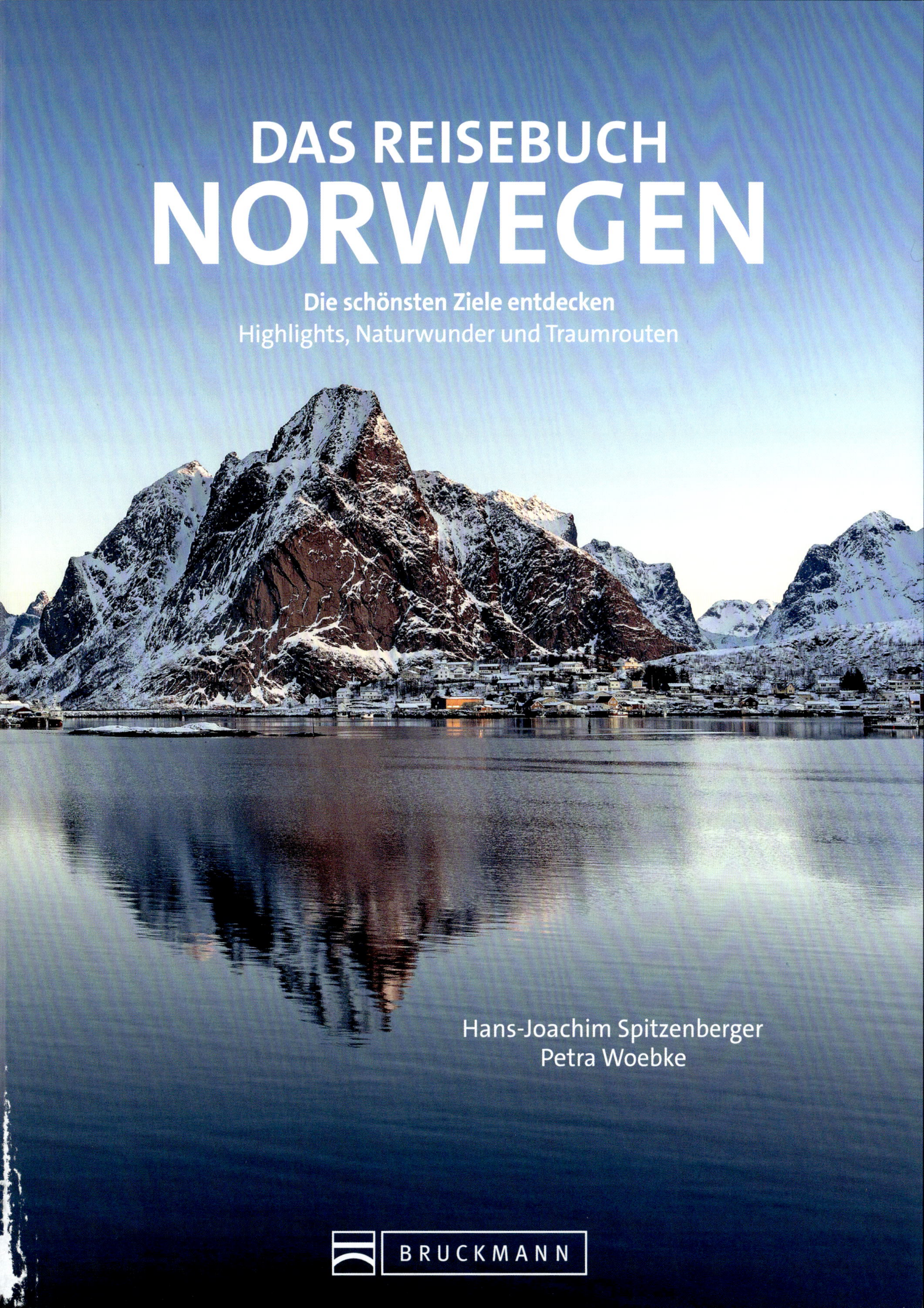

Hans-Joachim Spitzenberger
Petra Woebke

BRUCKMANN

INHALTSVERZEICHNIS

DER SÜDEN

Leuchturm Lindesnes Fyr am Südkap. Sami in ihrer traditionellen Tracht. Die weiß gestrichenen Holzhäuser sind typisch für die Dörfer an der »Norwegischen Riviera«. Geschützt zwischen Felsen wachsen Schwedischer Hartriegel und Krähenbeere. Wo immer es möglich ist, werden die Häuser mit Blumen geschmückt. Die Fischerei ist auch heute noch ein wichtiger Wirtschaftszweig (v.l.n.r.).

Der Femundsee in der gleichnamigen Region Femundsmarka

FJORDLAND UND FJELLE

INHALTSVERZEICHNIS

Moschusochsen im Dovrefjell-Nationalpark, auf Bergens Fischmarkt Torgen wird die gesamte Palette der Meeresfrüchte angeboten, bis zu zehn kleine Fische kann der Papageitaucher im Schnabel tragen, hölzerne Wikingerstatue in Gudvangen, Meeresfrüchte als Delikatesse, Rentiere kann man v. a. in der Finnmark beobachten (v.l.n.r.).

Idyllisches Trondheim bei Sonnenuntergang

DIE NORWEGISCHE HOHE ARKTIS

Highlights
Traumrouten
EUROPÄISCHES NORDMEER
SPITZBERGEN
BARENTSSEE
NORWEGEN
Hurtigruten
0 100 km
SCHWEDEN
FINNLAND
RUSSLAND
ESTLAND
LAPPLAND
NORRLAND
SVEALAND
FINNMARK
TELEMARK
ÅLAND-INSELN
Bottnischer Meerbusen
Finn. Meerbusen
Skagerrak
Polarkreis
Oslo
Stockholm
Helsinki (Helsingfors)
Göteborg

Eiszeitliche Gletscher haben die Felsen abgeschliffen. Wind, Wellen und Salzgischt sind heute die formenden Kräfte.

WILLKOMMEN IN NORWEGEN

Bekanntes und Unbekanntes

Nordkap, Fjorde, Mitternachtssonne, Polarlichter oder Stockfisch bringt jeder sofort mit Norwegen in Verbindung. Das Land bietet aber viel mehr. Dabei kommt Erstaunliches zutage. Schlagworte: Landnutzung, Naturschutz, Tourismus, Kultur und Fische.

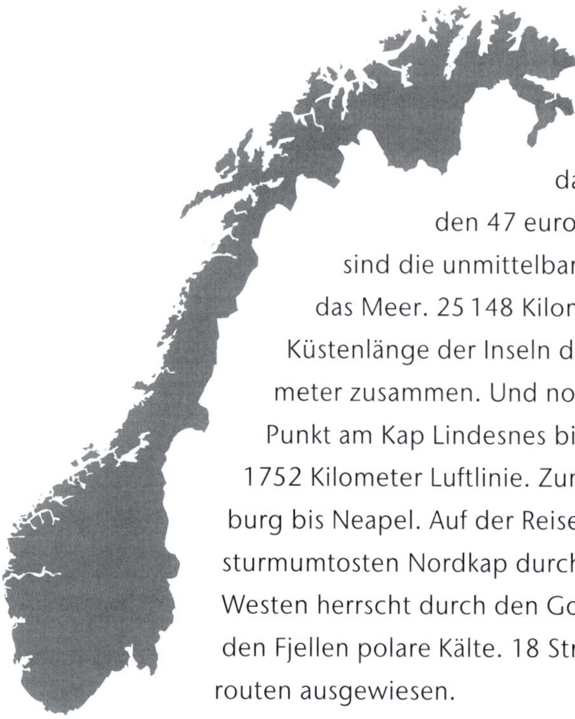

Zahlen, Daten, Fakten

Der Größe nach steht Norwegen mit 385 207 km^2, davon Spitzbergen 61 399 km^2, an achter Stelle unter den 47 europäischen Ländern. Russland, Finnland und Schweden sind die unmittelbaren Nachbarstaaten, die größte Grenze bildet jedoch das Meer. 25 148 Kilometer lang ist die Küstenlinie des Festlandes. Die Küstenlänge der Inseln dazugerechnet, kommen unglaubliche 83 281 Kilometer zusammen. Und noch ein Superlativ: Die Entfernung vom südlichsten Punkt am Kap Lindesnes bis zum nördlichsten Punkt am Kinnarodden beträgt 1752 Kilometer Luftlinie. Zum Vergleich: Das entspricht der Strecke von Flensburg bis Neapel. Auf der Reise von der sonnenverwöhnten Südküste bis zum sturmumtosten Nordkap durchquert man mehrere Klimazonen. Im Süden und Westen herrscht durch den Golfstrom geprägtes, mildes Klima, im Norden und auf den Fjellen polare Kälte. 18 Strecken sind wegen ihrer Schönheit als Landschaftsrouten ausgewiesen.

5,4 Kilogramm Kaffee ...

... und 0,5 Kilogramm Tee verbraucht jeder Norweger im Jahr. Gesüßt wird das Ganze mit 7,1 Kilogramm Zucker. Dazu isst er 40,3 Kilogramm Brot, 2,0 Kilogramm Butter und 22,1 Kilogramm Kartoffeln. Fleisch steht beim Verbrauch mit 50,8 Kilogramm an der Spitze der Nahrungsmittel. Auf der Liste der glücklichsten Nationen rangiert Norwegen auf Platz sieben.

Fünf Amtssprachen

Neben den einander sehr ähnlichen nordischen Sprachen Nynorsk und Bokmål sind drei samische Sprachen, Nordsamisch, Lulesamisch und Südsamisch, als Amtssprachen zugelassen. Daneben werden noch drei Minderheitensprachen anerkannt, wenngleich sie keine Amtssprachen sind. Kvenisch sprechen die Nachfahren finnischer Einwanderer im Norden, Skandoromani wird von den Roma in Ostnorwegen und Westschweden gesprochen, und Romanes ist die am weitesten verbreitete Sprache der Roma.

Die Menschen

Mit 5 488 984 (Stand 2023) belegt Norwegen den 26. Rang. Bezogen auf die Bevölkerungsdichte liegt das Land auf Platz 44. Ganze 16,7 Menschen leben auf einem Quadratkilometer. In Deutschland sind es 232. Das Durchschnittseinkommen liegt bei 609 600 Norwegischen Kronen, das Bruttoinlandsprodukt je Einwohner beträgt 766 252 Norwegische Kronen. Damit belegt Norwegen nach Luxemburg Platz zwei in der Rangliste der wohlhabendsten Staaten in Europa.

47 Nationalparks ...

... mit insgesamt 67 530 km² Fläche gibt es in Norwegen. Davon 40 auf dem Festland mit 33 185 km² und 7 auf Spitzbergen mit 34 345 km². Das entspricht 17,5 % der Landfläche. Natur- und Landschaftsschutzgebiete auf dem Festland umfassen noch einmal 25 990 km². 16 Meeresschutzgebiete mit einer Fläche von 1070 km² runden das Bild ab.

261 Fischarten

... von A wie Aal bis Z wie Zeus faber, der Heringskönig, leben im Meer und in den Binnengewässern Norwegens. Für fast alle wurden wohlschmeckende Rezepte entwickelt. Lachs und Hering werden meist geräuchert, Kabeljau wird als Lutefisk und Forelle als Rakfisk verzehrt. 16,3 Kilogramm Fisch isst jeder Norweger pro Jahr.

11 214 Quadratkilometer für die Landwirtschaft

Das sind gerade einmal 3,5 % der Landfläche, auf denen 228 864 Tonnen Obst, Beerenfrüchte und Gemüse angebaut und 338 442 Tonnen Fleisch produziert werden. Schweine, Geflügel und Rinder machen den Löwenanteil aus, Schafe liegen mit knapp 4000 Tonnen weit abgeschlagen auf dem vierten Platz. Den höchsten Flächenanteil haben offene ungenutzte Landschaften mit 37,6 %, dicht gefolgt von Wäldern mit 37,4 %. Nackte Felsen, Gletscher und Schneefelder nehmen rund 28 000 km² in Anspruch. Da nimmt sich die bebaute Fläche mit 5611 km², entsprechend 1,7 %, fast bescheiden aus.

WENCHE FOSS

Bereits seit 1899 ist das Nationaltheater Oslo die größte Sprechbühne Norwegens.

Täler und Fjorde auf den Lofoten werden durch die hohen Berge vor den ständigen Weststürmen geschützt.

Die Fjelle, wie man die norwegischen Gebirgszüge nennt, wurden von der Eiszeit geformt (oben). Die Norweger sind stolz auf ihre Geschichte und ihre Traditionen – dazu gehört das Tragen von Trachten ebenso wie die bildliche Darstellung der Wikinger allüberall (rechte Seite).

NORWEGEN – GANZ ANDERS ALS GEDACHT

Land der Fjorde, Fjelle, Wikinger und Trolle

Auf den ersten Blick bedient Norwegen alle Klischees: grandiose Landschaften, Rentiere und Elche, fischreiche Seen und Küstengewässer, Mitternachtssonne und Polarlicht. Das alles gibt es tatsächlich, aber wer Norwegen wirklich kennenlernen will, der muss sich von diesen Vorstellungen lösen. Norwegen ist ein modernes, in die Zukunft gerichtetes Land, das es verstanden hat, Tradition und Moderne, Natur und Kultur in Einklang zu bringen.

Norwegen ist ein Land der Gegensätze. Neben Städten mit internationalem Flair und reichen kulturellen Angeboten gibt es immer noch die traditionell vom Fischfang existierenden kleinen, malerischen Gemeinden entlang der Küste. Die nicht weit davon gelegenen Offshore-Ölplattformen, die das schwarze Gold der Neuzeit fördern und entscheidend zum Wohlstand des Landes beitragen, gehören ebenso zu Norwegen wie die archaisch lebenden samischen Rentierzüchter. Der Tourismus boomt, und doch findet man, oft nur wenige Minuten von den touristischen Zentren entfernt, nahezu unberührte Natur: Küstengewässer, in denen Wale und Robben nach Plankton und Fischen jagen. Felsinseln, auf denen Tausende von Seevögeln brüten. Tief ins Land einschneidende Fjorde mit steil aufragenden Felswänden, von denen unzählige Wasserfälle stürzen. Fjelle, auf denen auch heute noch Bär, Wolf, Vielfraß, Moschusochse und Elch zu finden sind. Wälder und Tundren mit ihrer bunten Vegetation und eisige Gletscher, Zeugen der letzten Eiszeit.

ATIONALE SCENE
DEN NATIONALE SC

Reise durch die Geschichte

Mit dem Ende der Eiszeit vor gut 10000 Jahren beginnt auch die Geschichte Norwegens. Erste menschliche Spuren in der Nähe des Nordkaps werden auf die Zeit vor 10300 Jahren datiert. Steinzeitliche Jäger und Fischer, die dem abschmelzenden Eis folgten und neue Jagdgründe eroberten, waren die ersten Siedler des Landes. Es dauerte aber noch weitere 6000 Jahre, bis sie sesshaft wurden. Bereits als Nomaden waren sie jedoch künstlerisch tätig und hinterließen Felszeichnungen, die Szenen aus ihrem Leben darstellen. Meerestiere wie Wale, Fische und Robben wurden ebenso abgebildet wie Rentiere, Elche und Menschen. Die ältesten Felsritzungen stammen aus der Zeit vor circa 6500 Jahren, die jüngsten sind 2000 Jahre alt. Allein in Alta sind rund 4000 solcher Felsritzungen heute noch sichtbar, 1985 wurden sie von der UNESCO in die Liste der Weltkulturerbestätten aufgenommen. Die allmähliche Abkehr von den bis dahin benutzten Steinwerkzeugen und die Hinwendung zu Gegenständen aus Bronze begannen in Norwegen vor etwa 3800 Jahren. Aus dieser Zeit sind Funde vorwiegend aus dem Südwesten Norwegens bekannt. Die Bronzezeit endete mit der Einführung des Eisens vor rund 2500 Jahren. Allmählich nahmen auch Handelskontakte zu, und um die Zeitenwende wurde Norwegen auch durch die römische Kultur beeinflusst. Waren aus Norditalien erreichten in größerem Umfang das Land. Der »Nordweg« von der Südspitze Norwegens an der Küste entlang bis weit nach Norden wurde zur Hauptverkehrsader.

Harald Schönhaar war der erste König, der über den größten Teil Norwegens herrschte. Er vereinte um das Jahr 900 die zum Teil verfeindeten Kleinkönigreiche und gilt daher als Begründer des Wikingerreiches, obwohl man die Wikingerzeit schon früher mit dem Überfall auf die an der Nordostküste Englands gelegene Insel Lindisfarne beginnen lässt. Mit der Schlacht von Hastings 1066 endete die Ära der kämpferischen Seefahrer, deren Ruf schlechter ist, als sie waren, denn sie lebten auch und möglicherweise in erster Linie vom Handel. Sie eroberten die Shetland- und Orkney-Inseln, plünderten Paris, entdeckten so ganz nebenbei Island, Grönland und Neufundland und waren damit 500 Jahre früher in Amerika als Kolumbus. Danach verlor Norwegen seine Unabhängigkeit. Ab 1380 wurde es mit Dänemark und Schweden in der sogenannten Kalmarer Union vereint. Erst 1905 wurde Norwegen wieder ein selbstständiges Königreich.

Wir folgen einer imaginären Reiseroute, die an der Skagerrakküste beginnt und auf Spitzbergen endet. Sie fängt an der »Norwegischen Riviera« im Sørlandet an, dem Südland. Die nächsten Stationen befinden sich im Austlan-

Rentiere bevölkern die Fjelle (oben). In der Dämmerung und nachts streifen Luchse durch die Wälder (unten).

det, dem Ostland. In dieser Region liegt die Hauptstadt Oslo, außerdem der größte See in Norwegen, der Mjøsa-See, und der höchste Berg, der Galdhøpiggen, mit 2469 Metern. Von dort geht es weiter in das Vestlandet, den westlichen Landesteil an der Atlantikküste mit den Städten Bergen und Stavanger. In Richtung Norden führt die Reise durch die Region Trøndelag in Mittelnorwegen. Die größte Stadt und Hauptstadt der Region Trøndelag ist Trondheim in Sør-Trøndelag. Diese Stadt war die erste Hauptstadt Norwegens. An der »Wespentaille« Norwegens, etwa auf Höhe des Polarkreises, schließt sich Nord-Norge an. Nord-Norge, Nordnorwegen, umfasst etwa ein Drittel der Fläche Norwegens. Hier sind auch die wohl bekanntesten Inseln des Landes, die Lofoten. In der hohen Arktis ist es der Svalbard-Archipel.

Die Qual der Wahl

Aus dieser Vielfalt die besten Destinationen auszuwählen, gleicht der Quadratur des Kreises, denn diese Auswahl kann niemals vollständig, kaum repräsentativ sein. Und so werden 86 Ziele beschrieben, die auf einer Reise durch alle Regionen Norwegens wichtige Facetten dieses faszinierenden Landes repräsentieren. Wir versuchen weder, ein vollständiges Abbild Norwegens zu entwerfen, noch eine wertende Auflistung der schönsten oder interessantesten Städte, Sehenswürdigkeiten oder Landschaften zu geben. Die in diesem Buch beschriebenen Highlights umfassen zwar nahezu alle bekannten Orte, wir haben jedoch auch versucht, die kleinen Dinge zu beschreiben, an denen der Besucher oft unwissend oder achtlos vorbeigeht, obwohl sie untrennbar mit dem Land verbunden sind. Im Zelt oder einer Holzhütte übernachten, am Lagerfeuer Würstchen braten, an einer Nachtwanderung durch den Wald oder an einer Elchsafari teilnehmen – all dies begeistert nicht nur Kinder, sondern auch Erwachsene, die Sehnsucht nach Abenteuern und Naturerlebnissen haben. Einiges mag fehlen, anderes überflüssig erscheinen, wir wollen jedoch einen Querschnitt durch die Naturschönheiten, die Städte und Dörfer und natürlich auch die archäologischen und historischen Orte geben.

Anders als die reich verzierten Stabkirchen sind die später entstandenen kleinen Holzkirchen oft von protestantischer Nüchternheit.

DER SÜDEN

Das liebliche Norwegen

Am Stavatn verschwimmen die Grenzen zwischen Himmel, Erde, Eis und Wasser. Das eine geht in das andere über (links). Figur an einem Holzhaus im Hanseviertel von Bergen (oben). Das Denkmal Sverd i Fjell in Stavanger (unten).

Das Rathaus von Oslo mit seinen markanten Türmen (oben). Das neue Munch-Museum empfängt seine Besucher künftig im Stadtteil Bjørvika (rechte Seite).

1 VON DER »EBENE DER GÖTTER« ZUR »TIGERSTADEN« OSLO

Eine Stadt mit vielen Namen und Gesichtern

»Ebene der Götter« bedeutet Oslo ursprünglich. Doch das ist nur einer der Namen, den die Stadt in ihrer tausendjährigen Geschichte getragen hat: Oslo, Christiania, Kristiania und heute wieder Oslo. 1870 kam ein weiterer Name dazu: Tigerstaden. Der norwegische Dichter und Literaturnobelpreisträger Bjørnstjerne Bjørnson (1832–1910) besingt Oslo in seinem Gedicht »Sidste Sang« als unbarmherzige und gefährliche Tigerstadt, inzwischen nennen die Einheimischen ihre Stadt liebevoll »Tigerstaden«.

Oslo verdankt seine inzwischen tausendjährige Existenz einerseits der geschützten Lage am Nordende des 100 Kilometer langen Oslofjordes, andererseits den guten Landverbindungen in den Osten Norwegens. Der Sage nach wurde die Stadt im Jahr 1048 von König Harald III. gegründet. Daher feierte man 1950 das 900-jährige Bestehen der Stadt. In den Jahren danach durchgeführte archäologische Untersuchungen brachten christliche Gräber zutage, die auf das Jahr 1000 datiert wurden. Es musste also schon früher eine Siedlung gegeben haben. So wurde die Geschichte Oslos den Befunden angepasst und im Jahr 2000 das tausendjährige Bestehen der Stadt begangen.

Von Oslo zu Oslo

In diesen tausend Jahren hat sich einiges ereignet. Bereits 1299 hatte Oslo eine so hohe wirtschaftliche und politische Bedeutung, dass König Håkon V. (1270–1319) mitsamt seinem gesamten Hofstaat von Bergen nach Oslo umsiedelte und die Stadt zu Norwegens Hauptstadt machte. Zu dieser Zeit hatte Oslo etwa 3000 Einwohner. Um standesgemäß und vor allem sicher zu wohnen, ließ Håkon V. die Festung Akershus bauen, die mit etlichen Um- und Erweiterungsbauten bis heute erhalten ist. Heute ist in der Festung Akershus unter anderem das Widerstandsmuseum untergebracht, das an die norwegische Auflehnung gegen

Vigeland errichtete zwischen 1924 und 1943 einen wundervollen Skulpturenpark. Die Rechte an seinem Lebenswerk verkaufte er an den Magistrat – dafür kam die Stadt für sein Schaffen und Leben auf (unten). Das Neue Opernhaus ist einem treibenden Eisberg nachempfunden (rechte Seite oben). Im »Vigelandsparken« kann man mehr als 200 Figuren des Bildhauers Gustav Vigeland ansehen (rechte Seite unten).

die deutsche Besetzung des Landes im Zweiten Weltkrieg erinnert.
Oslo wurde in den folgenden Jahrhunderten mehrfach geplündert und niedergebrannt, ist aber immer wieder am selben Ort errichtet worden. Bis zum Jahr 1624. Nachdem die typischen norwegischen Holzhäuser wieder einmal Feuer gefangen hatten und die Stadt weitgehend zerstört wurde, ließ König Christian IV. (1577–1648) die Stadt näher an die Festung Akershus legen. Sie erhielt nun den Namen Christiania, den sie bis 1877 behalten sollte. Allerdings hat es dort auch vorher schon eine Siedlung und eine Kirche gegeben.

Die wieder aufgebaute Stadt wurde nach dem Idealbild der Renaissance mit rechteckigen Quartieren und breiten Straßen errichtet und erhielt eine Festungsanlage mit Bastionen. Der Stadtteil zwischen Schloss Akershus, dem Dom, der Øvre Vollgate und der Skippergate heißt Kvadraturen und entspricht immer noch dem damals angelegten Straßennetz. Hier sind viele Gebäude aus dem 17. Jahrhundert gut erhalten, denn um die Entstehung und Ausbreitung von Bränden zu verhindern, wurden die Häuser von nun an aus Steinen gebaut. Das alte, abgebrannte Oslo, das sich nun außerhalb der Stadtmauern befand, sollte nicht wiederbesiedelt werden, aber diejenigen, die sich das teure Leben in der neuen Stadt nicht leisten konnten, widersetzten sich dem Verbot des Königs und bauten das »Gamle Oslo« wieder auf. Nach den Napoleonischen Kriegen musste Dänemark, das bis dahin in Personalunion mit Norwegen verbunden war, Norwegen an Schweden abtreten. Unter dem schwedischen König Oscar II. (1829–1907) wurde die Schreibweise Christiania 1877 offiziell in Kristiania geändert. Erst zwanzig Jahre nach der Unabhängigkeit Norwegens von Schweden erhielt die Stadt 1925 ihren Namen Oslo zurück.

Weltstadt mit Tradition

Heute ist Oslo eine Metropole mit rund 600 000 Einwohnern und erstreckt sich über eine Fläche von mehr als 450 Quadratkilometern. Längst sind nicht mehr nur die Ufer des Fjordes besiedelt. Über vierzig Inseln gehören zur Stadt, und »Gamle Oslo«, das 1624 abgebrannte Alt-Oslo, liegt wieder im Zentrum der Stadt. Überhaupt begegnet man der Geschichte auf Schritt und Tritt. Das beginnt schon mit dem Stadtwappen, das den heiligen Hallvard, den Schutzpatron Oslos, zeigt. Traditionell ist auch die Staatsform Norwegens, die Monarchie, auch wenn die gegenwärtige Dynastie noch relativ jung ist. Ausdruck dieses Traditionsbewusstseins ist

der 1848 fertiggestellte Königspalast, der in Teilen der Öffentlichkeit zugänglich ist. Inbegriff neuen Selbstbewusstseins nach der Unabhängigkeit von Schweden ist das doppeltürmige rote Rathaus der Stadt. Es hat lange gedauert, bis es errichtet war. Erst der achte Entwurf der Architekten Arnstein Arneberg und Magnus Poulsson von 1930 wurde für gut genug befunden. Der Grundstein wurde im Herbst 1931 gelegt, die endgültige Fertigstellung des Gebäudes verzögerte sich jedoch durch den Zweiten Weltkrieg, sodass die Einweihung erst 1950 stattfand. In der Festhalle wird jedes Jahr am 10. Dezember, dem Todestag Alfred Nobels, der Friedensnobelpreis verliehen.

Kulturangebote im Weltformat

Kaum eine Stadt verfügt über so viele Museen, Galerien, Theater und Konzertsäle wie Oslo. Vom Museum für Kulturgeschichte über das Naturhistorische Museum, die Nationalgalerie und das Edvard-Munch-Museum bis hin zum Vigeland-Skulpturenpark sind alle musealen und künstlerischen Fachbereiche vertreten. Die Halbinsel Bygdøy beherbergt allein sechs Museen, die sich vor allem mit der Schifffahrt – von den Wikingern bis Thor Heyerdahl – beschäftigen. Davon soll aber an anderer Stelle die Rede sein.

Der Kulturkalender liest sich wie das »Who's who« der norwegischen und internationalen Künstlerelite. Das Norwegian Wood Rock Festival hat in Oslo ebenso seinen Platz wie das Ultima-Festival für zeitgenössische Musik oder das Oslo-Weltmusik-Festival. Speziell für Kinder findet alljährlich das Kinder-Kultur-Festival statt.

Sport im Land der Erfinder des Skilaufs

Auch der Sport hat seine Traditionen. Nur wenige Kilometer vom Zentrum Oslos entfernt befindet sich mit dem Holmenkollen das Mekka des Skisports mit der ältesten Skisprungschanze der Welt. Jedes Jahr werden hier das Holmenkollen-Ski-Festival und der nordische Ski-Weltcup veranstaltet. Abfahrtsläufer und Skiwanderer kommen ebenfalls auf ihre Kosten. In jedem Winter werden mehr als 2600 Kilometer Langlaufloipen gespurt, allein im Trygvan-Winter-Park sind es 14 Loipen, und mit sechs Skiliften kann man sich zu den Abfahrtspisten bringen lassen. Aber auch im Sommer gibt es ein großes Sportangebot. Aus der Fülle der Veranstaltungen soll hier nur der Norwegen-Cup, das weltgrößte Fußballturnier für Kinder, erwähnt werden. Im Tryvanns-Högdapark lädt ein Baumwipfelpfad zum Klettern ein, und für Mountainbiker ist eine halsbrecherische Downhill-Bahn eingerichtet worden.

TOP ★ ERLEBNISSE

★ OSLO FÜR GOURMETS

Drei Restaurants in Oslo können sich prestigeträchtiger Michelin-Sterne rühmen. Zur Auswahl stehen die Restaurants »Bagatelle« mit zwei, »Statholdergaarden« und »Feinschmecker« mit je einem Stern. Das »Bagatelle« ist für seine exzellente französische Küche bekannt, es werden aber auch norwegischer Hummer und Steinbutt serviert. Hier ein besonderer Tipp: Das »Restaurant Eik« im »Hotel Savoy« im Zentrum ist weit über die Grenzen Oslos bekannt. Die hier arbeitenden norwegischen Köche haben Weltklasse. Der Gast hat die Wahl zwischen traditioneller Hausmannskost, ausgezeichneten Fisch-, Elch- und Rentiergerichten oder interessanten Kreationen aus allen Teilen der Welt. Sämtliche Gerichte werden frisch zubereitet.
www.staholdergaarden.no

★ VIGELAND-SKULPTURENPARK

In diesem Skulpturenpark, Teil des Frognerparks mitten in Oslo, sind 212 Stein- und Bronzewerke von Gustav Vigeland zu sehen. Zentrales Element sind die Arbeiten, in denen sich der norwegische Bildhauer mit der Entwicklung des Menschen von der Geburt bis zum Greisenalter beschäftigte.

WEITERE INFORMATIONEN
www.visitoslo.com

2 DIE MUSEUMSHALBINSEL BYGDØY

Streifzug durch die norwegische Geschichte

Bygdøy ist zwar nur einer von vielen Stadtteilen Oslos, die Halbinsel im Oslofjord hat es jedoch verdient, gesondert erwähnt zu werden, denn nirgendwo sonst wird der Besucher so konzentriert und umfassend über die Geschichte Norwegens, über die norwegische Schifffahrt quer durch die Jahrhunderte und über die Arbeit hervorragender norwegischer Forscher informiert. Fünf Museen und das Lustschloss Oscarshall von König Oskar I. sind für Besucher geöffnet.

Ein Besuch von Bygdøy ist nichts für Eilige! Wer einen auch nur annähernd vollständigen Eindruck von den hier zusammengetragenen Schätzen aus der Geschichte Norwegens bekommen möchte, muss sich mindestens zwei Tage Zeit nehmen. Und das, obwohl alle Museen unmittelbar benachbart sind.

Zeitreise in die Vergangenheit

Am besten beginnt man mit dem norwegischen Volksmuseum (Norsk Folkemuseum), einem der größten Freilichtmuseen Europas, in dem Häuser und Höfe aus dem ganzen Land zusammengetragen worden sind. Die Gebäude sind vom Sørlandet bis hinauf nach Nord-Norge nach Regionen geordnet, teilweise geht die Differenzierung so weit, dass Charakteristika einzelner Täler erkennbar sind. Die Gebäude wurden am Ursprungsort sorgfältig abgetragen und originalgetreu wiederaufgebaut und möbliert. Freundliche junge Damen in typischen Trachten führen durch die Gebäude und erläutern auf Wunsch jedes Detail. Auch eine Stabkirche darf natürlich nicht fehlen, daher wurde die Stabkirche Gol aus dem 12. Jahrhundert in Buskerut abgetragen und hier wiederaufgebaut. Aus neuerer Zeit stammt eine Tankstelle aus dem Jahr 1928. Um die Geschichte lebendig zu erhalten, wird in den Sommermonaten norwegisches Brauchtum vorgeführt. Museums-

Im Freilichtmuseum Norskefolkemuseum wird Tradition nachgestellt (unten). Auch die Stabkirche Gol hat eine weite Reise hinter sich. Im 12. Jahrhundert wurde sie in Buskerut gebaut, 1882 abgetragen und auf Bygdøy wiederaufgebaut (rechte Seite).

restituit
MDCCCLXXXV

Mit der Gjøa bewältigte Roald Amundsen als Erster die Nordwestpassage (oben). Die Zeichnung einer polynesischen Maske ziert das Hauptsegel der Kon-Tiki, dem nach historischen Vorgaben nachgebauten Balsaholz-Floß, mit dem der Norweger Thor Heyerdahl 1947 über den Pazifik segelte (unten). Das Gokstadschiff aus dem 9. Jahrhundert erinnert an die Seefahrertradition (rechte Seite oben). Am besten erkundet man die Stadt mit dem Oslo-Pass (rechte Seite unten).

besuche machen hungrig und durstig, daher wurde in einer alten Wartehalle aus der Zeit der Dampfschiffe ein Café eingerichtet.

Mit den Wikingern auf Kaperfahrt im Jenseits

Weit zurück in die Geschichte der Wikinger führt das Wikingerschiff-Museum (Vikingskiphuset). Hier sind drei Schiffe, das Oseberg-Schiff, das Tune-Schiff und das Gokstad-Schiff, rekonstruiert worden, die zwar wohl seetauglich waren und benutzt wurden, später aber verblichenen Wikingerfürsten als Grab dienten. Das Oseberg-Schiff wurde 1904 unter einem Grabhügel auf dem Oseberg-Hof, einem Bauernhof am westlichen Ufer des Oslofjords, gefunden. Das Schiff mit seinem dekorativ geschnitzten Steven ist fast vollständig erhalten, obwohl es bereits im Jahr 834 unter dem Grabhügel begraben wurde. Es diente zwei Frauen, vermutlich Priesterinnen, als letzte Ruhestätte. Das Tune-Schiff ist etwa sechzig Jahre jünger und wurde einem adeligen Wikinger als Grabbeigabe ins Jenseits mitgegeben. Es wurde 1867 im Hügelgrab Båthaugen in Rolvsøy entdeckt. Das dritte Schiff, Gokstad genannt, stammt ebenfalls aus dem späten 9. Jahrhundert. Es wurde 1880 bei Gokstad, etwa 120 Kilometer südlich von Oslo, gefunden. Alle drei Schiffe sind über 20 Meter lang. Um sie zu rudern, wären 32 Männer notwendig gewesen. Allerdings verfügten sie auch über Segel, die den Schiffen eine Geschwindigkeit von bis zu zwölf Knoten ermöglichten.

Im Kielwasser der Fram

Etwa 1000 Jahre später, es wurde immer noch gesegelt, auch wenn viele Schiffe schon einen Hilfsantrieb in Form von Dampfmaschinen, später Dieselaggregaten hatten, wurde die Fram (dt. Vorwärts) auf Kiel gelegt. Die Fram war nicht irgendein Schiff, sondern wurde speziell für den Einsatz im Eis gebaut. Sie leitete die große Zeit der Polarforschung ein, die mit den Namen Fridtjof Nansen, Otto Sverdrup und Roald Amundsen untrennbar verbunden ist. Zwischen 1893 und 1896 versuchte Nansen, sich mit der Fram im Packeis einfrieren zu lassen und über den Nordpol zu treiben. Obwohl er den Nordpol nie erreichte, gelang es ihm, bis auf 86°14' N vorzustoßen. Otto Sverdrup war Kapitän bei dieser ersten Expedition über das Eismeer und Leiter der Expedition, als Nansen und sein Begleiter Johansen zu Fuß in Richtung Nordpol aufbrachen. Später segelte er mit der Fram in unbekannte Gebiete im Nordwesten Grönlands und kartierte dort zwischen 1898 und 1902 mehr als 200 000 Quadratkilometer Neuland. 1909 überließ Nansen Roald Amundsen die Fram

für weitere Expeditionen in die Arktis und Antarktis. Amundsen gilt als größter Polarfahrer aller Zeiten. Er erreichte als erster Mensch den Südpol und war der Erste, dem die Nordwestpassage gelang. Um die Fram herum ist das Frammuseet, das Fram-Museum, errichtet worden. Aber es ist nicht nur das Schiff, das dort ausgestellt wird. Das Museum gibt einen umfassenden Überblick über die norwegischen Polarexpeditionen und die Forscher, die großartige Leistungen erbracht haben.

Auf den Spuren Thor Heyerdahls

Wohl jeder hat schon von dem Zoologen, Anthropologen und Geografen Thor Heyerdahl gehört, der mit naturgetreuen Nachbauten antiker Schiffe und Flöße aus Balsaholz, Papyrus und Schilf den Pazifik von Südamerika nach Polynesien und den Atlantik von Marokko nach Barbados überquerte. Ihm hat man mit dem Kon-Tiki-Museum ein Denkmal gesetzt. Hier sind seine außergewöhnlichen Expeditionsfahrzeuge Kon-Tiki und Ra II im Original zu sehen. Mit dem Balsaholz-Floß Kon-Tiki überquerte er 1947 in 101 Tagen den Pazifik von Peru nach Polynesien. Damit wollte er den Beweis erbringen, dass die hoch entwickelten Völker Südamerikas Polynesien besiedelt hatten. 23 Jahre später segelte er mit dem Schilfboot Ra II in 57 Tagen über den Atlantik und bewies, dass es den Bewohnern Afrikas durchaus möglich gewesen sein konnte, bis nach Südamerika zu segeln und den Kontinent auf diesem Wege zu besiedeln. Auch seine anderen berühmten Expeditionen, von der Osterinsel über Peru, Kolumbien und die Malediven bis zum Tigris-Projekt, mit dem er beweisen wollte, dass die Sumerer bereits vor 4000 Jahren in der Lage waren, mit Papyrusbooten Indien zu erreichen, sind ausführlich dargestellt.

Wo der König Urlaub machte

Das Lustschloss Oscarshall liegt ebenfalls auf der Halbinsel Bygdøy in Oslo. Dieses Schloss wurde in den Jahren 1847 bis 1852 von dem dänischen Architekten Johan Henrik Nebelong im Auftrag von König Oscar I. gebaut. Das Schloss gilt als Hauptwerk der Neugotik in Norwegen und stellt eines der wichtigsten nationalromantischen Kulturdenkmäler des Landes dar. Da es beim Bau des Königlichen Schlosses in Oslo Klagen gab, dass nur wenige Norweger mit der Ausgestaltung beauftragt worden waren, erhielten hier norwegische Künstler die Aufträge zur Gestaltung. Heute ist das Lustschloss ein Denkmal der Kunst und Kunstindustrie des Landes um 1850. Bereits seit 1881 ist das Schloss auch für Besucher geöffnet.

TOP ★ ERLEBNISSE

★ EINMAL ZAHLEN, ALLES SEHEN – DER OSLO PASS (OSLO-KORTET)

Der Oslo Pass ist Ihre Eintrittskarte zur Stadt. Mit ihm können Sie alle öffentlichen Verkehrsmittel kostenlos benutzen, Sie haben freien Eintritt in Museen, freies Parken auf öffentlichen Parkplätzen sowie Ermäßigungen bei Stadtrundfahrten, Auto- und Schlittschuhverleih, dem Freizeitpark Tusenfryd, Restaurants und vieles mehr. Ihren Oslo Pass bekommen Sie in den Touristeninformationen am Rathaus oder am Hauptbahnhof. Beim Kauf wird der Oslo Pass mit Datum und Uhrzeit gestempelt und gilt dann für 24, 48 oder 72 Stunden.

★ BADEFREUDEN IN DER PARADIESBUCHT

Nach dem Besuch diverser Museen, der Stabkirche Gol und des Schlosses Oscarshall auf der Halbinsel Bygdøy ist es Zeit für eine Verschnaufpause. Was liegt da näher, als sich an einem warmen Tag zur Erfrischung in die kühlen Fluten des Lysakerfjords am Westufer der Halbinsel zu stürzen. Nicht umsonst heißt dort die schönste Bucht Paradisbukta. Wunderschöne Sand-, Kies- und Felsstrände laden zum Schwimmen und Sonnenbaden ein. Aber auch nördlich und südlich liegen weitere Strände, einige davon sind als Naturistenstrand ausgewiesen, dort wird textilfrei gebadet.

WEITERE INFORMATIONEN
info@visitoslo.com,
www.visitoslo.com

Die »gotische Kathedrale aus Holz«, wie die Stabkirche Heddal auch genannt wird, ist eine der wenigen Stabkirchen, die auch heute noch für Gottesdienste, Trauungen und Taufen genutzt wird. Auf dem Friedhof finden jedoch keine Beisetzungen mehr statt (oben). Die Stabkirche Heddal ist die größte Stabkirche in Norwegen (rechte Seite unten). Schnitzereien zieren die Stabkirche Heddal (rechte Seite oben).

3 DIE STABKIRCHE HEDDAL

Ein Superlativ in Holz

»Schlaf, schlaf, mein Kind. Morgen kommt Finn, dein Vater. Mit der Sonne oder dem Mond oder mit dem Herzen des Christenmenschen, zum Spaß und als Spielzeug für das Kind.« Dieser Vers rettete der Sage nach einst dem Bauern Raud Rygi aus dem Heddal das Leben, der die Aufgabe übernommen hatte, eine Kirche für die im Tal siedelnden Bauernfamilien zu erbauen.

Ein Unbekannter bot ihm darauf an, die Kirche in nur drei Tagen zu errichten; als Gegenleistung sollte Raud ihm Sonne oder Mond vom Himmel holen – oder seinen Namen erraten. Sollte er die Bedingungen nicht erfüllen, dürfte der Fremde ihm das Herz herausreißen. Den Namen zu erraten, erschien Raud nicht allzu schwer, und deshalb willigte er ein. Aber bereits in der ersten Nacht waren alle Baumaterialien eingetroffen. Nach der zweiten Nacht war das Gebäude bis zur Kirchturmspitze errichtet, und es war klar, dass die Kirche nach der dritten Nacht endgültig fertiggestellt sein würde. Aus Angst um sein Leben irrte Raud ziellos über die Felder und versuchte herauszufinden, wie der Fremde heißen könnte. Unbewusst war er auf dem Svintruberget angekommen, einem felsigen Hügel südöstlich des Kirchplatzes, als er plötzlich das Schlaflied und den Namen des Mannes hörte. Als der Fremde am nächsten Tag kam, um seinen Lohn zu holen, umarmte Raud einen der Pfosten der Kirche, sagte: »Finn, der Pfosten steht schief!« und hatte sein Leben gerettet.

Ohne Schrauben und Nägel

Die Kirche besteht aus drei Gebäudeteilen, der äußeren Galerie, dem Kirchenschiff und dem Chor mit dem Altar. Diese Gliederung soll sich an der des biblischen Tempels in Jerusalem orientieren. 20 Meter lang und 26 Meter hoch ist die »gotische Kathedrale aus Holz«, wie die Stabkirche auch genannt wird. Zwölf Holzpfosten, die Stäbe, tragen die fünfstöckige Konstruktion aus Dächern, Gauben und Türmchen, deren Verbindungen ohne Schrauben und Nägel auskommen – eine architektonische Perfektion und damit die größte Stabkirche in Norwegen. Und auch eine der ältesten: Sie wurde etwa um das Jahr 1240 herum erbaut und, wenn man einer Runeninschrift glauben darf, am 25. Oktober 1242 der Jungfrau Maria geweiht. Dass zu dieser Zeit auch die alten nordischen Götter noch nicht vergessen waren, zeigen die Schnitzereien von Dämonen, Schlangen und Tierköpfen an den Portalen der Kirche. Oben auf den Stäben sieht man geschnitzte Gesichter, deren symbolische Bedeutung bis heute unbekannt ist. Noch aus dem Mittelalter stammen ein geschnitzter Bischofsstuhl mit Motiven aus der Nibelungensage und ein Weihrauchgefäß. Ein Wandgemälde ist aus dem 17. Jahrhundert erhalten geblieben.

Historische Restaurierungsverfahren

Der Standort der Kirche ist gut gewählt. Sie liegt zentral inmitten von Bauernhöfen und ist über Wege und vom nahen Fluss Heddøla gut zu erreichen. Die als Baumaterial verwendeten Kiefern stammen aus der unmittelbaren Umgebung. Um die Haltbarkeit des Holzes zu verlängern, wurden die Bäume zunächst entastet, aber nicht geschlagen. Das geschah erst, nachdem das Harz aus den Wunden der abgeschlagenen Äste tief ins Holz eingedrungen war. Die so gewonnenen Stämme werden als »Mamfuru«-Erzkiefer bezeichnet.
Trotz einzelner Instandsetzungen nagte der Zahn der Zeit an dem Gebäude, sodass Mitte des 19. Jahrhunderts eine umfassende Sanierung notwendig wurde, bei der man wiederum dem Zeitgeist entsprechende Veränderungen vornahm. Erst bei einer neuerlichen Restaurierung im Jahr 1950 wurde beschlossen, den mittelalterlichen Bestand soweit wie möglich zu rekonstruieren. Auch die immer notwendigen Instandhaltungsmaßnahmen orientieren sich heute an mittelalterlichen Verfahren. Die Außenwände werden regelmäßig mit Teer behandelt, das durch Trockendestillation aus Kiefernholz gewonnen wird. Um die Haltbarkeit des Anstrichs zu verlängern, wird dem Teer zusätzlich Holzkohle beigemischt.
Um Heddal zu erreichen, fährt man von Oslo kommend zunächst auf der E 18 bis nach Drammen und von dort auf der E 314 vier Kilometer über Notodden hinaus nach Norden. Führungen durch die Kirche werden auch auf Deutsch angeboten und zu diesen Zeiten ist auch die Ausstellung im Pfarrhof geöffnet. Im Café Olea werden Eintrittskarten für die Kirche, Souvenirs und kunsthandwerkliche Arbeiten angeboten.

TOP ★ ERLEBNISSE

★ DAS HEDDAL BYGDETUN

Nur 100 Meter Fußweg von der Stabkirche Heddal entfernt liegt das Freilichtmuseum Heddal mit Gebäuden vom 16. Jahrhundert bis in die 1930er-Jahre, die alle aus der näheren Umgebung in das Museum verlegt wurden. Die Lage der Häuser zeigt die großen Unterschiede historischer Lebensbedingungen: Da gibt es z. B. einen 200-jährigen Bauernhof aus dieser Gegend, dessen Innenräume des Haupthauses mit prächtigen Wandmalereien geschmückt sind, die den Wohlstand der Besitzer widerspiegeln, und ihm gegenüber steht das deutlich kleinere und bescheidener ausgestattete Gehöft Hola.

★ WANDERUNG AUF DEM FOLK TRAIL

Kein Spaziergang, aber eine Wanderung ohne große Steigungen oder durch unwegsames Gelände bietet der Folk Trail Notodden: Immer am Nordufer der Heddøla entlang, kann jeder selbst bestimmen, wie lang die Wanderung wird. Die unverbaute Heddøla schlängelt sich in leichten Windungen durch Felder, Wiesen und Wälder. In den Windungen des Flusses laden kleine Sandstrände und Sandbänke zum Ausruhen und Baden ein.

WEITERE INFORMATIONEN
heddalstavkirke.no/om-stavkirken-en
nia.no/en/heddal-open-air-museum

4 ROUTE DURCH NORWEGENS SÜDEN

Das »liebliche« Norwegen

Neben den norwegischen Metropolen Oslo, Stavanger und Bergen liegen auf dieser Route auch historisch, kulturell, geografisch und touristisch bedeutsame Orte wie die Festung Fredriksten, die Stabkirche Heddal, die Setesdalbahn, das Südkap und Hollenderbyen. Und das alles ist eingebettet in wunderschöne Landschaften.

Die »Tigerstaden« Oslo, wie die Bewohner selbst Norwegens Hauptstadt nennen, ist nicht nur Ausgangspunkt der Tour durch das »liebliche« Norwegen, sondern auch selbst einen längeren Aufenthalt wert. Ob Architektur mit der Oper oder dem neuen Munch-Museum oder Kultur mit unzähligen Veranstaltungen – ein Tag reicht nicht aus, um die Stadt kennenzulernen. Auch dann nicht, wenn man sich für die Museumshalbinsel Bygdøy einen eigenen Tag gönnt. Wie viel Zeit man auch in Oslo verbringt, irgendwann steht als nächstes Ziel die Festung Fredriksten auf dem Programm. Neben dem Besuch der Festung selbst ist auch die allabendliche Freiluft-Multivisionsschau durch 350 Jahre Geschichte eine Pflichtveranstaltung.

Der Innenhof der Festung Fredriksten

Auf dem Weg von Fredriksten zur Stabkirche Heddal besteht in Oslo noch einmal Gelegenheit, am Reisebeginn Vergessenes zu besuchen. Heddal ist über 200 Kilometer von Fredriksten entfernt. Daher ist eine Übernachtung im nahe gelegenen Notodden geboten. Die nächste Etappe führt von Notodden nach Süden bis zur Küste. Dann geht es entlang der »Norwegischen Riviera« bis nach Risør, denn an der sonnenverwöhnten Skagerrakküste laden Sandstrände zum Baden ein. Am nächsten Tag geht es weiter an der Küste durch Tvedestrand, Arendal und Grimstad bis nach Lillesand. Hier zweigt die Straße nach Grovane ab, wo ein Schmankerl für Eisenbahnfreunde wartet: Ab Grovane können sie acht Kilometer mit der Setesdalbahn fahren. Von Grovane ist es dann nicht mehr weit bis nach Kristiansand, wo wieder eine Übernachtung ansteht.

Wenn man Heddal und die Kirche besichtigt, bietet sich ein Übernachtungsstopp in Notodden an.

Zum südlichsten Punkt Norwegens sind von Kristiansand 84 Kilometer zurückzulegen, dann ist das Kap Lindesnes erreicht. Über Lyngdal und Flekkefjord mit der Holländerstadt kommt man am Abend in Norwegens Ölhauptstadt Stavanger an. Der nächste Tag gehört dem Norsk Oljemuseum und der Altstadt Gamle Stavanger, bevor der Lysefjord angesteuert wird. Das geht nur bis Forsand, denn die steilen Felsen am Ufer des Fjords lassen keinen Raum für Straßen. Ein Blick in den Fjord hinein muss genügen, oder man nimmt von Forsand die Fähre nach Lysebotn und zurück.

In Richtung Hardanger Vidda

Die Strecke von Forsand nach Øvre Eidfjord, dem Tor zur Hardangervidda, ist 279 Kilometer lang. Die Route folgt verschiedenen Flusstälern mit beidseits hoch aufragenden Bergen. Røldal ist eines der Dörfer auf dem Weg. Der Ort besitzt nicht nur eine berühmte Stabkirche, sondern ist auch der schneereichste Ort Norwegens – für Wintersportler ein Eldorado. Am Südende des Sørfjordes, eines Nebenarms des Hardangerfjords, liegt die Stadt Odda, ein Zentrum der Schwerindustrie. Folgt man dem Sørfjord nach Norden, sind die Industrieanlagen schnell vergessen angesichts der traumhaft schönen Fjordlandschaft. Fünf bis sechs Stunden dauert die Fahrt bis zum heutigen Zielort Øvre Eidfjord, daher wird hier eine Übernachtung nötig. Am nächsten Tag ist der Besuch des Hardanger Natursenter ein Muss. Anschließend sollten Exkursionen auf die Hardangervidda nicht versäumt werden. Am nächsten Tag wird die letzte Etappe in Angriff genommen. 161 Kilometer führt der Weg auf Riksvei 7, Riksvei 13 und den Europastraßen 16 und 39 fast immer an Seen und Flussläufen entlang nach Bergen. Fast könnte man meinen: Der Weg ist das Ziel.

In der Hardangervidda sollte man sich Zeit nehmen, die wilde Natur zu erkunden.

TOP ★ ERLEBNISSE

★ LYNGØR – INSELN OHNE STRASSEN UND AUTOS

Urlaub ohne Straßenlärm verspricht ein Besuch auf den Lyngør-Inseln. Dort gibt es weder Autos noch Straßen, lediglich Gassen verbinden die weißen Villen, die hier im 19. Jahrhundert gebaut wurden, als sich reiche Kaufleute und Seeleute hier ansiedelten. 1991 erhielt die Siedlung den Europapreis als besterhaltener Ort. www.de.visitsorlandet.com

★ GLETSCHERTÖPFE AM REINSFOSSEN

Knapp 80 km von Arendal entfernt besteht die Möglichkeit in 20000 Jahre alte »Badewannen« zu steigen. An den Jette Grytene am Reinsfossen haben Schmelzwasserströme während der Eiszeit den Granit ausgewaschen und glatt poliert. An diesen Gletschertöpfen sind Vertiefungen, die den Vergleich mit Badewannen durchaus nahelegen. Gebadet wird darin tatsächlich. Zu erreichen sind die Gletschertöpfe von Arendal aus nach Haugsjåsund. Dort links abbiegen auf Fv 352. Nach 7 km ist das Ziel erreicht.

★ SCHLEMMEN IN BERGEN

Wo könnte man das besser als im Restaurant Enhjørningen, das für seine Fischspezialitäten bekannt ist. Die erste urkundliche Erwähnung stammt aus dem Jahr 1304. Damit ist es das älteste Fischrestaurant Bergens, auch wenn die Namensgebung Einhorn, deren Herkunft im Dunkeln liegt, keinen Bezug zu Fisch aufweist. www.enhjorningen.no

★ KONZERT AUF DEM TROLLHÜGEL TROLDHAUGEN

Ein Besuch in Bergen ohne ein Konzert mit der Musik von Edvard Grieg zu erleben, ist nahezu undenkbar, zumal mit dem Troldsalen 1985 ein Konzertsaal errichtet wurde, der sich wunderbar in die Landschaft einfügt. Während der Konzerte fällt der Blick durch ein großes Panoramafenster hinter der Bühne auf die kleine Holzhütte, in die Edvard Grieg sich zum Komponieren zurückzog. www.kodebergen.no

5 DIE FESTUNG FREDRIKSTEN IN HALDEN

Ein Bollwerk gegen Schweden

Die Stadt Halden teilt das Schicksal vieler norwegischer Städte – sie war Schauplatz vieler kriegerischer Auseinandersetzungen zwischen Norwegern und Schweden und brannte mehrfach ab. Diesen Konflikten verdankt sie aber auch eine außergewöhnliche Attraktion: die Festung Fredriksten, die 1661–1701 zum Schutz gegen die Angriffe auf zwei Hügeln oberhalb der Stadt erbaut wurde.

Der Fischfang ist neben dem Tourismus eine der Haupteinnahmequellen der Haldener. Hoch über dem Hafen thront die Festung Fredriksten, ein Symbol des Widerstands gegen die Schweden. Heute ist darin das »Kriegshistorische Museum« untergebracht (unten). Die alten Kanonen werden nur noch für Salutschüsse abgefeuert (rechte Seite oben). Die alten Mauern der Festung sind auch nach 350 Jahren noch standfest (rechte Seite unten).

Sechsmal wurde Halden, das von 1665 bis 1928 nach König Frederik III. (1609–1670) von Norwegen und Dänemark Fredrikshald hieß, von Schweden angegriffen. Nach der dritten Attacke ließ Frederik III. die Festung auf dem sich oberhalb der Stadt erhebenden knapp 130 Meter hohen Hügel erbauen, um sich gegen die Angriffe der Schweden zur Wehr setzen zu können.

Zuflucht für alle

Die Festung sollte jedoch kein rein militärisches Bauwerk werden, sondern auch der Stadtbevölkerung Zuflucht bieten, die den Angriffen der Schweden bisher schutzlos ausgeliefert war. Das wurde schon bei der Planung durch den Festungsbaumeister Willem Coucheron (†1689) berücksichtigt. Die gesamte Anlage besteht aus der inneren, rein militärisch genutzten Festung und der westlich davon gelegenen, durch Mauern geschützten Borgerkansen für die Einwohner von Fredrikshald sowie aus den drei östlich gelegenen Vorwerken Stortårnet, Overberget und Gylden Løve als erster Abwehrlinie. Von diesen Vorwerken und natürlich von der Festung selbst hatten die Verteidiger einen weiten Blick über das Land und den Iddefjord, an dem Fredrikshald liegt. Die Vorwerke waren mit Geschützen versehen, die zwar die gesamte Umgebung bestreichen, jedoch nicht verhindern konnten, dass

die Schweden 1718 ihrerseits ihre 12- und 18-Pfünder-Geschütze in Stellung brachten und mit Dauerfeuer daraus das Vorwerk Gylden Løve sturmreif schossen. Vollständig erobert wurde Fredriksten aber nie. Nicht zuletzt deswegen ist die Festung als nationales Denkmal ausgewiesen.

Eine Stadt in der Stadt

Innerhalb der eigentlichen Festungsmauern wurde alles untergebracht, was die in Kriegszeiten tausendköpfige Besatzung brauchte. Das waren nicht nur das Kriegswerkzeug, Munition und Waffen, sondern auch eine eigene Brauerei, die bis zu 2000 Liter Dünnbier pro Tag brauen konnte – was notwendig war, denn die Tagesration eines Soldaten betrug 2,5 Liter. Vielleicht hat es an der guten Versorgung mit Bier gelegen, dass die Festung nie eingenommen wurde, obwohl die Schweden dreimal dagegen anrannten. Ein prominenter Angreifer, König Karl XII. von Schweden (1682–1718), ließ 1718 dort gar sein Leben, woraufhin die Belagerung abgebrochen wurde. Führerlos machten sich die schwedischen Soldaten vier Tage später auf den Weg in die Heimat, und von ursprünglich 2500 Männern kamen nur 500 dort an. Zuletzt musste die Festung im Jahr 1814 ihre Bedeutung im norwegischen Unabhängigkeitskampf unter Beweis stellen. Mit der Unabhängigkeit von Schweden wurde die militärische Nutzung 1905 aufgegeben. Heute beherbergen die alten Gemäuer ein Museum, dessen Ausstellung alles zeigt, was man für Kriege seit dem 17. Jahrhundert erdacht und angewendet hat, um entweder den eigenen Machtbereich auszudehnen oder zu verteidigen. Am Eingang sind Audio-Guides erhältlich, die in Norwegisch, Englisch und Deutsch durch die Ausstellungen führen. Solchermaßen mit Infos über das Know-how von Belagerung und Verteidigung ausgestattet, kann sich der Besucher auf drei historischen Lehrpfaden ein eigenes Bild von der Geschichte der Festung machen.

Kanonendonner in Friedenszeiten

Auch wenn die Festung heute nicht mehr militärisch genutzt wird, ertönt hier mehrmals im Jahr Kanonendonner. Es sind Salutschüsse an den Geburtstagen von Mitgliedern der königlichen Familie Norwegens: am 21. Februar für den König, am 4. Juli für die Königin, am 20. Juli für den Kronprinzen und am 22. September für die Kronprinzessin. Damit nicht genug werden auch der 8. Mai zum Gedenken an das Ende des Zweiten Weltkriegs, der Nationalfeiertag am 17. Mai und der 7. Juni anlässlich der Auflösung der Union mit Schweden im Jahr 1905 mit Freudenschüssen gefeiert.

TOP ★ ERLEBNISSE

★ 350 JAHRE IN ZWÖLF MINUTEN

Jeden Abend erlebt Fredriksten ein sehenswertes Spektakel: In einer Freiluft-Multivisionsschau wird die wechselvolle Geschichte der Festung vom Baubeginn über die kriegerischen Auseinandersetzungen der vergangenen Jahrhunderte bis in die Neuzeit dargestellt und Menschen, historische Begebenheiten und Ereignisse auf die inneren Mauern projiziert. Im Mai und Juni startet die Schau nachts um 24 Uhr, in den Monaten davor und danach verschieben sich die Zeiten schrittweise nach vorn. Der Eintritt ist frei, dementsprechend gut besucht ist die Veranstaltung.

★ DIE »LETZTE REISE« AM ABEND

Der Pub Siste Reis in Halden ist eine sehr spezielle Kneipe, die zu den Top Ten in Europa gehören soll: 30 Sitzplätze stehen zur Verfügung, die meisten kommen wegen der einzigartigen Atmosphäre. Dazu trägt auch bei, dass Siste Reis ein »Brown Pub« ist, also eines, dem die Gebrauchsspuren anzusehen sind und das am Abend besser aussieht als bei Tageslicht. Etwas Besonderes ist hier auch die Live-Musik – nicht nur norwegische Musiker spielen auf, sondern oft auch US-amerikanische Künstler, die in den Athletic Studios in Halden ihre Musik aufnehmen.

WEITERE INFORMATIONEN
visithalden.com (Museum und Festung Fredriksten)

Die Telemark präsentiert sich als abwechslungsreicher Landstrich mit lauschigen Seen, urwüchsigen Wäldern und – im Norden – auch Bergen (oben). Hier stößt man auch auf glucksende Bergbäche (rechte Seite unten). Im Leuchtturm Langøytangen kann man übernachten (rechte Seite oben).

6 DIE TELEMARK

Norwegen en miniature

Die Fylke Telemark bietet auf 15 296 Quadratkilometern einen fast vollständigen Querschnitt durch alle Landschaften Norwegens. Von der Skagerrakküste, die auch die norwegische Riviera genannt wird, reicht sie nach Norden bis zur Hardangervidda, der größten Hochebene Europas, und zum höchsten Berg Südnorwegens, dem Gaustatoppen (1883 m). Dazwischen nehmen Flüsse und Seen fast zehn Prozent der Fläche ein.

Grenland, West-Telemark, Midt-Telemark und Ost-Telemark heißen die einzelnen Regionen der Fylke Telemark. Grenland ist der südlichste Bezirk der Telemark und grenzt im Süden ans Meer. Sein Abschnitt der Skagerrakküste zwischen Langesund im Osten und Levang im Westen ist zwar nur etwas mehr als 40 Kilometer Luftlinie lang, aber neben Langesund liegen dort noch Brevik und Kragerø. Langesund ist ein beliebter Ferienort, gehört das Städtchen doch zu den Orten mit den meisten Sonnentagen in Norwegen. Das nutzt die Freiluftkonzertgemeinde der Region an jedem Sommerwochenende für Konzerte mit namhaften Künstlern aus aller Welt – Bob Dylan, Elton John und Little Richard gaben sich im Wrightegaarden bereits die Ehre.

Von der Küste ins Fjell

Brevik war bis weit ins 20. Jahrhundert hinein ein wichtiger Umschlagplatz für Holz und ist eine der am besten erhaltenen Städte aus der Zeit der großen Windjammer. Kragerø besticht durch seinen schönen Marktplatz mit bunten Holzhäusern aus dem 19. Jahrhundert. Ein prominenter Einwohner von Kragerø war der berühmte Maler Edvard Munch, der hier von 1909 bis zu seinem Tod lebte. Ist der unmittelbare Küstenbereich voll quirligen Lebens und geschäftiger Betriebsamkeit, herrscht wenige Kilometer weiter im Landesinnern bereits die Ruhe des ländlichen Raums mit beschaulichen kleinen Dörfern, ausgedehnten Wäldern und immer wieder Wasser in allen Spielarten: Bäche und Flüsse, Seen und Wasserfälle – alles erschlossen durch ein dichtes Netz von Wanderwegen. Die Städte Bø, Nome, Sauherad, Rauland oder Rjukan sind bevorzugte Ausgangspunkte für Wanderungen, die bis auf die Hardangervidda führen können. Auch Radwanderer finden in der Telemark attraktive Strecken, die keine oder nur wenige Steigungen aufweisen, was für ein gebirgiges Land wie Norwegen selten ist. Der Nationale Fahrradroute Nr. 1 führt an der Küste entlang, die Nr. 2 folgt dem Telemarkkanal von Ulefoss bis Dalen. 40 Jahre hat der Bau des Kanals in Anspruch genommen, 1892 wurde der Kanal in erster Linie für die Flößerei, in zweiter Linie für den Personen- und Frachtverkehr freigegeben. Inzwischen haben sich die Verhältnisse umgekehrt: Historische Schiffe transportieren heute Touristen durch die Schleusen, deren Tore immer noch von Hand betätigt werden.

Äpfel, Kirchen, Schneehasen

Die Stadt Sauherad liegt im Zentrum des größten Apfelanbaugebiets Norwegens in Midt-Telemark. 350 000 Apfelbäume sind im Mai ein Fest fürs Auge und im Herbst eines für den Magen. Jedes Jahr wird hier das »Norsk Eplefest«, das norwegische Apfelfest, mit viel Cider gefeiert. Zu empfehlen ist auch ein Besuch des Apfeldorfs Gvarv – jedes Jahr im August wird dort das »Kartfestival« veranstaltet mit einer bunten Mischung aus Musik, Literatur und Theater.

In Vest-Telemark empfiehlt sich der Besuch des Vest-Telemark-Museums mit der Stabkirche Eidsborg. Sie ist mit 82 Sitzplätzen eine der kleinsten Stabkirchen Norwegens. Urkundlich erwähnt wurde sie erstmals 1354, vermutlich ist sie aber etwa 100 Jahre älter. Aus dem Mittelalter sind das große Kreuz und zwei bemalte Wandfelder erhalten.

Der Norden bietet mit dem Hardangervidda-Nationalpark Natur pur. 15 000 Rentiere, die größte wild lebende Population Norwegens, durchstreifen heute noch die Hardangervidda, gemeinsam mit weiteren 23 Säugetierarten, darunter Luchs, Polarfuchs, Vielfraß, Schneehase und Berglemming. Wandern, Angeln, Skifahren, Vogelbeobachtungen – alles das bietet die Hardangervidda. Ein 1200 Kilometer umfassendes Netz von Wanderwegen durchzieht die Hochebene, das vom DNT (Den Norske Turistforening) betreut wird. Die Wanderwege folgen häufig uralten Handelswegen, die jahrhundertelang genutzt wurden.

TOP ★ ERLEBNISSE

★ NOSTALGIE AUF DEM TELEMARKKANAL

Eine Schifffahrt auf dem Telemarkkanal von Skien nach Dalen mit alten, liebevoll restaurierten Dampfschiffen versetzt zurück in die Zeit des ausgehenden 19. Jahrhunderts; das Flaggschiff ist die DS Victoria, die 1882 gebaute »Königin des Kanals«. Eine Fahrt auf dem 105 Kilometer langen Kanal durch Weiden und Kiefernwälder, vorbei an malerischen Bauerndörfern und kleinen Städten bleibt ein unvergessliches Erlebnis. Nach der Passage von neun Schleusen mit insgesamt 18 Schleusenkammern werden zudem 72 Höhenmeter überwunden.

★ IM LEUCHTTURM LANGØYTANGEN

Mit der Fähre ist es nur eine kurze Strecke von Brevik, Stathelle, Helgeroa oder Langesund bis zur Insel Langøya mit dem Leuchtturm an der Südspitze. Das erste Leuchtfeuer wurde hier 1889 errichtet, das heutige Bauwerk stammt aus dem Jahr 1939. Die Insel ist nur knapp drei Kilometer lang und 400 Meter breit. Nur der 250 Meter breite Langesund trennt die Insel vom betriebsamen Festland, und doch herrscht auf der Insel Ruhe. Mit Schlafsack oder Decke ausgerüstet, kann man in den ansonsten komplett eingerichteten Appartements im Leuchtturmwärterhaus übernachten.

WEITERE INFORMATIONEN
visittelemark.com

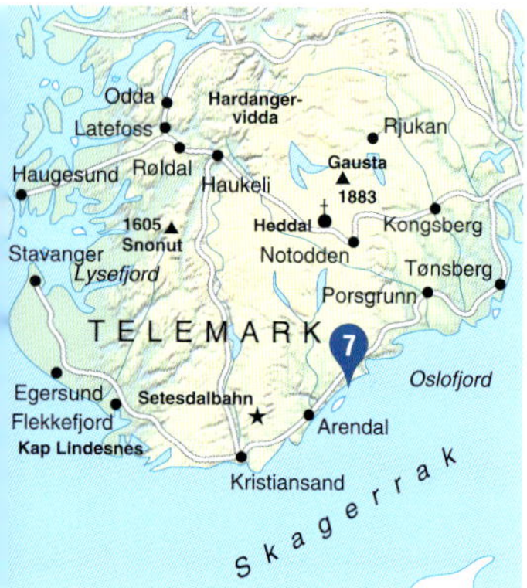

7 SONNE SATT AN DER NORWEGISCHEN RIVIERA

Vom Oslofjord nach Kristiansand

Das Klima in Norwegen ist besser als sein Ruf. Das spürt man nirgendwo mehr als an der sonnenverwöhnten Skagerrakküste. Die aus dem Atlantik und der Nordsee kommenden, mit Feuchtigkeit beladenen Wolken regnen sich schon vorher an der Westküste ab. Hier an der Südostküste laden kleine, verträumte Ferienorte mit wunderbaren Sandstränden und vorgelagerten Schären sonnenhungrige Besucher zum Verweilen ein.

Wer einen Badeurlaub an der »Norwegischen Riviera« plant, sollte sich für die wunderschönen Strände zwischen Arendal und Grimstad entscheiden. In den malerischen Dörfern Grefstadvika, Storesand und Hasseltangen findet man die schönsten, von Wäldern, Feldern oder Felsen eingefassten Sandstrände.
Aber auch wer nicht nur Sonne, Strand und Nichtstun genießen möchte, kommt in dieser Region auf seine Kosten. An der lang gestreckten Schärenküste werden Boots- und Angeltouren zu den vielen kleineren und größeren Felseninseln angeboten. Man sagt, dass der Schärengarten vor Tvedestrand der schönste in Norwegen sei. Wer ihn besucht, sollte nicht versäumen, einen Spaziergang durch das kleine Dorf Lyngør zu machen, das 1991 als »Europas bestbewahrtes Dorf« ausgezeichnet wurde. Es liegt, völlig autofrei, auf vier kleinen Inseln und ist nicht nur mit dem eigenen, sondern auch mit dem Taxiboot zu erreichen.

Städte wie an einer Perlenschnur

Die wichtigsten Orte der Region heißen Risør, Tvedestrand, Arendal, Grimstad, Lillesand und Kristiansand. Jeder für sich hat etwas Besonderes aufzubieten. Das malerische Risør, wo die Häuser vorwiegend weiß gestrichen sind, ist bekannt für die im Barockstil erbaute Heilig-Geist-Kirche aus dem Jahr 1647. Bei einem Stadtbrand im Jahr 1861 soll die Kirche nur deshalb nicht den Flammen zum Opfer gefallen sein, weil die Frauen einen Ring um das Gebäude bildeten und eimerweise Wasser auf das herannahende Feuer schütteten. Ganze 2000 Einwohner

Das Küstenstädtchen Arendal wird vom Meer förmlich umschlungen (unten). Tvedestrand mit seinen hübschen Holzhäusern ist ein beliebter Touristenort an der Südküste (rechte Seite oben). In Risør können beim Bootsfest im Sommer neben der malerischen Stadt und ihren weißen Häusern verschiedene Holzboote bestaunt werden (rechte Seite unten).

zählt das malerisch an der Mündung des Oksenfjords auf mehreren Hügeln gelegene Städtchen Tvedestrand. So klein der Ort ist, bietet er doch viel, von Bootstouren über Wandern und Angeln bis zum Sonnenbaden und Schwimmen.

»Venedig des Nordens« wurde der kleine Ort Arendal wegen seiner vielen Brücken, Kanäle und auf Pfosten im Wasser gebauten Holzhäuser genannt, bis 1863 ein verheerendes Feuer einen großen Teil der Stadt vernichtete. Nach dem Brand wurden die Kanäle zugeschüttet. Das einzige Haus, das von den Flammen verschont blieb, ist das vierstöckige Palais Kalleviggård, das ursprünglich einem Kaufmann gehörte, aber bereits seit 1844 als Rathaus der Stadt dient.

Grimstad ist die Stadt in Norwegen mit den meisten Sonnenstunden im Jahr. Trotzdem hat sich Henrik Ibsen hier nicht wohlgefühlt, als er sechzehnjährig eine Lehre in der Reimannschen Apotheke antrat, die heute noch existiert. Obwohl Ibsen nur wenige Jahre hier verbrachte, hat ihm die Stadt ein eigenes, sehenswertes Museum gewidmet. Drei weitere Museen sind der Schifffahrt, der Stadtgeschichte und dem Gartenbau gewidmet. Eine Fülle von Ausstellungen, Konzerten und Veranstaltungen wird zudem in Grimstad durchgeführt. Im Frühsommer trifft man während des »Grimstad Kurzfilmfestivals« Filmenthusiasten aus dem In- und Ausland. Das Agdertheater »Fjæreheia« ist ein Freilichttheater mit ganz besonderem Flair in einem ausgedienten Granitsteinbruch. Seit 1993 wird hier gespielt. Selbstverständlich gehören auch die Dramen von Ibsen zum Repertoire.

Seine Blütezeit erlebte Lillesand im 18. und 19. Jahrhundert durch die Segelschifffahrt. Es gab zahlreiche Werften, und viele Reeder ließen sich in der kleinen Stadt nieder. Aus dieser Zeit stammen auch die gut erhaltenen Holzhäuser, die die Stadt bis heute prägen. Lillesand war auch die Heimat des Bauernführers Kristian Lofthus, eines norwegischen »Robin Hood« der im 18. Jahrhundert eine Revolte entfachte und dafür lebenslänglich ins Gefängnis kam. Ein Gedenkstein erinnert an ihn.

Kristiansand ist die Hauptstadt des Sørlandet und mit 82 000 Einwohnern die fünftgrößte Stadt Norwegens. Sie wurde 1641 durch den dänischen König Christian IV. gegründet, um hier ein neues Handelszentrum für die Region zu schaffen. Obwohl auch Kristiansand nicht von verheerenden Feuern verschont geblieben ist, wurde die Stadt immer wieder in einem streng quadratischen, aus dem Mittelalter überlieferten Grundriss aufgebaut, wenn auch in dem zu der jeweiligen Zeit typischen Baustil.

TOP ★ ERLEBNISSE

★ ZWISCHEN OSLOFJORD UND KRISTIANSAND

Am Meer muss es Fisch sein ... und der Besucher von Arendal hat hier die Qual der Wahl, denn es gibt vor allem im Altstadtviertel Tyholmen eine ganze Reihe sehr guter Fischrestaurants. Zu empfehlen ist das »Restaurant 1711« in der Nefre Tyholmsvei. Es heißt, dass es von allen guten Restaurants der Stadt das beste sei. Hier bekommen Sie alles, was das Fischliebhaberherz begehrt! Eine besondere Delikatesse ist die norwegische Garnele, »Reke« genannt. Dazu trinkt man/frau das in Arendal gebraute »Arendalspils«. Während der vielen Sonnentage im Sommer kann man seine Mahlzeit auch draußen auf der Terrasse einnehmen und gleichzeitig dem regen Treiben im Hafen Pollen zuschauen. Aber das »1711«, wie es auch kurz genannt wird, ist schon lange kein Geheimtipp mehr. Vorherige Anmeldung ist zu empfehlen.
Tel. +47/37 00 17 11

★ UNTERWASSERWELT

Das Risør Aquarium ist das einzige Salzwasser-Aquarium in Südnorwegen. In den Becken schwimmen rund 100 verschiedene Tierarten. Hier bekommen auch Familien mit Kindern einen Einblick in die Unterwasserwelt vor der Küste des Landes. Spannend für junge Norwegen-Touristen ist zudem der Tierpark der Stadt.

WEITERE INFORMATIONEN
www.visitnorway.de

Am Meer erstrecken sich Dünen und Wiesen des Flachlands von Jæren, so weit das Auge reicht (oben). Im Hinterland setzen bunte Blumenwiesen mit Lupinen und Stiefmütterchen farbige Akzente in der Landschaft (rechte Seite unten). Auf der Insel Hidra stehen kleine traditionelle Häuser umgeben von schöner Natur (rechte Seite oben).

8 DIE NORDSEESTRAßE VON KRISTIANSAND NACH STAVANGER

Auf zwei oder vier Rädern, der Weg ist das Ziel

Der Nordsjøvegen, die Nordseestraße, wie die Küstenstrecke von Kristiansand nach Stavanger auch genannt wird, ist zwar die schnellste Verbindung zwischen den Städten, trotzdem sollte man sich dafür viel Zeit nehmen. Die Küste ist ungeheuer vielfältig. Sonnige Strände am Skagerrak werden von schroffen Felsküsten am Fedafjord abgelöst, die ihrerseits zu den Sandstränden und Wiesen Jærens überleiten.

Von Kristiansand kommend ist Mandal das erste Etappenziel. Der kürzeste Weg führt über die E 39, doch die bleibt weit von der Küste entfernt. Die Schönheit der Landschaft erschließt sich erst demjenigen, der die Hauptstraße verlässt und die Strecke am Meer entlang wählt. Dort bewegt man sich, ob mit dem Fahrrad oder dem Auto, auf Straßen, die so wohlklingende Namen tragen wie Vagsbyveien, Røsstadveien oder Tredgeveien, nach Mandal. Es ist eine der ältesten Städte Norwegens, vor allem aber die südlichste.
Dass Mandal einmal eine Stadt werden sollte, war ursprünglich nicht geplant. Es entstand um das Jahr 1500 als Verladestation für Holz, das hauptsächlich in die Niederlande exportiert wurde. Später wurde eine kleine Siedlung daraus, die durch Holz- und Lachsexport zu Wohlstand kam. Der Besucher hat die Qual der Wahl, ob er sich für die Besichtigung des Ortskerns mit über 600 Holzhäusern, der größten Holzkirche Norwegens und der ehemaligen Sommerresidenz Risøbank des schottischen Lords Edvard Salvesen entscheidet oder für den Sjøsand, von dem behauptet wird, er sei einer der schönsten Strände Norwegens.

Naturerleben in Lyngdal und Umgebung

Nach einem Abstecher zum Südkap, von dem an anderer Stelle gesondert berichtet wird, gelangt der Reisende nach Lyngdal. Hier beginnt das Norwegen, wie man es sich gemeinhin vorstellt: Fjorde, Berge, Wälder, Seen. Am Ende des von bis zu 150 Meter hohen Felswänden eingefassten Åptafjords

gelegen, ist Lyngdal eine typisch norwegische Kleinstadt. Der Ort selbst bietet mit Ausnahme des »Veggja Poståpneri«, des kleinsten Postamts Norwegens, wenig Attraktives, er ist aber Ausgangspunkt für Wanderungen in das hügelige Hinterland. Nur wenige Kilometer von Lyngdal entfernt, für einen geübten Wanderer kein Problem, erreicht man den Kvåsfossen, einen aus 36 Meter Höhe die Felsen herabstürzenden Wasserfall. Im westlich von Lyngdal gelegenen Gebiet um Sklera erlebt man nicht nur urwüchsige Landschaft mit vielen kleinen Seen, sondern hat auch einen fantastischen Blick auf den Åptafjord und den Ort Farsund. Wer nicht nur wandern will, kann sich einer Safari zu den größten Hirschen der Welt, den Elchen, anschließen. Für wenig Geld bekommt man auch einen Angelschein, um im Lyngdalselva Meerforellen und Lachse zu angeln.

Per pedes auf dem Postkutschenweg

Auch wenn die Postkutsche schon lange nicht mehr fährt, ihr vor mehr als 200 Jahren gebauter Weg von Framwaren nach Herad ist nicht nur erhalten geblieben, sondern auch vor einiger Zeit als Wanderweg hergerichtet worden. Die Gemeinde Farsund hat die Strecke zum Kulturdenkmal erklärt. Wo früher die Postkutsche Staub aufwirbelte und die Passagiere kräftig durchgeschüttelt wurden, erlebt der Wanderer heute die Mittelgebirgslandschaft in aller Ruhe. Besonders schön ist der Ausblick auf den Framwarenfjord, an dessen Ostufer der Weg entlangführt.

Zurück in der Zivilisation, empfiehlt sich der Besuch von Flekkefjord, einer kleinen Stadt mit Geschichte. Schon zur Wikingerzeit hat es hier eine Siedlung gegeben, aufgeblüht ist die Stadt aber erst mit dem Beginn des Holzhandels im 17. Jahrhundert. Das Holz wurde in erster Linie nach Holland verschifft. Das hat seine Spuren bis heute hinterlassen. »Hollenderbyen«, die Holländerstadt, stammt aus der Zeit, als die norwegischen Schonerkapitäne ihren zweiten Wohnsitz in Holland hatten und von dort holländische Lebensart, Möbel und Mode in die Heimat mitbrachten. Über schmale Straßen geht es weiter durch die zerklüftete Küstenlandschaft, vorbei an Fjorden, Schären und bis zu 400 Meter hoch aufragenden Felsdomen, bis sich die Landschaft plötzlich öffnet. Jæren ist erreicht, das Synonym für unendliche Sandstrände und Dünen. Landeinwärts erstrecken sich Wiesen, Weiden und Äcker. Das milde Klima und fruchtbarer Moränenboden sind dafür verantwortlich, dass hier die ältesten Siedlungsreste des Landes und über 600 Grabhügel aus der Eisenzeit gefunden wurden.

TOP ★ ERLEBNISSE

★ DER POSTKUTSCHENWEG BØENSBAKKENE

Der Framwarenfjord, an dessen Ostufer der Postkutschenweg entlangführt, ist das »Death Valley« Norwegens, denn am Eingang des 180 Meter tiefen Fjords liegt eine bis knapp unter die Wasseroberfläche reichende Schwelle, die den Wasseraustausch mit der Nordsee verhindert. 15 Meter unter der Wasseroberfläche ist das Wasser frei von Sauerstoff, eine tödliche Falle für alle Fische, die sich hier hinunterwagen.
INFO: www.farsund.kommune.no, www.lyngdal.no

★ EIN ABSTECHER ZUR INSEL HIDRA

Die nur 21 Quadratkilometer große Insel Hidra liegt südlich von Flekkefjord. Sie ist über den Fylkevei 469 und die Fähre von Kvellandstrand zu erreichen. Es gibt nur zwei kleine Fischerdörfer mit insgesamt 500 Einwohnern auf der Insel. Eine Attraktion ist der tief von Süden in die Insel einschneidende Rasvågfjord. Nur ein schmaler Isthmus verbindet den West- mit dem Ostteil der Insel. Die endgültige Trennung der beiden Inselteile wurde durch den Bau des Eie-Kanals vollzogen. Jetzt ist es möglich, mit kleinen Schiffen die Insel zu durchqueren. Für Fußgänger wurde eine Brücke gebaut. Sehenswert ist auch das Küstenmuseum in Rasvåg, das die Inselgeschichte von der Steinzeit bis heute dokumentiert wird. Die Rasvåg-Höhle ist ein idealer Abenteuerspielplatz für kleine und große Kinder.

9 RUND UM DEN MJØSA-SEE

Eintauchen in Wald und Kultur

Auch wenn der Mjøsa-See der größte Norwegens ist, ist es nicht die schiere Größe, die ihn zu einem Highlight macht. Das Besondere ist vielmehr seine Einbettung in die hügelige Landschaft mit bis an die Ufer heranreichenden Wäldern im südlichen und nördlichen Teil und der abwechslungsreichen, durch bäuerliche Landwirtschaft geprägten Kulturlandschaft in der Region um die Städte Hamar am Ost- und Lena am Westufer.

Über 117 Kilometer erstreckt sich der Mjøsa-See von Eidsvoll im Süden bis nach Lillehammer am Nordende. Die größte Breite erreicht er mit 15 Kilometern zwischen den Orten Hamar und Kapp. Er bedeckt 365 Quadratkilometer, was etwa zwei Drittеln der Fläche des Bodensees entspricht. Die größte Tiefe beträgt fast 470 Meter. Der Mjøsa-See ist ausgesprochen fischreich, ein Paradies für Angler. Größere Städte an den Ufern des Sees sind Eidsvoll mit 22 000 und Hamar, Lillehammer und Gjøvik mit jeweils knapp 30 000 Einwohnern.

Historisches Eidsvoll

Unsere Reise beginnt in Eidsvoll am Südende des Sees. Im Stadtteil Verk wurde im Jahr 1814 die erste norwegische Verfassung durch die Nationalversammlung verabschiedet. Das Gremium tagte im Ballsaal des Besitzers einer Eisenhütte, die bereits 1624 errichtet wurde und die Keimzelle des Ortes bildete. Seit 1837 ist das Gebäude das Reichspolitische Zentrum und wird als Museum genutzt. Eidsvoll kann noch mit weiteren Sehenswürdigkeiten aufwarten. Die älteste in Stein gebaute Kreuzkirche Norwegens aus dem Jahr 1190 steht im südwestlichen Teil des Ortes. Auf dem Weg nach Hamar lohnt sich der Besuch des Freilichtmuseums Bygdetun: 26 Gebäude aus dem 17. und 18. Jahrhundert sind hier zusammengetragen worden.
Das nächste Etappenziel ist die Gemeinde Stange an der Ostseite des Mjøsa-Sees.

Im Herrenhaus Eidsvollsbygningen wurde 1814 die Verfassung Norwegens unterzeichnet (unten). Der Mjøsa-See wird bei Sonnenuntergang in herrliche Farben getaucht (rechte Seite oben). Mit dem Raddampfer »DS Skibladner« kann man den See zu Wasser erkunden (rechte Seite unten).

Sehenswert ist hier vor allem die mittelalterliche Kirche, die im Jahr 1225 erstmals urkundlich erwähnt wird. Sie liegt 2,5 Kilometer außerhalb des Stadtzentrums. Gabriel Kjelland, der auch die Glasmalereien im Nidaros-Dom in Trondheim schuf, stattete die Kirche mit 1250 Malereien aus.

Hamar und Umgebung

Auf dem Weg nach Norden in Richtung Hamar überquert die E 6 die Seitenbucht Åkersvika des Mjøsa-Sees. Auf der anderen Seite der Bucht liegt die Olympiahalle Vikingskipet, eine der größten Eislaufhallen der Welt, die für die Olympischen Winterspiele 1994 in Lillehammer gebaut wurde. Sie ist einem umgedrehten Wikingerschiff nachempfunden; die freitragende Dachkonstruktion aus Holz überspannt eine Fläche von mehr als zwei Hektar.
Auf der Halbinsel Storhamar stehen die Ruinen der alten Domkirche, deren Geschichte bis ins Jahr 1152 zurückreicht. 1567 wurde die Kirche von schwedischen Truppen zerstört. Sie ist Teil des Hedmark-Museums, das sich ebenfalls auf der Halbinsel befindet. Eine Attraktion für Eisenbahnfreunde ist das Eisenbahnmuseum: 1898 eingerichtet, zeigt es auf dem weitläufigen Gelände die Entwicklung der norwegischen Eisenbahnen im 19. Jahrhundert. Die Stephenson-Dampflokomotive »Caroline« von 1861 und ähnlich alte Wagen sind restauriert und wieder fahrtüchtig gemacht worden. Mehrmals im Sommer fährt der Zug vom Bahnhof Hamar nach Elverum mit Stopps an einigen Bahnhöfen der Strecke. Anschließend lohnt sich noch ein Abstecher ins zehn Kilometer entfernte Ingeberg zum Mammuthus: Attraktion dieses Museums sind zwei lebensgroße Modelle von Wollhaarmammuts.

Attraktionen in und um Gjøvik

Gjøvik ist eine junge Stadt, die im 19. Jahrhundert um eine Glashütte herum entstand. Bekannt geworden durch ein besonderes Glas, »Gjøvik-Blau« genannt, kann man dort den Glasbläsern bei der Arbeit zusehen.
Und nach der Hitze in der Glasbläserei lohnt sich ein Besuch der größten Felsenhalle der Welt, 120 Meter unter der Erdoberfläche gelegen. Anlässlich der Olympischen Winterspiele 1994 wurde sie als Eishockeyhalle in den Hausberg Hovdetoppen gesprengt. Heute wird sie als Freizeitzentrum genutzt. Spielerisch weiterbilden kann man sich im Wissenscenter Vitensenteret mit Planetarium, Auto-Fahrsimulator, Kletterwand und vielem mehr. Dieses befindet sich zusammen mit dem Mjøsmuseet und dem Gjøvik Glassverk in einer alten Brennerei, der Gamle Holmen Brenderi.

TOP ★ ERLEBNISSE

★ »DS SKIBLADNER«

Für alle, die den größten See Norwegens von der Wasserseite erleben wollen, ist eine Fahrt mit dem Raddampfer »DS Skibladner« das Mittel der Wahl. Seit 1856 ist er auf dem Mjøsa-See unterwegs und damit der weltweit älteste noch in Betrieb befindliche Raddampfer. An Bord scheint die Zeit stehen geblieben zu sein: Plüsch, Mahagoni und Messing beherrschen das Bild. Das Schiff fährt mit gemütlichen 12 Knoten Geschwindigkeit, was etwa 22 km/h entspricht – 1888 reichte das aus, um als schnellstes Schiff in Norwegen zu gelten.

★ KINDHEITSTRAUM LOKFÜHRER

Wer wollte nicht schon einmal Lokführer sein? Zugegeben, es sind keine richtigen Lokomotiven, sondern Draisinen, die durch Muskelkraft bewegt werden. Mit dem Museumszug geht es zunächst von Gjøvik nach Dokka, wo umgestiegen wird. Wie auf einem Fahrrad werden die Draisinen dabei über die Schienen bewegt. Die gesamte Strecke führt bis nach Valdres und ist 43,5 Kilometer lang. Dabei werden auch zwei Tunnel von 115 und 784 Meter Länge durchfahren. Die Strecke gehört zur 1906 fertiggestellten und 1989 aufgegebenen Valdresbanen, die jetzt nur noch als Museumsbahn genutzt wird.

WEITERE INFORMATIONEN
skibladner.no
valdresbanen.no

10 VON OSLO NACH LILLEHAMMER

Reise von der Tigerstaden zum Mekka des Skisports

Die schnellste Verbindung von Oslo nach Lillehammer führt über die Europastraße 6, ist 182 Kilometer lang und dauert rund zwei Stunden. Die kürzeste, aber auch schönste Strecke von 168 Kilometern verläuft über den Riksvei 4 – dafür benötigt man eine halbe Stunde länger und nimmt einige Umwege in Kauf, erlebt jedoch garantiert eine fantastische Reise!

Und sie dauert eben so lange, wie sie dauert. Wir starten am Bahnhof in Oslo. Das erste Ziel ist Lillestrøm am Zusammenfluss von Nitelva, Leirsa und Glomma. Die drei Flüsse bilden das größte Binnendelta Nordeuropas. Dort besuchen wir das Nordre-Øyeren-Naturreservat. Unmittelbar benachbart befindet sich das Flößermuseum.
Der Weg führt dann zurück auf die E 22 bis Gjelleråsen, wo wir auf die E 4 nach Norden wechseln und durch das Tal der Nitelva, vorbei an den Dörfern Rotnes, Åneby, Grønvoll, Hakadal und Elnes, bis zum Steinbruch Hadeland fahren. Dort verlassen wir die E 4 und fahren weiter über den Rv. 4, den Hadelandsvegen, an den Ostufern der Seen Strekan, Stykenvatnet und Harestuvatnet entlang Richtung Norden: auf der linken Seite die Seen und rechts von uns dichte Wälder, soweit das Auge reicht.
Harestua ist die erste Stadt am Weg, und nach insgesamt 40 Kilometern ab Lillestrøm wird es Zeit für eine Pause. Dazu bietet sich der Besuch des Sonnenobservatoriums Harestua an – es wird zu Nordeuropas größtem astronomischem Besucherzentrum ausgebaut und soll 2024 wieder geöffnet werden.
Immer noch auf dem Hadelandsvegen geht es nach Grua und zum Bergwerksmuseum: Nicht nur die Gebäude können dort besichtigt werden, auch eine Fahrt unter Tage wird angeboten.

Kunst in vielen Facetten

Das nächste Ziel ist Jevnaker, das über die E 4 erreicht wird. Es lohnt sich, in dieser Stadt einen Tag zu verweilen. Bereits am Ortseingang erwartet uns das Glassverk Hadeland, Norwegens älteste durchgängig betriebene Glasfabrik mit einem angeschlossenen Glasmuseum, in dem Geschichte, Kunst und Kultur des Glasblasens demonstriert werden. Auch der Besuch des Kistefos-Museums ist Pflicht: Das 1996 am Kistefos, einem Wasserfall der Randselva, gegründete Industriemuseum ist eine ehemalige Holzmühle, die Kistefos Træsliberi, die hier von 1889 bis 1955 Zellstoff produzierte. Die Holzmühle ist inzwischen zum Mittelpunkt eines Skulpturengartens geworden mit einem besonderen Anziehungspunkt: »The Twist«, eine schraubenförmig gebaute Passage, die als Brücke über die Randselva führt.

In Lillestrøm wird der erste Etappenstopp eingelegt.

Im Glassverk Hadeland kann man den Glasbläsern bei der Arbeit zusehen.

Am viertgrößten See Norwegens

Die weitere Strecke verläuft 17 Kilometer am Westufer des über 70 Kilometer langen Randsfjords entlang nach Norden bis zum Randsfjorden Stoppeplass mit einem fantastischen Blick über den See: rechts der See, links wieder einmal dichte Wälder mit vielen weiteren kleinen Seen.

Der nächste Ort ist Bjoneroa. Die hier seit 1950 über den Randsfjord verkehrende Randsfjordferja II ist Norwegens älteste Autofähre im Tagesverkehr. Wir bleiben aber auf der Westseite und fahren durch die nun landwirtschaftlich geprägte Landschaft nach Fluberg und über die Fluberg Bru auf die Ostseite des Randsfjords. Nach 30 Kilometern auf dem Fv. 33 wird Gjøvik am Mjøsa-See erreicht. Dem Rv. 4 nach Norden folgend, kommen wir nach weiteren 45 Kilometern ans Ziel der Reise: Lillehammer.

Die ehemalige Holzmühle am Kistvos ist heute ein Industriemuseum.

TOP ★ ERLEBNISSE

★ BESUCHERZENTRUM NORDREØYEREN-NATURRESERVAT

Das Zentrum liegt am Rand des internationalen Feuchtgebiets Nordre Øyeren in wunderschöner Umgebung. Wanderwege führen in das Naturreservat, das Brut- und Rastgebiet für Tausende von Wasservögeln ist.

★ FLÖSSERMUSEUM FETSUND LENSER

Fetsund Lenser ist ein nationales Kulturdenkmal am Fluss Glomma. Das Flößermuseum umfasst eine 2,5 Kilometer lange Sortier- und Bündelanlage, 20 denkmalgeschützte Gebäude, mehrere Boote und Werkstätten und zeigt verschiedene Ausstellungen. Auf Schwimmstegen kann man »auf dem Wasser gehend« die Anlage kennenlernen. Im Sommer lebt das Museum durch Vorführungen von Flößerarbeiten, mit Kunsthandwerk und Konzerten so richtig auf.

★ HADELAND BERGVERKSMUSEUM GRUA

In Grua wurde 500 Jahre lang Bergbau betrieben: Bereits 1538 wurde die erste Grube abgeteuft. 1955 musste der Betrieb wegen mangelnder Rentabilität eingestellt werden. Seitdem wird das ehemalige Wohnhaus des Direktors als Museum genutzt. Im Sommerhalbjahr werden neben dem Besuch der Gebäude auch Fahrten unter Tage angeboten.

★ GLASSVERK HADELAND

Haben Sie schon einmal Glas geblasen? Im Glassverk Hadeland haben Sie dazu Gelegenheit. Die Glasfabrik wurde 1762 gegründet, und ihr guter Ruf geht weit über die Region und Norwegen hinaus.

★ KISTEFOS-MUSEUM JEVNAKER

Das Norwegische Industriemuseum mit Kunstgalerie und Skulpturenpark liegt am Kistefos, einem Wasserfall der Randselva. Die ehemalige Holzmühle ist nicht nur selbst ein Industriedenkmal, sondern avancierte auch zum Mittelpunkt eines weitläufigen Skulpturengartens mit 51 Exponaten.

Das Gudbrandsdalen ist mit 200 Kilometern Länge das längste Tal Norwegens (oben). In und um Lillehammer wird eine Fülle von Wintersportarten angeboten (rechte Seite unten). Die Stabkirche in Maihaugen stand ursprünglich in Lom, musste dort aber einem Neubau weichen (rechte Seite oben).

11 LILLEHAMMER

Mekka des Skisports

Nicht erst seit den Olympischen Winterspielen 1994 gilt Lillehammer unter Wintersportlern als *der* Skisport-Ort. Bereits seit 1939 wird hier das Birkebeinerrennet durchgeführt – ein Skilanglaufrennen in Erinnerung daran, dass im Jahr 1204 der spätere König Håkon Håkonson als Säugling von Lillehammer auf Skiern über die Berge vor seinen Feinden in Sicherheit gebracht wurde.

Wer jedoch meint, Lillehammer sei nur im Winter attraktiv, wird eines Besseren belehrt, wenn er die Region einmal im Sommer besucht: Die Lage am Nordende des Mjøsa-Sees und am Südeingang des landschaftlich wunderschönen Gutbrandtals macht Lillehammer zum idealen Ausgangspunkt für Wanderungen, Radtouren und Exkursionen in die Nationalparks Rondane und Jotunheimen. Der See bietet sich darüber hinaus für eine Vielzahl von Aktivitäten an: angeln, baden, Boot fahren oder einfach nur am See spazieren gehen.

Lillehammer zu Fuß

Aber auch die Stadt selbst hat einiges zu bieten. Die Tourist-Info ist z. B. Ausgangspunkt für den Stadtrundgang: Über die Jernbangata führt der Weg bis zur Kirkegata. Nach 100 Metern liegt auf der rechten Seite das Kunstmuseum – der geschwungene Bau beherbergt eine der bedeutendsten Sammlungen Norwegens mit Werken von Munch, Weidemann und anderen bekannten Künstlern. Wieder auf der Kirkegata geht es bis zur Einmündung der Straße Nymosvingen, wo das Birkebeiner-Denkmal steht, das an die Rettung Håkon Håkonsons durch die Birkebeiner erinnert. Der Nymosvingen endet an der Storgata; dort wenden wir uns in die Storgata und gleich wieder rechts in den Gamlevegen mit dem Kjøretøyhistorik Museum, dem Automobilmuseum: Es zeigt die Entwicklung der Fahrzeuge vom ersten Schlitten bzw. Wagen mit Rädern bis zum heutigen Auto.

Das Olympiagelände von 1994 ist nach nur 700 Metern Fußweg erreicht. In der

Håkonshalle, der größeren der beiden Eissporthallen auf dem Gelände, befindet sich das Olympische Museum, das einzige in Nordeuropa, das die gesamte Geschichte der Olympischen Spiele von 776 v. Chr. bis zur Gegenwart zeigt. Wer die olympischen Sprungschanzen besichtigen will, muss zum Lysgården gehen. Der Weg zurück führt über den Sigrid Undsetsveg und vorbei am Anwesen der norwegischen Literaturnobelpreisträgerin von 1928, die hier von 1919 bis zu ihrem Tod 1949 lebte. Seit 2007 ist das Anwesen als Museum für Besucher geöffnet.

Über den Nordseterveg gelangen wir wieder auf die Storgata mit ihren malerischen Holzhäusern, kleinen Geschäften und Restaurants. Nach 150 Metern lohnt ein kleiner Abstecher auf den Markt mit dem alten Rathaus. Am Ende der Fußgängerzone lädt der Søndre-Park zum Verschnaufen ein. Auf der gegenüberliegenden Straßenseite steht die Lillehammer-Kirche aus dem Jahr 1886. Über die Kirkegata wird der Ausgangspunkt des Rundgangs erreicht.

Lillehammer im Winter

In der Region Lillehammer werden viele Wintersportaktivitäten angeboten. Ein Vergnügen für alle ist das Rodeln in der Kanthaugen Freestyle Arena im Lysgårdsvegen – mit den hier ausleihbaren Schlitten und Helmen fährt man mit dem Lift bis zum Startpunkt der Rodelbahn. Sowohl Anfänger als auch Fortgeschrittene finden ideale Wintersportbedingungen in Nordseter: Langlauf, Ski alpin, Schneeschuhlaufen und natürlich auch Après-Ski werden angeboten. Der Ort liegt 15 Autominuten von Lillehammer entfernt auf dem Nordseterfjell, einem der bekanntesten Skigebiete Norwegens.

Wer sich nicht selbst sportlich betätigen will, kann als Zuschauer bei Eishockeyspielen in der Håkons- oder Kristinshalle, bei Bobrennen in Fåberg auf der Olympiabahn, bei Skiveranstaltungen wie dem Birkebeinerrennen oder bei Sprungwettbewerben am Lysgården dabei sein.

Ein besonderes Erlebnis ist eine Übernachtung im Schneehotel im Hunderfossen Vinterpark: Jedes Jahr im Herbst wird hier aus Schnee und Eis das südlichste Eishotel Norwegens modelliert, in dem 24 Personen, in warme Schlafsäcke gehüllt und auf Schafsfelldecken gebettet, übernachten können – zum Anwärmen gibt es Hochprozentiges in der Eisbar nebenan. Zum Schneehotel gehört auch die Eiskathedrale: keine Kirche, sondern ein Raum mit Skulpturen, Musik und Lichteffekten.

TOP ★ ERLEBNISSE

★ FREILICHTMUSEUM AM MAIHAUGEN

Hätte Anders Sandvig nicht bereits 1887 damit begonnen, Gebäude von aufgelassenen Bauernhöfen ab- und auf seinem Privatgelände wieder aufzubauen, wäre Lillehammer um eine einzigartige historische Sammlung ärmer. Heute stehen im größten Freilichtmuseum Norwegens 200 historische Gebäude aus dem 18.–20. Jahrhundert. Eines der Prunkstücke ist die Stabkirche Garmo (ca. 1200). 2003 wurde Maihaugen um das Norwegische Postmuseum erweitert: 350 Jahre norwegisches Postwesen werden hier dokumentiert.

★ GESCHICHTE UND BIERGENUSS

Auf dem erstmals im 14. Jahrhundert urkundlich erwähnten Bauernhof Lithlæ Hamars, von dem sich auch der Name Lillehammer ableitet, befand sich bereits eine Schnapsbrennerei, ehe 1847 die Lillehammer Bryggerie eingerichtet wurde. Bis 1993 wurde hier Bier gebraut, das nach eigenen Angaben des jetzigen Betreibers bei Weitem nicht so gut war wie das heute erhältliche. Seit 2006 wird wieder Bier gebraut und im eigenen Restaurant serviert. Die Lillehammer Bryggerie ist aber mehr als nur eine Brauerei mit Restaurant: Sie ist zugleich ein Museum, das die Industrie- und Kulturgeschichte der Stadt nachzeichnet.

WEITERE INFORMATIONEN

lillehammer.com
lillehammerartmuseum.com
bjerkebek.no
eng.maihaugen.no

12 RJUKAN-NOTODDEN

Vom Salpeterrausch zum Weltkulturerbe

Sechs Jahre hat das Anerkennungsverfahren gedauert, seit 2015 ist es amtlich: Die Gemeinden Rjukan und Notodden sind von der UNESCO als Weltkulturerbestätten aufgenommen worden. In der Begründung heißt es sinngemäß: »Das Weltkulturerbe Rjukan-Notodden ist ein außergewöhnliches Beispiel für die gelungene Einbindung industrieller Anlagen in die umgebende Natur.«

Das technologische Ensemble Rjukan-Notodden mit seinen Staudämmen, Kraftwerken, Stromleitungen, Fabriken, Eisenbahnlinien, Fährdiensten und den beiden Städten in einer Landschaft, die die Nutzung der Wasserkraft zur Energieerzeugung erst möglich macht, ist ein außergewöhnliches Beispiel der neuen, globalen Industrieentwicklung des frühen 20. Jahrhunderts. Bereits im 19. Jahrhundert wurden entlang des Flusses Tinnelva mit Wasserkraft betriebene Sägewerke errichtet. Die vielen Wasserfälle in der Region, darunter der 105 Meter hohe Rjukanfossen, waren zu der Zeit gut besuchte Touristenattraktionen. 1905 begann die industrielle Nutzung der Wasserkraft mit der Errichtung einer Fabrik zur Produktion von künstlichem Salpeter und Düngemitteln. Auch die energieintensive Eisenindustrie siedelte sich in der Folgezeit an. Ein dem Goldrausch in Alaska vergleichbarer Zustrom von Menschen setzte ein.

Schweres Wasser und die Folgen

Als Harold C. Urey, Ferdinand Brickwedde und George Murphy 1931 »schweren Wasserstoff«, das Deuterium, entdeckten, ahnte niemand, welche Folgen das für den Industriestandort Rjukan haben sollte. Deuterium mit dem chemischen Symbol D, ist ein Isotop des Wasserstoffs und geht ähnlich wie der »normale« Wasserstoff mit dem Symbol H Bindungen mit Sauerstoff ein. Beim Wasserstoff ent-

Das Wasserkraftwerk Vemork von innen (unten). Als das Kraftwerk 1911 in Betrieb genommen wurde, war es das größte der Welt. Heute beherbergt das Gebäude ein Industriemuseum. Der Strom wird jetzt in unterirdischen Anlagen erzeugt (rechte Seite oben). Wer Lust auf eine Wanderung hat, sollte sich zum Gaustatoppen aufmachen (rechte Seite unten).

steht dabei Wasser (H_2O), bei Deuterium Deuteriumoxyd (D_2O), auch »schweres Wasser« genannt. Die Gewinnung ist ein sehr energieintensiver Prozess – kein Problem für das Kraftwerk Vemork in Rjukan: Als es im Jahr 1911 seinen Betrieb aufnahm, war es das größte Wasserkraftwerk der Welt. Strom produzierte es im Überfluss, der für die Produktion von Wasserstoff durch Elektrolyse genutzt wurde. Bis zur Entdeckung des Deuteriums war nicht bekannt, dass bei dieser Produktion »schweres Wasser« quasi als Abfallprodukt übrig bleibt. Das »schwere Wasser« wurde zwar für verschiedene chemische Reaktionen genutzt, hatte aber keine besondere Bedeutung.

Erst ab 1939 mit der Entdeckung der nuklearen Kettenreaktion durch Otto Hahn, Lise Meitner und Fritz Straßmann geriet es stärker in den Fokus der Wissenschaft. Im Rahmen des deutschen Uranprojekts mit dem Ziel, eine Atombombe zu bauen, wurde es für den Betrieb von nuklearen Schwerwasserreaktoren benötigt. Da Vermork die einzige Produktionsstätte in Europa war, versuchte Deutschland (das Norwegen 1940 besetzt hatte), sich die dort vorhandenen Vorräte zu sichern. Frankreich war allerdings schneller und hatte bereits zuvor alle Vorräte nach Bordeaux schaffen lassen. Die Produktion wurde nach der Besetzung zwar wieder aufgenommen, wegen anhaltender Sabotage und alliierter Bombenangriffe auf die Anlage musste sich die deutsche Wehrmacht jedoch 1944 zurückziehen und konnte nur geringe Mengen »schweres Wasser« für das Uranprojekt nach Deutschland schaffen.

Zurück zu den Wurzeln

Der Salpeterboom und die Schwerwassergewinnung sind Geschichte, lediglich wenige chemische Betriebe haben überlebt. Das Kraftwerk Vemork ist längst stillgelegt und beherbergt heute das Norwegische Industriearbeitermuseum. Eine der Haupteinnahmequellen der Region Rjukan-Notodden ist wieder der Tourismus. Wintersport am Berg Gaustatoppen, die malerischen Wasserfälle der Region und nicht zuletzt die zu Museen und Galerien umfunktionierten Industrieanlagen sind die Hauptattraktionen. Neu hinzugekommen sind im Jahr 2013 drei auf dem Berg oberhalb von Rjukan errichtete Sonnenspiegel, die den in der Winterzeit von Oktober bis März vollständig verschatteten Ort mit Sonnenlicht erhellen. Nicht zu vergessen ist auch eines der wichtigsten Blues-Festivals Norwegens, das alljährlich im August mit der weltweiten »crème de la crème« des Blues in Notodden veranstaltet wird.

TOP ★ ERLEBNISSE

★ GAUSTATOPPEN

1883 Meter über dem Meeresspiegel liegt der Gipfel des Gaustatoppen, des schönsten Berges Südnorwegens, wie die Einheimischen sagen. Der Weg zum Gipfel ist mit dem auf norwegischen Wanderwegen einheitlich verwendeten roten »T« gut markiert. Die Wanderung ist familienfreundlich und auch für lauffreudige Kinder geeignet: 4,3 Kilometer und 710 Höhenmeter sind zu überwinden. Belohnt wird man auf dem Gipfel mit der besten Rundumsicht über ein Sechstel des norwegischen Landes – und mit köstlichen Waffeln in der Touristenhütte Gaustatoppen. Wer nicht am selben Tag zurückwandern will, kann in der 100 Jahre alten Steinhütte übernachten.

★ STASJONEN KAFÉ

Auch an das leibliche Wohl soll gedacht sein. Da bietet sich ein Besuch im Stasjonen Kafé an: Es befindet sich im ersten Bahnhof von Notodden, einem wunderschönen Jugendstil-Gebäude aus dem Jahr 1909, das zum UNESCO-Weltkulturerbe gehört. Café, Bäckerei, Konditorei, Restaurant und der unvermeidliche Souvenirladen laden zum Essen, Trinken und Stöbern ein. Traditionelle Gerichte stehen auf der Speisekarte, und die Betreiber betonen, dass ausschließlich lokale Produkte dafür verwendet werden.

WEITERE INFORMATIONEN
visittelemark.com/rjukan
visittelemark.com/notodden
industriarven.no
bluesfest.no

Von der Eiszeit glatt geschliffene und bis heute kahle Felsen, dazwischen Büsche und niedrige Bäume an den Ufern der Fjorde. Auf den schmalen Küstenstreifen drängen sich bunte Häuser. So präsentiert sich die Landschaft entlang des Nordsjøvegen wie hier am Tronasen.

Die Felsen von Lindesnes sind nur spärlich bewachsen. Zu rau sind hier die Winde. Erst in einiger Entfernung vom Meer wachsen in geschützten Buchten Gräser und Blumen (oben). Leuchttürme wie der am Kap Lindesnes warnen Kapitäne vor gefährlichen Klippen und sind zudem eine aussichtsreiche Sehenswürdigkeit (rechte Seite unten). Das Lindenes Havhotel und sein Restaurant »Under« sind definitiv einem Besuch wert (rechte Seite oben).

13 KAP LINDESNES

57° 58' 53" Nord im Zeichen des Feuers

Angefangen hat die Geschichte des Leuchtfeuers am Kap Lindesnes mit einem einfachen Feuerkorb, der an einem erhöhten Punkt auf dem Felsen aufgestellt wurde. Das Feuerholz dazu musste der Feuerwächter von weit herholen, denn die Halbinsel Lindesnes ist ein völlig kahler Felsen. Nicht von ungefähr war aber dieses Leuchtfeuer das erste, das in Norwegen eingerichtet wurde: Zu viele Schiffe und kleinere Boote waren bei den häufigen Stürmen in der rauen See am Kap untergegangen.

Wer in Südnorwegen Urlaub macht, kommt an einem Abstecher zum Kap Lindesnes, dem südlichsten Punkt Norwegens, nicht vorbei. Von Kristiansand geht es zunächst auf der E 39 bis Vigeland; dort wenden wir uns nach Süden auf den Rv 460, der am Parkplatz des Lindesnes Fyr endet, wie der Leuchtturm aus dem Jahr 1655 heißt. Am Ende der kleinen Halbinsel gelegen, ist er nicht nur das südlichste, sondern auch das älteste Leuchtfeuer Norwegens.

Weiter Blick und ein erfrischendes Bad

Heute steht dort jedoch nicht mehr das Original, sondern ein Neubau aus dem Jahr 1915. Von 1825 bis 1987 war zusätzlich ein Nebelhorn in Betrieb, wenn die Sicht zu schlecht war, um das Leuchtfeuer erkennen zu können. Zwei Leuchtturmwärter sind nach wie vor hier angestellt, die einzigen in Norwegen. Der Leuchtturm steht auf den fast völlig vegetationslosen Felsen des Kap Lindesnes mit weitem Blick auf die aus der Nordsee anrollenden Wellen.

Aber nicht nur Felsen prägen das Bild des Südkaps, in geschützten Buchten entdeckt man auch wunderschöne Sandstrände – fast überflüssig zu erwähnen, dass es die südlichsten des Landes sind. Sie laden mindestens zum Verweilen, aber auch zum Baden ein, wenngleich man sich immer vor Augen halten muss, dass sich Kap Lindesnes etwa auf der Höhe des kleinen Ortes Golspie im hohen Norden Schottlands befindet und Wassertemperaturen um 12 C° nicht jedermanns Sache sind (das kostet die Norweger jedoch allenfalls ein Schulterzucken, denn das Nordkap, in dessen Nähe ebenfalls gebadet wird, liegt immerhin noch 1719 Kilometer Luftlinie nördlich vom Südkap).

Geschichte und Gegenwart

Unter dem Leuchtturm befindet sich in einer Felsenhalle das nationale Leuchtfeuermuseum. Es bietet mit verschiedenen Ausstellungen und Filmen eine umfassende Darstellung zur Entwicklung und Geschichte nicht nur des Lindenes Fyr. An die jüngere Geschichte erinnern Exponate im Museum und die Reste einer Geschützstellung, die von der deutschen Wehrmacht während des Zweiten Weltkriegs errichtet wurde und die heute frei zugänglich ist. Im Museumsshop werden Bücher, CDs und anderes Informationsmaterial angeboten. In der Galleri Lindesnes sind Bilder des ehemaligen Leuchtturmwärters Rolf Dybvik ausgestellt; die Aquarelle zeigen Landschaften und Gebäude rund um das Kap Lindesnes.

Und das Leuchtfeuer bietet noch mehr: In der ehemaligen Wohnung des Leuchtturmwärters wurde eine Ferienwohnung eingerichtet, von der aus man den besten Blick aufs Meer genießt. Sechs Personen finden im Schlafzimmer vier Betten und im Wohnzimmer zwei Schlafgelegenheiten für die Nacht. In der Küche gibt's für Selbstversorger alles Notwendige, und wer sich lieber bedienen lassen will, besucht das Restaurant Fyrgruta, das sich ebenfalls auf dem Gelände befindet. Hier gibt es nach Angaben des Betreibers »Meeresspezialitäten mit Frischegarantie« – wer wollte das an diesem Ort bezweifeln. Vom 1. April bis zum 15. September hat der Campingplatz geöffnet, der keine Wünsche offenlässt. Zeltenthusiasten finden hier ebenso ein Plätzchen für eine Nacht oder länger, wie Caravan- und Wohnmobiltouristen. Und wer mit dem Pkw anreist, hat die Wahl unter elf verschieden großen, komplett eingerichteten Hütten. Und selbstverständlich gibt es einen Kiosk mit allem, was der Camper braucht – wer den Besuch der Galleri Lindesnes scheut, kann seit 2017 hier auch Postkarten und Drucke der Bilder von Rolf Dybvik erwerben.

Rund ums Jahr

Der Leuchtturm und das Museum sind ganzjährig geöffnet. Während der Hauptsaison ist es dort häufig sehr belebt, daher bevorzugen Kenner das Frühjahr und den Herbst mit spektakulär anrollenden Wellen, stürmischen Winden und Salzgischt in der Luft, um ausgedehnte Spaziergänge auf den Wanderwegen in der Nähe des Leuchtturms zu unternehmen.

TOP ★ ERLEBNISSE

★ RESTAURANTBESUCH UNTER WASSER

In Båly, keine 15 Kilometer nordöstlich des Lindesnes Fyr, liegt das Lindenes Havhotel mit einer besonderen Attraktion: Im Gegensatz zu den Restaurants, die einen weiten Blick aufs Meer bieten, kann man hier im »Under« *ins* Meer schauen – 5,5 Meter unter der Wasserfläche blickt der Gast durch eine riesige Panoramascheibe auf die Unterwasserwelt der norwegischen Küste. Spezialitäten des Hauses sind, wie sollte es anders sein, Meeresfrüchte und Fische.

★ WANDERN AN DER FELSENKÜSTE

So kahl und unwirtlich die oft sturmumtoste Küste am Kap Lindesnes auch zu sein scheint – wer mit offenen Augen über die Felsen wandert, sieht nicht nur die anrollenden Wellen und die Gischt: An flacheren Stellen, an denen das Wasser hoch auflaufen kann, finden sich im Spülsaum Algen, Seesterne, Schwämme, Muscheln und Krebse, und in windgeschützten Felsspalten blühen Rosenwurz, Strand-Grasnelke und Strandplatterbse. Fünf gut markierte Rundwanderwege führen vom Leuchtturm zur Küste, und auch individuelle Wanderungen sind natürlich möglich.

WEITERE INFORMATIONEN
lindesnesfyr.no/de
havhotellet.no/en

14 AN DER SETESDALSBANE

Ein Schmankerl nicht nur für Eisenbahnfreunde

Norwegen ist das Land der Wasserwege entlang der Küsten und in den Fjorden. Das schwer zugängliche gebirgige Hinterland konnte dagegen früher nur auf schmalen Pfaden zu Fuß, auf Pferden oder mit Fuhrwerken erreicht werden. Das änderte sich 1853 mit dem Bau der ersten Eisenbahnlinie zwischen Oslo und Eidsvoll. 1896 wurde die 78 Kilometer lange Setesdalsbane zwischen Kristiansand und Byglandsfjord eröffnet.

Die Fahrt auf der Setesdalsbane führt am Fluss Otra entlang (unten). Schon seit 1901 ist die bei »Thunes Mekaniske Værksted« in Kristiania, dem heutigen Oslo, gebaute Lok auf der Setesdalbahnstrecke unterwegs. Liebevoll von ehrenamtlichen Eisenbahnfreunden restauriert und gepflegt, versieht die alte Dame immer noch zuverlässig ihren Dienst (rechte Seite oben). Die Flößerrinne verläuft als ca. 4 km langer Wanderweg durch beeindruckende Natur (rechte Seite unten).

Jahrzehntelang war die Setesdalsbane das wichtigste Transportmittel der Region für Eisenerz und Holz. Sie wurde aus mehreren Gründen als Schmalspurbahn mit der Spurweite 3 Fuß 6 Zoll (entsprechen 1067 mm) ausgeführt. Ausschlaggebend waren Kostengründe, denn Wagen und Lokomotiven einer Schmalspurbahn können kleiner und damit preisgünstiger ausgeführt werden als die einer Normalspurbahn mit ihren 1435 Millimetern Spurweite. Auch die Kosten für die Gleistrasse und den Unterbau sind erheblich geringer. Weitere, nicht zu unterschätzende Argumente sind der geringere Rollwiderstand und die Möglichkeit, engere Kurvenradien zu bauen – ein im engen Tal der Otra nicht zu unterschätzender Vorteil.

Erste norwegische Museumsbahn

Die Setesdalsbane wurde zu einem wichtigen Verkehrsmittel, weil damit erstmals das Setesdal effizient erschlossen wurde. Nicht nur als Güterbahn war sie das wichtigste Transportmittel aus dem Hinterland nach Kristiansand, auch der Personenverkehr war von großer Bedeutung, denn nun konnte man an einem Tag von Byglandsfjord nach Kristiansand und wieder retour reisen. Durch die fortschreitende Verlagerung des Verkehrs von der Schiene auf die Straße verlor die Bahn an Rentabilität und wurde 1962 stillgelegt. Zuvor hatte es Planungen gegeben, die Strecke von der Schmalspur auf die heute übliche Normalspur umzubauen – der Gewinn an Transportkapazität wäre jedoch weit hinter

den Kosten für den Umbau zurückgeblieben. Lediglich die acht Kilometer lange Teilstrecke vom nördlich von Kristiansand gelegenen Bahnhof Grovane bis nach Røyknes wurde zwei Jahre später als erste norwegische Museumsbahn in Betrieb genommen. Vorangegangen war eine Initiative dänischer Eisenbahnenthusiasten, die 1963 den Verein Setesdalsbanens Hobbyklubb gründeten. Der bisherige Betreiber NSB, die Norges Statsbaner, stand der Idee positiv gegenüber und überließ dem Verein Lokomotiven, Waggons und acht Kilometer Schienen zwischen Grovane und dem Røyknes. Im Juni 1964 fuhr der erste Museumszug.

Erlebnis Dampfrossfahrt

Inzwischen ist aus dem Verein eine Stiftung geworden, die zum Vestagdermuseum gehört. Die Museumsbahn verkehrt regelmäßig mit modernen Dieselloks, aber auch mit historischen Dampflokomotiven und vier über 100 Jahre alten Personenwaggons, deren Aufbauten aus edlem Teakholz bestehen. Die Strecke führt durch fast unberührte Natur zunächst am Ostufer der Otra durch das Tal. Nach 1,5 Kilometern wird einer der vielen kleinen Seen überquert, zu denen sich die Otra aufweitet. Auf der anderen Seite entfernt sich die Bahn etwas vom Fluss und fährt durch dichten Wald, bis das Ufer nach 1,5 Kilometern wieder sichtbar wird. Es folgt eine Tunneldurchfahrt, dann wird der See Beihølen erreicht, an dessen Ufer die Fahrt bis zum Endpunkt in Røyknes führt. Unterwegs werden die noch erhaltenen Bahnhöfe Poulen und Kringsjå passiert. Fast ständig ist während der Fahrt eine alte Flößerrinne sichtbar, die parallel zur Bahntrasse auf der anderen Seite der Otra entlangführt.
Nach 45 Minuten Aufenthalt in Røyknes geht es zurück nach Grovane. Im Zug werden zwar Erfrischungen verkauft, ein Restaurant gibt es aber nicht. Auch in Grovane, Vennesla oder Røyknes findet der hungrige Gast kein Restaurant, Selbstversorgung ist das Gebot der Stunde, und der Weg zurück nach Kristiansand ist zum Glück auch nicht weit. Das Personal an Bord besteht aus freiwilligen Helfern, die sich den Erhalt der Bahn auf die Fahnen geschrieben haben.
Zurück in Grovane runden Führungen durch den Bahnhof, den Lokomotivschuppen und die Werkstatt das Erlebnis Dampfrossfahrt ab. In den Sommermonaten wird von Juni bis September gefahren. Alljährlich aktualisierte Fahrpläne gibt es bei Stiftelsen Setesdalsbanen Grovane. Grovane liegt in der Kommune Vennesla und ist über den Rv 450 von Kristiansand erreichbar.

TOP ★ ERLEBNIS

★ DER HOLZRIESE TØMMERRENNA

Auf dem Rückweg von Røyknes ist es möglich, am ehemaligen Bahnhof Beihøldalen auszusteigen und durch den Holzriesen Tømmerrenna zurück nach Grovane zu wandern (4 km). Ein Holzriese (auch Holzrutsche) ist eine Rinne zum Transport von Baumstämmen in steilem Gelände – durch ihr eigenes Gewicht rutschen die Stämme durch die Rinne bergab. Die große Zeit des Holzeinschlags in der Region ist lange vorbei, der Holzriese blieb aber erhalten und ist immer noch ein beeindruckendes Bauwerk. Mit einer Länge von vier Kilometern war er der längste Holzriese Norwegens und ist gleichzeitig der letzte verbliebene, alle anderen wurden abgebaut. Auf der Wanderung werden Hängebrücken, Tunnel, Picknickplätze, der Bauernhof Paulen und das stillgelegte Wasserkraftwerk Kringsjå passiert, das 1900–1957 in Betrieb war. Wem die Strecke zu lang ist, der kann auch in Paulen aussteigen (man muss dazu dem Schaffner Bescheid geben, damit er dort den Zug anhält) und noch einen Kilometer bis zum Bahnhof Grovane zurückwandern.

WEITERE INFORMATIONEN
vestagdermuseet.no/setesdalsbanen

Gamle Stavanger, die Altstadt, besteht aus ca. 250 kleinen weißen Holzhäusern (oben). Alt und neu, verträumt und mondän gibt sich Stavanger mit seinem Hafen (rechte Seite unten). Das Ölmuseum schildert die wichtige Geschichte des »Schwarzen Goldes« in Norwegen (rechte Seite oben).

15 STAVANGER – BOOMTOWN UND EUROPÄISCHE KULTURHAUPTSTADT

Von Sardinenbüchsen zum schwarzen Gold

Stavanger, Norwegens Ölhauptstadt, hat ihre Wurzeln in der Wikingerzeit, woran das Denkmal »Schwerter im Berg« am Hafrsfjord in der Møllebukta erinnert. Die Geschichte berichtet, dass hier König Harald Hårfagre im Jahr 872 das Königreich einte. Das Stadtrecht datiert aus dem Jahr 1125, als der Dom fertiggestellt wurde. Aber schon vor 10 000 Jahren folgten steinzeitliche Fischer und Jäger dem zurückweichenden Eisschild, der Norwegen bis dahin bedeckt hatte, und lagerten an den Stränden, hinter denen heute Stavanger liegt.

Die Stadt hat eine wechselvolle Geschichte hinter sich. Als 1120 mit dem Bau des Domes begonnen wurde, war Stavanger nicht mehr als eine Ansammlung kleiner Hütten am Ende der Bucht Vågen. Trotzdem wurde die Stadt zum Bischofssitz erhoben, weil sie die einzige nennenswerte Ansiedlung an der Südwestküste war. Stavanger wuchs sehr langsam. Am Beginn des 19. Jahrhunderts hatte es gerade einmal 2000 Einwohner und war nichtsdestoweniger die bedeutendste Stadt der Region. Über Jahrhunderte lebten die Bewohner von Fischfang und Handel. Berühmt wurde Stavanger durch die Konservenindustrie, die am Anfang des 20. Jahrhunderts ihre Blütezeit hatte. Zu der Zeit gab es über fünfzig Konservenfabriken, die ihre Produkte in alle Welt exportierten. Großen Anteil am Bekanntheitsgrad der Konserven hatten die bunten, künstlerisch gestalteten Etiketten auf den Dosen, die »Iddis«. Gelegentlich bezeichnen sich die Einwohner Stavangers selbst so. Im Jahr 2000 schloss die letzte Konservenfabrik. Eine von ihnen wurde jedoch als Hermetikmuseet, als Konservenmuseum, hergerichtet, in dem für die Besucher während der Saison vom 15. Juni bis 15. August jeweils dienstags und donnerstags Sardinen geräuchert werden.

Die neuen Wikinger

Tausend Jahre nachdem die Wikinger mit ihren Drachenbooten Amerika entdeckt hatten, gab es im 19. und beginnenden 20. Jahrhundert einen weiteren Exodus aus Norwegen.

Die Motive waren ähnlich: Armut und die Chancenlosigkeit, aus dieser Armut auszubrechen. Stavanger wurde zum Auswanderungshafen, von dem aus Tausende in die Neue Welt aufbrachen. Heute gibt es außerhalb Norwegens mehr norwegischstämmige Menschen als norwegische Staatsbürger. »Det norske Utvandrersenteret«, das Auswanderer-Dokumentationszentrum, hat diese Phase der norwegischen Geschichte akribisch aufgearbeitet, und fast täglich kommen Besucher auf der Suche nach ihren norwegischen Wurzeln dorthin.

Öl – Chance zum Neuanfang

Nach dem Niedergang der Konservenindustrie, die immerhin jahrzehntelang die größte der Welt war, hatte Stavanger Glück im Unglück. Das Meer, das die Stadt seit ihren Anfängen ernährt hatte, erwies sich erneut als wirtschaftliche Grundlage. Diesmal mit den reichen Öl- und Gasvorkommen, die nur etwa 300 Kilometer von Stavanger entfernt entdeckt wurden. Seit den 1960er-Jahren sorgten sie für den neuerlichen wirtschaftlichen Aufschwung. Nicht nur Statoil, das größte norwegische Ölunternehmen, sondern auch viele internationale Firmen haben ihren Sitz in der Stadt. Die Bedeutung des Öls nicht nur für Stavanger, sondern für ganz Norwegen, wurde folgerichtig mit der Einrichtung des Norsk Oljemuseum, des Ölmuseums, dokumentiert.

Kommerz und Kultur ...

... müssen sich nicht ausschließen. Stavanger bietet eine Fülle kultureller Veranstaltungen, die weit über Norwegens Grenzen hinaus bekannt sind. Jedes Jahr im Mai findet das Mai Jazz-Festival statt, eine internationale Veranstaltung für Jazzmusik, außerdem Anfang August das Internationale Kammermusik-Festival. Stavanger wurde nicht zuletzt deshalb für das Jahr 2008 gemeinsam mit Liverpool zur Europäischen Kulturhauptstadt berufen. Dazu tragen auch die liebevoll restaurierte Altstadt »Gamle Stavanger« bei mit ihren 173 erhaltenen kleinen Holzhäusern, welche die kopfsteingepflasterten Gassen säumen, sowie die Domkirche, der zweitgrößte romanische Kirchenbau in Norwegen nach dem Dom von Trondheim. Dass auch die Frühgeschichte der Stadt nicht vergessen wurde, belegt der Wiederaufbau des »Jernaldergarden«, einer eisenzeitlichen Hofanlage aus der Zeit zwischen 550 bis 350 v. Chr.

TOP ★ ERLEBNISSE

★ NORSK OLJEMUSEUM

Im Norsk Oljemuseum, dem Norwegischen Ölmuseum, erfahren Sie, wie das heute geförderte Öl sowie Gas vor Millionen von Jahren entstanden sind und wie beides heute gefördert wird. Sie erhalten Einblicke in die Technologie, die Dimensionen, die harte Arbeit. Bei einer virtuellen Reise auf der Nordsee bekommen Sie einen Eindruck vom Leben auf einer Ölbohrinsel. Für Kinder gibt es eine eigene Bohrinsel, Småtroll, die immer auf der Suche nach neuer Mannschaft ist. Im kleinen Museumsladen werden Souvenirs verkauft. Im Museumscafé und Restaurant »Bølgen og Moi« können Sie sich von den Strapazen der Öl- und Gasförderung erholen. www.norskolje.museum.no

★ KUNSTSTADT STAVANGER

Beim Bummel durch Stavanger wird man immer auf Kunstwerke stoßen, die an die Fassaden von Häusern oder anderen Bauwerken gemalt wurden. Seit vielen Jahren findet hier das Nuart Festival statt, bei dem Künstler aus der ganzen Welt ihre Spuren hinterlassen. Es lohnt sich, immer genau hinzusehen – man wird etliche spannende Entdeckungen machen.

WEITERE INFORMATIONEN
regionstavanger-ryfylke.com

16 VON DER MACHT DES EISES UND DES WASSERS

Der Lysefjord – heller Granit und dunkles Wasser

Der Lysefjord ist einer der spektakulärsten Fjorde Norwegens. Bis zu 1000 Meter ragen die von den eiszeitlichen Gletschern glatt geschliffenen und polierten Granitwände beidseits des Fjords steil in die Höhe. Nur an wenigen Stellen war am Fuße der Felsen genügend Platz für eine bescheidene Landwirtschaft. Heute sind viele dieser Anwesen verlassen, weil sich der Ackerbau dort nicht mehr lohnt.

Mit 40 Kilometern Länge bleibt der Lysefjord weit hinter dem 204 Kilometer langen Sognefjord oder dem immerhin auch noch 179 Kilometer langen Hardangerfjord zurück, doch tut das seiner Faszination keinen Abbruch. Lysefjord bedeutet so viel wie heller Fjord – ein Name, der auf die hellgrauen Granitfelsen Bezug nimmt, die ihm sein charakteristisches Gepräge geben. Den Kontrast dazu bietet das dunkle, bis zu 500 Meter tiefe Wasser des Fjordes.

4444 Stufen oder 27 Haarnadelkurven

Mit dem Schiff, dem Auto oder auch zu Fuß erschließt sich der Fjord dem Besucher. Von Stavanger führt eine Fährverbindung zunächst in den Høgsfjord nach Südosten und dann bei Oanes nach Nordosten in den Lysefjord. Hier kann der erste Stopp eingelegt werden, um im Lysefjordsenter einen Einblick in die Geologie und Geschichte der Region zu erhalten. Weiter geht es bis zur kleinen Ortschaft Flørli. Hier wurde erstmals von 1917 bis 1921 mit enormem technischem Aufwand ein Wasserkraftwerk in den Fels gebaut. Es wurde 1999 durch einen Neubau ersetzt, der auch besichtigt werden kann. Hier haben sportliche Naturen die Möglichkeit, die Klippen zu Fuß zu erklimmen. 4444 Stufen führen von der Wasserlinie bis zum Klippenrand, von wo sich ein großartiger Blick über den Fjord bietet. Bei

Blick vom Preikestolen, dem »Predigtstuhl« auf den Lysefjord (unten). Neben dem alten Kraftwerksgebäude führen 4444 Stufen zum Klippenrand (rechte Seite oben). Die Tour ist aber genauso wenig zu unterschätzen wie die Wanderung zum Kjeragbolten, einem beliebten Fotomotiv für Mutige (rechte Seite unten).

Kjerag, etwa fünf Kilometer vor dem Ende des Fjordes, erreichen die nahezu senkrecht abfallenden Steilwände an der Südseite eine Höhe von 1084 Metern. Am Ende des Fjordes angekommen, findet man die kleine Ortschaft Lysebotn, die im Wesentlichen aus Ferienhäusern und einem Campingplatz besteht. Das ist jedoch nicht das Besondere an diesem Ort, sondern die von dort in 27 Haarnadelkurven fast 900 Höhenmeter überwindende, in das obere Sirdal führende Straße. Sie folgt dem legendären Skinnvegen, dem Fellweg, einem der ältesten Handelswege Norwegens. Auf ihm brachten Jäger die Felle der von ihnen im Hochland erlegten Tiere an die Küste.

Klettern, nicht predigen

Eine von jährlich fast 100 000 Menschen besuchte Attraktion im Lysefjord ist der Preikestolen, der Predigtstuhl. 604 Meter über dem Fjord hat man von der nur etwa 25 Meter langen und genauso breiten Felsplattform einen weiten Blick bis nach Stavanger, die umliegenden Gebirge und den Lysefjord. Allerdings sollte man schwindelfrei sein, denn die Felswand stürzt senkrecht in die Tiefe, und die Plattform ist nicht einmal durch einen symbolischen Zaun gesichert. Kletterer haben die Steilwand für sich entdeckt und versuchen, den kürzesten Weg hinauf zu finden. Aber auch schon der reguläre Weg dorthin ist im wahrsten Sinne des Wortes mit Steinen gepflastert. Die Wanderung von Botne, einem kleinen Ort am Fuße des Preikestolen, führt zunächst über einen steilen Weg entlang eines Höhenrückens, dann durch sumpfigen Wald zur Urskarshöhe auf 408 Metern und weiter über ein Geröllfeld zum Neverdalsskaret-Pass und zur Plattform des Predigtstuhls. Der Blick entschädigt für alle Mühen. Schon auf dem Weg nach oben beobachtet man mit etwas Glück Schneehühner, Seeadler oder sogar einen Elch. Wer weder klettern noch laufen will, kann den Aufstieg auch auf dem Rücken eines Pferdes erleben, das man bereits in Stavanger buchen kann.

Der Preikestolen entstand am Ende der letzten Eiszeit und ist das Ergebnis der Arbeit von Eis und Wasser. Vor etwa 10 000 Jahren, als die Gletscher, die den gesamten Fjord ausgefüllt hatten, langsam zu schmelzen begannen, drang Schmelzwasser in Klüfte und Spalten der Felsen, gefror wieder und dehnte sich dabei aus. Dieser Vorgang wiederholte sich viele Male, bis große Blöcke regelrecht abgesprengt worden waren, ein Prozess, der auch heute noch nicht abgeschlossen ist. Allerdings besteht keine Gefahr, dass der Preikestolen zusammenbricht.

TOP ★ ERLEBNISSE

★ LEBEN VOR 3000 JAHREN

Am Eingang des Lysefjordes liegt der kleine Ort Forsand, der nicht nur als Fährort in den Lysefjord interessant ist. Hier wurden Siedlungsreste von Menschen gefunden, die in der Zeit zwischen 1500 v. Chr. bis 600 n. Chr. in der Siedlung Landa gelebt haben. Seit 1995 werden die Gebäude Stück für Stück rekonstruiert und als »Freilichtmuseum zum Anfassen« eingerichtet, darunter die Gildehalle und die Schmiede. Nirgendwo sonst in Norwegen ist die Geschichte von der Bronzezeit bis zum Beginn des Mittelalters so umfassend dokumentiert.

★ WANDERZIELE AM LYSEFJORD

Der Preikestolen ist ein bekanntes – und oft auch unterschätztes – Ziel für Wanderer am Lysefjord. Das gilt auch für die nicht minder interessante Tour zum Kjerag. Die führt von einem Parkplatz oberhalb von Lysebotn über glatten Fels in Richtung Kjeragbolten. Einige Passagen sind mit Drahtseilen gesichert. Instagram & Co. haben den zwischen zwei Felswände geklemmten Block zu einem Ziel ersten Ranges gemacht, vor dem sich in der Hauptsaison Schlangen bilden, um das entsprechende Foto zu machen. Deutlich weniger frequentiert ist der Aufstieg ins Fjell auf 4444 Stufen von Flørli aus. Trotzdem sollte man die Tour nicht unterschätzen.

WEITERE INFORMATIONEN
www.lysefjordsenteret.no

Bis weit in den Juni hinein halten sich einzelne Schneefelder auf der Hardangervidda (oben). Der Vøringsfossen gehört zu den spektakulärsten Wasserfallen des Landes (rechte Seite oben). Brücken erleichtern das Vorankommen bei Trekkingtouren auf der Hochebene (rechte Seite unten).

17 EIN PARADIES FÜR RENTIERE

Hardangervidda – die Hochebene im Herzen Norwegens

15 000 Rentiere, die größte wild lebende Population Norwegens, leben heute noch auf der Hardangervidda, gemeinsam mit weiteren 23 Säugetierarten, darunter Luchs, Polarfuchs, Vielfraß, Schneehase und Berglemming. Sie alle finden hier ideale Lebensbedingungen vor. Kein Wunder also, dass die Hochebene bereits vor etwa 8000 Jahren von nomadisierenden Jägern besiedelt war, die den Rentierherden nach dem Ende der Eiszeit auf die Hochebene folgten.

Mehr als 9000 Quadratkilometer umfasst die Hardangervidda, die damit die größte Hochebene Europas ist. Das Bundesland Saarland würde dreieinhalbmal dort hineinpassen. Während sich im Saarland aber mehr als eine Million Menschen drängeln, ist diese Region fast menschenleer. Eine einzigartige Landschaft, offen, wild und weitgehend naturbelassen, mehr als 1000 Meter über dem Meer gelegen. Unzählige Bäche und Flüsse durchziehen das Land. Sie sind ausgesprochen fischreich, genauso wie die vielen Seen, Weiher und Tümpel, die in die Tundralandschaft eingebettet sind. Die Hardangervidda hat eine 550 Millionen Jahre alte Geschichte. Sie beginnt in der Zeit, als die Kontinentalplatte, auf der sich das heutige Norwegen befindet, noch südlich des Äquators lag und die Hochfläche Teil des Meeresbodens war. Im Laufe der Jahrmillionen verschoben sich die Platten, und die Hardangervidda wurde über den Meeresspiegel angehoben. Das heutige Bild der Landschaft ist das Ergebnis der »Arbeit« von Gletschern, die das Gebiet während der letzten Eiszeit regelrecht abschliffen. Nur einige sanft ansteigende Gipfel konnten der Kraft der fließenden Eismassen widerstehen. Der Sandfløggi ist mit 1719 Metern die höchste Erhebung. Schroffere Abschnitte gibt es nur im höheren westlichen Teil der Hardangervidda, dort, wo die Ebene zum Sørfjord und zum Eidfjord hin abfällt. Nur wenige Siedlungen und Straßen unterbrechen das Bild. Die Norweger sind sich der Schönheit und Einmaligkeit dieser Landschaft

Bunte Krustenflechten überziehen die Felsen und sorgen für Farbtupfer in der Landschaft, wenn der Winter die Hardangervidda aus seinem eisigen Griff entlässt (oben). Reife Moltebeeren – ein einzigartiger Genuss (unten). Im Sommer grasen Schafe auf der Hardangervidda (rechte Seite oben). Solche Torfhütten boten den Menschen früher Unterschlupf (rechte Seite unten).

wohl bewusst und haben 1981 mehr als ein Drittel der Hardangervidda als Nationalpark ausgewiesen. Der Hardanger-Nationalpark ist mit seinen 3422 Quadratkilometern der größte Nationalpark Norwegens.

Arktis in Europa

So warm und sonnig der Sommer auf der Hardangervidda auch sein kann, der Winter stellt Pflanzen und Tiere dieser Region auf eine harte Probe. Arktische Kälte sorgt dafür, dass hier nur vergleichsweise wenige Arten überleben können. Dazu zählen die Rentiere. Sie haben sich im Laufe der Evolution an das Leben in Schnee und Eis angepasst. Mit ihren breiten Hufen sinken sie auch im weichen und tiefen Schnee kaum ein, und durch die scharfen Kanten der Hufe sind sie in der Lage, selbst verharschten Schnee aufzukratzen, um an die Gräser, Kräuter und vor allem Flechten zu gelangen, von denen sie leben. Selbst niedrigste Vegetation können sie abweiden, allerdings um den Preis, dass sich die Zähne vorzeitig abnutzen, weil mit den Pflanzen auch Sand und kleine Steine aufgenommen werden. Kaum ein Rentier stirbt daher an Altersschwäche. Es verhungert oder wird das Opfer von Räubern wie Luchs und Vielfraß, die sofort zur Stelle sind, wenn ein Tier krank oder schwach wird. Der Vielfraß hat seinen Namen nicht etwa deshalb, weil er viel frisst, die deutsche Bezeichnung leitet sich vielmehr vom norwegischen Wort Fjellfross ab: Fjell für Hochland und Fross für Katze, also Hochlandkatze. Allerdings ist der Vielfraß keine Katze, sondern zählt zu den Mardern. Für die hier an ihrer südlichen Verbreitungsgrenze lebenden Polarfüchse sind Rentiere in der Regel als Beute zu groß. Sie ernähren sich hauptsächlich von Berglemmingen, den am besten an das arktische Klima angepassten Nagetieren. Die Berglemminge halten keinen Winterschlaf, sondern bauen ein Tunnelsystem unter dem Schnee, um an ihre Nahrung zu kommen. Die Schneeschicht bildet einen idealen Schutz gegen Kälte und Wind, sie bewahrt die Tiere aber nicht davor, von Polarfüchsen und Schnee-Eulen aufgespürt zu werden, denn beide haben so feine Ohren, dass sie die Nager unter der Schneedecke laufen hören. Die hohen Verluste durch ihre Feinde machen die Berglemminge jedoch durch ihre Vermehrungsrate mehr als wett. In Jahren mit günstigem Nahrungsangebot vermehren sie sich so stark, dass sie nicht einmal durch ihre Fressfeinde »in Schach gehalten« werden können. Dann brechen riesige Mengen von ihnen auf, um neue Lebensräume zu erobern, die meisten von ihnen kommen jedoch auf diesen Wanderungen um.

Anders als die Berglemminge ziehen die meisten der in der Hardangervidda lebenden Vögel im Winter in den Süden. Es sind nicht sehr viele Arten, die man hier während der Brutzeit oder auf dem Zug von und nach Norden antrifft, aber die »Birder«, wie die enthusiastischen Vogelbeobachter auch genannt werden, kommen hier auf ihre Kosten. Deren Beobachtungslisten lesen sich wie das »Who's who« der Vogelprominenz, vom Rotsternigen Blaukehlchen über die Falkenraubmöwe bis zum Merlin, dem Falken und zur Schellente, die in Baumhöhlen brütet. Schnee-Eule, Doppelschnepfe, Schneehuhn und Odinshühnchen sind weitere Prominente. Die beste Zeit für Vogelbeobachtungen ist von Mitte Juni bis Mitte Juli. Dann sind bereits die in der Hardangervidda brütenden Vögel angekommen, und gleichzeitig rasten noch viele Durchzügler hier, die noch weiter in den Norden wollen.

Moltebeeren – ein süßes Geheimnis

Auch die Botaniker sind hier in ihrem Element. Nirgendwo sonst in Kontinentaleuropa finden sie so viele arktische Pflanzen wie hier. Insgesamt wurden in der Hardangervidda rund 450 verschiedene Pflanzenarten registriert, darunter auch solche, die ansonsten nur sehr viel weiter nördlich auf der Bäreninsel, auf Spitzbergen oder in Nordsibirien verbreitet sind. Während der niederschlagsreichere westliche Teil der Hardangervidda noch eine vergleichsweise üppige Vegetation aus Gräsern, Kräutern und kleinen Zwerggehölzen aufweist, ist der östliche und nördliche Teil schon fast als arktische Tundra zu bezeichnen. Berühmt sind alle Bereiche wegen des Vorkommens der Moltebeere, die fast in Gold aufgewogen wird. Jeder Norweger, der weiß, wo Moltebeeren wachsen, behält dieses Wissen für sich. Man kann Moltebeeren roh essen oder zu Marmelade und Gelee verarbeiten. Sie sind reich an Vitaminen und Spurenelementen und wurden von Seeleuten aufgrund ihres hohen Gehaltes an Vitamin C als wirksames Mittel gegen Skorbut angesehen.

Eine Landschaft für Naturbegeisterte

Wandern, Angeln, Skifahren, Vogelbeobachtung, alles das bietet die Hardangervidda. Ein 1200 Kilometer langes Netz von Wanderwegen durchzieht die Hochebene, das vom DNT (Den Norske Turistforening) betreut wird. Die Wanderwege folgen häufig uralten Handelswegen, die schon seit Jahrhunderten genutzt wurden. Bereits 1879 wurde die erste Wanderhütte errichtet, heute sind es fast 40. Die meisten dieser zum Teil bewirtschafteten Hütten befinden sich im Nationalpark. Sie bieten alles, was der Wanderer braucht: Bett, Waschgelegenheit und Verpflegung.

TOP ★ ERLEBNISSE

★ »BEGREIFBARE« NATUR IM HARDANGERVIDDA NATURSENTER

In Eidfjord, am Fuße des Wasserfalles von Vøringsfossen, findet man das Naturschutzzentrum Hardangervidda. In dem auch architektonisch außergewöhnlichen Gebäude erhält der Besucher einen umfassenden Einblick in die Geologie, Biologie und Kultur der Hardangervidda. Verstaubte Museumsatmosphäre gibt es hier nicht. Im wahrsten Sinne des Wortes »begreifbare« Natur wird hier geboten, unterstützt durch technisch und didaktisch auf höchstem Niveau stehende Multimedia-Angebote. Auch für das leibliche Wohl wird gut gesorgt. Im Restaurant des Naturschutzzentrums werden typisch norwegische Gerichte angeboten, deren Zutaten soweit möglich aus der Region stammen. Das Restaurant hat sich auch einen Namen als Treffpunkt für die ortsansässigen Bewohner gemacht.

★ TREKKING FÜR EXPERTEN

Die Hochebene der Hardangervidda ist eine Wandergegend ersten Ranges. Hier macht man eher Strecke als Höhenmeter und ist – wenn man will – tagelang unterwegs und übernachtet dabei in Hütten oder im Zelt. Allerdings sollte man bei längeren Touren genügend Erfahrung haben, denn das Wetter kann schnell umschlagen, sodass Kälte und Regen sowie mangelnde Orientierung zu schaffen machen.

WEITERE INFORMATIONEN
www.hardangervidda.org

Schneebedeckte Berge, nackte Felsen, Moose, Flechten und mittendrin der Røldalsvatnet (oben). Auf dem Weg nach unten ein Stopp bei einem der vielen namenlosen Wasserfälle, dann ist man wieder in der Zivilisation (rechte Seite unten). Das Industriemuseum Oddas liegt majestätisch am Wasser (rechte Seite oben).

18 EXKURSION INS INNERE DES HORDALANDS

Berge, Seen und Wasserfälle

Auch die Wege von einem Highlight Norwegens zum anderen können selbst wiederum Highlights darstellen. Eines der besten Beispiele dafür ist die Route von der Hardangervidda über die E 134 und R 13 in Richtung Bergen. Stationen zum Verweilen und Abstecher in die Umgebung sind Haukeliseter am Rande des Hardangervidda-Nationalparkes, Røldal mit seiner Stabkirche und Odda am Ende des Sørfjordes.

Mit den noch frischen Eindrücken von der Hardangervidda ist Haukeliseter das erste Etappenziel auf dem Weg nach Bergen. Noch befindet man sich in der Provinz Telemark, aber die Grenze zu Hordaland ist nicht weit. Haukeliseter selbst ist weniger interessant, aber es bietet die notwendige Infrastruktur mit Hotels, Pensionen und Campingplätzen. Von hier aus kann man wunderschöne Wanderungen in die malerische Umgebung unternehmen. Kein Geheimtipp mehr, aber immer noch gut und gern besucht ist die »Haukeliseter Fjellstove«. Dort erhält man neben Wanderkarten und anderem Informationsmaterial über die Region auch deftige norwegische Mahlzeiten.

Durch den Tunnel oder über den Pass

Kurz hinter der Grenze zur Provinz Hordaland hat man die Qual der Wahl. Entweder nutzt man den knapp sechs Kilometer langen Haukelitunnel oder befährt die alte, vor über 120 Jahren gebaute Straße über den 1148 Meter hohen Dyrskar-Pass. Bei gutem Wetter sollte man sich auf jeden Fall für Letztere entscheiden, denn der Ausblick von dort oben ist grandios. Auch im Hochsommer liegt hier noch an vielen Stellen Schnee, dazwischen blühen Steinbrechgewächse, Silberwurz und Läusekraut. Zwergbirken und Kriechweiden bilden nur wenige Zentimeter hohe Wälder. Im Herbst werden die Wälder von den in ihnen wachsenden

Steinpilzen und Maronen überragt. Wenige Kilometer weiter beginnt der Abstieg in Richtung Røldal. Auch hier steht man vor der Entscheidung: Tunnel oder Straße. Wer die Straße wählt, fährt auf der streckenweise nur 3,50 Meter breiten Asphaltpiste mit sieben engen Haarnadelkurven talwärts.

Die Røldal-Stabkirche – zu Unrecht fast vergessen

Die meisten Touristen fahren an Røldal vorbei, ohne zu wissen, dass der Ort mit seiner Stabkirche ein echtes Kleinod besitzt. Der Bau wird wie die meisten anderen Stabkirchen in Norwegen vom Norwegischen Verein für Denkmalpflege unterhalten. Zu Anfang des 13. Jahrhunderts erbaut, ist sie eines der »jüngeren« Exemplare ihrer Art. Sie besticht durch bunte Wandmalereien, die zuletzt 1917 im Rahmen einer Grundrenovierung restauriert wurden. Aus dem Mittelalter erhalten sind das Taufbecken aus Speckstein und ein Kreuz, dem Wunderkräfte zugeschrieben werden. Noch im 19. Jahrhundert pilgerten jedes Jahr Hunderte von Menschen nach Røldal, um sich mit dem Schweiß des Christus am Kreuz zu benetzen, der auf dessen Stirn erschien. Sie erhofften sich dadurch Heilung von ihren Krankheiten. Das »Wunder« hatte aber einen ganz profanen Hintergrund: Es handelte sich um Kondenswasser.

Noch einmal über den Berg

Von Røldal führt die alte Hordalia-Bergstraße noch einmal auf etwa 1000 Meter Höhe über den Hordabrekkene. Auch hier sind gute Nerven erforderlich, um die 10 Prozent Steigung zu überwinden. Wer sie nicht hat, fährt durch den Tunnel unter dem Røldalsfjell hindurch. Oben hat man einen fantastischen Ausblick auf den Buerbreen, einen Ausläufer des Folgefonn-Gletschers, der mit 214 Quadratkilometern Fläche der drittgrößte Gletscher Norwegens ist. Von dort aus geht es wieder steil bergab in das Jøsendal und über die R 13 in Richtung Odda.
Bereits im landschaftlich reizvollen Oddadalen angekommen, führt der Weg am Låtefossen vorbei, dessen Wasser aus 165 Meter Höhe herabstürzt. Ein beständiger Wasserschleier überzieht die Straße und den kleinen Kiosk, der dort für die Besucher aufgestellt wurde. Der Låtefossen wird aus zwei getrennten Abflüssen des Låtevatn gespeist und wurde wegen seiner Schönheit unter Naturschutz gestellt. Er ist aber keineswegs der einzige Wasserfall auf dieser Route. Drei weitere Wasserfälle liegen auf dem Weg, bevor Odda erreicht wird.

TOP ★ ERLEBNISSE

★ VON DER SOMMERFRISCHE DES ADELS ZUM INDUSTRIEZENTRUM

Nicht nur Kaiser Wilhelm II. kam im 19. Jahrhundert regelmäßig nach Odda, um die Schönheit der Landschaft zu genießen, auch andere Adelige aus ganz Europa trafen sich hier. Mit dem Beginn der Industrialisierung in Odda wurde der Niedergang des Luxustourismus in der Stadt eingeleitet. All die echten Adeligen und der Geldadel blieben aus. Dies war allerdings zu verschmerzen, denn die Schwerindustrie brachte wesentlich mehr Geld in die Stadt als die Luxusgäste. Die Geschichte dieses Wandels wird im sehenswerten Industriemuseum Oddas anschaulich dargestellt.
INFO: www.visitodda.com

★ SKI-KITEN AUF DEM STAVATN

Ski-Kiten ist immer noch eine etwas exotische Sportart. Viele Bedingungen müssen erfüllt sein, um den Sport ausüben zu können. Es müssen genügend große offene Schneeflächen ohne Hindernisse und es muss ausreichend starker Wind wehen, der die Schirme füllen und die daran hängenden Skifahrer ziehen kann. All das ist in Haukeliseter in idealer Weise vorhanden. Der Ort weist ein subpolares Klima auf, weshalb der unmittelbar benachbarte See Stavatn fast acht Monate im Jahr zugefroren ist. Seine spiegelglatte, mehr als 5 km^2 große Eisfläche und der beständig wehende Wind bieten beste Bedingungen zum Ski-Kiten. Die Haukeliseter Fjellstue bietet mehrere Kite-Kurse für Anfänger und Fortgeschrittene an.
INFO: www.haukeliseter.no

19 NATUR UND KULTUR AM »KÖNIG DER FJORDE«

Landschaft der Gegensätze – der Hardangerfjord

Mit einer Länge von 179 Kilometern ist der Hardangerfjord der zweitlängste Fjord Norwegens. Das macht aber seinen Reiz nicht aus. Es ist die vielfältige Landschaft mit Wasserfällen, Gletschern, Wiesen, Weiden und Obstgärten, die ihn weit über Norwegen hinaus bekannt gemacht hat. Nicht umsonst wird er der »König der Fjorde« genannt. Edvard Grieg verbrachte hier viele Sommer und ließ sich inspirieren.

Der Hardangerfjord öffnet sich südlich von Bergen und führt in nordöstlicher Richtung tief in das gebirgige Herz Norwegens hinein, bis er bei Eidfjord, am Ende des gleichnamigen Nebenfjords, direkt an das Hochplateau der Hardangervidda heranreicht. Vom Hardangerfjord zweigen noch mehrere andere Seitenarme ab, der längste davon ist mit 38 Kilometern der Sørfjord. Wie ein Keil schiebt sich die Folgefonn-Halbinsel von Süden zwischen den Hardangerfjord und den Sørfjord. Auf ihr befindet sich der drittgrößte Gletscher Norwegens, der Folgefonna. Sein höchster Punkt liegt bei 1662 Meter, das Ende der Gletscherzunge reicht bis 400 Meter herunter. Der Gletscher und weite Teile der Umgebung wurden 2005 zum Nationalpark erklärt.

Von Eis und Wasser geformt

Seine heutige Form verdankt der Hardangerfjord den Kräften des Eises und des Wassers. Als vor etwa 10 000 Jahren, am Ende der Eiszeit, das große Tauen begann, hatte das Eis bereits tiefe Täler ausgehobelt, deren tiefer gelegene Bereiche nun vom Schmelzwasser geflutet wurden. Unter dem Eis stieg der Wasserspiegel in diesen Tälern immer weiter an, bis sich die Wassermassen schließlich einen Abfluss suchten. Sie durchbrachen die durch die Gletscher aufgeschobenen Moränenwälle, rissen das über ihnen liegende Eis

Abendstimmung am Hardangerfjord vor Herand (unten). Im südlichen Teil des Hardangerfjordes sind die Hänge steil (rechte Seite oben) ... im Norden sind die leicht geneigten Hänge ideal zum Anbau von Obst geeignet (rechte Seite unten).

Im »Utne Hotel« scheint die Zeit stehen geblieben zu sein. Das behutsam restaurierte, denkmalgeschützte Gebäude hat den Charme des 18. Jahrhunderts über die Zeiten erhalten (oben). Überall wird deutlich, mit wie viel Liebe das kulturelle Erbe gepflegt wird (unten). Das Dorf Rosendal gehört zur einzigen Baronie Norwegens (rechte Seite oben). Das milde Fjordklima lässt Apfelbäume gedeihen (rechte Seite unten).

mit sich und fanden ihren Weg in den Atlantik. Der tiefste Punkt des Hardangerfjordes liegt daher nicht im Bereich seiner Mündung, sondern mitten im Fjord bei dem Ort Norheimsund.

Wasserfälle mit Abschaltautomatik

Heute macht man sich die Kraft des Elements zunutze. Das von der Hardangervidda in den Fjord abfließende Wasser wird zur Stromerzeugung verwendet. Der Bau des ersten Elektrizitätswerks wurde 1918 vollendet; es bildete die Grundlage für die Industrialisierung der Region um Odda und war bis 1989 in Betrieb. Zwischenzeitlich sind nahezu alle Wasserfälle »gebändigt«. Der Ringedalsvatn, ein riesiger Stausee nahe Tyssedal, ließ die Wasserfälle Tyssestrengene und Ringedalsfossen, die noch im 19. Jahrhundert mit 160 Meter bzw. 300 Meter Fallhöhe eine weithin bekannte Attraktion waren, versiegen. Andere Wasserfälle sind zum Glück erhalten geblieben. Darunter der Vøringfossen, der zu den meistbesuchten Sehenswürdigkeiten Norwegens zählt. Zwar wird auch die Kraft seines Wassers inzwischen durch den Sysendamm zur Stromerzeugung gebraucht, während der Touristensaison vom 1. Juni bis zum 15. September stürzen jedoch immer noch mindestens 12 Kubikmeter Wasser pro Sekunde den Berg hinab. Schon von unten bietet der Wasserfall einen grandiosen Anblick. Wer ihn auch noch von oben betrachten möchte, kann 1500 Stufen auf dem alten, früher von Packpferden genutzten Pfad nach oben auf das Mabøfjell hinaufsteigen. Die Mühe wird durch einen grandiosen Ausblick belohnt.

Blüten und Eis

Wie auch in anderen Bereichen Norwegens begann die Besiedlung der eisfreien Täler recht schnell. Die geschützte Lage innerhalb der Täler macht sogar Obstbau möglich, sodass der Hardangerfjord auch als Obstgarten Norwegens gilt. In jedem Frühjahr pilgern Tausende Norweger und ausländische Gäste zur Obstblüte. Allein in der Gemeinde Ullensvang, nördlich von Odda an der Ostseite des Sørfjords gelegen, blühen 500 000 Obstbäume, vorwiegend Apfel- und Kirschbäume. Der Folgefonn-Gletscher bildet dabei eine gewaltige Kulisse für die im Mai und Juni blühenden Obstbäume. Die Bäume sehen nicht nur schön aus, auch ihr Obst schmeckt sehr gut. Zur Reifezeit wird es von den Bauern an der Straße verkauft. Ein eigenes Zentrum für Obstbauforschung sorgt dafür, dass die Qualität des Obstes stimmt und Besucher informiert werden.

Wer sich nicht nur von Obst ernähren will, kommt am Fisch aus dem Hardangerfjord nicht vorbei. Der Fjord gehört zu den vier größten Fischzuchtregionen der Welt. 40 000 Tonnen Lachse und Regenbogenforellen werden hier jedes Jahr in Fischfarmen »produziert« und kommen frisch auf den Tisch der vielen kleinen Restaurants und Hotels. Wer sich sein Essen durch Arbeit verdienen will, kann auch selbst auf Angeltour gehen, denn nicht nur die Zuchtfische fühlen sich im Hardangerfjord wohl. Lachs, Aal, Butt, Dorsch und ein halbes Dutzend anderer Fischarten hat man mit ein wenig Glück am Haken. Sie alle lassen sich zu schmackhaften Gerichten verarbeiten.

Auf den Spuren von Thomas Cook

Auch wenn viele kleine Orte beiderseits des Hardangerfjordes und seiner Nebenfjorde wie Perlen auf einer Kette aneinandergereiht sind, ist die Region bis heute nur halb so dicht besiedelt wie der Landesdurchschnitt. Neben der Landwirtschaft spielt der Tourismus eine große Rolle. Hier liegt die Wiege des norwegischen Fremdenverkehrs, denn bereits 1875 veranstaltete Thomas Cook wöchentliche Seefahrten von London zum Hardangerfjord.

Diese Tradition hat in den letzten drei Jahrzehnten eine Renaissance erlebt. Vorsichtig wird die Infrastruktur für den Tourismus entwickelt. Im Vordergrund steht dabei das Naturerleben. Boots- und Angeltouren, Wandern – der Fjord bietet für jeden etwas.

Für Wintersportler wurde auf dem Folgefonn-Gletscher ein Sommerski-Zentrum mit Norwegens längstem Gletscherskilift eingerichtet. Wer sich für die Geschichte der Region interessiert, dem sei der Besuch des Hardanger Folkemuseum in Utne angeraten. Hier entstand ein Dorf, wie es bis zur Mitte des 19. Jahrhunderts typisch war.

Eine vermutlich aus dem 13. Jahrhundert stammende Rarität ist die Årstove, ein Blockhaus mit offener Feuerstelle.

Tradition, Musik und Tanz

Tradition wird großgeschrieben im Hardangerfjord. Berühmt sind die Trachten, die an Festtagen und bei Hochzeiten getragen werden. Die Blusen und Schürzen der Frauen sind mit der Hardangerstickerei verziert, einer Durchbruchstickerei, die ihren Ursprung in Persien hat und im 14. Jahrhundert über Italien auch nach Norwegen kam. Jede Familie hat im Laufe der Zeit ihre eigenen geometrischen Muster geschaffen, außerdem wird hier nur Weiß auf Weiß gestickt. An Festtagen und bei Hochzeiten zeigen die Norweger, dass sie feiern können. Zu den Klängen der Hardangerfiedel wird gesungen, getanzt und natürlich getrunken. Die Hardangerfiedel, in Norwegen »Hardingfele« genannt, ist das traditionelle Musikinstrument für die Volksmusik der Region. Der Komponist Geirr Tveitt hat aber auch zwei klassische Konzerte dafür komponiert. Ihren eigentümlichen Klang hat sie u. a. durch zusätzliche Resonanzsaiten.

TOP ★ ERLEBNISSE

★ SPEISEN WIE DIE NORWEGER

Nach den Wanderungen, Angeltouren oder Abfahrten vom Folgefonna soll auch der Magen zu seinem Recht kommen. Am Hardangerfjord gibt es viele Restaurants und Gaststätten, die meist nur während der Saison geöffnet sind. Eines davon ist die »Hardangerviddahallen« in Øvre Eidfjord. Hier gibt es Deftiges aus der Region, angefangen von Lachs über Forelle bis zu Rentierbraten und Lamm, alles traditionell zubereitet und außerordentlich schmackhaft. Zugeständnisse an den Zeitgeist gibt es nur insofern, dass auch vegetarische Gerichte auf der Karte stehen. Kinder bekommen etwas kleinere Portionen.
www.hardangervidda.org

★ IM OBSTGARTEN NORWEGENS

Der Sørfjord ist ein schmaler Seitenarm des Hardangerfjords an der Westseite der Hardangervidda. Am klimatisch begünstigten Fjordufer wachsen unzählige Obstbäume, vor allem Apfelbäume. Im Frühjahr bieten die blühenden Bäume einen wunderbaren Kontrast zu den noch verschneiten Bergen. Und im Sommer zur Zeit der Ernte kann man die frischen Früchte an Ständen am Straßenrand probieren und kaufen.

Bei schönem Wetter blickt man vom Aussichtsberg Ulriken über Bergen und die vorgelagerten Inseln (oben). Die Häuser von »Tyske Bryggen« wurden nach jeder Brandkatastrophe nach den alten Plänen wieder detailgetreu aus Holz errichtet (rechte Seite).

20 ALTE STADT MIT JUNGEM GESICHT

Bergen – Tor zu den Fjorden Norwegens

»Bergen ist die Stadt mit den Füßen im Meer, mit dem Kopf nahe dem Himmel und mit dem Herz auf dem rechten Fleck.« So charakterisieren die Einwohner ihre Stadt liebevoll. Und das ist durchaus zutreffend, denn sie liegt unmittelbar an einem Naturhafen am Ende des Puddefjorden, eingerahmt von ihren sieben bis zu 670 Meter hohen Bergen. Tradition und Moderne, gemütliches Kleinstadtleben und betriebsame Geschäftigkeit sind eine gelungene Symbiose eingegangen und geben der Stadt ein einzigartiges Flair.

Den Titel als größte Stadt Norwegens hat Bergen 1880 an Oslo abgeben müssen, aber bis zu dieser Zeit war sie die wichtigste Hafenstadt des Landes mit einer langen Tradition. Bereits um 1070 hatte König Olav Kyrre an der Stelle der heutigen Stadt einen Ort namens »Björgwin« gegründet, was so viel wie Bergwiese bedeutet. Schon unmittelbar danach war sie ein wichtiger Handelshafen. Ihre Bedeutung stieg 1360 noch einmal, als ein Handelskontor der Hanse, der »Tyske Bryggen«, also der Deutsche Anleger, gegründet wurde. Die Stadt entwickelte sich durch den Import von Getreide und den Export von Fisch zum wichtigsten Handelszentrum Skandinaviens. Da Kontore keine selbstständigen Mitglieder der Hanse sein konnten, wurde die Niederlassung der Hansestadt Lübeck untergeordnet. Das zunächst aus 20 nebeneinander liegenden Gebäuden bestehende Hansekontor wurde schnell zu einem kompletten Wohn- und Handelsviertel. Zur Blütezeit der Hanse machten die deutschen Kaufleute und Handwerker ein Viertel der Stadtbevölkerung Bergens aus. Noch heute ist der nur noch

AUDHILD VIKEN
JULEHUSET
BRYGGEN HUSFLID

Keine Fassade ist wie die andere im Hanseviertel, der »Tyske Bryggen« (unten). Vielfalt ist in der Architektur ebenso die Maxime wie auf dem Fischmarkt, wo die ganze Palette der Meeresfrüchte angeboten wird (ganz unten). Der Musikkpaviljongen im Stadtpark ist ein richtiger Hingucker (rechte Seite oben). Dem Komponisten Edvard Grieg wurde ein Denkmal gesetzt (rechte Seite unten).

Bryggen genannte Stadtteil eine der Hauptattraktionen Bergens, wenngleich es sich nicht mehr um die alten Gebäude, sondern Rekonstruktionen handelt, da die Stadt mehrfach von verheerenden Feuersbrünsten heimgesucht wurde. Die Flammen fanden durch die typisch norwegische Holzbauweise der Häuser immer reichlich Nahrung, aber die Hafenzeile wurde immer wieder nach den alten Plänen aufgebaut, sodass sie sich heute noch so darstellt, wie im 14. Jahrhundert. Von der UNESCO wurde Bryggen deswegen im Jahr 1979 zum Weltkulturerbe ernannt. Alle anderen Gebäude im Stadtgebiet mussten nach dem letzten großen Brand im Jahre 1916 aufgrund einer Feuerschutzverordnung aus Stein errichtet werden.

Während Bryggen immer noch ein lebendiger, intensiv genutzter Stadtteil ist, kann in Gamle Bergen, dem nördlich vom Zentrum gelegenen Alt-Bergen, das Leben betrachtet werden, wie es vor rund 100 Jahren war. Hier stehen Holzhäuser nicht nur aus der Stadt selbst, sondern aus der gesamten Region um Bergen, die abgetragen und hier Stück für Stück wiederaufgebaut wurden. Die Zeit scheint stehen geblieben zu sein. Das Leben der reichen Kaufleute ist ebenso nachzuempfinden wie das des armen Dienstmädchens, des Bäckers, des alternden Beamten und nicht zuletzt des Zahnreißers und seiner Patienten. Tausende von Gegenständen aus dieser Zeit erzählen, wie die Menschen zu Hause, bei der Arbeit und bei Festlichkeiten gelebt haben.

Moderne Stadt mit Sinn für Traditi

Heute ist Bergen mit rund 261 000 Einwohnern die zweitgrößte Stadt in Norwegen. Traditionell wird auch heute noch Fischfang betrieben, daneben spielt auch die Aquakultur von Lachsen eine große Rolle. Berühmt ist der Fischmarkt Torgen, nur einen Steinwurf von Bryggen entfernt. Außer am Wochenende ist er täglich geöffnet. Hier findet man alles, was die Nordsee an Meerestieren zu bieten hat, angefangen beim Kabeljau über Plattfische, Seeteufel und Lachse bis hin zu Garnelen, Hummern und neuerdings Königskrabben, die sich vom Weißen Meer, wo sie ausgesetzt wurden, auf den langen Weg entlang der norwegischen Küste nach Süden gemacht haben. Obst- und Gemüsestände ergänzen das Angebot, und wer Hunger hat, findet an kleinen Imbissbuden ein großes Angebot. Vom Fischmarkt ist es nicht weit zur Talstation der Fløyen-Bahn, einer Standseilbahn, die auf einer 850 Meter langen Strecke auf den 339 Meter hohen Berg Fløyen, einen der sieben Berge der Stadt, führt. Von dort hat man einen wunderbaren Blick auf die Stadt und den Hafen.

Sehenswerte sakrale Bauten in Bergen sind die Marienkirche und die Fantoft-Stabkirche. Die Marienkirche ist eine romanische Basilika, die um 1130 nach dem Vorbild des Speyrer Doms aus Naturstein erbaut wurde. Sie soll das älteste noch erhaltene Gebäude der Stadt sein, Archäologen gehen jedoch davon aus, dass eine kleine Kapelle in der Innenstadt von Bergen um einige Jahre älter ist. Die Marienkirche steht im nordöstlichen Teil von Bryggen. Sie wurde als Hauptkirche des Kontors von 1408 bis 1766 ausschließlich von den dort ansässigen Hansekaufleuten genutzt. Äußerlich schmucklos, zeigt sie im Innern ein vergoldetes Triptychon und eine geschnitzte barocke Kanzel. Die Fantoft-Stabkirche wurde vermutlich im 13. Jahrhundert in Fortun, einem kleinen Dorf an einem Seitenarm des nördlich von Bergen gelegenen Sognefjords erbaut und 1883 an ihren jetzigen Platz am Südrand von Bergen versetzt. 1992 brannte die Kirche durch Brandstiftung vollständig nieder, wurde aber originalgetreu nach alten Plänen und Fotografien wieder aufgebaut.

Kultur als Verpflichtung

Das kulturelle Angebot der Stadt ist enorm vielfältig. Nicht umsonst wurde Bergen im Jahr 2000 von der UNESCO zur Europäischen Kulturhauptstadt ernannt. Eine Vielzahl von Museen, darunter das Fischereimuseum, das Bryggens Museum, das Hanseatisk Museum, das Historisk Museum und verschiedene Kunstsammlungen mit Bildern von Munch, Picasso, Klee, Kandinsky und anderen Meistern bieten interessante Einblicke in die Geschichte, Kultur und das künstlerische Engagement Bergens. Für Naturliebhaber sind der Botanische Garten der Universität und das »Aqvariet«, das größte Aquarium in Nordeuropa, ein Muss. Auch die Musikfreunde kommen auf ihre Kosten. Das älteste Symphonieorchester der Welt ist in Bergen beheimatet, und das alljährlich im Mai/Juni stattfindende Internationale Bergen-Festival ist eine bekannte Größe im internationalen Musikbetrieb. Musik hat Tradition in Bergen, denn der berühmteste Sohn der Stadt, Edvard Grieg, hat hier seine Spuren hinterlassen. Troldhaugen, das Zuhause des Komponisten, ist nicht nur Museum, sondern auch Spielstätte für Musiker aus aller Welt. Es liegt etwa 8 Kilometer südlich von Bergen auf dem Troldhaugen. Das Theater »Den nationale Scene« gehört zu den führenden Häusern.

TOP ★ ERLEBNISSE

★ VIELE WEGE FÜHREN NACH BERGEN

Am schnellsten geht es mit dem Flugzeug. Aus nahezu allen europäischen Metropolen gibt es Direktflüge. Der Flug zum Flughafen Bergen-Flesland führt über die atemberaubende Gebirgslandschaft Norwegens. Autofahrer gelangen von Oslo über die Reichsstraße 13 (E 16) nach 496 Kilometern nach Bergen. Eisenbahnfans können die gleiche Strecke auch mit der legendären Bergenbahn zurücklegen. Die 470 Kilometer lange Route passiert die größte Hochebene Europas, die Hardangervidda. Der höchste Punkt der Strecke liegt bei 1237 Metern. 182 Tunnel mit einer Gesamtlänge von 73 Kilometern werden dabei durchfahren, der längste misst 10,3 Kilometer. Außerdem werden etwa 300 Brücken überquert. Und jedes Jahr legen über 200 Kreuzfahrtschiffe in Bergen an, darunter die Schiffe der Hurtigruten.

★ GRIEGS KOMPONISTENHEIM

Troldhaugen war 22 Jahre lang Wohnsitz des Komponisten Edvard Grieg (1843–1907), der hier zahlreiche Werke schuf. Das Haus ist heute Museum und zeigt, in welchem Ambiente Grieg lebte. Die Komponistenhütte im Garten ist so erhalten, wie er sie verlassen hat.

WEITERE INFORMATIONEN
www.visitbergen.com

Die Villa Troldhaugen, »das beste Stück« Edward Griegs (oben). Die »gute Stube« in der Villa Troldhaugen (rechte Seite unten). In die kleine Hütte unterhalb der Villa zog sich Grieg zum Komponieren zurück (rechte Seite oben).

21 EDVARD GRIEGS BESTES WERK ...

... und Fredrik Gades Vermächtnis

Wären Edvard Grieg und Fredrik Gade nicht Söhne der Stadt Bergen gewesen, wäre diese heute um zwei Attraktionen ärmer: um die Villa Troldhaugen und die Stabkirche Fantoft. Edvard Grieg zog sich zum Komponieren auf den Trollhügel vor den Toren der Stadt zurück, während Fredrik Gade die Stabkirche in Fortun davor bewahren wollte, abgerissen und als Feuerholz verkauft zu werden.

Als »Mitt beste opus hittil« (»Mein bestes Werk bisher«) bezeichnete Edvard Grieg (1843–1907) die Villa Troldhaugen – wohl, weil sie ihm Heimat und Inspiration zugleich war. Wer Bergens berühmtesten Sohn besuchen will, muss ein wenig aus der Innenstadt herausfahren. Mit der Stadtbahn (für Bergen-Card-Besitzer kostenlos) fährt man bis zur Haltestelle Hop und wendet sich dann nach links in den Troldhaugveien. Der Weg ist gut ausgeschildert, und nach einem Fußmarsch von 15–25 Minuten ist man am Ziel: Hier auf dem Troldhaugen (dem Trollhügel) ließ sich Grieg von seinem Cousin, dem Architekten Schak August Steenberg Bull, eine Villa erbauen.

Griegs Villa und der Troldsalen

Da er auch als etablierter Komponist den größten Teil seines Einkommens noch aus Konzerten bezog, führte er ein unstetes Leben, und seine Reisen führten ihn alljährlich während der Konzertsaison in die damals berühmtesten Musikstädte Europas wie Paris, Prag, London, Leipzig und Berlin. Die Sommermonate verbrachte er aber von 1885 bis zu seinem Tod in Troldhaugen: Unterhalb der Villa hatte er sich eine kleine Holzhütte bauen lassen, in die er sich zum Komponieren zurückzog. Villa, Komponistenhütte sowie die Grabstätten Griegs und seiner Frau Nina sind seit 1928 als Museum der Öffentlichkeit zugänglich, und die

Räume sind heute noch genauso möbliert wie zu Griegs Lebzeiten.
1985 wurde das Museum um den Troldsalen erweitert, einen Konzertsaal mit 200 Plätzen. Ein gesonderter Museumsbau mit einer Dauerausstellung, einem Café und einem Museumsladen kam 1995 dazu. Während der Sommermonate und im Herbst werden im Troldsalen etwa 25 Liederabende, Klavier- und Kammermusikkonzerte mit Kompositionen nicht nur von Grieg aufgeführt. Karten für die Abendkonzerte sind über das Internet und an der Tourist-Info erhältlich (für Bergen-Card-Besitzer mit Ermäßigung, Kinder mit Bergen-Card haben freien Eintritt). Zu den Abendkonzerten fährt ein kostenloser Bus vom Zentrum nach Troldhaugen. Vom 7. 6.–30.9. finden an allen Werktagen um 13 Uhr zudem die 30 Minuten dauernden Lunchkonzerte statt, bei denen ausgewählte Werke von Grieg gespielt werden.

Dem Feuer entrissen

Auf dem Weg zum Troldhaugen empfiehlt es sich, dem Vermächtnis von Fredrik Georg Gade (1830–1905) einen Besuch abzustatten. Gade war nicht nur erfolgreicher Kaufmann, Politiker und amerikanischer Konsul, sondern auch Kunstmäzen und Mitglied im Aufsichtsrat von »Den nationale Scene« – und er bewahrte die Stabkirche Fantoft vor dem Abriss. Diese wurde vermutlich um 1150 in Fortun, einem kleinen Dorf an einem Seitenarm des Sognefjords, erbaut und 1883 an ihren heutigen Platz versetzt. Der Grund: Die Kirche konnte nicht mehr alle Gläubigen fassen und sollte deshalb durch einen Neubau ersetzt werden. Bevor sie aber abgerissen und als Brennholz verkauft wurde, erwarb Gade die Kirche und ließ sie in seinem Garten wieder aufbauen.
Die Kirche erreicht man mit der Stadtbahn (Haltestelle Paradis) und alsdann dem Birkelundsbakken folgend in ca. 10 Minuten zu Fuß. Im Jahr 1992 wurde die Kirche durch Brandstiftung vollständig zerstört, nach alten Plänen und Fotografien aber wieder aufgebaut. Das Holz dafür schlug er im gleichen Wald wie das der alten Kirche, und es wurden ausschließlich Holznägel verwendet, um die Konstruktion zusammenzuhalten. Auch die Imprägnierung des Holzes wurde mit traditionellen Techniken erreicht. Sie entspricht heute der Situation der Jahre von 1883 bis 1992. Was nicht durch Pläne und Fotografien rekonstruierbar war, wurde durch stilistische Anleihen aus anderen Stabkirchen, vor allem der berühmten Borgund-Stabkirche in der Kommune Lærdal, ergänzt. Die Kirche wird seit ihrer Verlegung nach Fantoft nicht mehr als sakrales Gebäude, sondern als Museum genutzt.

TOP ★ ERLEBNIS

★ TROLDHAUGEN-KONZERTE

Ein Besuch in Bergen ohne ein Konzert mit der Musik des berühmtesten Sohnes der Stadt ist für Musikliebhaber nahezu undenkbar, zumal mit dem Troldsalen 1985 ein Konzertsaal errichtet wurde, der sich nicht nur wunderbar in die Landschaft einfügt, sondern der auch über eine bestechende Akustik verfügt. Während der Konzerte blickt man durch ein großes Panoramafenster hinter der Bühne auf die kleine Holzhütte, in die Edvard Grieg sich zum Komponieren zurückzog. Die täglichen Lunchkonzerte mit Werken des Meisters geben einen guten Einblick in sein umfangreiches Œuvre, das von dramatischen Kompositionen über Orchester- und Klavierkonzerte bis hin zu Kammermusik, Liedern und Chormusik reicht. Bei den Abendkonzerten werden auch Werke von Mozart, Ravel, Chopin, Liszt, Schubert, Schönberg oder Britten gespielt, immer dargeboten von erstklassigen Musikern. Doch schnell muss man sein, denn die Konzerte sind sehr beliebt, und nur selten gibt es noch Tickets an der Abendkasse!

WEITERE INFORMATIONEN
www.kodebergen.no/museene/troldhaugen, fantoftstavkirke.com

FJORDLAND UND FJELLE

Vom Meeresspiegel bis auf 2469 Meter

Der Malmangernuten liegt bereits 890 m über dem Hardangerfjord, und es geht noch höher (links). Trotz GPS und elektronischrn Seekarten sind Leuchttürme wie hier im Sørfjord immer noch eine wichtige Navigationshilfe (oben). Hier wird vor Trollen gewarnt, die in der Dunkelheit ihr Unwesen treiben sollen (unten).

Von rein funktioneller Postschiffarchitektur keine Spur. Die heute auf der Route verkehrenden Schiffe sind schwimmende Hotels (oben). Die Hurtigrutenschiffe erstrahlen traditionell im Dreiklang Weiß, Rot und Schwarz (rechte Seite oben). Je nach Alter des Schiffs dominieren traditionelle oder moderne Elemente (rechte Seite unten).

22 IM LINIENDIENST VON BERGEN NACH KIRKENES

Mit dem Postschiff auf der Reichsstraße Nummer 1

Norwegen ist ein Land, das vor allem im Winter zu Lande auch heute noch nur unter Schwierigkeiten bereist werden kann. Daher liegt es nahe, den eisfreien Seeweg entlang der Küste zu nutzen. Seit 1893 gibt es den täglichen Liniendienst der Hurtigruten zwischen Bergen und Kirkenes. Ihr ist es zu verdanken, dass der Norden des Landes mit Post und Waren versorgt wird und Produkte von dort in den Süden gelangen. »Riksvei Nr. 1« wird die Hurtigrutenlinie deshalb von den Norwegern liebevoll genannt.

Über 83 000 Kilometer lang ist die Küstenlinie Norwegens, wenn man die Fjorde und Inseln mit einrechnet. Kein Wunder, dass die Norweger traditionell ein Seefahrervolk sind. Der Warenverkehr insbesondere zu und von den abgelegeneren Orten im Norden des Landes erfolgte fast immer auf dem Seeweg. Routen durch das gebirgige Binnenland gab es nur wenige.

Ruderbootstafette in den hohen Norden

Bereits im 17. Jahrhundert wurde daher ein regelmäßiger Postdienst von Trondheim nach Vardøhus, hoch im Norden der Finnmark, eingerichtet. Amtlich bestellte Fischer bekamen den Auftrag, zweimal im Jahr diese Strecke zu befahren. Zu Beginn des 19. Jahrhunderts wurde dieser Dienst ausgeweitet. Nicht mehr zweimal pro Jahr, sondern alle drei Wochen trat die Post ihren Weg an. Drei Boote mit jeweils acht Ruderern waren wie Stafettenläufer auf den drei Reiseabschnitten von Trondheim nach Bodø, von Bodø nach Tromsø und schließlich von Tromsø bis nach Alta unterwegs. Dieser Dienst ermöglichte jedoch keineswegs eine regelmäßige Versorgung. Mit dem Aufkommen der Dampfschiffe wurden die Touren von diesen übernommen, aber auch die Dampfschiffe fuhren nur bei Tag, und der ist vor allem in den Wintermonaten kurz. Jenseits des Polarkreises herrscht zeitweise sogar die Polarnacht.

Modern und doch der Tradition verhaftet. Schmucke Uniformen gehören auf Hurtigrutenschiffen immer noch zum Standard für Offiziere (unten). In den Innenpassagen zwischen dem Festland und den vorgelagerten Inseln herrscht selten stärkerer Seegang (rechte Seite oben). Nach heftigem Schneefall führt diese Hundeschlittentour bei Tromsø durch einen Märchenwald (rechte Seite unten).

Richard With – Pionier der Nord-Süd-Verbindung

Seit 1875 gab es Bestrebungen, den Post- und Frachtverkehr noch weiter zu intensivieren und staatlich zu fördern. Im Jahr 1890 wurde ein Konzept für den ganzjährigen Betrieb einer Schifffahrtslinie entlang der norwegischen Küste erarbeitet, allerdings war das Problem der Navigation bei Dunkelheit noch nicht gelöst. Es gab eine öffentliche Ausschreibung für den Liniendienst, an den die Bedingung geknüpft war, ganzjährig und in kürzester Zeit die Strecke zu überwinden. Das war die Stunde von Richard With. Der erfahrene Kapitän war darüber hinaus ein geschäftstüchtiger Kaufmann. Er hatte über viele Jahre gemeinsam mit dem Lotsen Andreas Holte alle Seewege entlang der Küste befahren und darüber so detaillierte Aufzeichnungen gemacht, dass er auch bei Dunkelheit seinen Weg fand. Damit war die Bedingung erfüllt, die an die Vergabe der staatlichen Subventionen geknüpft war.

Die Geburt der Hurtigruten

Am 2. Juli 1893 verließ die »D/S Vesterålen« als erstes Schiff der von Richard With gegründeten Vesterålens Dampskibsselskab Trondheim in Richtung Hammerfest auf der Hurtigrutenlinie. Kapitän war, wie sollte es anders sein, Richard With. Er benötigte für die Strecke 67 Stunden. Bereits im folgenden Jahr schlossen sich zwei weitere Reedereien den Hurtigruten an. Es wurden nun zweimal pro Woche die Strecken Trondheim–Hammerfest, Bergen–Hammerfest und Hammerfest–Vadsø bedient. Letztere verlängerte man 1908 bis Kirkenes, das bis heute aufgrund eines Staatsvertrages aus dem Jahr 1911 der Endpunkt der Hurtigrutenlinie ist. Die drei Linien wurden 1936 zu einer durchgehenden Verbindung zusammengeführt. 14 Schiffe von sechs verschiedenen Reedereien gewährleisteten von nun an die tägliche Verbindung von Süden nach Norden und zurück. Damit änderte sich das Leben in den abgelegenen Ortschaften des Nordens nachhaltig. Die Hurtigruten wurden zum nationalen Symbol der Verbundenheit der einzelnen Landesteile Norwegens.

Die wechselvolle Geschichte der Hurtigruten

Innerhalb weniger Jahre hatten sich die Hurtigruten zu einem festen Bestandteil des norwegischen Verkehrsnetzes entwickelt und waren aus dem normalen Leben nicht mehr wegzudenken. Allerdings ist die Zeit nicht spurlos an ihnen vorübergegangen. Insbesondere der Zweite Weltkrieg nahm nachhaltigen Einfluss auf die Hurtigruten.

Viele Schiffe wurden von den deutschen Besatzern beschlagnahmt und für militärische Zwecke genutzt, standen also nicht mehr zur Verfügung. Um den Liniendienst wenigstens in Teilen aufrechtzuerhalten, wurden sogar Fischkutter eingesetzt. Am Ende des Krieges waren nur noch drei von ehemals 14 Schiffen fahrtüchtig. Erst 1950 konnte der tägliche Liniendienst wieder aufgenommen werden, nachdem ein staatlich gefördertes Schiffsneubauprogramm gestartet worden war. Bis 1956 waren zehn neue, speziell für diesen Zweck konzipierte Schiffe in Dienst gestellt worden, welche die alten Schiffe ersetzten. In den 1980er-Jahren ging die nächste, mittlere Generation der Hurtigrutenschiffe auf die Reise. Bereits kurze Zeit später wurde die neue Generation aufgelegt.

Eine neue Herausforderung

Diese Schiffe sind wie moderne Kreuzfahrtschiffe ausgestattet, und das nicht ohne Grund. Jahrzehntelang stellten die Hurtigruten die einzige Versorgungsmöglichkeit für viele Ortschaften dar und wurden demzufolge stark subventioniert. Mit der Zunahme des Flugverkehrs und dem Ausbau des Schienen- und Straßennetzes verloren sie aber rapide an Bedeutung. Lediglich im Winter konnten sie ihre Stellung behaupten, denn vereiste Start- und Landebahnen, verschneite Straßen und unpassierbare Schienenstrecken können Schiffe nicht schrecken. In der Konsequenz führte das dazu, dass seit dem Jahr 2001 nur noch der Winterfahrplan subventioniert wird. Um trotz dieser Entwicklungen keine roten Zahlen zu schreiben, waren die Verantwortlichen gezwungen, neue Konzepte für ihre Schiffe zu entwerfen. Zwar ist auch heute noch der Post- und Frachtverkehr ein wichtiger Bestandteil des Hurtigrutenkonzepts, doch der Tourismus bestimmt in zunehmendem Maße das Geschäft.

Im Sommer fahren die Schiffe neben den klassischen Strecken auch in den Geiranger- und den Trollfjord. Auch die Liegezeiten in den Häfen orientieren sich nicht mehr nur ausschließlich an den für die Fracht notwendigen Be- und Entladezeiten, sondern vor allem an den Wünschen der mitreisenden Touristen, für die spezielle Ausflüge zu Sehenswürdigkeiten rund um die Häfen angeboten werden. Inzwischen werden mit den Schiffen »Nordkapp« und »Fram« sogar Expeditionskreuzfahrtschiffe eingesetzt. Sie sind auch außerhalb norwegischer Gewässer, zum Beispiel in Grönland, in den chilenischen Fjorden und bis in die Antarktis hinein unterwegs.

TOP ★ ERLEBNISSE

★ AUF DEN SPUREN DER HURTIGRUTEN

Wenn die Frage gestellt wird, welcher Streckenabschnitt der Hurtigrutenlinie der schönste ist, muss die Antwort lauten: »Jeder!« Man muss die ganze Strecke fahren, und zwar in beiden Richtungen, denn die Häfen, die auf der Tour nach Norden nachts angelaufen werden, sind auf der Südtour auf dem Tagesprogramm. Das 1993 eingerichtete Hurtigrutenmuseum in Stokmarknes kann daher nur auf der Rücktour besichtigt werden. Ankunftszeit dort ist 14.45 Uhr. 1999 ist es um einen Neubau erweitert worden. Prunkstück der Ausstellung ist das Museumsschiff »MS Finnmarken«, das bis 1993 auf Tour war.

★ AUSFLÜGE IN DIE NATUR

Bei Ausflügen von den Hurtigruten-Schiffen aus lernt man Norwegen von einer ganz anderen Seite kennen. Angeboten werden unter anderem der Besuch einer Alm, Wanderungen durch die arktische Landschaft an der Nordmeerküste, Kajaktouren und ein Wikingerfest. Auch die Beobachtung von Seeadlern wird man nie vergessen. Im Winter zählt eine Huskytour, eine Fahrt mit dem Schneemobil, Nordlicht-Safaris oder die Nacht in einem Eishotel zu den unvergesslichen Erlebnissen.

WEITERE INFORMATIONEN
hurtigruten.de

23 ABENTEUERTOUR ÜBER DIE FJELLE

Von Bergen zum Vestkapp

Diese Tour beginnt in Bergen, dem Tor zu den Fjorden und Fjellen. Am Ende haben wir 18 Highlights besucht, fast 2000 Kilometer zurückgelegt, viermal eine Fähre benutzt, unzählige Tunnel durchfahren sowie den größten Strom Skandinaviens und das längste Tal Norwegens gesehen.

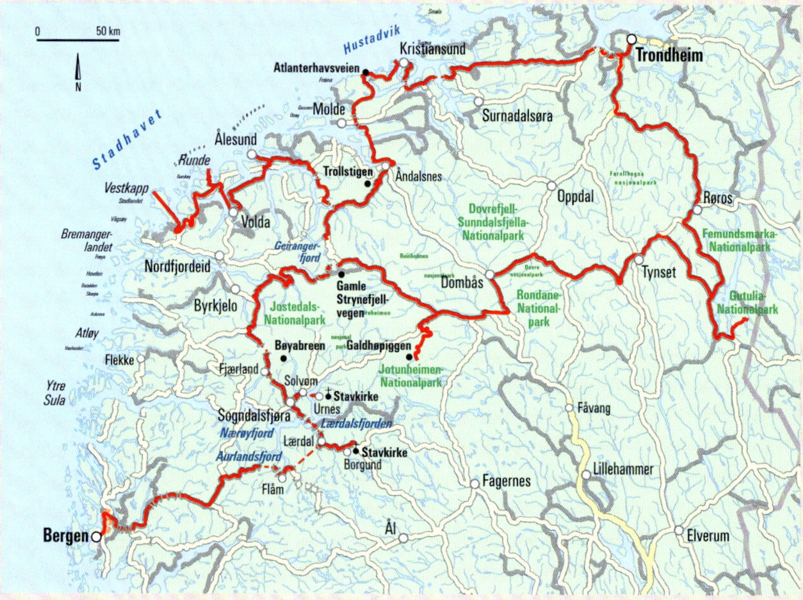

Zunächst dem Sørfjord folgend biegen wir bei Stanghelle nach Stalheim ab. Dort lohnt sich ein Blick auf die Stalheimskleiva, die steile und serpentinenreiche Verbindung zwischen Gudvangen und Voss. Gudvangen liegt am Ende des Nærøyfjords. Durch zwei Tunnel wird das am Aurlandsfjord gelegene Flåm erreicht. Hier lohnt sich eine Fahrt mit der Flåmsbana nach Myrdal.
Am nächsten Tag geht es weiter zur Stabkirche Borgund. Bei Aurlandsvangen wird der Lærdalstunnel erreicht, mit 24,5 Kilometern der längste Straßentunnel der Welt. Kurz danach ist man am Abzweig nach Borgund. Lærdal am Lærdalsfjord ist das nächste Ziel. Durch den Fodnestunnel fahren wir zur Fähre über den Ardalfjord, einen Nebenarm des Sognefjords und weiter bis Sogndalsfjøra. Von hier ist ein Abstecher möglich bis zur Fähre Solvorn, die zur Stabkirche Urnes übersetzt. Die nächste Station ist Fjærland am gleichnamigen Fjord mit dem Norsk Bremuseum. Am nächsten Morgen steht eine Exkursion zum Boyabreen im Jostedals-Nationalpark an.

Die Stabkirche Borgund ist eines der ältesten Holzgebäude in Europa.

Natur pur auf den hohen Fjellen

Die nächste Etappe führt zum Jotunheimen-Nationalpark, vorbei an unzähligen Seen und Bächen und natürlich durch Dutzende Tunnel. Bei Utvik erreicht man den Innvikfjord, an dessen Nordufer der alte Postweg Bergen–Trondheim entlangführt. Ab Stryn fahren wir 14 Kilometer bis zum Gamle Strynefjellvegen. Es geht weiter bis Lom, zum Abzweig zur Juvasshytta. Dort sollte übernachtet werden, um am nächsten Tag zum Galdhøppigen zu wandern.

Dann führt die Route zurück nach Lom und von dort durch das Ottatal bis nach Sel. Von hier aus ist ein Abstecher in den Rondane-Nationalpark möglich. Ein kurzes Stück fährt man durch das Gudbrandsdalen, das längste Tal Norwegens, bis nach Hjerkinn. Der Ort ist das Tor zum Dovrefjell-Sunndalsfjella-Nationalpark. Røros ist das nächste Etappenziel. Ab Hjerkinn folgen wir dem Tal der Folla. Bei Plassen sind wir im Tal der Glomma angekommen, dem mit 601 Kilometern Länge größten Strom Skandinaviens. In Os biegen wir auf den Rørosvegen ab. Wer einen Abstecher in den Gutulia-Nationalpark plant, biegt bereits in Tolga nach Süden ab. Der Femundsmarka-Nationalpark ist von Røros aus gut zu erreichen. 154 Kilometer ist die Hafenstadt Trondheim entfernt. Von Røros fol-

Sie ist der größte Strom Skandinaviens und der längste Fluss Norwegens: die Glomma.

gen wir dem Glomma-Tal bis nach Glamos. Ab hier fahren wir durch das Gauladalen bis nach Trondheim. Der weitere Weg führt durch die Fjordlandschaften der Küste nach Kristiansund. Durch den Atlanterhavstunnel wird die Insel Averøy erreicht, an deren Westende der Atlanterhavsvegen beginnt.

Zurück ans Meer

Das nächste Ziel ist der Trollstigen, der über Andalsnes angefahren wird. Nach elf Haarnadelkurven bei 12 Prozent Steigung belohnt uns der atemberaubende Blick zurück ins Tal für diese Mühe. Von dort sind es nur noch 67 Kilometer bis zum Geirangerfjord. Die Talfahrt nach Geiranger über die Adlerstraße mit ihren ebenfalls elf Haarnadelkurven ist nicht weniger spektakulär als die Bergauffahrt am Trollstigen.

Ålesund ist das nächste Ziel. Zurück in die Natur heißt es danach – für den Besuch der Vogelinsel Runde. Wir fahren mit der Fähre über den Nordfjord nach Festøya und weiter bis Hovedbygda. Nach weiteren 6 Kilometern ist der Eiksundtunnel erreicht, dem mit 287 Metern unter dem Meeresspiegel tiefsten Straßentunnel weltweit. Haddal und Dragsund sind Stationen auf dem Weg zur Nordspitze der Insel Remøy und über die Rundebrua, die auf die Insel Runde führt.

Nach dem Besuch der Vogelfelsen auf Runde wird mit dem Vestkapp das letzte Ziel der Route angesteuert. Zunächst zurück bis nach Dragsund. Von dort fahren wir zur Fähre Kopernes–Årvik. Von Årvik geht es weiter auf dem Vestkappvegen. Die Straße endet am »Vestkapp Restaurant«. Die letzten zwei Kilometer zum Kap müssen zu Fuß zurückgelegt werden.

Der Ausblick über die Passstraße Trollstigen ist beeindruckend.

TOP ★ ERLEBNISSE

★ FÜNFEINHALB STABKIRCHEN

Die Stabkirchen Undredal, Borgund, Kaupanger, Urnes, Lom und Vågå liegen auf der Route von Bergen zum Vestkapp. Sie alle stammen aus dem 12. Jahrhundert, der heutige Zustand entspricht dem des 17. Jahrhunderts. Die Kirche in Vågå ist die Nachfolgekirche einer um 1100 gebauten Stabkirche. Die alten geschnitzten Portale der Stabkirche sind wiederverwendet worden und bis heute erhalten.

★ WANDERUNG HINTER DEN WASSERFALL

Im Geirangerfjord ist die Wanderung zum Wasserfall Storseterfossen ein besonderes Erlebnis. Von Geiranger führt der Weg nach Hole. Vom Bauernhof Vesteråsgård führt ein schmaler Trampelpfad steil bergauf. Der Wasserfall wird nach etwa 30 Minuten sichtbar, aber es dauert weitere 30 Minuten, bis das kleine Plateau oberhalb des Wasserfalls erreicht ist. Das Wasser stürzt hier 35 m tief in einem weiten Bogen über die Felsen. Eine steile Treppe führt vom Plateau über 20 Stufen hinter den Wasserfall.

★ DIE RESTE DER KALEDONIDEN

Einst bildeten die Kaledoniden ein mehr als 10 Kilometer hohes Gebirge, das im Laufe von Jahrmillionen durch tektonische Prozesse zerrissen und durch Erosion abgetragen wurde. Die immer noch imposanten Reste des Gebirges durchziehen Norwegen von der Skagerrakküste bis zum Nordkapp. Die Gebirgslandschaften mit Jostedals-, Jotunheimen-, Dovrefjell-Sundalsfjella-, Gutulia- und Femundsmarka-Nationalpark gehört zum Schönsten, das Norwegen zu bieten hat.

★ ÅLESUND MIT DEM FAHRRAD

Alle Sehenswürdigkeiten der Stadt sind mit einem gemieteten Fahrrad in kurzer Zeit erreichbar, angefangen beim Aquarium Atlanterhavsparken im Westen über die Stadt mit der Kirche, dem Fischereimuseum, der Jugendstilstadt und dem Aalesund-Museum bis zum Sunnmøremuseum in der Bucht Borgundkaupangen.
www.visitalesund-geiranger.com

24 GALDHØPIGGEN UND GLITTERTIND – AUF DEM DACH SKANDINAVIENS

Zeugen der Erdgeschichte

Zwei Berge machen sich gegenseitig den Rang streitig, die höchste Erhebung Norwegens zu sein. Jahrzehntelang hatte der Glittertind mit 2452 Meter Felshöhe und einem zusätzlichen Eisschild von fast 30 Meter Mächtigkeit die Nase vorn, bis ihn die globale Erwärmung traf. Seit 1931, als er noch mit 2481 Metern vermessen wurde, sind 17 Meter Eis abgeschmolzen, sodass der eisfreie Galdhøpiggen mit seinen »echten« 2469 Metern ihn nun um fünf Meter überragt.

Ausblick bei der Wanderung auf den Galdhøpiggen, den höchsten Berg Norwegens (unten). Eine schmale Straße windet sich hinauf zur Juvashütte, dem Ausgangspunkt für die Wanderung zum Galdhøpiggen. Unterwegs passiert sie einen kleinen See mit schilfbewachsenen Ufern (rechte Seite oben). Der weite Blick auf die Berge des Jotunheimen-Massivs (rechte Seite unten).

Dem Bergwanderer, der den Galdhøpiggen erklimmt, wird dieser Unterschied nicht auffallen. Er hat von dort einen weiten Blick auf die Gipfel des Jotunheimen-Massivs, wie dieser Teil des ganz Skandinavien durchziehenden Gebirges genannt wird. Er sollte sich aber dessen bewusst sein, dass er sich hier auf Gestein befindet, dessen Entstehung weit in die Erdgeschichte zurückreicht.

Ein Riesencrash mit Folgen

Begonnen hat alles mit einem gewaltigen Zusammenprall. In der Zeit vor etwa 420 bis 380 Millionen Jahren, vom Untersilur bis Oberdevon, kollidierten hier drei Kontinentalplatten miteinander: die Laurasische Platte, die im Wesentlichen das heutige Nordamerika und Grönland umfasste, die Baltische Platte, die dem heutigen Baltikum und Skandinavien entspricht, sowie die kleine, nach der Halbinsel Avalon in Neufundland benannte Avalonische Platte, die heute noch in Teilen Südwestenglands, der Iberischen Halbinsel und in Neufundland nachweisbar ist. Bei dem Zusammenprall wurde ein gigantisches Gebirge aufgeschoben, die Kaledoniden. Als sich im Zeitalter des Jura die Kontinentalplatten wieder voneinander trennten

und der Nordatlantik entstand, wurde das Gebirge regelrecht auseinandergerissen. Die Reste finden sich über weite Teile der Nordhalbkugel verteilt. Man sieht sie heute nicht nur in Skandinavien, sondern auch auf Spitzbergen, an der Ostküste Grönlands, in England, Schottland, Irland sowie Nordwestfrankreich, und sie setzen sich an der Ostküste Nordamerikas in den Appalachen und in Neufundland fort. Der Name Kaledoniden leitet sich übrigens aus dem lateinischen Wort Caledonia für Nordschottland ab, wo ebenfalls Reste des Gebirges zu finden sind.

So hoch, wie ein Jet fliegt

Über die tatsächliche Höhe dieses Gebirgszuges können nur Vermutungen angestellt werden, sicher ist jedoch, dass er alle heutigen Gebirge im wahrsten Sinne des Wortes in den Schatten stellte. Mindestens 10 000 Meter hoch war das Gebirge, das dann aber im Verlauf vieler Millionen Jahre durch die Erosion fast völlig abgetragen wurde. Durch die Eiszeiten erhielt es nur den »letzten Schliff«. Die letzte Eiszeit endete vor etwa 10 000 Jahren. Das Eis reduzierte weniger die Höhe der Berge, sondern sorgte vielmehr für die Profilierung ihrer Umrisse.
Der skandinavische Teil dieses gewaltigen Gebirgszuges, der auch Skanden genannt wird und dem Skandinavien seinen Namen verdankt, hat heute noch eine Länge von etwa 1700 Kilometern und durchzieht die skandinavische Halbinsel von der norwegischen Skagerrakküste im Süden bis zum Nordkap. Die größte Breite beträgt 320 Kilometer. Neben Norwegen haben auch Schweden und Finnland einen Anteil an den Skanden. Überall sorgen sie für Superlative. Im norwegischen Teilgebirge Jotunheimen erreichen sie mit dem Galdhøpiggen den höchsten Punkt nicht nur Norwegens, sondern ganz Nordeuropas. Der ebenfalls zu den Skanden zählende Kebnekaise ist mit 2111 Metern der höchste Berg Schwedens und der Haltinturi mit 1324 Metern der höchste Berg Finnlands. Nach Osten hin fällt das Gebirge in Stufen ab und hat hier mehr Mittelgebirgscharakter. Nach Westen jedoch ist es steil und von tiefen, durch die Eiszeit geformten Fjorden durchzogen. Teile der Skanden sind heute noch, oder besser gesagt wieder, von Plateaugletschern bedeckt, deren Ausläufer wie beim Engenbreen bis fast an das Meer heranreichen. Die größten sind der Jostedalsbreen, der mit circa 486 Quadratkilometern der größte Gletscher Kontinentaleuropas ist, gefolgt vom Svartisengletscher mit 370 Quadratkilometern und dem Folgefonngletscher, der immerhin noch 214 Quadratkilometer groß ist.
Eins ist an diesen Gletschern bemerkenswert: Sie sind keine Relikte der Eiszeiten, sondern entstanden erst vor ungefähr 2000 Jahren als Folge von Klimaveränderungen.

TOP ★ ERLEBNISSE

★ AUF DEM DACH SKANDINAVIENS

Eine Bergtour der besonderen Art ist die Besteigung des Galdhøpiggen, der mit immerhin 2469 Meter der höchste Berg Norwegens ist. Von seinem Gipfel aus ist ein weiter Blick über das Jotunheimen-Massiv und das Dovrefjell möglich. Mehr als 35 000 Quadratkilometer Gebirgslandschaft sind von hier aus einsehbar. Außerdem ist der Galdhøpiggen zwar nicht mühelos erreichbar, doch es werden für den Gipfelsturm nur gute Wanderschuhe, etwas Kondition und je nach Wanderroute etwa drei bis fünf Stunden Zeit benötigt. Wir empfehlen den Weg von der mit dem Auto erreichbaren Juvasshytta auf den Gipfel. Auf dem Rückweg ist ein Stopp in der kurz unter dem Gipfel gelegenen Volehytta möglich, um sich von den Anstrengungen auszuruhen.
www.juvasshytta.no

★ GLITTERTIND

Der Glittertind – bis 1981 wegen seiner mittlerweile dezimierten Eiskappe der mit 2481 Metern höchste Berg des Landes – kann von zwei Seiten bestiegen werden. Von Glitterheim läuft man zuerst auf einem Pfad, der sich später im Geröll verliert. Wenige Hundert Meter vor dem Gipfel wird die Eiskappe erreicht, für die man zumindest Stöcke, besser jedoch leichte Steigeisen im Rucksack haben sollte. Alternativ dazu kann man auch von Spiterstulen aus den Gipfel erklimmen.

Dicke Wolken spiegeln sich im noch ruhigen Wasser, kündigen aber schon die ersten Stürme an (oben). Der Eingang zum Nærøyfjord ist noch weit und offen, an seiner engsten Stelle ist er zwischen 1800 m hohen Felswänden jedoch nur noch 250 m breit (rechte Seite).

25 FASZINIERENDE LANDSCHAFTEN

Vom längsten zum schmalsten Fjord Europas

Die Provinzen Rogaland, Hordaland, Sogn og Fjordane und Møre og Romsdal, alle vier unter dem Namen Fjordnorwegen zusammengefasst, nehmen für sich in Anspruch, die Superlative der Fjorde zu bieten. Und tatsächlich finden sich hier mit dem Sognefjord der längste, mit dem Nærøyfjord der schmalste und mit dem Geirangerfjord der berühmteste Fjord Europas. Nærøyfjord und Geirangerfjord wurden 2005 von der UNESCO in die Liste der Weltkulturerbestätten aufgenommen.

Fjorde sind das Ergebnis der erodierenden Kräfte des Eises und des Wassers. In Tausenden von Jahren haben Gletscher die Täler regelrecht aus dem Felsen herausgehobelt. Nach dem Rückzug des Eises wurden diese Täler vom Meerwasser geflutet und bildeten natürliche Wasserwege, die tief in das Hinterland hineinreichen. Das norwegische Wort »Fjord« bedeutet demzufolge auch nichts anderes als Fahrwasser. Auch die deutsche Bezeichnung Förde oder das englische »firth« hängen sprachgeschichtlich mit »Fjord« zusammen.

Preisverdächtige Natur

Der Sognefjord ist der Rekordhalter nicht nur unter den norwegischen, sondern nahezu allen Fjorden der Welt. Mit 1308 Meter Tiefe ist er mit Abstand der tiefste Fjord, und seine 204 Kilometer Länge werden nur noch vom Admirality Inlet im Nordosten Kanadas übertroffen, das 270 Kilometer lang ist. Er ist tief eingeschnitten, und seine Nebenarme Fjærlandsfjord, Lustrafjord, Ardalsfjord und Aurlandsfjord reichen weit nach Norden und Süden in das Binnenland hinein. Vom Aurlandsfjord zweigt wiederum der Nærøyfjord ab. Der Sognefjord wird beidseits von Bergen eingefasst, die bis zu 1524 Meter hoch aufragen. Aufgrund seiner Länge und Ausrichtung in West-Ost-Richtung ist der innere Bereich des Fjordes klimatisch begünstigt. Hier herrscht im Gegensatz zum Mündungsbereich mit seinem atlantisch geprägten Klima ein kontinentales Klima mit trockenen, war-

Berühmte wie die »Sieben Schwestern« und namenlose, aber nicht weniger schöne Wasserfälle prägen den Geirangerfjord (unten). Zu Beginn noch weit und offen, verengt sich der Nærøyfjord auf weniger als 250 Meter (rechte Seite oben). Die Ziegenalm Herdalssetra stellt seit drei Jahrhunderten Ziegenkäse her (rechte Seite unten).

men Sommern. Im Frühjahr blühen an den nach Süden gerichteten Ufern Obstbäume. Auch Erdbeeren und Himbeeren werden hier angebaut. Dieser Bereich ist auch heute noch durch traditionelle landwirtschaftliche Nutzung geprägt, allerdings gewinnt der Tourismus immer mehr an Bedeutung.

Majestäten zu Besuch

Die touristische Entdeckung des Sognefjord-Gebietes fand bereits am Ende des 19. Jahrhunderts statt. Und es war nicht nur der deutsche Kaiser Wilhelm II., der hier gern Urlaub machte, auch Edward VII. von England besuchte regelmäßig die Region.

Gekrönte Häupter sollen allerdings schon viel früher hier gelebt haben. Mehrere Grabhügel in der Nähe von Vangsnes, am Südufer des Sognefjordes, lassen darauf schließen, dass es hier bereits zur Wikingerzeit einen Häuptlingssitz gab. Einer um das Jahr 1300 niedergeschriebenen Sage nach soll Fridtjof der Kühne in Vangsnes gelebt haben. Um ihn rankt sich eine Geschichte von Tapferkeit, Liebe und Verzweiflung, die letztlich jedoch gut ausgeht. Wilhelm II. war davon so angetan, dass er 1913 eine zwölf Meter hohe Fridtjof-Statue errichten ließ.

Ein Geheimtipp

Der erste nach Norden vom Sognefjord abzweigende Nebenarm ist der Fjærlandsfjord, an dessen Ende der kleine Ort Fjærland liegt. Bis 1986 konnte er nur mit der Fähre von Balestrand oder Hella erreicht werden und war ein recht verschlafenes Nest, in das sich nur gelegentlich ein Tourist verirrte. Fjærland war aber schon lange ein Geheimtipp für Gletscherwanderungen auf den nordwestlich gelegenen Jostedalsbreen. Bereits 1883 kamen die ersten Besucher aus England und Deutschland, aber der große Tourismus setzte erst mit dem Bau der Straßenanbindung des Fjærlandsvegen ein. Heute werden bis zu 50000 Gäste im Jahr gezählt, die einerseits nach wie vor vom Gletscher angezogen werden, andererseits auch das größer werdende Angebot an leichten Wanderungen, Bootstouren auf dem Fjord oder Angeln nutzen. Eine besondere Attraktion ist das 1991 eröffnete Norsk Bremuseum, das Gletschermuseum. Hier erfährt der Besucher alles über Gletscher und Eiszeiten.
Der nächste in der Reihe der Nebenarme ist der Lustrafjord. Er ist bereits 180 Kilometer von der Mündung des Sognefjordes entfernt und hat ein ausgesprochen mildes Klima. Sogar Tabak gedeiht hier und wurde auch kultiviert, allerdings nur für den Eigenbedarf. Den Tabakanbau stellte man schon vor längerer Zeit ein, der Obstbau ist dagegen immer

noch ein wichtiger Wirtschaftsfaktor. Die Orte im Lustrafjord sind ideale Ausgangspunkte für die unterschiedlichsten Aktivitäten. Ausflüge zum Jotunheimen-Nationalpark, zum Feigumfossen, der mit 218 Meter Fallhöhe zu den höchsten Wasserfällen Norwegens zählt, oder zur Stabkirche Urnes (s. Kapitel 33) am Ostufer des Fjordes bieten sich an. Über die Sognefjellstraße erreicht man auf 1400 Meter Höhe das Sommerskizentrum bei der Sognefjellhütte. Auf präparierten Loipen und Pisten ist hier auch im Sommer Wintersport möglich. Wer nicht so hoch hinaus will, kann Bootstouren auf dem Fjord machen oder kostenlos Lachse und Aale angeln.

Klein, aber fein

Der Nærøyfjord nimmt für sich in Anspruch, mit 250 Meter Breite der schmalste Fjord der Welt zu sein – spektakulär ist er allemal. Bis zu 1800 Meter hoch ragen die Felswände auf und lassen selbst die größeren Fährschiffe wie Spielzeug wirken. Eine Fahrt auf diesem Fjord gehört zum Schönsten, was Norwegen zu bieten hat. Nicht umsonst wurde der Fjord von der UNESCO zum Weltkulturerbe erhoben. Am Ende des Fjordes liegt der Ort Gudvangen. Von dort geht es durch das Nærøytal zum etwa 12 Kilometer entfernten Ort Stalheim, welcher der Stalheim-Schlucht ihren Namen gab. Durch diese Schlucht führte vom 17. bis zum Beginn des 20. Jahrhunderts der Postweg zwischen Christiania und Bergen. Berühmt ist auch die 1846 fertiggestellte Stalheimskleiva, eine Straße, die mit 13 Haarnadelkurven zum Ort hinaufführt.

Schön und berühmt

Verlassen wir das Sognefjordgebiet und wenden uns dem weiter nördlich gelegenen Geirangerfjord zu. Er ist noch kürzer als der Nærøyfjord, ganze 15 Kilometer lang, und zweigt vom Sunnylvsfjord ab, der seinerseits ein Nebenarm des Storfjordes ist. Auch ihn hat die UNESCO in die Liste der Weltkulturerbestätten aufgenommen. Er ist der bekannteste aller norwegischen Fjorde und für jeden Norwegenbesucher ein Muss. Das hat jedoch auch dazu geführt, dass der Fjord und der an seinem Ende liegende Ort Geiranger besonders während der Urlaubszeit im Sommer überfüllt sind. Das tut jedoch seiner Schönheit keinen Abbruch, denn die wunderschönen Wasserfälle mit so klingenden Namen wie »Brautschleier«, »Sieben Schwestern« oder »Freier« lassen sich von den Menschenmassen nicht beeindrucken, sondern finden ihren Weg aus der Höhe in den Fjord.
Hoch oben auf winzigen Plateaus in den Felswänden stehen Bauernhöfe – die meisten längst verlassen, aber zum Teil liebevoll restauriert. Jedes Fleckchen Grün wurde von den Bauern genutzt, die oft nur über Leitern zum Fjord hinabgelangen konnten. Damals lohnte die Mühe, denn im milden Klima des Fjords gediehen sogar Aprikosen.

TOP ★ ERLEBNISSE

★ WAS SIE SCHON IMMER ÜBER EIS WISSEN WOLLTEN ...

... hier erfahren Sie es. Im Norsk Bremuseum, dem Gletschermuseum, dreht sich alles um das gefrorene Wasser. Mindestens in Europa, wenn nicht weltweit sucht dieses Museum seinesgleichen. Die Geheimnisse der Eiszeiten und Gletscher werden hier entschlüsselt. Der Eiswelt des Jostaedalsbreen widmet sich ein Film im Kino des Museums, eine Ausstellung informiert über natürliche und vom Menschen verursachte Klimaveränderungen. End- und Höhepunkt des Besuches im Gletschermuseum ist die Wanderung durch einen künstlichen kleinen Gletscher. www.bre.museum.no

★ BESUCH BEI DEN ZIEGEN

Ganz in der Nähe des berühmten Geirangerfjords liegt 500 Meter oberhalb des Ortes Norddal Herdalssetra. Die Alm ist eine der größten kollektiv betriebenen Ziegenalmen in Norwegen, und seit mehr als 300 Jahren wird hier Ziegenkäse hergestellt, den man kosten kann. Sogar übernachten ist möglich – ein einmaliges Erlebnis fernab der Zivilisation mit Wasser aus dem Brunnen und Holzofen.

Diesen Blick auf den Aurlandsfjord kann nur genießen, wer anstelle des neuen 24,5 km langen Tunnels nach Lærdalsøyri die alte Passstraße durch das Kvansdalen, Horndalen und Erdalen benutzt.

NORWEGISCHE STABKIRCHEN

Wahrzeichen des Umbruchs

Die ersten Stabkirchen entstanden im 11. Jahrhundert, als das Christentum in Norwegen langsam Fuß fasste. Sie sind Relikte aus einer Zeit des religiösen und politischen Umbruchs, die von kriegerischen Auseinandersetzungen um die Macht im Land und der Abkehr vom heidnischen Götterglauben geprägt war.

Zwischen 933 und 1035 regierten nicht weniger als zehn Könige das Land. Die Machtwechsel waren nur in wenigen Fällen friedlich, etliche Herrscher wurden mit Gewalt aus dem Amt vertrieben oder getötet. Harald Blauzahn, der von 970 bis 987 regierte, erkannte früh die Chancen, die ein einheitlicher Glaube mit festen Regeln bot. Er ließ sich bereits zehn Jahre vor seiner Machtübernahme im Jahr 960 taufen. Bis zu diesem Zeitpunkt war zwar schon seit Jahrzehnten missioniert worden, große Teile der Bevölkerung hingen aber immer noch dem alten Glauben an. Während seiner Regentschaft trieb Harald Blauzahn die Christianisierung aktiv voran und festigte seine Macht mithilfe der Kirche. Sein Nachfolger Sven Gabelbart setzte zwar wieder auf den heidnischen Glauben und vertrieb den Klerus aus dem Land, aufhalten konnte er die Christianisierung jedoch nicht. Schon sein Nachfolger, Olav I., war ein christlicher Eiferer, der nicht nur in Norwegen missionieren ließ, sondern auch auf den Orkney-Inseln, die in seinem Machtbereich lagen. Olav II., auch »der Heilige« genannt, verhalf dann dem Christentum, gelegentlich sogar mit Waffengewalt, zum endgültigen Durchbruch.

Bauten für die Anbetung des Herrn

Der heidnische Götterkult kannte keine Sakralbauten. Religiöse Riten wurden bevorzugt an magischen Orten im Freien, auf Thingplätzen oder in Versammlungshallen der regionalen Könige abgehalten. Dagegen vollzieht die christliche Kirche ihre rituellen Handlungen in speziellen Gotteshäusern. Bewusst wurden diese Gotteshäuser häufig in der Nähe heidnischer Kultstätten gebaut. Wohl auch um die Kirchen von Profanbauten abzuheben, wurden sie nicht als Block-

Von der Stabkirche Urnes geht der Blick weit über den Lustrafjord.

Die Garmo Stabkirche entstand im 12. Jahrhundert und wurde mehrere Male erweitert.

häuser mit horizontal verlegten Balken errichtet, sondern aus einem Gerüst mit senkrecht stehenden Pfosten gebaut. Im einfachsten Fall bestand die Kirche aus einem hölzernen Fundamentrahmen mit vier Eckpfosten, den namengebenden Stäben, und darauf liegenden Querbalken, auf denen wiederum das Satteldach ruhte. Die Außenwände wurden aus senkrecht stehenden Planken errichtet, die mit Nut und Feder unten im Fundamentrahmen und oben in den Querbalken befestigt waren. Die Apsis wurde an einer der Giebelwände angebaut.

Entwicklung neuer Baukunst

Mit der Zeit wurden die Konstruktionen immer komplexer. Aus den einschiffigen, einfachen Stabkirchen wurden mehrschiffige, kunstvolle Gebäude mit mehreren übereinanderliegenden Dächern, Gauben und Türmchen, die in den Stabkirchen von Heddal, Borgund und Urnes zur Perfektion entwickelt wurden. Umlaufende Laubengänge schützten die Außenwände vor Wind und Wetter. Reiche Schnitzereien, oft noch heidnischer Herkunft, verzierten die Wände, Decken und das Gestühl im Innern der Kirchen. Die Darstellungen entsprangen zwar der nordischen Mythologie, die Priester duldeten jedoch diese Anklänge an eine aus Sicht der Kirche untergegangene Epoche, weil sie für das Christentum umgedeutet werden konnten.

Stabkirchen im Wandel der Zeit

Von den mehr als 700 Stabkirchen in Norwegen sind 28 authentisch erhalten, der Rest ist Bränden, kriegerischen Auseinandersetzungen oder auch nur dem Verfall zum Opfer gefallen. Einige wurden von ihrem ursprünglichen Standort umgesetzt. Das bekannteste Beispiel ist die Stabkirche von Gol, die heute im Freilichtmuseum in Oslo steht. Sogar einen »Stabkirchenexport« hat es gegeben. Die Stabkirche von Vang sollte um 1840 abgerissen werden, um einem Neubau Platz zu machen. Auf verschlungenen Wegen erfuhr der preußische König Friedrich Wilhelm IV. davon, erwarb sie 1841 und ließ sie in Krummhübel, dem heutigen Karpazc im Erzgebirge, wiederaufbauen. Auch Restaurierungen und Nachbauten gab es. Die in Fortun einer Brandstiftung zum Opfer gefallene Stabkirche wurde nach alten Plänen in Fantoft bei Bergen neu errichtet. Darüber hinaus sind Nachbauten auch in Vergnügungsparks neu errichtet worden, so im Epcot Park in Florida und im Europa-Park in Rust.

Die Stabkirche Lom, 1158 errichtet, mit Schnitzereien aus dem 18. Jahrhundert

26 UNTERWEGS MIT DER FLÅMSBANA

Eine der schönsten Bahnfahrten der Welt

Forstmeister Hans Gløersen aus Voss am Aurlandsfjord erlebte die Realisierung seiner 1871 vorgelegten Vision einer Eisenbahnstrecke von Flåm nach Myrdal nicht mehr, denn erst 22 Jahre später wurde seine Idee im Verkehrsministerium ernsthaft diskutiert. Bis zum Baubeginn 1924 sollten noch fast weitere 30 Jahre vergehen. 1940 fuhr dann der erste Güterzug, Personen wurden ab 1941 befördert.

Die Zahlen sind beeindruckend: Die Flåmsbana überwindet auf 20,2 Kilometern 864 Höhenmeter – womit sie zu den steilsten Bahnen weltweit zählt, die ohne zusätzliche Zahnräder auskommen –, und das auf 80 Prozent der Strecke mit einer Steigung von 5,5 Prozent! 20 Tunnel mit einer Gesamtlänge von 5692 Metern mussten durch die Felsen getrieben werden, 18 davon in mühevoller Handarbeit, weil das Gelände für große Maschinen nicht zugänglich war. Einer der Tunnel dient nicht dazu, Strecke zu machen, sondern ist ein reiner Kehrtunnel, mit dem Ziel, Höhe zu gewinnen. Einen ganzen Monat dauerte es, um die Tunnel nur um einen Meter tiefer in den Fels zu schlagen – mit dem Beginn der Schienenlegung 1936 konnte zwar endlich eine Dampflok für den Materialtransport eingesetzt werden, die Geschwindigkeit des Tunnelbaus wurde dadurch jedoch nicht gesteigert.

Fahrgastrekorde mit steigender Tendenz

Nach 13 Jahren Bauzeit ging die Bahn in Betrieb. Zunächst wurden Dampfloks eingesetzt, seit 1944 ist die Strecke elektrifiziert. Sowohl aus Kostengründen, aber vor allem auch aus Platzgründen wurde die Strecke eingleisig angelegt. Um trotzdem den Verkehr gleichzeitig in beiden Richtungen fließen zu lassen, wurde am Bahnhof Berekvam ein Ausweichgleis angelegt, dessen Weichen auch heute noch von Hand umgelegt werden: Der zuerst einfahrende Zug fährt auf das Ausweichgleis und wartet auf den Gegenzug.

Bis ins Frühjahr hinein bleibt der Schnee am Bahnhof in Myrdal liegen. Hier steigt man in die Züge nach Bergen und Oslo um (unten). Nur selten ist der Bahnhof der Flåmbahn so verwaist wie an diesem Abend. Meist warten hier viele Touristen auf die spektakuläre Fahrt ins Fjell (rechte Seite oben). Den Rallarvegen hinunter geht es entweder zu Fuß oder mit dem Rad (rechte Seite unten).

Trotz der beginnenden Kriegswirren und der Tatsache, dass die Elektrifizierung der Strecke noch nicht abgeschlossen war, wurde die Bahn 1942 offiziell unter dem Namen Flåmsbana an die Norwegischen Staatsbahnen übergeben. Heute ist sie aus der Region nicht mehr wegzudenken. Güterzüge verkehren hier schon lange nicht mehr, aber jedes Jahr werden neue Fahrgastrekorde auf der spektakulären Strecke aufgestellt: 2015 wurden 781 427 Passagiere gezählt Tendenz steigend.

Feen, Ziegen, Wasserfälle

Vom Bahnhof Myrdal, wo man Anschluss an die Bergensbana hat, führt die Strecke zum Kjosfossen, wo ein Fotostopp eingelegt wird. Im Sommer tanzen Huldren (Feen in wehenden Gewändern aus der norwegischen Mythologie) oberhalb des Wasserfalls zu mystischer Musik: Die Darstellerinnen sind Studentinnen der norwegischen Ballettschule.

Bei der Weiterfahrt werden fünf Gleisstrecken in unterschiedlichen Höhen sichtbar: vier der Flåmsbana, eine der Bergensbana. Dann folgt der Nåli, der längste Tunnel der Strecke. Vorbei geht es an der Alm Kårdal mit ihren 150 Ziegen tiefer in das Flåmsdalen hinein zum Wasserfall Rjoandefossen, der 140 Meter senkrecht in die Tiefe stürzt. Kurz vor dem Endbahnhof Flåm wird die Kirche aus dem Jahr 1667 passiert. Die restlichen drei Kilometer führen durch das grüne Flusstal, das sich zum Aurlandfjord hin öffnet. Mit dem Bahnhof Flåm ist die Endstation, aber noch nicht das Ende der Reise erreicht, denn das Flåmsbana Museum wartet mit einer umfassenden Darstellung der Bahngeschichte auf.

Spannende Baugeschichte

Die Fahrt mit der Flåmsbana ist an sich schon ein Erlebnis. Viel besser noch verstehen lässt sich die Leistung der Ingenieure, wenn man das Museum besucht: Hier wird die spannende Geschichte des Baus der steilsten Bahnstrecke der Welt erklärt, man erhält umfassende Informationen darüber, wie die Ingenieure von einst die zahlreichen Herausforderungen angingen und Lösungen fanden – und man bekommt Respekt vor den hart arbeitenden Menschen, die die Strecke schließlich gebaut haben.

Dreh- und Angelpunkt im kleinen Ort Flåm ist also dieser Bahnhof, wo Menschen aus der ganzen Welt auf ihren Anschlusszug oder auf eines der Ausflugsboote warten. Die Wartezeit verkürzen kann man sich bei einem Bier in der Mikrobrauerei Ægir, nur ein paar Schritte vom Endbahnhof entfernt.

TOP ★ ERLEBNISSE

★ AUF DEM RALLERVEGEN

Um die Bahnstrecke errichten zu können, mussten die Arbeiter zuerst einen Weg vom Fjord in den Fjell hinein bauen. Der letzte, rund 20 Kilometer lange Abschnitt des Rallarvegen lässt sich zu Fuß oder per Rad mit der Zugfahrt kombinieren: Von der Bahnstation Myrdal geht es durchs Flåmtal hinunter nach Flåm – im oberen Streckenteil auf Schotter, im unteren auf Asphalt. Ideal ist eine Rundtour, also mit der Bahn nach oben und mit dem Fahrrad oder zu Fuß zurück. Räder können vor Ort ausgeliehen werden. Für den Rallarvegen muss man zwar kein Downhill-Experte sein, aber sicher im Sattel sollte man schon sitzen, denn bisweilen geht es auf der Schotterpiste steil bergab.

★ MIT DEM FAHRRAD IN DER ZIPLINE

Für den besonderen Kick sorgt die Flåm Zipline, die mit einer Spannweite von 1381 Metern die längste Zipline Skandinaviens ist. Sie beginnt am Bahnhof Vatnahalsen und endet beim Bergbauernhof Kårdal. Von dort geht es weiter zu Fuß oder mit dem Rad über 15 Kilometer hinunter nach Flåm. Alternativ kann man auch zum 2,5 Kilometer entfernten Bahnhof Blomheller laufen und mit dem Zug zurück nach Flåm oder Myrdal fahren.

WEITERE INFORMATIONEN
visitflam.com

27 WO SCHON DER BRITISCHE ADEL ANGELTE

Lachse in Lærdal

Es gibt sie auch in Zeiten der Aquakultur noch, die Wildlachse in den norwegischen Flüssen, die zu den besten der Welt gezählt werden. Auch heute noch werden sie traditionell mit der Angelrute gefangen, wenn sie nach vier bis fünf Jahren im Meer zum Laichen in die Flüsse aufsteigen, in denen sie selbst aus dem Ei geschlüpft sind. Einer der berühmtesten Lachsflüsse ist der in den Sognefjord mündende Lærdalselva.

Lærdalsøyri, am Lærdalselva, dem »König der Lachsflüsse Norwegens«, gelegen, ist in vielerlei Hinsicht ein Highlight Norwegens. Bereits zu Anfang des 19. Jahrhunderts kamen britische Adelige hierher, um Lachse zu angeln. Hier gibt es sie auch heute noch: norwegische Wildlachse, die unter Kennern zu den besten der Welt gerechnet werden. Die ebenfalls aus der Region stammenden Zuchtlachse halten keinem Vergleich mit ihnen stand. Warum das so ist, erfährt der Besucher im Norsk Villakssenter, dem norwegischen Wildlachszentrum in Lærdalsøyri. Aber auch wer nicht angelt, findet in und um Lærdalsøyri Sehenswertes. In Gamle Lærdalsøyri stehen über 160 Gebäude aus dem 18. und 19. Jahrhundert unter Denkmalschutz, weil sie den für diese Zeit typischen Baustil in Norwegen repräsentieren. Im Januar 2014 kam es in dem Ort zu einer Brandkatastrophe, bei der zahlreiche Häuser, auch einige der hölzernen denkmalgeschützten Gebäude, niederbrannten. Wann sich der Ort von dieser Katastrophe erholt haben wird, ist ungewiss. Wanderer finden in der Laerdal-Region ein umfangreiches Netz von Wanderwegen. Für Geübte erweist sich die 18 Kilometer lange Strecke zum Sjurhaugfoss als Kinderspiel. Hier stürzt der Lærdalselva über mehrere Kaskaden talwärts. Wer auf dem Weg von Oslo nach Bergen Lærdalsøyri besuchen will, kann mit dem Lærdaltunnel den längsten Straßentunnel der Welt befahren. 24,5 Kilometer lang, führt er von Aurland nach Lærdalsøyri.

INFO: www.expedia.de/Touristeninformation-Von-Lrdal-Laerdal.

Mit viel Liebe zum Detail wurden die Häuser aus dem 18. und 19. Jahrhundert mit Schnitzereien und Blumen geschmückt. Die Häuser in Gamle Lærdalsøyri werden Stück für Stück restauriert, eine Aufgabe, die noch Jahre in Anspruch nehmen wird.

28 SYMBIOSE AUS HEIDEN- UND CHRISTENTUM

Die Stabkirche Borgund

Die Stabkirche Borgund ist eines der wenigen erhaltenen Sakralgebäude aus dem frühen Mittelalter. Stabkirchen waren zu dieser Zeit zwar die charakteristischen Gotteshäuser in Norwegen, von den ursprünglich einmal mehr als 700 Stabkirchen sind jedoch nur 28 erhalten geblieben, die als authentisch gelten. Wind und Wetter haben am Holz genagt, Feuer haben sie in Flammen aufgehen lassen, und nicht zuletzt während kriegerischer Auseinandersetzungen sind viele zerstört worden.

Drachenköpfe, Tiermasken, Runeninschriften und eine Geisterschwelle im Westportal der Kirche sind in Holz geschnitzte Zeugen für die Adaption vieler heidnischer Bräuche durch das nach der Wikingerzeit aufkommende Christentum in Norwegen. Das Holz für die Stabkirche Borgund wurde 1180 geschlagen und kurz danach verarbeitet. Damit ist sie zwar nicht die älteste Stabkirche, sie war jedoch Vorbild für viele andere nach diesem Muster erbaute Kirchen, die als Borgund-Typ bezeichnet werden. Viele Konstruktionselemente und Einrichtungen sind im Original erhalten, darunter der Steinaltar und das Taufbecken aus Speckstein. Die Kanzel ist erst in den Jahren 1550 bis 1570 eingebaut worden. Sechs übereinander geschachtelte Dächer schützen den Innenraum, das höchste trägt einen Dachreiter mit einer Glocke. Neben der Kirche steht ein separater Glockenturm mit den Hauptglocken.

Nicht nur im Mittelalter war die Stabkirche Borgund Vorbild für andere Kirchen. Sogar in den Vereinigten Staaten, im Bundesstaat South Dakota, in Rapid City steht ein originalgetreuer Nachbau. Die Stabkirche von Borgund, die dem Apostel Andreas geweiht wurde, ist von Anfang Mai bis Ende September zu besichtigen. Im Jahr 2005 wurde ein Informationszentrum in der Nähe der Stabkirche eröffnet, in dem eine Ausstellung über die Geschichte der Stabkirchen unterrichtet. Für das leibliche Wohl der Besucher wird in der Cafeteria gesorgt.

INFO: www.stavechurch.com

Die Stabkirche Borgund gilt als eine der besterhaltenen Kirchen Norwegens. Als Sakralbau wird sie schon seit 1868 nicht mehr genutzt, Bestattungen wurden auf dem Friedhof aber weiterhin noch vorgenommen. Der Verein Fortidsminneforeningen erhält die Kirche heute als Museum.

Die höchsten Bäume des Jotunheimen sind Zwergweiden, Zwergbirken und Wacholder. Nur in geschützten Lagen überleben Moorbirken und Kiefern (oben). Glasklare Seen, Gletscher, schroffe, schneebedeckte Bergspitzen und gewaltige Wasserfälle bietet die Reise durch den Nationalpark Jotunheimen (rechte Seite).

29 ZWISCHEN RENTIEREN, LUCHSEN UND ALPENSCHNEEHÜHNERN

Der Jotunheimen-Nationalpark – im Heim der Riesen

Jotunheimen mit seinen schroffen Bergen, Gletschern, Seen und Flüssen ist eine großartige Landschaft mit einer außerordentlichen Tier- und Pflanzenwelt. Sie inspirierte Komponisten und Dichter zu ihren Werken und brachte sogar kühle Wissenschaftler ins Schwärmen.

»Auf einmal stand ich am Abgrund und sah hinunter zum Gjendesee. Tief unten streckte er sein blankes, grünblaues Smaragdband weit durch den Grund der Kluft, zwischen den mächtigen Schneebergen, die in wilder Folge auf ihn zustürzen. Der Mjølkedalstind und all die anderen scharfen weißen Zacken, die im Westen gegen das Abendrot aufragen. Es ist, als ob ganz Jotunheimen plötzlich lebendig wird, seine mächtigen Pforten für die Seele öffnet und sie in ihren Bann zieht. Unwillkürlich blieb ich stehen; es war, als ob ich der Gletscherwelt zurufen müsste: Auf Wiedersehen!«

So beschrieb Fridtjof Nansen seinen ersten Besuch des Jotunheimen, des höchsten Teiles der Skanden. Seine Begeisterung ist leicht nachzuvollziehen. Nach der nordischen Sage ist Jotunheimen auch die Heimat der Jøten, der Trolle, die ihnen von Odin und seinen Brüdern während der Schöpfung zugewiesen wurden. Nansen war aber keineswegs der Einzige, der von Jotunheimen überwältigt war. Edvard Grieg ließ sich von den alten Liedern der Bäuerin Kaja Gjendine Slålien, die am Gjendesee gelebt hat, inspirieren und verarbeitete sie in seinen Musikstücken. Der Dichter Aasmundson Olavson Vinje war es, der 1862 zum ersten Mal den Namen Jotunheimen statt Jotunfjeldene benutzte, wie das Gebiet früher genannt worden war. Er hat bei seinen Wanderungen durch Jotunheimen Gedichte geschrieben, die heute zu den Klassikern der norwegischen Lyrik zählen.

Das Gebirge im Herzen Norwegens

Das gesamte Jotunheimen-Massiv erstreckt sich über eine Fläche von etwa 3500 Quadratkilometern. Das Herzstück bildet der 1980 eingerichtete Jotunheimen-Nationalpark, der mit 1140 Quadratkilometern nahezu ein Drittel des ganzen Gebietes umfasst. Weitere 300 Quadratkilometer im Utladalen wurden als Landschaftsschutzgebiet ausgewiesen. Mit dem Galdhøppigen und dem Glittertind (s. Kapitel 24) liegen nicht nur die beiden höchsten Berge Skandinaviens im Nationalpark, über 250 weitere Gipfel sind höher als 1900 Meter, zwanzig davon erreichen sogar mehr als 2300 Meter Höhe. Auch einige der schönsten Seen Norwegens befinden sich im Nationalpark, darunter der von Nansen so bewunderte Gjendesee, der im Spätsommer durch Gletschersedimente türkisgrün gefärbt ist. Der Bessvatn liegt gleich daneben und bietet mit seinem tiefblauen Wasser einen wunderschönen Kontrast dazu.

Der Polarfuchs (oben) tarnt sich im Winter mit seinem weißen Fell. Lemminge (unten) leben unter dem Schnee und behalten ihre Fellfarbe. Die Gipfel des Jotunheimen spiegeln sich in einem der vielen Bergseen (rechte Seite oben). Auf fast allen Campingplätzen werden auch feste Hütten vermietet (rechte Seite unten).

Dichtere Waldbestände mit Birken gibt es in Jotunheimen nur um den Gjendesee und im Utladalen, wo sich auch einige Kiefern hingewagt haben. Der größte Teil des Parks liegt oberhalb der Baumgrenze, die hier bei 1200 Meter zu finden ist. Nur noch Moorbirken und einzelne Nadelbäume können unter diesen extremen Bedingungen überleben, noch höher hinauf schaffen sie es nicht. Gelegentlich mischen sich unter die Bäume noch größere Stauden wie der Nördliche Eisenhut oder die Echte Goldrute. Ein schmaler Gürtel aus kriechenden Zwergweiden und Zwergbirken folgt auf diese letzte Bastion des Waldes. Sie sind, gemeinsam mit kleinen Wacholderbüschen und Heidelbeeren, die letzten Gehölze, die hier noch zu finden sind. Noch weiter oberhalb beginnt die Bergtundra, der Lebensraum für eine Vielzahl bunt blühender Kräuter und Blumen. Im Sommer überziehen farbige Teppiche von Frühlingsküchenschelle, Dickblatt-Steinbrech, Stängellosem Leimkraut oder Purpur-Enzian das Fjell. Noch höher hinauf gehen Alpen-Azalee, Silberwurz und Zwittrige Krähenbeere, auch Fjell-Krähenbeere genannt, die nur im Hochgebirge vorkommt. Den Höhenrekord hält der Gletscher-Hahnenfuß, der fast bis zum Gipfel des Glittertind hinaufklettert. In abflusslosen Senken sind im Laufe der Jahrtausende Moore entstanden, hier wachsen neben den charakteristischen Torfmoosen Lappland-Läusekraut und Moltebeere.

Im Reich des Steinadlers

So karg die Lebensbedingungen in Jotunheimen auch sind, eine ganze Reihe von Tieren findet hier doch ihr Auskommen. Rentiere sind die charakteristischen Fjellbewohner,

und einige wild lebende Herden streifen auch jetzt noch durch den westlichen Teil des Nationalparks, allerdings sind sie durch domestizierte Artgenossen aus dem größten Teil Jotunheimens verdrängt worden. Auch die Jagd hat in der Vergangenheit ihren Tribut gefordert. Die anderen großen Pflanzenfresser Rothirsch und Elch findet man heute nur noch im Utladalen. Mit den wilden Rentieren ist auch der Braunbär verschwunden, der hier seinen angestammten Lebensraum hatte. Mit etwas Glück bekommt man jedoch heute noch Luchse, Vielfraße und Schneehasen zu Gesicht. Gelegentlich kann man sogar einen Polarfuchs beobachten, der einem Alpenschneehuhn nachstellt, das noch relativ häufig zu finden ist. Aber nicht nur am Boden gibt es etwas zu sehen. Selten sieht man kreisende Steinadler. Sie sind die Könige des Fjells. Ihre kleineren Verwandten sind die Raufußbussarde, die man wesentlich häufiger antrifft. Goldregen- und Mornellregenpfeifer hört man eher, als man sie sieht. Schneeammern dagegen begegnet man in den höheren Lagen fast auf Schritt und Tritt. Die Männchen mit ihrem auffälligen schwarz-weißen Gefieder sind während der Brutzeit weder zu übersehen noch zu überhören.

Durch Jotunheimen führte auch ein Handelsweg, die Sognefjell-Straße. Die ersten Touristen kamen im 19. Jahrhundert hierher. Heute ist die Straße gut ausgebaut und führt als Sognefjell-Hochstraße durch die fantastische Landschaft. 1886 wurde der DNT (Den Norske Turistforening) gegründet, der überall im Land, auch in Jotunheimen, Wanderwege und Übernachtungshütten einrichtete. Doch erst seit 1980 ist Jotunheimen ein Nationalpark.

Zu den höchsten Wasserfällen Norwegens

Zwar kein Geheimtipp mehr, doch wegen des immer noch mehr als zweistündigen Anmarsches vom Massentourismus bisher verschont, liegt der Vettisfossen im Utladalen. Er ist mit einer Fallhöhe von 275 Metern der höchste Wasserfall Norwegens und wurde bereits 1924 unter Schutz gestellt, um ihm das Schicksal der Regulierung zu ersparen. Neben dem Vettisfossen gibt es zwei weitere große, den Hjelledalsfossen und den Avdalsfossen, sowie eine Unzahl kleinerer Wasserfälle im Utladalen. Auch heute noch ist das Tal kaum erschlossen und in seiner Ursprünglichkeit erhalten. Ein Besuch des Vettisfossen ist unbedingt zu empfehlen. Die empfehlenswerte leichte Wanderung zum Vettisfossen führt sechs bis sieben Kilometer zunächst auf einer Schotterstraße, später auf einem Pfad von Hjelle über Vetti hinauf.

TOP ★ ERLEBNISSE

★ ÜBERNACHTUNG AUF FAST 1000 METERN

Wer Norwegen kennenlernen will, kommt an den Wanderhütten des DNT nicht vorbei. In Jotunheimen bietet sich dafür die Gjendebu Turisthytte an. Sie wurde bereits 1871 eingerichtet und ist damit die älteste Hütte Norwegens. Die Wirtsleute sorgen von Ende Juni bis Mitte September für das leibliche Wohl der Gäste. Auch über Ostern ist das Haupthaus mit seinen 134 Betten geöffnet. Außerhalb der Saison kommt man mit dem Standardschlüssel des DNT in den Selbstbewirtschaftungsteil der Hütte. Erreicht wird die Hütte über die E 16 und R 51 bis Gjendesheim und von dort mit dem Boot über den Gjendesee nach Gjendebu.

★ AUF HISTORISCHEN PFADEN

Durch das Herz des höchsten norwegischen Gebirges führt die »Historische Route«. Dabei übernachtet man in einfachen oder komfortablen Berghütten, streift durch den Fjell der Jotunheimen-Pioniere und lernt auch etwas über die Entstehung der Geschichte um Peer Gynt. Auch ein Gepäcktransport ist möglich.

WEITERE INFORMATIONEN
www.turistforeningen.no/deutsch;
www.jotunheimenroute.com

30 AUF DEM GRÖßTEN GLETSCHER EUROPAS

Der Jostedal-Nationalpark

Wieder einmal Superlative! 487 Quadratkilometer überdeckt der Jostedalsbreen, damit ist er der größte Gletscher Europas. In Nord-Süd-Richtung erstreckt er sich 100 Kilometer lang, seine größte Breite beträgt 15 Kilometer. An der dicksten Stelle lastet eine Eisschicht von 500 Metern Mächtigkeit auf dem Felsuntergrund. 22 Gletscherzungen fließen vom Jostedalsbreen in Richtung Jostedal. Neun Kilometer lang ist die längste Gletscherzunge, der Nigardsbreen.

Der Jostedal-Nationalpark wurde 1991 eingerichtet und umfasst heute eine Fläche von 1310 Quadratkilometern. Auf einer Höhe von 1600 bis 1900 Meter überdeckt er das Felsplateau. Lediglich zwei Berggipfel ragen über das Eis hinaus. Zum Glück ist nicht nur der Jostedalsbreen in den Nationalpark einbezogen worden, sondern auch große Teile des angrenzenden Jostedalen. Ein Besuch bietet jedem etwas. Von den Orten Jostedalen, Veitastrond, Fjærland, Stardalen, Oldedalen und Lodalen führen gut ausgebaute Straßen in den Park. Schon auf dem Weg dorthin wird die ganze Vielfalt der Landschaft deutlich. Vom Fjord über die von den Gletschern ausgeschobenen und heute mit üppiger Vegetation bewachsenen und landwirtschaftlich genutzten Täler, gewaltig aufgeschobenen Moränen bis hin zu kahlen Felslandschaften, von denen Wasserfälle herabstürzen, und natürlich den eisigen Gletschern sind alle Landschaftsformen auf engem Raum zu sehen.

Naturerleben auf unterschiedlichste Weise

Vielfältig sind die Möglichkeiten, diese Landschaften zu erleben. Wanderungen auf gekennzeichneten Naturpfaden, Kajaktouren auf dem Gletschersee in Jostedal, Rafting auf dem Jostedøla vom Jostedalsbreen-Nationalpark zum Lusterfjord und Bootsfahrten auf

Vom Schmelzwasser des Jostedalsbreen- und des Tindefjellbreen-Gletschers wird der Loenvatnet gespeist (unten). Die Abbruchkante des Nigardsbreen ist zu Fuß zu erreichen (rechte Seite oben). Auf einer Brücke geht es über einen Gletscherbach, der vom Nigardsbreen gespeist wird (rechte Seite unten).

verschiedenen Gletscherseen gehören zum Angebot. In den Gewässern rund um den Jostedalsbreen kann man Forelle, Bergforelle, Lachs und Aal angeln. »Troll Autos«, offene Wagen für bis zu sieben Personen, fahren vom Parkplatz in Briksdalen circa 3 Kilometer in Richtung Gletscher. Von dort aus sind es etwa 500 Meter zu Fuß bis zum Briksdalsbreen, der wie ein geologisches Geschichtsbuch Auskunft über die Entwicklung der Gletscherlandschaft gibt.

Junge Gletscher im Dienst der Wissenschaft

Gletscher gelten weltweit als Reste großer Eisschilde, die nach dem Ende der letzten Eiszeit vor etwa 10 000 Jahren nicht vollständig abgeschmolzen sind. Beim Jostedalsbreen und noch einigen anderen Gletschern ist das nicht so. Nachdem die Eismassen verschiedener Eiszeiten die heute vorhandenen Täler im Jostedal-Nationalpark ausgeschoben und gewaltige Moränen zurückgelassen hatten, schmolzen sie vollständig ab. Vor etwa 2500 Jahren begann eine neue Kälteperiode, und die Gletscher begannen wieder zu wachsen. Sie gipfelte in der »kleinen Eiszeit« etwa um das Jahr 1750. Zu dieser Zeit hatte auch der Jostedalsbreen seine größte Ausdehnung. Im Jahr 1743 zerstörte der Nigardsbreen bei seinem Vorstoß das Dorf Nigard. Er hatte in 50 Jahren drei Kilometer Länge zugelegt. Seit 1748 hat er sich wieder um fünf Kilometer zurückgezogen. Dieser Prozess dauert immer noch an. Einzelne Gletscherzungen sind allein im Jahr 2007 um über 150 Meter zurückgewichen. Für die Glaziologie ist der Jostedalsbreen mit seinen Gletscherzungen ein ideales Studienobjekt. Nirgendwo sonst gibt es so viele »frische« Moränen und »junges« Eis an so gut zugänglichen Stellen.

So vielfältig die Landschaft, so reichhaltig die Tier- und Pflanzenwelt. Mit dem Rückzug des Eises kehrten auch Rothirsch und Elch zurück. Sie sind im Nationalpark nicht selten, man braucht jedoch ein wenig Geduld, um sie zu Gesicht zu bekommen. Auch Rentiere und selbst Braunbären leben hier. Vor den Tieren waren schon die Pflanzen hier. Zunächst Moose und Flechten, später Heidekraut und niedrige Büsche, bis sich zuletzt ein Wald aus Erlen, Birken und Kiefern etablierte. In den Bächen sind Forelle, Lachs und Aal ebenso zu Hause wie der Nationalvogel Norwegens, die Wasseramsel. Sie ist der einzige Singvogel, der im und am Wasser leben kann. Sie läuft am Grunde der Bäche entlang und sucht dort nach Wasserinsekten. Bis zu 15 Sekunden bleibt sie unter Wasser, dann muss sie Luft holen. In den sauberen und unverbauten Bächen des Nationalparks kann man sie immer wieder beobachten.

TOP ★ ERLEBNISSE

★ MIT DEM GLETSCHERBUS INS EIS

Jeden Tag startet der Gletscherbus um 8:45 Uhr in Richtung Nigardsbreen, der wohl schönsten Gletscherzunge des Jostedalsbreen. Der Nigardsbreen ist leicht zu erreichen, und auch die Wanderung um die Eistürme und Spalten ist nahezu für jedermann möglich. Bevor jedoch der Gletscher erwandert wird, sollte man eine Bootsfahrt mit der »MS Jostedalsrypa« über den vor dem Gletscher liegenden See machen. Anschließend wird man von speziell ausgebildeten Gletscherführern durch das Eislabyrinth geleitet. Es werden ein Familienspaziergang sowie eine kurze und eine lange Eiswanderung angeboten. Kinder müssen für den Familienspaziergang sechs, für die Wanderungen zwölf Jahre alt sein. Um 17 Uhr wird man wieder abgeholt. Bezahlt wird im Bus.

★ GLETSCHERMUSEEN

Das Breheimsenteret ist passende Anlaufstelle, um sich über den Jostedalsbreen, aber auch das Jostedalen selbst und seine lange Geschichte zu informieren. Hier werden die Entstehung des Eisschilds sowie die Vorstöße und Rückzüge der Gletscherzungen – vor allem des Nigardsbreen – thematisiert. Auch die Tier- und Pflanzenwelt am Eis ist ein Aspekt, der den Besuchern nähergebracht wird.

WEITERE INFORMATIONEN
www.jostedal.com

An der Kylling Bru wird ein Fotostopp eingelegt, um den nahe gelegenen Vermafossen zu fotografieren (oben). Der Trollveggen ist nur von sehr erfahrenen Bergsteigern zu bewältigen (rechte Seite unten). Für Kletterer und Bergsteiger ist das Norsk Tindesenter ein Eldorado (rechte Seite oben).

31 EUROPAS SCHÖNSTE BAHNLINIE

Mit der Raumabahn von Dombås nach Åndalsnes

Die acht prominentesten Bahnlinien in Norwegen sind mit unterschiedlichen Attributen belegt: Die Bergenbahn ist die bekannteste, die Rørosbahn die älteste, die Dovrebahn die bedeutendste, die Nordlandsbahn die längste, die Flåmbahn die technisch anspruchsvollste, die Ofotenbahn die nördlichste, die Sørlandsbahn die südlichste und gleichzeitig lieblichste. Die Raumabahn aber soll gar die schönste in Europa sein!

Ob das stimmt, liegt wohl im Auge des Betrachters. Nachvollziehbar ist es aber schon, denn obwohl die Raumabahn mit nur 114 Kilometern zu den kürzeren Strecken in Norwegen zählt, ist die Reise mit ihr wirklich atemberaubend! In 1.40 Stunden bringt Sie der Zug von Dombås zum Romsdalsfjord in Åndalsnes. Währenddessen werden 32 Brücken passiert und sechs Tunnel durchfahren, darunter die beiden Kehrtunnel Stavem tunnel mit 1395 Metern und Kylling tunnel mit 480 Metern Länge. Diese Kehrtunnel sind notwendig, um beim Bahnhof Verma auf wenig Raum einen Höhenunterschied von über 90 Metern zu überwinden; vom Startpunkt Dombås bis zum Endbahnhof Åndalsnes sind es insgesamt 659 Meter. Von 1908 bis 1924 wurde an dieser Strecke gebaut, die im Übrigen bis heute nicht elektrifiziert ist – als Zugmaschinen werden diesel-elektrische Triebwagen benutzt.

Landschaft voller Kontraste

Die Fahrt beginnt im Gudbrandsdalen am Bahnhof Dombås. Die Stadt wird von vier Fjellen eingerahmt: Im Norden erstreckt sich das Dovrefjell mit dem Dovrefjell-Sundalsfjella-Nationalpark, im Osten liegt das Rondanefjell, im Westen das Reinheimerfjell und im Süden das Jotunheimen, das höchste Gebirge Skandinaviens.

Die erste Etappe bringt in die Bergdörfer Lesja und Bjorli, die letzten verbliebenen Haltepunkte für den Personenverkehr. Lesja besitzt eine sehenswerte Holzkirche aus dem Jahr 1749, und Bjorli ist in zweierlei Hinsicht interessant: Hier befindet sich ein großes Skigebiet, das zu den Ersten gehört, die im Herbst die Pisten und Loipen öffnen. Temporäres Interesse erregte der Ort, als die einzige außerhalb Großbritanniens gedrehte Szene aus dem Film »Harry Potter und der Halbblutprinz« in der Raumabahn in Bjorli gedreht wurde.

Die Fahrt geht weiter durch das landschaftlich reizvolle Romsdalen. Nach wenigen Kilometern wird die Stuguflåtbrua erreicht, eine 54 Meter lange und zehn Meter hohe Steinbrücke über den Fluss Rauma, der an dieser Stelle spektakulär in eine enge Schlucht stürzt. Vier Jahre lang (1919–1923) dauerten die Arbeiten an der Brücke.

Berühmt und mächtig

Nach weiteren zehn Kilometern ist die 180°-Kehre mit einem Radius von 275 Metern im Stavem tunnel erreicht. Eine weitere Kehre führt hinter dem Bahnhof Verma auf die Kylling bru: Die 76 Meter lange Granitbrücke überspannt die Rauma in 60 Metern Höhe – sie ist eine der berühmtesten Eisenbahnbrücken Norwegens und zugleich Wahrzeichen der Raumabahn. Hier wird ein Stopp eingelegt, um die Brücke und den Wasserfall Vermafossen zu fotografieren. Der Vermafossen wird aus mehreren Zuflüssen gespeist, die in einem Stausee gesammelt werden, ehe das Wasser durch die Turbinen eines Kraftwerks geführt wird und den Berg hinabstürzt. Der zunächst einfache Wasserstrom teilt sich im unteren Bereich in drei mächtige Kaskaden auf; auf den letzten 50 Metern stürzt das Wasser im freien Fall herab. Allerdings führt der Vermafossen nicht ständig Wasser: Zeitweise wird er abgestellt, um den Stausee wieder aufzufüllen. Beste Chancen, den Wasserfall in voller Pracht zu sehen, bestehen im Frühjahr und im Frühsommer. In der World-Waterfall-Database wird er mit seinen insgesamt 381 Metern Fallhöhe und einer Länge von rund 1000 Metern an Platz 242 geführt.

Senkrechter Fels und ein Fjord

Die Eisenbahnlinie verläuft weiter in dem jetzt tief eingeschnittenen Tal der Rauma. Zu beiden Seiten ragen die Berge bis zu 1800 Metern Höhe auf. Letztes Highlight der Fahrt ist im wahrsten Sinn des Wortes der Trollveggen, die höchste frei stehende Felswand Europas: 1000 Meter ragt sie nahezu senkrecht in die Höhe und besitzt dazu noch einen Überhang von 50 Metern.

Nach weiteren elf Kilometern ist Åndalsnes, der Endpunkt der Reise, erreicht – die Berge weichen zurück und geben den Blick frei auf den Romsdalsfjord.

TOP ★ ERLEBNISSE

★ NORSK TINDESENTER

Das ganzjährig geöffnete Norwegische Bergsteigerzentrum ist ein neues Erlebniszentrum in Åndalsnes. 2016 eröffnet, beherbergt es neben dem Norwegischen Bergsteigermuseum auch die landeshöchste Kletterwand mit unterschiedlichen Schwierigkeitsstufen für alle von 3 bis 103 Jahren. Ein Restaurant und der unvermeidliche Souvenirshop fehlen natürlich auch nicht. Erklärungen gibt es in Englisch und Norwegisch. Das Center ist zudem Ausgangspunkt für spektakuläre Klettertouren in den umliegenden Bergen.

★ GONDELBAHN ÅNDALSNES

Die Talstation der 1679 Meter langen Seilbahn befindet sich am Jernbankaia in der Nähe des Bahnhofs von Åndalsnes. Die Bahn fährt über den Hang bis zur Bergstation auf 708 Metern Höhe und bietet damit die längste Gondelstrecke in Norwegen – die Fahrt dauert trotzdem nur 5 Minuten. Auch der Aufstieg zu Fuß ist möglich, dafür werden jedoch ca. 1.30 Stunden veranschlagt. Oberhalb der Bergstation kann man weiterwandern bis auf den Nesaksla (715 m). Am besten fährt man mit der Bahn hinauf und läuft zu Fuß mit Zwischenstopp am Aussichtspunkt Rampestreken (550 m) wieder zur Talstation zurück – das dauert nur 1 Stunde.

WEITERE INFORMATIONEN
tindesenteret.no
romsdalen.no

32 DER SCHNELLSTE UNTER DEN GLETSCHERN

Der Boyabreen – ein Gletscher zum Anfassen

Gletscher fließen stetig zu Tal. Das geschieht meist so langsam, dass es durch einfache Beobachtung nicht wahrgenommen werden kann. Beim Bøyabreen und beim Supphellebreen, zweien der Zungen des Jostedalbreen, ist das anders. Sie fließen mit der rasanten Geschwindigkeit von zwei Metern pro Tag talwärts.

Wer wenig Zeit hat oder die anstrengenden Wanderungen auf dem Briksdalsbreen oder dem Nigardsbreen scheut, muss auf das Erlebnis Gletscher nicht verzichten. Der Boyabreen, eine weitere Gletscherzunge des Jostedalsbreen in der Nähe von Fjærland, bietet dazu Gelegenheit. Sein tiefster Punkt liegt nur 150 Meter über dem Meeresspiegel. Dort fließt er mit einer Geschwindigkeit von zwei Metern pro Tag über eine steile Felskante herab bis an das Ufer eines kleinen Sees, an dem er dann eine Eisbarriere bildet. Das ist die höchste Fließgeschwindigkeit aller Gletscher in Norwegen. Man kann dort ohne Anstrengung bis an das Eis heranwandern und den Gletscher im wahrsten Sinne des Wortes »begreifen«. Allerdings teilt auch der Boyabreen das Schicksal der anderen Gletscherzungen – er schmilzt dahin. Im Jahr 2007 war die Verbindung des über die Felskante fließenden Eisstromes mit der Eisbarriere am Fuß der Felsen erstmals komplett abgerissen. Es wird also höchste Zeit hinzufahren. Vorher sollten Sie dem Norsk Bremuseum, ebenso bekannt als »Norwegisches Gletschermuseum & Ulltveit-Moe«, noch einen Besuch abstatten, um alles Wissenswerte nicht nur über den Bøyabreen zu erfahren, sondern ebenso über das empfindliche Zusammenspiel von Mensch und Natur in der polaren Zone. Zu erreichen ist der Boyabreen mit dem Auto von Fjærland über die Reichsstraße 5.

INFO: www.bre.museum.no

Auch der Boyabreen, der südliche Ausläufer des Jostedalbreen, schmilzt unaufhörlich. Vor 100 Jahren bedeckte er noch die heutige Hauptstraße, die nun Besucher zu ihm führt.

33 DIE STABKIRCHE ZU URNES

Holzkunst in Vollendung

Um das Jahr 1030 war die kleine Halbinsel Orneset im Lustrafjord einer der Brückenköpfe für die Christianisierung Norwegens. Nur wenige Jahrzehnte, nachdem sich der norwegische König Harald Blauzahn (Haraldr blátọnn, 910–987) hatte taufen lassen und auch seinen Untertanen das Christentum befahl, wurde hier die erste Stabkirche errichtet. Der »Alte Brauch«, wie die ursprüngliche Götterverehrung hieß, lebte aber noch lange Zeit neben dem Christentum weiter.

Die Stabkirche zu Urnes ist in idealer Weise in die Landschaft eingepasst worden. Auch wenn sie nicht mehr als Kirche genutzt wird, ist der Besucher versucht, hier einige Minuten in stiller Andacht zu verweilen und die schönen Schnitzereien zu bewundern.

Sie ist nicht die größte und vielleicht auch nicht die spektakulärste, aber mit Sicherheit die älteste Stabkirche Norwegens. 1323 wurde die Kirche erstmals schriftlich erwähnt, sie ist aber wesentlich älter. Bereits um das Jahr 1050 wurde auf der Halbinsel Orneset ein erstes Gotteshaus errichtet, das jedoch bereits in der ersten Hälfte des 12. Jahrhunderts durch einen Neubau ersetzt wurde. Das Portal, einige Wandverkleidungen und Eckpfeiler aus der ersten Kirche wurden jedoch wiederverwendet und sind bis heute erhalten, obwohl auch die zweite Kirche schon wenig später einem weiteren Neubau weichen musste. Die Baumstämme hierfür sind in der Zeit zwischen 1129 und 1130 geschlagen worden. Um zu verhindern, dass das Holz im Kontakt mit dem Boden fault, wurde der Holzrahmen, auf dem die Kirche errichtet wurde, auf ein Steinfundament gelegt. Die Bögen im Gewölbe der Kirche sind aus rund gewachsenen, starken Ästen gefertigt. In der vorchristlichen Zeit galten Seen, Flüsse, Moore, markante Felsen oder Bäume als heilig und wurden als sakrale Kultstätten und Thingplätze genutzt. Mit dem Christentum verlagerten sich die Rituale in sakrale Gebäude, die Kirchen. Seit 1979 steht die Kirche in der Liste des Weltkulturerbes, doch bereits seit 1880 wird sie vom Norwegischen Verein für Denkmalpflege unterhalten. Die Kirche erreicht man von Bergen aus über die E 16 und R 55 bis Solvorn. Von dort verkehrt eine Fähre nach Urnes.

34 EINE STADT WIE PHÖNIX AUS DER ASCHE

Ålesund – mehr als Stockfisch und Jugendstil

Ålesund, das ist zu Recht das Synonym für Jugendstil in Norwegen. Keine andere Stadt hat einen Kern, der durch diese Stilrichtung so geprägt ist wie diese. Und doch wird man dem Ort nicht gerecht, wenn er darauf reduziert wird. Ålesund ist mehr! Ålesund ist in hohem Maße geprägt durch Kunst und Kultur, Handel und Fischerei, Natur und Tourismus.

Viele der Speicherhäuser am Brosundet werden heute als Wohnhäuser genutzt (unten). Viele Lagerhäuser haben einen unmittelbaren Zugang zum Wasser (rechte Seite oben). Der Geschichte der Stadt wurde mit der Fischerstatue ein Denkmal gesetzt (rechte Seite unten).

Ålesund ist, gemessen an der tausendjährigen Geschichte anderer norwegischer Städte, eine junge Stadt. Zwar sind auch hier 1000 Jahre alte Siedlungsreste gefunden worden, und es gab auch schon im 12. Jahrhundert eine Kirche, auf deren Resten die 1904 erbaute Borgund-Kirche steht. Aber erst in der Mitte des 15. Jahrhunderts wird der Ort erstmalig urkundlich als Niederlassung einiger Kaufleute aus Bergen erwähnt. Es dauerte dann immerhin noch etwa 400 Jahre, bis König Oscar I. von Schweden Ålesund im Jahr 1848 die Stadtrechte verlieh. Seit dieser Zeit wuchs die Stadt kontinuierlich. Insbesondere die Fischerei trug zu Wachstum und Wohlstand bei. Der Hafen von Ålesund wurde einer der wichtigsten Fischereihäfen und ist bis heute der größte Exporthafen Norwegens für Stockfisch.

Zerstörung als Chance

Ålesund könnte bis heute eine typische norwegische Kleinstadt mit bunten, malerischen Holzhäusern sein, hätte nicht ein Ereignis stattgefunden, das die Stadt von Grund auf veränderte. In der Nacht vom 22. zum 23. Januar 1904 fiel in einer Margarinefabrik eine Petroleumlampe um. Kleine Ursache, große Wirkung: Die Lampe setzte das Gebäude in Brand. Durch stürmischen Wind

In der Stadt wurde mit der Statue »Sildekona« der »Heringsfrau« ein Denkmal gesetzt (unten). Jedes Haus hat andere Jungendstil-Ornamente an Giebeln, Haustüren und im Treppenhaus (rechte Seite oben). Im Fischereimuseum sieht es noch so aus wie vor 150 Jahren (rechte Seite unten).

begünstigt, breitete sich das Feuer rasend schnell aus. Innerhalb von 16 Stunden waren 850 Häuser in Ålesunds Innenstadt in Schutt und Asche gelegt. 10000 Menschen waren schlagartig obdachlos. Rasche Hilfe war in den stürmischen Wintertagen nach dem Brand daher dringend notwendig. Aus allen Teilen des Landes wurden Hilfskräfte und Handwerker herbeigeholt, um die schlimmsten Folgen der Katastrophe zu beseitigen. Unerwartete Hilfe kam aus Deutschland. Kaiser Wilhelm II., der auf seiner Jacht »MS Hohenzollern« in Norwegen regelmäßig seinen Urlaub verbracht und auch Ålesund häufig besucht hatte, reagierte sofort. Bereits vier Tage nach dem Brand erreichten vier Schiffe mit Hilfsgütern den Hafen der Stadt, die nach ihrer Entladung als Notunterkünfte für die obdachlos gewordenen Einwohner Ålesunds dienten. Die Bürger dankten dem Herrscher, indem sie eine der Hauptstraßen nach ihm benannten und ihm ein Denkmal im Stadtpark errichteten.

Das verheerende Feuer wurde, wie in anderen Städten Norwegens auch, zum Anlass genommen, nur noch aus Stein gemauerte Häuser in der Innenstadt zuzulassen. Dies war die große Chance für junge norwegische Architekten, die mit dem Wiederaufbau beauftragt wurden. Sie waren von dem damals international modernen Jugendstil mit seinen dekorativ geschwungenen Linien, flächenhaften floralen Ornamenten und der Aufgabe von Symmetrien stark beeinflusst. Gleichzeitig unterlagen sie jedoch auch nationalromantischen Impulsen. Daraus entstand eine einzigartige Stilmischung, die den Reiz der Stadt ausmacht. Bereits 1907 waren die Schäden des Feuers weitgehend beseitigt, und die Stadt erstrahlte in neuem Glanz, den sie auch heute noch zeigt.

Ein Spaziergang durch die Stadtgeschichte

Ein Spaziergang durch die Stadt versetzt den Besucher in die Zeit des beginnenden 20. Jahrhunderts zurück. Sie liegt, malerisch durch Brücken verbunden, über drei Inseln im Brosundet verteilt. Man kann die Stadt auf eigene Faust erkunden oder sich einer Stadtführung anschließen, die in der Saison vom 20. Juni bis 25. August täglich um 12 Uhr angeboten wird. Sie sollten nicht versäumen, das Jugendstilmuseum und das Kunstmuseum zu besuchen, durch die Fußgängerzone zu schlendern und am pittoresken Brosundet, dem Meeresarm, an dem Ålesund liegt, den Fischern zuzusehen, die ihren Fang direkt vom Kutter aus verkaufen. Im Fischereimuseum, das in einem der wenigen Häuser untergebracht ist, die den Brand von 1904 unversehrt über-

standen haben, erfahren Sie alles über den Fang und die Weiterbearbeitung von Stockfisch, der den Aufschwung Ålesunds erst möglich gemacht hat. Lebende Fische können im Atlantikpark, einem der größten Aquarien in Nordeuropa, beobachtet werden. In großen Becken sind untermeerische Landschaften naturgetreu nachgestellt, jeden Tag kann man Tauchern beim Füttern der Fische zusehen. Wer sich einen Überblick über Stadt und Umgebung verschaffen und körperlich betätigen will, sollte vom Stadtpark aus die 418 Stufen zum Aussichtspunkt auf dem Hausberg Aksla hinaufsteigen. Von dort geht der Blick über die Stadt, die vorgelagerten Inseln und die südlich gelegenen Sunnmøre-Alpen. Wer sich die 418 Stufen nicht zutraut, kann auch mit dem Auto auf den Berg fahren. Von dort aus lohnt sich ein Abstecher zum Sunnmøre-Museum, ein wunderbar in die Landschaft eingepasstes Freilichtmuseum in der Bucht Borgundkaupangen. Eine der Attraktionen ist die Sammlung historischer Boote, darunter das Wikingerschiff Borgundknarren, mit dem auch kurze Fahrten angeboten werden – nicht nur für Kinder ein besonderes Vergnügen. Ein Besuch im Mittelaltermuseum, das ebenfalls auf dem Gelände des Freilichtmuseums errichtet wurde, ist ebenfalls zu empfehlen.

Ålesund ist auch Ausgangspunkt für Exkursionen auf das Meer hinaus sowie über Land. Zu den besonderen Attraktionen gehören organisierte Fjord- und Angelfahrten oder ein Besuch der Vogelinsel Runde. Landratten werden auf gut angelegten Wegen zu Wanderungen eingeladen.
Mit dem Auto oder dem Bus führt eine gut ausgebaute Straße durch die schöne Fjordlandschaft zum Trollstigen mit der Trollwand, die als Europas höchste Steilwand gilt.

Wen die Musen küssen

Kultur wird großgeschrieben in Ålesund. In jedem Jahr findet im März das Ålesund-Theaterfestival mit Gastspielen internationaler Ensembles, mit Konzerten und Kindertheater statt. Wer den Gaumenfreuden verfallen ist, kann sich von den Kochkünstlern verwöhnen lassen, die alljährlich im August und September aus allen Teilen des Landes zum Norwegischen Gourmetfestival und zur Norwegischen Meisterschaft für Köche nach Ålesund reisen. Darüber hinaus warten Galerien, Ausstellungen, Konzerte über das ganze Jahr hinweg mit interessanten Angeboten auf. Cineasten werden sich im liebevoll restaurierten Løvenvold-Kino mit seinen im alten Stil gehaltenen Freskenmalereien nicht nur wegen der Filme wohlfühlen.

TOP ★ ERLEBNISSE

★ ES MUSS NICHT IMMER FISCH SEIN ...

... aber in Ålesund sollte man sich maritime Leckerbissen nicht entgehen lassen. Nicht umsonst besitzt die Stadt den wichtigsten Fischereihafen Norwegens. Frischer kann man Fische, Hummer und Königskrabben nicht bekommen. Aber auf die Zubereitung kommt es an! Und davon verstehen die Köche im »Sjøbua Fiskerestaurant« eine Menge. Es zählt nicht nur zu den bekanntesten Fischrestaurants Norwegens, sondern besticht auch durch sein Ambiente. Tel. +47/70 12 71 00, sjoebua@xi.no

★ SPANNENDE STADTGESCHICHTE

Die Jugendstilstadt Ålesund ist einzigartig in Skandinavien. Das Aalesunds Museum zeigt, wie die Stadt zu ihrem Aussehen gekommen ist und welche Rolle dabei der deutsche Kaiser Wilhelm II. gespielt hat.

★ WILDLIFE SEA SAFARI

Bei einem rasanten Ausflug im offenen RIB, einem stabilen und schnellen Gummiboot, kann man an den Klippen der Vogelinsel Runde unzählige kreischende Seevögel beobachten oder einer Robbenkolonie näherkommen.

WEITERE INFORMATIONEN
www.visitalesund.com

Ein Blick vom Hausberg Aksla über Ålesund ist zu jeder Tageszeit reizvoll, besonders schön ist er aber, wenn die untergehende Sonne die Stadt und die Bucht in weiches, rotes Licht taucht.

»Rosepiken«, das Mädchen mit den Rosen, ist eines der Wahrzeichen von Molde (oben). Das Folke Museum in Molde bestiсht durch seine avantgardistische Architektur (rechte Seite unten). Vom 50 Meter hohen Glockenturm der Domkirche ertönt das Geläut eines Glockenspiels mit 26 Glocken (rechte Seite oben).

35 FJORDSTADT MOLDE

Stadt der Rosen und des Jazz

Lange bevor Molde 1742 die Stadtrechte erhielt, gab es hier am Moldefjord bereits dauerhafte Siedlungen. Schon im 15. Jahrhundert nutzten deren Bewohner den Mold, den hier anstehenden fruchtbaren Mutterboden. Trotzdem besitzt Molde keine architektonische Vergangenheit – was ein Brand im Jahr 1916 an historischer Bausubstanz verschont hatte, wurde von der deutschen Wehrmacht während des Zweiten Weltkriegs zerstört.

Trotzdem ist Molde nicht zuletzt wegen des Romsdal-Museums, seines Fischereimuseums und des Hausberges Varden einen Besuch wert. Die Stadt hat gut 32 000 Einwohner, die heute im Wesentlichen von verschiedenen Industriebetrieben, von Handel und Tourismus leben. Das war nicht immer so. Ihren Aufschwung im 17. und 18. Jahrhundert verdankte die Stadt vor allem dem Bootsbau und dem Heringshandel, später kamen Textil- und Kleinmöbelindustrie hinzu. Zudem ist Molde Bischofsstadt und Verwaltungssitz der Provinz Fylke Møre og Romsdal.

Rosen dank Golfstrom

Molde wird auch die »Stadt der Rosen« genannt, weil hier, nur rund 400 Kilometer südlich des Polarkreises, entgegen allen Erwartungen in der ganzen Stadt Rosen gedeihen. Sogar ein Denkmal hat man den Blumen gesetzt: Die Bronzeskulptur »Rosepiken«, das Mädchen mit den Rosen, steht in einem Springbrunnen auf dem Rathausplatz; sie wurde der Stadt 1971 vom Besitzer einer Textilfabrik gespendet. Der warme Golfstrom, der mit einem Ausläufer an der norwegischen Küste nach Norden zieht, und die geschützte Lage am Fjord machen die Blütenpracht möglich. Vom milden Klima profitieren aber auch andere Pflanzenarten, u.a. Kastanien, Rotbuchen und Eschen. Vor allem die Esche spielt in der nordischen Mythologie eine wichtige Rolle als Weltenbaum Yggdrasil, der den Kosmos verkörpert.

Hauptstadt des norwegischen Jazz

»Jazz oder nie« heißt es beim alljährlichen Internationalen Jazzfestival in Molde. Seit 1960 trifft sich hier die nationale und internationale Jazz-Elite – damit ist es das älteste Jazzfestival Europas. Sein Wahrzeichen ist der bronzene Saxophonspieler auf dem Marktplatz, ein Geschenk der Bürger anlässlich des 250. Stadtjubiläums 1992. An den fünf Festivaltagen im Juli verwandelt sich die kleine Stadt in einen riesigen Konzertsaal: Mehr als hundert Konzerte, davon viele im Freien und kostenlos, werden den Jazzfans angeboten. Durchschnittlich 100000 Besucher reisen zum Festival an und sprengen alle Übernachtungskapazitäten in den Hotels. Daher wird alljährlich von den Pfadfindern der Stadt etwa drei Kilometer vom Stadtzentrum entfernt ein eigenes Jazz-Camp eingerichtet: eine Zeltstadt voller Jazzbegeisterter, von denen viele ihre eigenen Instrumente mitbringen, um in unzähligen Jam-Sessions zu spielen.

Stadtbummel ohne Nostalgie

Auch wenn Molde keine historischen Quartiere mehr besitzt, gibt es doch eine Reihe von sehenswerten Gebäuden, Einrichtungen und Denkmälern. Vom Hafen führt der Weg zunächst links in den Julsundvegen bis zum Akerstadion, einer der modernsten norwegischen Spielstätten für viele Sportarten. Das Hotel Rica, ein futuristischer, einem Segelboot nachempfundener Bau ist von dort aus besser zu sehen als aus der Nähe.

Auf demselben Weg geht es zurück bis zum Sandvegen und durch den Røknes-Park zum Romsdalsmuseet. Vom Museum wendet man sich rechts zum Per-Amdamsvegen und folgt ihm bis zum Museumsvegen, durch den man bis zum Parkvegen spaziert. Dann wird schon bald die Kirkebakken erreicht. Dort steht die Domkirche, deren hoher frei stehender Turm schon von Weitem ein gutes Orientierungsmerkmal ist.

Rathaus und Rathausplatz sind nun schon in Sichtweite. Das Rathaus aus dem Jahr 1966 ist das Ergebnis eines Architekturwettbewerbs und zeigt, dass der Titel »Stadt der Rosen« zu Recht gilt: Auf dem Rathausdach wurde einer der schönsten Rosengärten in ganz Molde angelegt.

TOP ★ ERLEBNISSE

★ RENDEZVOUS DER HURTIGRUTEN-SCHIFFE

Zehnmal begegnen sich die nord- und südfahrenden Hurtigruten-Schiffe – das erste Rendezvous findet in Molde im Hafen statt, wo um 21.30 Uhr das südgehende Schiff die Pier für das einlaufende nordgehende Schiff freimacht. Solche Begegnungen unterliegen immer dem gleichen Ritual: Bei Tag begrüßen sich die Schiffe durch die immer gleichen Signale aus ihrem Schiffshorn, Typhon genannt, bei Nacht durch Lichtsignale. Das nordgehende Schiff grüßt zuerst zweimal lang, einmal kurz, das südgehende Schiff antwortet zweimal lang, einmal kurz, einmal lang.

★ DIE MOLDE DOMKIRKE

Nach neun Jahren Bauzeit wurde die Molde Domkirke 1957 eingeweiht und 1983 mit der Gründung des Bistums Møre og Romsdal zur Kathedrale des Bischofs von Molde erhoben. Vielfarbige Mosaikfenster sind die beherrschenden Elemente. Der 50 Meter hohe frei stehende Glockenturm endet in einer mit Kupfer verkleideten Pyramide. Im Innern befindet sich ein Glockenspiel mit 26 Glocken. Die Domkirche ist bereits das vierte Gotteshaus an dieser Stelle – die vorherigen Kirchengebäude brannten nieder, aber es gelang, ein altes Holzkreuz und die bekannte Altartafel »Ostermorgen« von Axel Ender aus den Flammen zu retten.

WEITERE INFORMATIONEN
visitmolde.com,
molde.kirken.no

In den Küstengewässern und Fjorden finden die Seevögel reiche Nahrung (oben). Vom Hafen auf Runde starten die kleinen Boote zum 294 Meter hohen Vogelfelsen Rundabranden (oben rechts). Nur die steilen Felsen bieten Sicherheit vor Füchsen und Ratten. Auch die Inselbewohner, die in früheren Jahren hier regelmäßig Eier aus den Nestern geholt haben, müssen die Vögel nicht mehr fürchten (rechte Seite unten).

36 DAS WHO'S WHO DER SEEVÖGEL AUF RUNDE

Arktische Brüderchen, Trottellummen und Basstölpel

Nur 6,4 Quadratkilometer ist die Insel Runde groß, und doch ist sie Brutrevier oder Rastplatz für 225 verschiedene Vogelarten, von A wie Austernfischer bis Z wie Zwergmöwe. Damit gibt es auf der Insel mehr Vogelarten als Einwohner. Das sind nämlich ganze 150. Gegenüber den bis zu 500 000 Vögeln, die jedes Jahr zum Brüten auf die Insel kommen, sind sie deutlich in der Minderzahl. Auch einige Tausend Vogelfreunde, die zum Beobachten hierher kommen, verschieben das Verhältnis nicht wesentlich.

Runde liegt etwa 30 Kilometer südwestlich von Ålesund in der Gemeinde Herøy. Die Insel ist durch eine nacheiszeitliche Landhebung entstanden und erhebt sich als steiles Gebirge aus dem Meer. Höchster Punkt ist der Runde Varden mit 333 Metern. In den bis zu 250 Meter hohen Felswänden im Westen der Insel liegen die Brutkolonien der Seevögel, während sich die 150 Einwohner auf die Orte Runde und Goksøyr verteilen. Im flachen Unterland, das den Fuß der Berginsel im Süden und Osten umgibt, wird noch heute Landwirtschaft betrieben. Daneben bilden Fischerei und in zunehmendem Maße Tourismus die Lebensgrundlage der Einwohner. Viele Wege führen nach Runde. Von Ålesund kommend ist das die Fähre von Sulesund nach Hareid auf der Insel Hareidlandet. Dann geht es auf der Reichsstraße 61 zunächst weiter bis auf die Insel Gurskøya, von dort auf der Reichsstraße 654 nach Runde. Von Süden kommend empfiehlt es sich, die Reichsstraße 61 bis zur Fähre von Koparnes nach Årvik zu nutzen. Von dort weiter über die R 61 und R 654 bis Runde. Die Inseln sind durch mautfreie Brücken verbunden. Auf Runde empfiehlt sich eine Wanderung zu den Vogelklippen. Von dort aus sind die Papagei-

Skuas sind häufige Besucher der Vogelfelsen. Sie haben es auf Eier und Küken der dort brütenden Seevögel abgesehen (oben). Bis zu zehn kleine Fische kann der Papageitaucher im Schnabel tragen (unten). Seeadler verschmähen auch Vögel nicht als Beute (rechte Seite oben). Die gänsegroßen Basstölpel, ungeschickt an Land, aber exzellente Flieger und Taucher, verschlingen ihre Beute schon unter Wasser (rechte Seite unten).

taucher sehr gut zu beobachten. Bei einer Bootstour kann man die Vogelkolonien auch vom Meer aus beobachten.

Vogelkolonie im Naturhochhaus

Der Vogelfelsen auf Runde ist der größte Norwegens südlich des Polarkreises. Hier brüten regelmäßig 48 verschiedene Vogelarten, darunter mit Ausnahme des hocharktischen Krabbentauchers alle Alkenarten des Atlantiks. Weitere elf Arten brüten gelegentlich auf der Insel. Seeadler, Habicht, Wander- und Gerfalke sind während des ganzen Jahres um die Insel herum zu beobachten, brüten jedoch auf anderen Inseln oder auf dem Festland.

Für alle anderen dort bisher beobachteten Arten ist Runde ein wichtiger Rastplatz auf dem Weg in die noch weiter nördlich gelegenen Brutgebiete und auf dem Rückweg in die Überwinterungsgebiete im Süden.

Für Seevögel sind die Vogelfelsen auf Runde ideal. Die Insel liegt mitten in fischreichen Gewässern, wo es Nahrung im Überfluss gibt, und die steilen, bis zu 250 Meter hohen Felswände bieten sicheren Schutz für die Brut. Auf den ersten Blick sieht das Vogelgewimmel auf den Felsbändern und -vorsprüngen chaotisch aus, bei genauerem Hinsehen wird jedoch eine fein abgestufte Ordnung erkennbar. Es gibt zwar keine absolut strenge Trennung, aber jede Art hat ihr eigenes Stockwerk in der Steilwand. Die Papageitaucher, die mit wissenschaftlichem Namen *Fratercula arctica* heißen, was so viel wie »Arktisches Brüderchen« bedeutet, sind immer weit oben auf dem Plateau der Felsen zu finden. Dort, wo sich schon eine Vegetationsdecke gebildet hat, graben die Vögel dicht unter der Oberfläche einen Tunnel, in den sie ihr einziges Ei legen. 100 000 Paare brüten auf Runde.

Nur wenig unterhalb brüten die Eissturmvögel, elegante Flieger, die ohne Flügelschlag stundenlang über dem Meer segeln können. An den vermeintlich absolut glatten Wänden der Steilwand sitzen die Lummen auf schmalen Felsbändern. Auf Runde sind dies sowohl Trottel- als auch Dickschnabellummen.

Auch sie legen nur ein Ei, das sie direkt auf das Felsband legen. Das Ei ist birnenförmig, und wenn es einmal angestoßen oder vom Wind bewegt wird, rollt es um seine eigene Achse und fällt nicht von dem Felssims.

Direkt daneben, aber meist auf einzelnen Felsvorsprüngen bauen Dreizehenmöwen ihre Nester. Die werden in jedem Frühjahr nicht nur ausgebessert, sondern auch aufgestockt, und erreichen nach einigen Jahren eine Höhe von 40 Zentimetern und mehr. 50 000 Paare kommen in jedem Frühjahr zum Brüten nach Runde. Noch eine Etage tiefer

brüten die Tordalken, ebenfalls Vertreter der Alkenvögel wie Papageitaucher, Lummen und Gryllteisten. Die Gryllteisten, taubengroße schwarze Vögel mit weißen Flecken auf den Flügeln und leuchtend roten Füßen, brüten noch weiter unten, schon fast an der Wasserlinie. Dort, in die schmalen Klüfte zwischen Geröll und Felsen, die aus der Steilwand herabgestürzt sind, legen sie ihr einziges Ei. Die Basstölpel halten sich etwas separat auf eigenen Felsen auf, ebenso wie Meerscharben und Kormorane. Große Teile der Insel stehen unter Naturschutz und dürfen während der Brutzeit der Vögel vom 15. März bis 31. August nur auf den markierten Wanderwegen betreten werden. Das war nicht immer so. Jahrhundertelang haben die Bewohner der Insel nicht nur von der Fischerei, sondern auch von den Vögeln und deren Eiern gelebt. Ein nicht ungefährliches Unterfangen, denn die Klippen sind steil.

Lebensversicherung für Vögel, tödliche Gefahr für Schiffe

Während die steilen Klippen den dort brütenden Vögeln den besten Schutz vor Füchsen, Ratten und anderen Nesträubern bieten, stellen sie für die Seefahrt eine oft tödliche Bedrohung dar. Mehr als ein Schiff ist schon an den Felsen der Insel Runde zerschellt und gesunken. Bei der Suche nach der »Akerendam«, einem holländischen Segler, der im März 1725 in einem Sturm gesunken ist, waren drei Sporttaucher erfolgreich. Sie fanden das Wrack in 20 Meter Tiefe und konnten 60 000 Gold- und Silbermünzen mit einem Gewicht von 560 Kilogramm an Land bringen. Die »Akerendam« war gemeinsam mit zwei weiteren Schiffen in den Niederlanden gestartet, um in Batavia, dem heutigen Djakarta, Gewürze und andere Waren einzukaufen. An Bord hatte sie 19 Kisten mit frisch geprägten Gold- und Silbermünzen. Die Schiffe wurden in einem Sturm getrennt, und die 44 Meter lange, mit 40 Kanonen bewaffnete »Akerendam« zerschellte auf den Felsen an der Nordwestspitze der Insel. Alle 200 Seeleute kamen dabei ums Leben. Ein Teil der Ladung wurde an Land gespült, darunter mehrere Fässer mit französischem Wein, sehr zur Freude der Inselbewohner. Auch fünf der neunzehn Goldkisten wurden damals schon geborgen, aber danach geriet das Wrack in Vergessenheit. Erst 1972 konnte der Rest geborgen werden. Ein Teil des Runde-Schatzes befindet sich heute in der Münzsammlung der Universität Oslo und in den Schifffahrtsmuseen von Bergen und Oslo. Eine Kanone des Schiffes kann auf dem Campingplatz in Goksøyr besichtigt werden.

TOP ★ ERLEBNISSE

★ GOKSØYR-CAMPING AUCH FÜR NICHTCAMPER

Wer Runde länger besuchen will, kommt an Knut Asle Goksøyr nicht vorbei. Ob Sie auf dem Campingplatz, in einer Hütte oder im Ferienhaus übernachten wollen, bei Knut Asle Goksøyr sind Sie in guten Händen. Auch Inselrundfahrten zu den Vogelfelsen, eine Seehundsafari nach Grasøyane oder Angeltouren können Sie bei ihm buchen.
Knut Asle Goksøyr,
camping@goksoyr.no

★ KÜSTENKULTUR IM MUSEUM

Das Herøy Kystmuseum ist zwar nicht groß, bringt den Besuchern das Leben auf der weit im offenen Atlantik gelegenen Insel näher. Herøya ist das kleinste bewohnte Eiland der Gemeinde, hatte jedoch schon in der Wikingerzeit große Bedeutung als Handels- und Thingplatz. Die geschützte Lage der Insel bot Schiffen einen sicheren Hafen und Ankerplatz.

★ PADDELN IN DEN SCHÄREN

Für erfahrene Seekajakfahrer ist der Runde-Archipel ein lohnendes Revier. Weniger versierte Paddler können sich einer geführten Tour anschließen und vom Meer aus die Tierwelt erleben und auf kleinsten Inselchen an Land gehen.

WEITERE INFORMATIONEN
www.insel-runde.de

37 ÜBER DEN TROLLPFAD HOCH ÜBER DEM MEER

Wo Trolle lauern – Trollstigen und Trollwand

Mehr als eine halbe Million Besucher pro Saison lassen sich den wirklich spektakulären Ausblick vom 850 Meter hoch gelegenen Aussichtspunkt auf der Passhöhe des Trollstigen, des Trollpfads, nicht entgehen. Doch vor den Erfolg haben die Trolle den Schweiß gesetzt – den Angstschweiß, der ausbrechen kann, wenn man mit dem Auto auf dem schmalen, bis zu 12 Prozent steilen Trollstigen die halsbrecherischen elf Haarnadelkurven durchfährt und plötzlich Gegenverkehr auftaucht.

Dann bleibt nichts anderes übrig, als entweder selbst bis zur nächsten Ausweichstelle zurückzufahren oder den Entgegenkommenden dazu zu bewegen. In der Regel funktioniert das jedoch problemlos. Vor dem Ausbau des Trollstigen zu einer von Fahrzeugen passierbaren Straße im Jahre 1936 gab es an dieser Stelle nur einen schmalen Saumpfad, der zum Teil noch erhalten ist und von vielen Wanderern genutzt wird, um ohne Motorunterstützung die Trollsleiter hinauf- oder hinunterzusteigen. Acht Jahre Bauzeit waren nötig, um die Straße in den Fels zu schlagen. Seit seiner Eröffnung gehört der Trollstigen zu den schönsten und bekanntesten Straßen Norwegens. Er ist Teil der »Goldenen Route«, die von Åndalsnes bis zum Geirangerfjord führt. Auch heute noch ist er sehr schmal und überdies durch Steinschlag gefährdet. Allerdings sind in den letzten Jahren erhebliche Anstrengungen zur Entschärfung sowohl einiger der engsten Kurven als auch zur Vermeidung von Steinschlag unternommen worden. Zuletzt flossen im Jahr 2005 umgerechnet zwei Millionen Euro in die Unterhaltungs- und Umbauarbeiten. Trotzdem ist der Trollstigen weiterhin nur in den Sommermonaten je nach den Witterungsbedingungen von Mitte Mai bis Ende August geöffnet. Bei drohendem Gewitter, Nebel und Regen sollte man die Route meiden.

Schon in kurzer Entfernung von der Trollstigen Fjellstue auf der Passhöhe herrscht wieder Ruhe (unten). Die Plattform am oberen Ende des Trollstigen (rechte Seite unten) bietet einen fantastischen Blick auf die Serpentinen der berühmten Passstrecke (rechte Seite oben).

Anhalten lohnt sich

Gleichgültig, ob man aus dem Isterdal kommend den Trollstigen hinauffährt oder in Gegenrichtung unterwegs ist, es lohnt sich, an den wenigen Ausweichstellen anzuhalten und den Blick zu genießen, denn es sind immer andere Perspektiven, aus denen man das Tal und natürlich den Trollstigen sieht. Ein Muss ist der Stopp an der Brücke über den Wasserfall Stigfossen, der in wunderschönen Kaskaden 320 Meter über die Felsen rauscht. Die größte Fallhöhe beträgt 40 Meter. Er wird aus dem Alnesvatnet und dem Bispetvatnet gespeist, zwei Seen, die auf 744 Meter beziehungsweise 1002 Meter Höhe liegen. Bei etwas stärkerem Wind, der hier nicht gerade selten ist, weht der Sprühnebel des Stigfossen auch über die Straße und durchnässt Besucher, die sich zu nahe herangewagt haben. Auf der Passhöhe blüht der Tourismus in Reinkultur. Souvenirhütten und ein Restaurant, die »Trollstigen Fjellstue«, sind auf die großen Besucherzahlen zwar eingerichtet, doch in der Hochsaison drängeln sich hier trotzdem die Menschen. Doch nur wenige hundert Meter vom Parkplatz entfernt wird es ruhiger, und vom Aussichtspunkt Utsikten aus kann man den Blick auf den Trollstigen und die bis zu 1700 Meter hohen Berge König, Königin und Bischof genießen. Wer ein Gespür für die kleinen Dinge am Wegesrand hat, wird sich über die wunderbar bunten Flechten und grünen Moose auf den sonst kahlen Felsen freuen, die an einen Flickerlteppich erinnern.

Vom Trollstigen zur Trollveggen

Nicht weit vom Trollstigen entfernt liegt im Romsdal die Trollwand im Gebirgszug Trolltinden, dessen höchster Gipfel der Breitinden mit 1797 Metern ist. Vom Trollstigen ist die Trollwand oder Trollveggen, wie sie auf Norwegisch heißt, leicht über die Reichsstraße 63 bis Åndalsnes und von dort über die E 136 Richtung Süden zu erreichen. Schon die Fahrt durch das enge Tal, in dem sich die Straße den Platz mit dem Fluss Rauma teilen muss, ist ein Erlebnis. Bis fast 1800 Meter ragen beidseits die Felswände auf. Während die Passhöhe des Trollstigen für jedermann besteig- oder befahrbar ist, kann das von der Trollwand nicht behauptet werden. 1000 Meter ragt sie nahezu senkrecht in die Höhe und besitzt dazu noch einen Überhang von 50 Metern. Damit ist sie die höchste frei stehende Felswand Europas. Sie liegt an der Ostflanke des 1788 Meter hohen Store Trolltind. Eine Herausforderung für Bergsteiger: Erst 1965 gelang es zwei Teams, die Wand zu durchklettern.

TOP ★ ERLEBNISSE

★ EIN MUSEUM FÜR GIPFELSTÜRMER

Åndalsnes hat als Stadt nicht viel zu bieten, denn sie wurde 1940 bei einem Bombenangriff völlig zerstört. Wenn Sie aber wissen wollen, wer Arne Randers Heen und Ralph Høibakk waren oder was der Finne Jorma Öster gemacht hat, dann müssen Sie nach Åndalsnes fahren. Im dortigen Gipfelmuseum erfahren Sie es! Hier wird die abenteuerliche Geschichte des Bergsteigens in der Region nachgezeichnet. Legendäre Bergsteiger wie Heen und Høibakk, die 1958 erstmals den Trollrücken, die mit über 40 Seillängen längste Kletterführe Norwegens, bezwungen haben, werden ebenso vorgestellt wie Jorma Öster, der 1980 als erster Gleitschirmflieger von der Trollwand gestartet ist. Dazu gibt es eine Fülle von Informationen zu den einzelnen Gebirgszügen und Gipfeln. Prädikat: sehenswert.

★ AUSSICHTSREICH

Die norwegischen Straßenbauer haben sich mit den nationalen Touristenwegen ein tolles Denkmal gesetzt. Beeindruckendes Beispiel ist die große Aussichtsplattform am oberen Ende des Trollstigen, die über die Felskante hinausragt und sich 200 Meter über die Serpentinen der Passstraße erhebt.

WEITERE INFORMATIONEN
www.tindemuseet.no,
visitnorthwest.no

Hoch ragt das Vestkapp über das Meer. Bei klarem Wetter blickt man weit über die zerklüftete norwegische Westküste, über grüne Heidelandschaften und über die Gletscher und Berge im Osten (oben). Imponierend ist auch der umgekehrte Blick von Honningsvåg auf das Kapp (rechte Seite unten). Der Wetterradarturm am Vestkapp liefert wichtige Daten für die Schifffahrt (rechte Seite oben).

38 SEEFAHRT ZU WASSER UND ÜBER LAND

Vestkapp – das Kap Hoorn des Nordens?

Ebenso wenig, wie das Nordkap der nördlichste Punkt Norwegens ist, markiert das Vestkapp den westlichsten Ausläufer des Landes. Doch der 497 Meter hohe, auch »Weibsbild« genannte Felsen am Ende der Halbinsel Stadlandet ist zum Symbol für die Seeleute geworden, die hier an den steilen Klippen ums Leben gekommen sind. Bereits im 9. Jahrhundert war das Vestkapp gefürchtet.

Unendlich viele wahre und erfundene Geschichten über versunkene Schiffe und ertrunkene Seeleute ranken sich um Stadhavet, die am Vestkapp vorbeiführende Meeresstraße. Den größten Friedhof Norwegens hat man sie auch genannt. Schon Harald Schönhaar, der erste König Norwegens, vermied es, im Herbst um das sturmumtoste Kap zu segeln. Belegt ist, dass 15 Schiffe im Jahr 1594 vor dem Vestkapp gesunken sind und dabei fast 500 Menschen zu Tode kamen. 1869 fegte ein schwerer Orkan über das Kap. Bis heute steht die genaue Zahl der damals ertrunkenen Fischer nicht fest. Aus neuerer Zeit ist das Unglück des Fischkutters »Brenning« bekannt, der 1956 im Sturm kenterte und alle 19 Besatzungsmitglieder mit in die Tiefe riss. Eine noch größere Katastrophe konnte im letzten Moment verhindert werden, als im Jahr 2003 das Hurtigrutenschiff »Midnatsol« bei starkem Sturm einen Motorschaden hatte und auf die Klippen zu treiben drohte. Zum Glück konnte der Anker das Schiff 150 Meter vor dem Kliff halten. Bisher wurden 58 Schiffswracks im Stadhavet entdeckt, die genaue Zahl wird wohl nie ermittelt werden. Mittlerweile sind sie begehrte Ziele für Taucher geworden.

Kreuzungspunkt der Strömungen

Nirgendwo in Norwegen ist die Zahl der Sturmtage höher als am Vestkapp. Wenn der

Wetterbericht wieder einmal meldet, dass ein Sturmtief heranzieht, legen selbst erfahrene Fischer einen Ruhetag ein. Denn hier trifft der Golfstrom, von Südwesten kommend, auf die norwegische Küste. Von Westen kommt obendrein häufig eine lange Dünung aus dem Atlantik und dazu kurze, harte, von den Felsen reflektierte Wellen. Das alles vermischt sich bei Sturm zu einem tobenden Inferno, das die Seefahrt vor dem Kap zu einem lebensgefährlichen Abenteuer werden lässt.

Bei Sturm über Land

Weil das Vestkapp bei Sturm nicht zu umsegeln war, warteten die Schiffe nördlich und südlich der Halbinsel Stadlandet, bis sich die Wetterbedingungen wieder besserten. Das konnte sehr lange dauern, und so kam man schon vor Jahrhunderten auf die Idee, die Schiffe über Land zu transportieren. Bei Dragseidet wurden die Schiffe auf die andere Seite der Halbinsel gezogen. Der höchste Punkt dieses Weges ist der Kongshaugen, der Königshügel, auf dem Olav Tryggvason im Jahre 997 die Bauern der Regionen Firda, Sygna, Møre und Raumdøla zwang, das Christentum anzunehmen. Ein 1913 errichtetes Denkmal auf dem Kongshaugen erinnert bis heute daran.

Der aufwendige Schiffstransport auf dem Landweg wurde bis weit in das 20. Jahrhundert beibehalten, und auch heute noch wird darüber nachgedacht, diese Route zu wählen. Allerdings sehen diese Pläne inzwischen den Bau eines gigantischen Schiffstunnels durch die Halbinsel Stadlandet vor, der auch von großen Passagierschiffen genutzt werden kann. Ob und wann das Projekt jedoch in die Tat umgesetzt wird, steht noch in den Sternen. Bis dahin wird es den Kapitänen auch in Zukunft hohes nautisches Können abverlangen, das gefährliche Kap zu umfahren. Was für Schiffe eine große Gefahr darstellt, wird von den Surfern begeistert aufgenommen. Wenn der Wind aus Südwest bis Nordwest bläst, schlägt ihre Stunde. Am Ervikstrand herrschen dann ideale Bedingungen sowohl für Anfänger als auch für Könner auf dem Brett. Zu den ganz Harten zählen allerdings die Surfer, die sich im Winter am Strand von Hoddevik treffen. Kräftige Westwinde verschaffen ihnen dort hohe Wellen und ein eiskaltes Vergnügen. Aber nicht nur Wassersportler kommen hier auf ihre Kosten. Der weiße Strand ist im Sommer ein Anziehungspunkt für Sonnenhungrige jeden Alters, denn das Vestkapp bremst die kühlen Winde aus dem Norden. Das Wasser bleibt aber frisch.

TOP ★ ERLEBNISSE

★ STADHAVET AUS DER VOGELPERSPEKTIVE

Wer am Vestkapp nicht sonnenbaden, surfen, segeln oder tauchen will, dem sei ein Besuch des »Weibsbildes« angeraten. Aus 497 Metern über dem Meer hat man einen grandiosen Blick nicht nur auf die See, sondern weit über die Halbinsel Stadlandet in das Hinterland hinein. Von Leikanger führt eine gut ausgebaute Straße auf das Plateau des Felsens. Dort oben befindet sich das »Vestkapp Restaurant« mit großzügigen Panoramafenstern, die auch und gerade bei schlechtem Wetter einen Blick auf das Wasser gestatten.

★ KLOSTER SELJA

Kurz vor dem Vestkapp lohnt sich ein Abstecher zu dem kleinen Ort Selje und der vorgelagerten Insel Selja. Dort liegen die Ruinen des von Benediktinern gegründeten Selja-Klosters. Der Legende nach kam die später heiliggesprochene irische Prinzessin Sunniva auf der Flucht vor einem heidnischen König mit ihrem Gefolge nach Selja, wo sie jedoch als Eindringlinge bekämpft wurden. Sie verschanzten sich in einer Höhle, deren Eingang einstürzte, sodass sie gefangen waren und darin starben. Als König Olav I. die Höhle im Jahr 996 öffnen ließ soll Sunnivas Körper unversehrt geblieben sein. Später wurde an dieser Stelle das Kloster errichtet, das bis heute ein Wallfahrtsort geblieben ist. Der Klosterturm ist als einziges Gebäude erhalten.

WEITERE INFORMATIONEN
www.vestkapp.no

39 ALTE UND NEUE WEGE ÜBER LAND

Es muss nicht immer Seefahrt sein

Auch wenn die Hauptverkehrswege Norwegens traditionell Wasserwege waren und sind, bestand immer die Notwendigkeit, auch das Hinterland mit Waren und Post zu versorgen. Der Landweg wurde auch dann gewählt, wenn Schiffe wegen Sturm und Seegang nicht fahren konnten. So entstanden im Laufe der Zeit vor allem im südlichen und mittleren Teil Norwegens zunächst Pfade, später Kutschenwege und zuletzt das moderne norwegische Straßennetz, bis heute in annähernd gleicher Trassenführung.

In Nord-Süd-Richtung und meist in der Nähe der Küste verliefen die Landwege als Ersatz für die Schiffe, die wegen schlechter Witterungsbedingungen in ihren Häfen bleiben mussten. Zu den von Westen nach Osten verlaufenden Verbindungen gab es keine schiffbaren Alternativen. Die Fjorde wurden bis zum Ende befahren, und dann musste jedes Gramm Ware auf Schultern, Pferde, Fuhrwerke oder Kutschen umgeladen werden. Schon vor der Wikingerzeit durchzog ein Netz von Pfaden und Wegen das Binnenland.

Mit dem Saumpferd von Bergen nach Trondheim

In der zweiten Hälfte des 18. Jahrhunderts wurden zunächst größere Städte wie Oslo, Bergen und Trondheim regelmäßig über Land mit Post versorgt. Dazu waren Wege notwendig, die auch bei schlechter Witterung nutzbar waren. Aufgrund eines Erlasses von Christian VII. von Dänemark legte man von 1786 bis 1792 als eine der ersten Verbindungen den Postweg von Bergen nach Trondheim an. Er war eine der drei Hauptpostrouten zwischen den Städten. Zunächst nutzten nur Saumzüge und Reiter den Postweg. Dafür war der schmale Weg ideal. Ein Saumzug bestand aus mehreren Pferden, die hintereinander angebunden waren. Nur das erste Pferd wurde geführt. Jedes Pferd trug eine Ladung von 120 bis 130 Kilogramm. Auf diese Weise war jedoch der Transport größerer Warenmengen sehr langwierig und mühsam. Bereits kurze Zeit später erfolgte deshalb der Ausbau für Gespanne und Kutschen. Damit wurde auch

Seefahrt mit Schiffen und Booten war eine zwangsläufige Folge der Lage am Meer. Fähren sind immer noch eines der wichtigsten Verkehrsmittel (unten). Wie eine Schlange windet sich der Atlanterhavsveien von Insel zu Insel (rechte Seite oben). Das Strynefjell ist eine raue Landschaft (rechte Seite unten).

Nahezu jeder Küstenbewohner hat aber zusätzlich sein eigenes Boot, und jedes Haus hat auch einen Eingang am Wasser (unten). Zum Schutz vor starken Winden ist die Stabkirche Kvernes mit zusätzlichen Stützbalken versehen (rechte Seite oben). Traditionelle Boote liegen vor der Insel Haholmen im Wasser (rechte Seite unten).

der Bau von Rasthäusern und Pferdewechselstationen notwendig. Aus dieser Zeit ist noch die Kutschenstation Faleide Skysstasjion erhalten. Auch einige der vielen damals in Trockenmauertechnik gebauten Steinbrücken existieren noch. Die erhaltenen Abschnitte der historischen Trasse zwischen Hyllestad und Fjaler sind bei Wanderern und Radfahrern gleichermaßen beliebt, denn motorisierten Verkehr gibt es dort noch immer nicht. In seinem weiteren Verlauf nach Norden erreicht der Postweg Stryn, einen hübschen kleinen Ort an einem Nebenarm des Nordfjordes. Dort kreuzt er eine andere historisch bedeutsame Trasse, den Strynefjellsvegen.

Von Stryn über das Fjell nach Skjåg

Vor 1894 existierten für den Warenverkehr von Stryn am Meer und Skjåg auf der anderen Seite des »hohen Gebirges« nur einige wenige Saumpfade. Von der Planung bis zur Einweihung der Straße, die ein Musterbeispiel dafür ist, wie man einen Verkehrsweg optimal in die Landschaft einpassen kann, vergingen 13 Jahre. In Handarbeit wurde die Trasse eingeebnet, Begrenzungssteine wurden aus dem Granit geschlagen und Randmauern errichtet. Nur im Sommer war die 27 Kilometer lange Strecke in ganzer Länge passierbar. Der Besucher fährt aus der schroffen Felslandschaft der jüngeren westlichen Berge in das alte, durch Erosion und Gletscherschliff abgerundete östliche Gebirge. Fast hundert Jahre lang blieb der Strynefjellsvegen die einzige Straßenverbindung ins Hinterland. Erst 1978 wurde ein neues Teilstück mit drei Tunneln für den Verkehr freigegeben, das ganzjährig befahrbar ist. Landschaftlich wesentlich reizvoller ist aber die alte Streckenführung, die heute Gamle Strynefjellsvegen heißt. 1997 wurde diese Strecke zur »Touristenstraße« und 2003 nach weiteren Umgestaltungsmaßnahmen zu einer der »Grünen Straßen« Norwegens, die durch landschaftlich besonders reizvolle Gebiete führen. Auf der Strecke lohnt es sich daher anzuhalten und die Landschaft zu genießen. Das erste Ziel auf dem Weg nach Skjåg ist die alte Jøl-Brücke aus dem Jahr 1883. Die Bogenbrücke aus Gneisblöcken ragt an ihrem höchsten Punkt 60 Meter über den Fluss, acht Meter Mauerwerk bilden den Bogen. Am Ende der Brücke beginnt ein steiler Trampelpfad, auf dem früher die Kühe ins Skjerdingsdal getrieben wurden.

Der nächste Stopp wird am See Vassvendtjerna eingelegt. Vassvenda heißt so viel wie Wasserscheide. Der See hat nämlich zwei Abflüsse, einen nach Westen fließenden, der im Nordfjord mündet, und einen nach Osten, der in die Glomma fließt, die ihrerseits bei

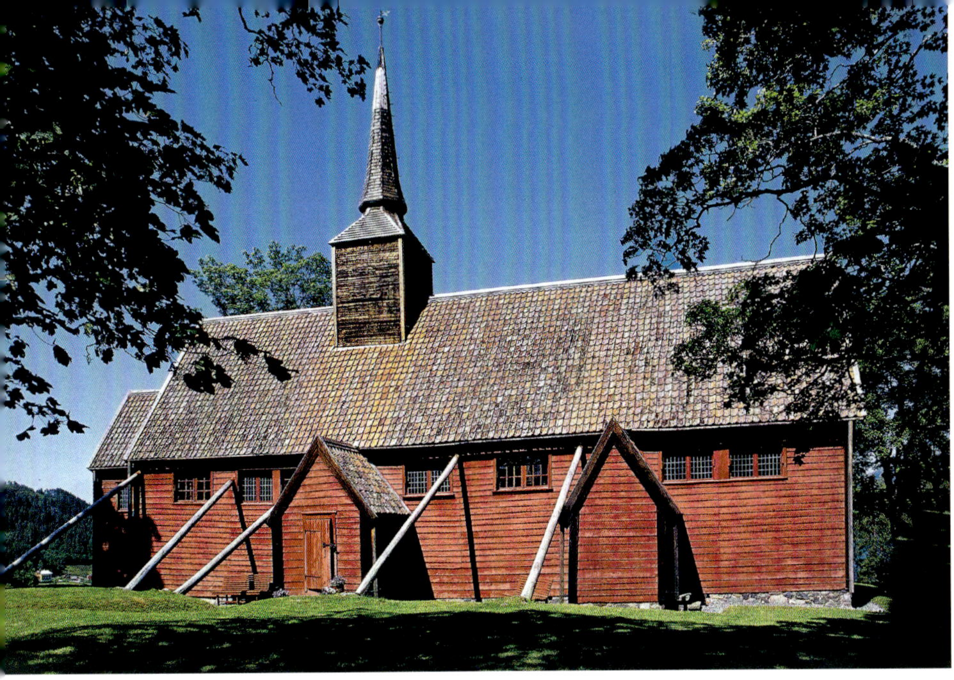

Fredrikstad ins Meer mündet. Am See steht noch die Vassvendigs-Herberge, eine Steinhütte, an welcher der alte Pfad durch das Gebirge vorbeiführt. Auch heute noch wird sie gelegentlich von Rentierhirten zur Übernachtung genutzt. Der See Heillstuguvatnet, das nächste Etappenziel, hat seinen Namen von den »Barmherzigkeitshütten«, die an seinen Ufern gebaut wurden. Es galt als gutes Werk, sie für Notleidende zu errichten. Eine davon ist in Resten erhalten, liegt aber auf der Südseite des Sees. Besser erreichbar sind die Spuren eines Siedlungsplatzes aus der jüngeren Steinzeit um 4000 v. Chr. auf einer Landzunge am Nordufer. Dort führt die Straße vorbei. Aber auch allein schon das Erleben der unberührten Natur, in der Steinadler am Himmel kreisen und Alpenschneehühner in der niedrigen Vegetation ihre Nahrung suchen, ist die Fahrt auf dem Gamle Strynefjellsvegen wert.

Über Inseln und Meer

Aus sehr viel jüngerer Zeit als der Trondheim-Postweg und die Strynefjellstraße stammt der Atlanterhavsveien, der sich trotzdem mühelos in die Tradition der Wegeverbindungen einfügen lässt. Mit ihm sollte eine feste Verbindung vom Festland auf die Insel Averøy geschaffen werden. Beinahe wäre sie jedoch nicht realisiert worden. Ursprünglich seit 1909 als Eisenbahntrasse geplant, war der Atlanterhavsveien 1935 bereits zu den Akten gelegt worden. Erst in den 1970er-Jahren griff man die Idee, diesmal für eine Straße, wieder auf. Im Jahr 1983 begannen die Bauarbeiten, die Eröffnung folgte nach sechs Jahren Bauzeit am 7. Juli 1989. Wie eine Seeschlange mitten im Ozean windet sich der Atlanterhavsveien zwischen den von Wogen glatt geschliffenen großen und kleinen Inseln hindurch. Wind und Wellen sind hier die bestimmenden Faktoren und bieten alles, vom tosenden Sturm mit Brechern, die über die Straße schlagen, bis zur nahezu spiegelglatten See. Entlang des Atlanterhavsveien werden viele Aktivitäten angeboten. Angler haben die Möglichkeit, direkt an besonders eingerichteten Parkplätzen Köder zu fischen. Auch Radwanderer fühlen sich wohl, denn die größte Steigung beträgt nicht mehr als 8 Prozent, und das auch nur an den sechs Brücken, die über die Meeresarme führen. Taucher sollten nicht versäumen, zum Schiffsfriedhof von Hustadvika zu tauchen. Hier liegen viele Wracks, die in Stürmen gesunken sind. Zu empfehlen ist auch ein Ausflug zu der aus dem 13. Jahrhundert stammenden Stabkirche von Kvernes. Sie steht südlich von Kristiansund.

TOP ★ ERLEBNISSE

★ SPEISEN WIE DIE NORWEGER

Seit frühester Zeit waren die Menschen in der Region um Stryn genügsam, und alles, was zu Essbarem verarbeitet werden konnte, wurde genutzt. Traditionelle Konservierungsmethoden wie das Trocknen, Salzen und Räuchern von Fleisch und Fisch wurden verfeinert. Wer nicht nur die typische Küche der Region probieren, sondern auch wissen will, wie die Menschen dort gelebt haben, ist auf dem Hof Aabrekk im Oldedalen an der richtigen Adresse. Das Haupthaus stammt aus dem 17. Jahrhundert. Signe Aabrekk führt dort das »Trollbu«. Sie backt norwegisches Knäckebrot, Kartoffelkuchen, Fladen und stellt Bärlauchbutter her. Eine Spezialität ist ihr »Gruebrot« aus einem Steinofen hinter der Feuerstelle. www.aabrekkgard.no

★ MIT DEM WIKINGERBOOT ZUM SILVER BELL PUB

Der Atlanterhavsveien ist nicht nur eine spektakuläre Straße, sondern auch Ausgangspunkt für ein kulinarisches Vergnügen. Auf der Insel Geitøya wird das Transportmittel gewechselt. Vom Auto steigt man auf ein Wikingerboot um, mit dem die zwei Kilometer entfernte Insel Håholmen erreicht wird. Dort erwartet Sie das Silver Bell Kro, eine rustikale Bar mit historischem Ambiente. Wer länger bleiben will, kann in einer der 47 Hütten übernachten. www.haholmen.com

40 WANDERUNG ÜBER DEN BESSEGEN-GRAT

Durch den Jotunheimen-Nationalpark

Eine der bekanntesten und beliebtesten Wanderrouten Norwegens verläuft über den Bessegen-Grat. Mehr als 60 000 Wanderer kommen jedes Jahr, um die atemberaubende Landschaft im Jotunheimen-Nationalpark mit dem türkisfarbenen Gjendevatnet zur Rechten und dem glasklaren Bessegenvatnet zur Linken zu genießen.

Die Wanderung ist sowohl im Sommer als auch im Winter möglich – in der kalten Jahreszeit sollte jedoch ein erfahrener Bergführer mitgehen, auch wenn die Wegführung durch ein rotes T markiert ist; im Winter besteht jedoch die Gefahr, dass die Markierungen durch Schneewehen verdeckt sind. Sechs bis acht Stunden dauert die Wanderung im Sommer, im Winter je nach Schneelage natürlich entsprechend länger.

Gjendesheim am östlichen Ende des Gjendevatnet ist für viele Besucher der Ausgangspunkt der Wanderung. Ein gebührenpflichtiger Parkplatz für die Fahrzeuge der Wanderer liegt in Reinsvangen, ca. 1,5 Kilometer vor Gjendesheim; ein kostenloser Shuttlebus bringt die Besucher nach Gjendesheim. Von dort bieten sich zwei Möglichkeiten, um zum westlichen Startpunkt des Bessegen-Grats bei Memurubu zu gelangen: entweder am Nordufer des Gjendevatnet entlang über den zwölf Kilometer langen Fußweg nach Westen bis Memurubu, der jedoch nur wenig genutzt wird; oder wie die meisten Besucher mit dem Boot über den See zur Memurubu Turisthytte. Die Boote fahren ab Anfang Juni nur an den Wochenenden, ab Mitte Juni bis Mitte September dann mehrmals täglich und in der Nachsaison bis zu den Herbstferien wieder nur an den Wochenenden (Bootbuchungen unter gjende.no).

Ein Schiff verkehrt zwischen Glendesheim und Memurubu.

1200 Höhenmeter, die sich lohnen

Memurubu war bis 1872 ein Bauernhof, der dann vom DNT, dem Norwegischen Wanderverein (Den Norske Turistforening), übernommen und zur Wanderhütte umgebaut wurde. Heute ist die Hütte in privater Hand. Hier kann man sich noch einmal bei norwegischer Hausmannskost stärken oder Proviant für die Wanderung einkaufen. Es folgt ein steiler Anstieg bis auf etwa 1400 Meter Höhe, danach wird das Gelände wieder etwas flacher. Vorbei am See Bjørnbøltjønne, bis zu dem schon fast 600 Höhenmeter überwun-

Für diese Aussicht über den Gjende-See muss man über den Bessegen-Grat wandern.

den sind, wandert man auf dem leicht abfallenden Kamm bis auf 1380 Meter Höhe mit dem Gjende-See zur Rechten und dem Bessvatnet zur Linken nach Osten. Der namengebende Grat zwischen den Seen ist etwa einen Kilometer lang. Zu beiden Seiten fällt das Gelände bis zu 250 Meter steil ab. Weiter geht es über Bessegen nach Veslefjell, dem mit 1743 Metern höchsten Punkt der Strecke. Ganz allmählich führt der Weg nun etwa eine halbe Stunde bergab bis zu einem Abzweig, der nach Norden in Richtung Glitterheim leitet. Der Bessegen-Grat verläuft jedoch weiter in Richtung Osten. Der Abstieg wird jetzt etwas steiler, und nach einer weiteren Stunde ist der Abzweig Besenheim erreicht. Von hier ab geht es etwas weniger steil bergab bis zurück zum Endpunkt Gjendesheim.

Die Strecke ist 14 Kilometer lang, und es sind 1200 Höhenmeter bergauf wie bergab zu überwinden. Für die Wanderung ist festes Schuhwerk unbedingt notwendig, ebenso warme Kleidung, die gegebenenfalls im Tagesrucksack untergebracht werden kann.

Die Wanderhütte Memurubu bietet Stärkung nach der Wanderung.

TOP ★ ERLEBNISSE

★ ELCHFANGGRUBEN

Kurz nach der Zeitenwende legten im Jotunheimen ansässige Jäger in der Nähe von Dønfoss mehr als 40 Fanggruben für Elche an. 1993 wurden diese Gruben freigelegt und untersucht: Es ist eine der größten Elchfanganlagen in Norwegen, die fast 1500 Jahre lang genutzt wurde. Zehn Gruben sind entlang des Kulturpfads Uppnose für Besucher zugänglich gemacht worden.
ut.no/turforslag/117888/kulturstig-uppnose-elgfangstanlegg

★ INS BLAUE EIS DES BØVERBREEN

Speziell ausgebildete Gletscherführer bringen Sie in einer dreistündigen Abenteuertour in die blaue fantastische Märchenwelt des Gletschers unter der Eisoberfläche. Sie wandern durch Kanäle, die das Schmelzwasser aus dem Eis gespült hat, und in Klüfte und Spalten des mehrtausendjährigen Eises. fyrstogfremst.no

★ WASSERFALL VETTISFOSSEN

Wegen des immer noch mehr als zweistündigen Anmarschs vom Massentourismus bisher verschont, liegt der Vettisfossen im Utladalen. Er ist mit einer Fallhöhe von 275 Metern der höchste unregulierte Wasserfall Norwegens und wurde bereits 1924 unter Schutz gestellt, um ihm das Schicksal der Regulierung zu ersparen.
lusternatureguides.no

★ RAFTING AUF DER SJOA

Wem nach der beschaulichen Wanderung auf dem Bessegengrat nach Abenteuer gelüstet, dem sei eine Rafting-Tour auf dem Fluss Sjoa empfohlen. Eine Autostunde nordöstlich des Gjendesees findet jeder sein Raftingerlebnis, von familienfreundlichen, für Kinder ab sieben Jahren geeigneten Touren bis zu spektakulären Fahrten durch reißende Stromschnellen und an kleinen Wasserfällen entlang. Erfahrene Schlauchbootführer sorgen für eine sichere Tour.
www.heidalrafting.no
www.raftingsjoa.no

Die Speicherhäuser am Fluss mit der »Gamle Bybrua« (oben). »Gamle Bybrua«, die über 300 Jahre alte Stadtbrücke über den Nidelven, verbindet die Zentrumshalbinsel mit dem Stadtteil Bakklandet. Ihre geschnitzten Tore werden auch »Pforten zum Glück« genannt (rechte Seite unten). Der prächtig ausgestattete Dom lockt seit Jahrhunderten die Gläubigen (rechte Seite oben).

41 DIE HISTORISCHE HAUPTSTADT NORWEGENS

Trondheim – Wiege des norwegischen Königtums

Über 1000 Jahre alt ist Nidaros, die »Stadt in der Mündung des Flusses Nid«, wie Trondheim ursprünglich von ihrem Gründer König Olav I. Tryggvason genannt wurde, der dort im Jahr 997 seinen Königssitz errichtete. Die Keimzelle lag auf der Halbinsel Øra, einer alten Thingstätte. Von hier aus wurde die Christianisierung Norwegens vorangetrieben. Aber erst nach dem Tod seines Nachfolgers Olav II. Haraldson des Heiligen im Jahr 1030 erlangte die Stadt Reichtum und Größe.

Olav II. war in einer Schlacht mit aufständischen Bauern ums Leben gekommen und auf dem Schlachtfeld begraben worden. Als kurze Zeit später Gerüchte aufkamen, dass in der Gegend um das Grab Wunder geschehen sein sollen, wurde der Leichnam nach einem Jahr wieder ausgegraben. Angeblich war der Körper nicht in Verwesung übergegangen, sondern völlig unversehrt. Daraufhin wurde Olav nach Nidaros zurückgebracht und in einem Schrein in der Sankt-Klemens-Kirche aufgebahrt. Wenig später wurde er als Märtyrer heiliggesprochen.

Ein regelrechter Olav-Kult setzte nun ein, der dazu führte, dass Nidaros zu einer der bedeutendsten Pilgerstätten Europas wurde. Seit 1152 war Nidaros auch Bischofssitz. Dafür musste eine repräsentative Kirche geschaffen werden. Bereits 1070 war anstelle der Kapelle über dem Grab Olavs II. eine steinerne Kirche errichtet worden, die nun umgebaut und erheblich vergrößert wurde: der Nidarosdom. Auch die Stadt wuchs ungemein und wurde zur reichsten und größten Stadt Norwegens. Bis in das 14. Jahrhundert hinein war Nidaros' Vormachtstellung ungebrochen. Dann jedoch verlor die Stadt erheblich an Bedeutung. Gründe dafür waren vor allem der Aufstieg Bergens zur Niederlassung der Hanse, die Union Norwegens mit Dänemark seit 1380, aber auch die Reformation, die zur Beendigung der lukrativen Wallfahrten führte.

Pestepidemien und verheerende Brände taten ein Übriges, um den Niedergang Trondhjems, wie die Stadt seit der dänischen Herrschaft hieß, zu fördern.

Trondheim blüht wieder auf

Nach einem weiteren Brand 1681, bei dem die gesamte Altstadt vernichtet wurde, erstand Trondheim nach dem Vorbild von Versailles völlig neu. Gleichzeitig wurde die Festung Kristiansten gebaut. Der Holzhandel und die strategisch günstige Lage ließen die Stadt im 17. und 18. Jahrhundert wieder aufblühen. Trondheims Hafenanlagen wurden ausgebaut, und die Stadt erhielt Anschluss an das Eisenbahnnetz. Im Zuge der Industrialisierung wuchs die Stadt. Heute besitzt Trondheim mehr als 207 000 Einwohner und ist damit die drittgrößte Stadt Norwegens. Die Geschichte Trondheims ist an den historischen Gebäuden der Altstadt auf der Halbinsel Øra ablesbar. Das älteste Gebäude ist der Nidarosdom, dessen Ostteil fast unverändert aus dem 12. Jahrhundert erhalten ist, während die anderen Gebäudeteile mehrfach komplett erneuert wurden, nachdem mehrere Brände die Kirche wiederholt in Schutt und Asche gelegt hatten, zuletzt 1719. Es dauerte dann 150 Jahre, bis der Wiederaufbau begann. Der berühmte norwegische Bildhauer Gustav Vigeland hat sich mehrere Jahre dem Wiederaufbau des Doms gewidmet. Bemerkenswert sind vor allem die Steinmetzarbeiten an der Westfront und die Glasmalereien von Gabriel Kielland. Bis heute ist der Nidarosdom der größte und wichtigste Sakralbau Norwegens. Unmittelbar nebenan liegt die ehemalige erzbischöfliche Residenz. Teile der Gebäude stammen noch aus dem 12. Jahrhundert. Damit ist die Residenz der älteste aus Stein errichtete Profanbau Norwegens. Die Gebäude beherbergen heute ein Waffen- und Fahnenmuseum sowie eine Dokumentation des norwegischen Widerstands gegen Hitlerdeutschland.

Mit dem Fahrradlift auf die Festung

Dagegen ist die oberhalb der Altstadt gelegene Festung Kristiansten nur rund 300 Jahre »jung«. 72 Höhenmeter sind zu überwinden, will man die Festung besichtigen. Kein Wunder also, dass hier der weltweit einzige Fahrradlift installiert wurde, mit dem Radfahrer, ohne in die Pedale treten zu müssen, bergauf fahren. Wieder in der Altstadt angekommen, warten die Gamle Bybrua, die alte Stadtbrücke von 1681, und die Speicherhäuser am Fluss auf den Besucher.

TOP ★ ERLEBNISSE

★ SYMBIOSE AUS MUSIK UND BLUMEN

Ein Ausflug der besonderen Art führt in den Botanischen Garten der Stadt Trondheim. Innerhalb des Gartens am Ostrand der Stadt liegt das ehemalige herrschaftliche Anwesen Ringve Gård, welches das weltweit einzigartige Musik-Museum beherbergt. Musikinstrumente aus aller Welt, aber auch typisch norwegische Instrumente wie die Hardangerfiedel sind zu sehen. Musikstudenten führen durch die Ausstellungen und spielen die Instrumente auch. Einige Instrumente kann man auch selbst ausprobieren. Im »Tordenskiold Kro« wird mit frischen Waffeln und Kaffee für das leibliche Wohl der Besucher gesorgt. Ein Spaziergang im Botanischen Garten rundet den Besuch ab.

★ IMPOSANTES GOTTESHAUS

Trondheim spielt in der Geschichte Norwegens eine entscheidende Rolle. Es ist daher kein Zufall, dass in der lebendigen Stadt mit dem Nidarosdom eine der prächtigsten Kirchen des Landes steht, die auf Olav den Heiligen zurückgeht und in der einst die norwegischen Könige gekrönt wurden.

WEITERE INFORMATIONEN

Norges nasjonale museum for musikk: Tel. +47/73 87 02 80, firmapost@ ringve.no, www.visittrondheim.no

42 DIE KEGELROBBEN VON FRØYA

Wanderer zwischen Land und Meer

Wenn von Trøndelag die Rede ist, denkt man zuerst an Trondheim, die Hauptstadt der Provinz, oder an andere touristische Ziele wie die Bergarbeiterstadt Røros oder den Pilgerpfad St. Olavsweg. Dovrefjell-, Sunndalsfjella- und Femundsmarka-Nationalpark sind berühmt, aber kaum jemand kennt das an der Küste liegende Naturschutzgebiet Froan.

Das größte zusammenhängende Küsten-Naturschutzgebiet Norwegens liegt in der Inselgemeinde Frøya, einem Archipel mit mehr als 5000 Inseln, Inselchen und Schären. Der Hauptort Sistranda liegt auf der Insel Frøya und ist Ausgangspunkt für Exkursionen. Das Schutzgebiet erstreckt sich über 405 Quadratkilometer von der kleinen Insel Mausund im Südwesten bis zur Husøya im Nordosten. Der Anteil an Landfläche ist mit knapp sieben Quadratkilometern gering, aber gerade das ist entscheidend dafür, dass sich die Natur ungestört entwickeln kann. Die meisten äußeren Inseln – und die winzigen Schären ohnehin – entziehen sich durch ihre geringe Größe menschlicher Nutzung. Es kommt hinzu, dass sie völlig ungeschützt Wind und Wellen ausgesetzt sind.

Auf den größeren, besser geschützten Inseln finden sich Moore und Wiesen. Die Vegetation dort ist weitgehend von traditioneller Landwirtschaft geprägt: Die großen Heidewiesen werden seit Jahrhunderten im Spätwinter abgebrannt und im Sommer als Viehweide genutzt. In den meist flachen Meeresgebieten um die Inseln befinden sich ausgedehnte Algen- und Seegraswiesen mit einer reichen Fauna aus wirbellosen Meerestieren und Fischen. Davon profitieren die Kegelrobben, die hier das Kerngebiet ihrer Verbreitung an den norwegischen Küsten haben.

Mausund ist eines der verbliebenen kleinen Fischerdörfer im Frøya-Archipel (unten). Nur vier Wochen lang werden die jungen Kegelrobben gesäugt, dann sind sie auf sich allein gestellt (rechte Seite oben). Von Hand gesammelte und dekorativ servierte Jakobsmuscheln sind eine beliebte Spezialität der Region (rechte Seite unten).

Naturschutz hat Vorrang

Froan wurde im Dezember 1979 als Naturschutzgebiet ausgewiesen. Ziel des Schutzes ist es, »*die dort heimische reiche Tier- und Pflanzenwelt zu schützen und die Lebens- und Brutgebiete für Vögel, Robben und andere Säugetiere in einer abwechslungsreichen und unverwechselbaren Küstenlandschaft zu erhalten*«. Als zusätzlicher Schutz wurde eine 80 Quadratkilometer große Pufferzone im Süden und Osten als Landschaftsschutzgebiet ausgewiesen.

Im Jahr 2003 erhielt Froan den Status eines Ramsar-Gebiets, nach dem »*Übereinkommen über Feuchtgebiete von internationaler Bedeutung, insbesondere als Lebensraum für Wasser- und Watvögel*«, als sehr wichtiges Überwinterungs-, Brut- und Rastgebiet für Seevögel und Robben. Über 50 Vogelarten brüten regelmäßig in Froan, darunter Eisenten und Papageitaucher, die auf der Roten Liste gefährdeter Arten geführt werden. Mehr als 100 weitere Vogelarten nutzen den Archipel als Rastgebiet auf dem Weg vom und in die Winterquartiere.

Der Weg zu den Kegelrobben

Kegelrobben sind beeindruckende Tiere: Die Männchen werden bis zu drei Meter lang und wiegen bis zu 300 Kilogramm, die Weibchen sind mit etwas mehr als zwei Metern kleiner und bringen 250 Kilogramm auf die Waage. Ihren Namen haben Kegelrobben nach ihrer charakteristischen kegelförmigen Schnauze. Sie halten sich ganzjährig in den Gewässern des Schutzgebiets auf, häufig sieht man sie an den Stränden oder auf den Klippen ruhend.

Die beste Zeit für Beobachtungen sind jedoch die Monate Oktober und November. Dann werden die Jungen geboren, die während der ersten Lebenswochen an Land einen langhaarigen weißgrauen Pelz haben, der sie vor den kalten Winden schützt. In der Vergangenheit war dieser Pelz bei Robbenschlägern sehr begehrt – seit den 1960er-Jahren ist die Jagd verboten, und die Bestände erholen sich langsam. Kurz nach der Geburt der Jungen beginnt die Paarungszeit: Die stärksten Männchen sammeln einen Harem von sechs bis sieben Weibchen um sich, und es kommt häufig zu heftigen Kämpfen unter den Männchen.

Boote sind das Instrument der Wahl, um Kegelrobben zu beobachten. Außerhalb der Paarungszeit sind die Tiere sehr scheu und verschwinden im Wasser, wenn man sich ihnen an Land nähert. Während der Paarungszeit sind die Männchen auch Menschen gegenüber ausgesprochen aggressiv. Bei organisierten Bootstouren bestehen dies Gefahren nicht. Wer nicht an organisierten Touren teilnehmen mag, kann ein Boot chartern und sich von erfahrenen Bootsführern zu den Liegeplätzen bringen zu lassen.

TOP ★ ERLEBNISSE

★ DAS FISCHERDORF HALTEN

Halten ist die östlichste Insel der Inselgruppe Froan, 50 Kilometer nordöstlich von Frøya gelegen. Erreichbar ist sie mit der Fähre von Setra auf Frøya. Halten war bis 1963 das größte Fischerdorf vor der Küste von Trøndelag: Bis zu 1000 Menschen lebten und arbeiteten hier, sogar ein Krankenhaus wurde eingerichtet. Mit der Einführung moderner Fischtrawler, die den Fisch bereits an Bord verarbeiten, begann der Niedergang des Dorfs – 1988 verließen die letzten Bewohner den Ort, der heute von der Halten-Stiftung betreut wird, die das Dorf als Kulturdenkmal erhalten will. Der dritte Samstag im Juli ist der »Haltendag«, an dem im alten Gemeindehaus Rømegrøt serviert und Volkstanz im Dockhaus veranstaltet wird.
www.visitnorway.de

★ SPEISEN WIE DIE INSULANER

Auch auf Frøya verlangt der Magen nach Nahrung, und da man sich immer regional ernähren soll, ist man in Sistranda im Hotell Frøya gut aufgehoben. Die Küche serviert alles, was die Insel zu bieten hat: selbstverständlich Meeresfische und handgesammelte Jakobsmuscheln, aber auch Forellen aus den Süßgewässern der Insel, Wildschafe aus der heimischen Landwirtschaft und Gerichte von Rothirschen. Dazu gibt es lokales Bier und auserlesene Weine, Letztere aus Qualitätsgründen nicht von der Insel.
www.hotellfroya.no

Glasklare Seen, schroffe Gipfel und ausgedehnte Tundren im Dovrefjell (oben). Unzählige Flüsse und Bäche durchziehen das Fjell. In abflusslosen Senken sind in Jahrtausenden Moore entstanden (rechte Seite oben). Das Dovrefjell mit dem 2178 Meter hohen Rondslottet (rechte Seite unten).

43 BEI MOSCHUSOCHSEN, RENTIEREN UND BRAUNBÄREN

Der Rondane- und der Dovrefjell-Sundalsfjella-Nationalpark

Der Rondane-Nationalpark war 1962 der erste norwegische Nationalpark. 28 weitere folgten im Laufe der Jahre, darunter 2002 der Dovrefjell-Sundalsfjella-Nationalpark. Er liegt so dicht am Rondane-Nationalpark, dass beide landschaftlich ineinander übergehen. Zusammen sind sie mit 2656 Quadtratkilometern größer als das Saarland und bieten alles: schneebedeckte Gipfel, felsige Hochebenen und Täler mit glasklaren Seen. Dazu eine reichhaltige Flora und Fauna.

Die beiden Nationalparks erstrecken sich von Norden nach Süden über die Provinzen Sør Trondelag, Oppland und Hedmark und sind Teile der wesentlich weiter ausgedehnten Gebirge und Hochplateaus Dovrefjell und Rondane. Das Dovrefjell bildet die Wasserscheide zwischen Westen und Osten. Höchster Berg ist der Snøhetta mit 2286 Meter Höhe. Der Park umfasst daher die höchsten Berge Norwegens nach dem Jotunheimen. Aufgrund der Lage und weitgehenden Abgeschiedenheit ist das Dovrefjell eines der wenigen intakten Hochgebirgsökosysteme Nordeuropas mit der für diese Lebensräume typischen Tier- und Pflanzenwelt. Die prominentesten und prägenden Repräsentanten sind Ren, Vielfraß und Polarfuchs. Nach Südosten leitet das Dovrefjell zum Rondane-Gebirge über, das Teil eines Hochgebirgsrückens ist, der sich vom Dovrefjell bis fast nach Lillehammer hinunter erstreckt. Am höchsten ist der 2178 Meter hohe Rondslottet. Weitere neun Gipfel erreichen ebenfalls mehr als 2000 Meter. Wie ganz Skandinavien ist auch dieses Gebirge durch die Gletscher der Eiszeit und das Schmelzwasser nach deren Abtauen geformt worden. Erste menschliche Spuren im Dovrefjell reichen fast 9000 Jahre zurück. Steinzeitliche Jäger waren den Ren-

Rentiere weiden selbst niedrigste Vegetation ab (oben). Moschusochsen waren schon in ganz Europa ausgestorben. Seit 1947 haben sie im Dovrefjell-Nationalpark einen neuen Lebensraum gefunden (unten). Eine typische Hochgebirgslandschaft bietet der Rondane-Nationalpark mit Gipfeln über 2000 Metern und ausgedehnten Hochebenen (rechte Seite oben). Glockenblumen nutzen den kurzen Sommer im Fjell zur Blüte (rechte Seite unten).

tieren hierher gefolgt. Im Rondane-Gebirge haben sie eindrucksvolle, rund 3500 Jahre alte Rentierfallen hinterlassen. Sie errichteten Umzäunungen aus Steinen oder Bäumen mit nur einer Öffnung, durch die sie die Rentiere hineintrieben. Hinter den Tieren wurde die Öffnung geschlossen, sodass sie nicht mehr herauskonnten. Die Fallen wurden bis in das 14. Jahrhundert hinein benutzt. Reste findet man heute bei Grayhø und Bløyvangen.

Lebensraum für Spezialisten

Hohe Berge schirmen Dovrefjell- und Rondane-Nationalpark gegen die von Westen heranziehenden Tiefdruckgebiete ab, deren Wolken sich an den Westflanken der Berge abregnen. Nach Osten wird das Klima immer kontinentaler, mit kalten, trockenen Wintern und relativ warmen Sommern, in denen allerdings der Großteil der Niederschläge fällt. Durchschnittlich 500 Millimeter werden in Kongsvoll gemessen, nur etwas mehr als ein Fünftel dessen, was auf die Stadt Bergen niedergeht. Im Winter fällt das Thermometer bis auf minus 36 Grad Celsius, steigt aber im Sommer bis auf plus 28 Grad. Im Juli beträgt die Durchschnittstemperatur plus 10 Grad. Der größte Teil der Nationalparks befindet sich oberhalb der Baumgrenze, die bei 1000 bis 1100 Meter liegt. Wer hier überleben will, ob Pflanze oder Tier, muss kälteresistent und genügsam sein.

Es sind nicht viele Tiere, die hier während des ganzen Jahres bleiben, aber es gibt sie. Allen voran die Rentiere, die während der Eiszeit in ganz Europa weit verbreitet waren und auch lange danach dort blieben. Heute gibt es nur noch einige versprengte Vorkommen südlich des Polarkreises, darunter im Rondane-Nationalpark. Die Schätzungen schwanken zwischen 2000 und 4000 Tieren, die immer noch im Rhythmus der Jahreszeiten ihre Wanderungen machen. Dabei bleiben sie nicht nur in Rondane, sondern gelangen auch in den Dovrefjell-Sundalsfjella-Nationalpark. Ein weiteres Eiszeitrelikt ist die Sumpfmaus, die auch Nordische Wühlmaus genannt wird. Auch sie war einst in Europa weit verbreitet, kommt jedoch heute nur noch in den Hochgebirgsregionen Skandinaviens und in einer kleinen Restpopulation in Mecklenburg-Vorpommern vor. Die nächsten Vorkommen sind dann erst wieder in Sibirien zu finden.

Alteingesessene und Neubürger

Nicht auf kleine Restvorkommen beschränkt, aber doch in Europa selten geworden, sind Braunbären. Einige Exemplare sind im Rondane-Nationalpark zu Hause, von wo aus sie regelmäßig auch zu Wanderungen in den benachbarten Dovrefjell-Sundalsfjella-Natio-

nalpark aufbrechen. Die Allesfresser ernähren sich in erster Linie von pflanzlicher Nahrung. Das bedeutet allerdings nicht, dass sie ihren Speiseplan nicht auch gern mit bodenbrütenden Vögeln und deren Gelegen, mit Hasen, Lemmingen und Sumpfmäusen bereichern. Auch Aas wird nicht verschmäht. Größere Säuger wie Elche oder Rehe, mit denen sie den gleichen Lebensraum teilen, werden nur angegriffen, wenn sie verletzt oder geschwächt sind. Gar keine Chance haben sie gegen die ausgesprochen wehrhaften Moschusochsen aus Grönland, die erstmals im Jahr 1927 im Dovrefjell wieder eingebürgert wurden. Während der Eiszeit waren sie in Europa verbreitet, wurden aber ein Opfer der sich verändernden Umweltbedingungen und der Jagd. Schon kurz nach dem Ende der Eiszeit gab es sie in Europa nicht mehr. Die 1927 ausgewilderten Tiere überlebten den Zweiten Weltkrieg nicht, und erst ein erneuter Versuch 1947 brachte den erhofften Erfolg. Heute leben wieder etwa 80 Moschusochsen im Dovrefjell.

Nicht nur im Nationalpark selbst, sondern auch in den Schutzgebieten, die den Dovrefjell-Sundalsfjella-Nationalpark wie einen Puffergürtel umgeben, herrscht ein reiches Vogelleben. Die Moore sind nicht nur Rastgebiete für die hochnordischen Zugvögel auf ihrem Weg in die Arktis, sondern auch Brutgebiete für Kranich, Odinshühnchen, Regenbrachvogel, Prachttaucher und Blaukehlchen. Ein Besuch in Fokstymyra im Süden des Nationalparks ist Pflicht für jeden Vogelfreund. Über den Hochflächen kreisen Steinadler, Kornweihe und Gerfalke, und selbst die wunderschönen Schnee-Eulen sind schon bei der Jagd auf Lemminge beobachtet worden.

Ein Mekka für Pflanzenliebhaber

Das Dovrefjell und das Rondane-Gebirge haben seit mehr als 250 Jahren die Botaniker beschäftigt, denn hier war die Einwanderungsgeschichte der Pflanzen nach der Eiszeit gut nachzuvollziehen. 420 verschiedene Pflanzenarten fand man am Dovrefjell, darunter 170 von 250 skandinavischen Gebirgspflanzenarten. Sie gedeihen vor allem auf den kalkreichen Gesteinen östlich des Flusses Drivdalen. Einige Endemiten, also Arten, die auf eine bestimmte Region beschränkt sind, kommen ebenfalls vor. Dazu zählen der Dovre-Mohn, der Dovre-Löwenzahn und der Norwegische Beifuß. Silberwurz, verschiedene Steinbrecharten, Frühlingsküchenschelle und Moltebeere überziehen im Frühling und Sommer die Fjellflächen mit weißen, roten und violetten Teppichen.

TOP ★ ERLEBNISSE

★ BOTANIK IN KONGSVOLL

Kongsvoll, auch Kongsvold genannt, ist eine alte Poststation auf dem Königsweg über das Dovrefjell, der von den Wallfahrern benutzt wurde, um nach Nidaros zum Grab Olavs II. zu pilgern. Dort gibt es schmackhafte Hausmannskost. Trotzdem wäre die Fjellstue ein Gasthaus wie viele andere, wenn in den Räumen nicht auch noch das Informationszentrum des Nationalparks Dovrefjell-Sundalsfjella untergebracht wäre und ein gebirgsbotanischer Garten einen wirklich umfassenden Überblick über die hier vorkommenden Pflanzen gäbe. Auf einer zwei Kilometer langen Rundwanderung auf den Blumenberg Knutshø kann man seine Kenntnisse überprüfen. Der Weg führt auch an einer der historischen Renfanganlagen vorbei.

★ URZEITLICHES ERLEBNIS

Moschusochsen sind die einzigartige Besonderheit des Nationalparks Dovrefjell. Sie wurden vor gut 70 Jahren aus Grönland eingeführt und haben sich in dem Fjell etabliert. Man nähert sich den 400 Kilogramm schweren Tieren am besten bei geführten Touren. Denn die Guides wissen, wo sie zu finden sind und wie man sich verhält.

WEITERE INFORMATIONEN
www.kongsvold.no,
www.visitnorway.de

44 WELTKULTURERBE DURCH RAUBBAU AM WALD

Die Kupferstadt Røros und der Femundsmarka-Nationalpark

Røros steht einerseits für 333 Jahre intensiven Kupferbergbau, gediegenen Wohlstand der Minenbesitzer, bittere Armut der einfachen Minenarbeiter und Raubbau an den dichten Wäldern der Region, dessen Spuren noch heute zu erkennen sind. Die Region Røros steht aber andererseits auch für eine immer noch grandiose Natur, die sich trotz der massiven Störungen in weiten Bereichen ihre Ursprünglichkeit bewahrt hat.

Røros ist nicht nur Museum, sondern immer noch bewohnt; die alten Blockhäuser werden sorgsam in Schuss gehalten (unten). An den Ufern der Moore und Seen des Femundsmarka-Nationalparks gedeihen urwüchsiger Nadelwald und Birken (rechte Seite oben). Seen, Moore und Wälder säumen den Weg zur Femundsmarka (rechte Seite unten).

Einer Erzählung nach verdankt Røros seine Entwicklung zur Bergbaustadt einem Zufall. Der Bauer Hans Olsen Aasgen erlegte 1644 auf der Jagd einen Rentierbock, der im Todeskampf mit den Hufen einen in der Sonne glänzenden Stein freilegte, der sich als ein Stück Kupfererz entpuppte. Das war die Geburtsstunde der Stadt Røros, deren Keimzelle der Aasen Gard, der Aasen-Hof, war, der heute noch neben der Kirche erhalten ist. Noch im gleichen Jahr nahm Lorenz Lossius, ein Bergmann aus Sachsen, die Förderung auf, und bereits zwei Jahre später begann die Verhüttung in den Schmelzöfen. Soweit die Erzählung. Vermutlich hatte Lossius aber bereits Jahre vorher illegal Kupfererz geschürft. Das Røros Kobberverk wurde nun gegründet, und die Förderung begann. Da der Bergbau für Norwegen ein neuer Wirtschaftszweig war und Fachkräfte daher nicht vorhanden waren, holte man Bergleute aus allen Teilen Europas zum Aufbau und Betrieb der Gruben. Die Gewinnspannen waren hoch, und so avancierte Røros zu einer der wichtigsten Bergbaustädte Norwegens. Zwischen dem Beginn im Jahr 1644 und der Aufgabe 1977 wurden mehr als 100 000 Tonnen Kupfer und 525 000 Tonnen Pyrit, eine Schwefelverbindung, gefördert. Daneben wurden auch Eisenerz, Blei, Kobalt und Zink abgebaut, die ebenfalls gut vermarktet werden konnten. Eisenerz war übrigens bereits

Røros ist nicht nur Museum, sondern immer noch bewohnt; die alten Blockhäuser werden sorgsam in Schuss gehalten (unten). Die aus Blockbohlen erbauten Häuser von Røros wurden bereits 1923 unter Denkmalschutz gestellt, 1980 wurde »Den Gamle Bergstad« in die Weltkulturerbeliste aufgenommen (rechte Seite oben). Mit etwas Glück können Biber an den Ufern des Femundsees beobachtet werden (rechte Seite unten).

im 1. Jahrhundert im nur etwa 35 Kilometer von Røros entfernten Ålen verhüttet worden. Vermutlich wurde es zu der Zeit aber im Tagebau gewonnen.

Wohlstand mit Nachgeschmack

Der Bergbau brachte den Betreibern ein beträchtliches Vermögen ein, während die Arbeiter in den Gruben häufig am Existenzminimum lebten. Sie wohnten in kleinen, grasgedeckten Häusern am Fuße der Schlackenhalden, die sich in der Stadt auftürmen. Die Kupfergruben lagen außerhalb, die Schmelzöfen jedoch im Zentrum, und die Schlacken wurden direkt im Ort abgelagert, wo sie auch heute noch liegen. Viele Häuser bestehen aus grob zugehauenen Stämmen und haben im Laufe der Jahrhunderte die Farbe der Umgebung angenommen. Sie sind immer noch bewohnt und wurden bereits 1923 unter Denkmalschutz gestellt. Die Wohnhäuser der Ingenieure und Beamten dagegen sind wesentlich großzügiger und komfortabler. Sie sind zwar ebenfalls aus Holz, wurden aber verkleidet und regelmäßig gestrichen. Der Bergbau hat nicht nur die Stadt geprägt. Die dichten Wälder, die bis zur Mitte des 17. Jahrhunderts in der Region wuchsen, sind dem Energiehunger der Schmelzöfen fast restlos zum Opfer gefallen. Heute findet sich um Røros eine offene Landschaft mit nur wenigen Bäumen. Selbst in weiter entfernten Bereichen wie der Femundsmarka wurden bis an die schwedische Grenze und darüber hinaus Bäume eingeschlagen, obwohl dort in dem rauen Klima und auf den armen Böden nur Krüppelkiefern wachsen, deren Energieausbeute gering ist. Dort war 1744 ebenfalls ein Schmelzofen errichtet worden, der bis 1822 in Betrieb war. Zu diesem Zeitpunkt waren die ohnehin nur lückenhaften Waldbestände der Femundsmarka bereits weitgehend vernichtet. Bis 1860 wurde der Raubbau fortgesetzt, bis endlich geregelter Forstbetrieb der weiteren Waldvernichtung ein Ende setzte.

Aus der Pleite eine Tugend machen

In den 1970er-Jahren waren die Kupfervorkommen erschöpft. Schon vorher, im Jahr 1953, brannte die Schmelzhütte zum dritten Mal nieder und stellte daraufhin den Betrieb ein. 1977 musste die Kupferhütte Konkurs anmelden und wurde geschlossen. Zwei Jahre später wurde die bis zuletzt in Betrieb befindliche Olavs-Grube für Besucher geöffnet. Auch die alte Schmelzhütte ist seit 1990 ein Museum. In der Sommersaison wird dort zur Demonstration Kupfer geschmolzen und in Barren gegossen. Bereits 1980 war »Den Gamle Bergstad«, die alte Bergarbeiterstadt,

in die Liste des UNESCO-Weltkulturerbes aufgenommen worden. Heute zählt Røros jährlich eine Million Besucher, die das Museum, die Bergarbeiterstadt, die Bergwerke selbst und die 1784 fertiggestellte Kirche der Stadt besuchen. Mit 1640 Sitzplätzen ist sie die drittgrößte Kirche Norwegens und für eine Stadt mit weniger als 6000 Einwohnern ein wenig überdimensioniert; die Erbauer wollten damit wohl den Reichtum der Gemeinde demonstrieren.

Neue Chance für die Femundsmarka

Die Femundsmarka war auch schon vor der weitgehenden Abholzung der Waldbestände eine karge, durch die Eiszeiten geprägte Landschaft. Mehr noch als im Dovrefjell-Sundalsfjella- und Rondane-Nationalpark (s. Kapitel 43) ist hier das Klima von langen strengen Wintern und kurzen Sommern geprägt. Die Tiefsttemperaturen erreichen im Winter bis zu minus 50 Grad Celsius. Der karge Baumbestand besteht aus Krüppelkiefern, nur in geschützten Bereichen an den Flüssen Mugga und Røa wachsen die Bäume dichter, und es mischen sich einige Birken und Erlen unter die Kiefern. Unzählige Moränenfelder, Felsblockschüttungen und Toteislöcher lassen die Kräfte erahnen, mit denen die eiszeitlichen Gletscher diese bizarre Landschaft geformt haben. Eine Vielzahl von Wasserläufen durchzieht das Gebiet, in denen neben Forellen auch Saiblinge, Felchen, Flussbarsche und Hechte leben. Langsam erholt sich auch die Vegetation vom Raubbau durch den Kupferbergbau, seit 1971 eine 390 Quadratkilometer große Teilfläche der Femundsmarka zum Nationalpark erklärt wurde. Er schließt grenzübergreifend an den Rogen-Nationalpark in Schweden an, sodass hier ein insgesamt etwa 1600 Quadratkilometer großes, zusammenhängendes Schutzgebiet entstanden ist. Es führen keine Straßen in den Femundsmarka-Nationalpark, Besuchern steht ein ausgedehntes Netz von Wanderwegen zur Verfügung. Ein Schiff bringt sie vom Ort Elgå über den Femundsee, von wo es zu Fuß weitergeht.

Die Fauna des Femundsmarka-Nationalparks ist wegen des harschen Klimas nicht sehr vielfältig, weist aber eine Reihe von Besonderheiten auf. An den Flussläufen bauen Biber ihre Dämme. Braunbär und Luchs sind gelegentlich hier, die Rolle der größeren Raubtiere hat aber meist der Vielfraß inne. Die Hirsche sind mit Elchen und Rentieren vertreten. Letzteren begegnet man häufig, doch handelt es sich um Haustiere samischer Rentierzüchter, die gelegentlich in den Nationalpark einwandern.

TOP ★ ERLEBNISSE

★ AUSFLUG IN DIE UNTERWELT

Unternehmen Sie eine Reise durch 333 Jahre Bergbaugeschichte in Røros. Bereits zwei Jahre, nachdem mit der Olavs-Grube die letzte Kupfermine 13 Kilometer von Røros entfernt geschlossen worden war, wurde sie schon wieder geöffnet. Diesmal nicht, um zu fördern, sondern um Besucher hindurchzuführen. Durch die Grube Nyberget, die 1650 abgeteuft wurde, und die Olavs-Grube von 1937 gelangt man 50 Meter unter die Erde und 500 Meter weit in das Stollensystem hinein bis zur Bergmannshalle. Raffinierte Licht- und Toneffekte vermitteln den Eindruck, als sei die Grube noch in Betrieb. Die Temperatur liegt das ganze Jahr bei 5 °C, und die Luftfeuchtigkeit ist hoch. Sie brauchen also warme Kleidung und gutes Schuhwerk! Der Grube ist ein kleines Museum mit Shop und Café angeschlossen.

★ WEITE LANDSCHAFT

Die Femundsmarka mit dem gleichnamigen See gehört zu den einsamsten Gegenden des Landes. Dies ist eine Region für Naturfreunde, denn mit etwas Glück sieht man Elche, Rentiere und Biber. Auch Luchse, Vielfraße und sogar Braunbären leben hier. Diese Tiere sind jedoch so scheu, dass man ihnen kaum begegnen wird.

WEITERE INFORMATIONEN
www.rorosmuseet.no, www.roros.no

Eine typische Landschafts-
formation im Femundsmarka-
Nationalpark

Abendstimmung am Femundsee (oben). Einer der schönsten, aber namenlosen Wasserfälle im Femundsmarka-Nationalpark (rechte Seite unten). Blick über den Femundsee auf den dreigipfeligen Berg Sølen (rechte Seite oben).

45 ELGÅ – BEI DEN SÜDLICHSTEN SAMI NORWEGENS

Naturidylle am Femundsee

Die kleine Siedlung Elgå mit ihren 50 Einwohnern ist dem offiziellen Internet-Touristenportal Norwegens, in dem alle (?) interessanten Orte aufgeführt sind, keine Erwähnung wert. Es scheint tatsächlich, als wäre hier das Ende der Zivilisation erreicht, denn der Fylkevei 221, die einzige Straßenanbindung an das Dorf, endet hier. Doch der Schein trügt: Elgå ist die südlichste samische Siedlung und das Tor zu einer der faszinierendsten Landschaften Norwegens.

Elgå liegt in der Gemeinde Engerdal am Ostufer des Femundsees. Nach Norden, Osten und Süden schließt eine Gruppe von neun grenzübergreifenden Nationalparks, Natur- und Landschaftsschutzgebieten an, die unter dem Namen Grænsland zusammengefasst werden. Mit 2105 Quadratkilometern gehört es zu den größten Schutzgebieten Skandinaviens. Auf norwegischer Seite sind das der Gutulia- und der Femundsmarka-Nationalpark, das Naturschutzgebiet Grøvelsjøen, das über die Grenze nach Schweden hineinreicht, und die Landschaftsschutzgebiete Langtjønna und Femundslia. In Schweden gehören der Nationalpark Töfsingdalen sowie die Naturschutzgebiete Rogen, Långfjället und Städjan-Nipfjället dazu.

Jahrtausendealte Besiedlungsgeschichte

Unmittelbar nach der letzten Eiszeit vor etwa 8000 Jahren lebten in der Region bereits steinzeitliche Jäger und Sammler. Am Femundsee und an vielen weiteren Seen wurden Reste steinzeitlicher Siedlungen, Waffen und Gerätschaften aus Feuerstein, Quarz und Schiefer gefunden. Wann die Menschen sesshaft wurden und begannen Viehzucht zu betreiben, ist nicht bekannt, die ältesten Belege stammen aus dem 8. Jahrhundert, die Spuren verlieren sich jedoch nach kurzer Zeit. Offenbar ging die Siedlung unter. Erst 1698 ließen sich wieder Menschen in der Region nieder, die vorwiegend von der Jagd, von Fischfang und Weidewirtschaft lebten. Es war die Zeit der Abkehr von der Wildren-

tierjagd und der Zuwendung zur Domestizierung der Tiere; die Almwirtschaft mit Sommer- und Winterweidegründen war eine Voraussetzung dafür. Sami aus dem Norden Norwegens ließen sich hier nieder.

Zu Beginn dieser Entwicklung folgten die Sami noch nomadisch ihren Tieren zu den Weidegründen, später gründeten sie feste Siedlungen in den Winterquartieren und Sommercamps auf den Almen. Spuren aus dieser Zeit finden sich an vielen Stellen im Grænsland. Runde Wälle aus Birkenrinde und Moos markieren ehemalige Koten, oft ist noch die Feuerstelle in der Mitte erkennbar. Charakteristisch sind auch ausgehobene Gruben, deren Böden mit Steinen ausgelegt wurden; in solchen Vertiefungen lagerten die Rentierzüchter Milch, die sie bei der Rückkehr zu ihrem Wohnplatz im nächsten Frühjahr genießen konnten. Die Milch wurde in kleinen Holzfässern aufbewahrt und bekam im Lauf der Zeit eine zähflüssige Konsistenz.

Acht Jahreszeiten

Die ersten Samen, die sich mit Rentieren im Dorf Elgå niederließen, kamen im 19. Jahrhundert aus Schweden. Auch wenn heute bei der Rentierzucht moderne Methoden genutzt werden, geben immer noch die Rentiere und die Jahreszeiten den Rhythmus vor: Nicht vier, sondern acht Jahreszeiten bestimmen das Leben. Das beginnt mit dem Verlassen der Winterweiden, dann folgen die Trennung der einjährigen Tiere von den Müttern, die Geburt der nächsten Generation und die Wanderung zur Sommerweide, wo die Jungtiere markiert werden, dann beginnt die Fressphase zum Fettaufbau für den Winter, gefolgt von der Schlachtung männlicher Tiere im Herbst und der anschließenden Wanderung zu den Winterweiden.

Die Sami waren und sind Menschen, die sich von dem Land ernähren, in dem sie leben. Dazu gehören auch Hunderte Seen, Flüsse und Bäche, in denen eine reiche Fischfauna lebt.

In und um Elgå gibt es nichts, was es nicht gibt: angeln, Kanu fahren, wandern, im Winter Ski fahren oder einfach nur zelten, um die Landschaft zu genießen. Angelscheine gibt es für jedermann in Lebensmittelläden, Tourismusbüros oder über das Internet. Für Wanderer gibt es in der Region Grövelsjön-Elgå leicht zugängliche Fjellgebiete, wo man komfortabel logieren und Halbtages- oder Tagestouren unternehmen kann. Båtstø Camping in Elgå bietet z. B. Hütten, Stellplätze und ein umfangreiches touristisches Programm an.

TOP ★ ERLEBNISSE

★ »FÆMUND II«

Der Femundsee ist der zweitgrößte norwegische See und der einzige große See Norwegens, der bis heute nicht von Wasserbaumaßnahmen betroffen ist. Eine Fahrt mit der historischen »Fæmund II« ist ein einzigartiges Erlebnis: Das Schiff war 1905 als Frachtdampfer für Stückgut und Vieh auf den See gebracht worden; nach mehreren Umbauten wird es jetzt während der Sommermonate nur noch für den Personentransport eingesetzt und startet jeden Tag in Synnervika am Nordende des Sees – über mehrere Etappen wird am Mittag der Endhafen Elgå erreicht, von wo das Boot wieder zurück nach Synnervika fährt.

★ BLOKKODDEN WILDNISMUSEUM

In Drevsjø, 40 Kilometer südlich von Elgå, liegt das Blokkodden Villmarksmuseum, dessen Hauptaufgabe darin besteht, die traditionelle Nutzung der Landschaft zu dokumentieren, die vor allem in den nördlichen Teilen der Gemeinde üblich war. In Blokkodden ist eine komplette samische Wintersiedlung zu sehen. Da Blokkodden mit Rørosverket, der Kupferfabrik von Røros, verbunden ist, wird auch diesem Teil der Geschichte von Engerdal im Museum Raum gegeben.

WEITERE INFORMATIONEN
graenslandet.se/de
batstocamping.no
femund.no/en
blokkodden.no/en

Langsam erholen sich die Wälder vom 300-jährigen Raubbau, und mit ihnen kehren auch die Elche allmählich wieder zurück. Die Moore und Sümpfe brachten dem Kupferbergbau keinen Nutzen und haben die Bergbauzeit unbeschadet überstanden.

46 WIE DER MENSCH DIE TUNDRA NUTZTE

Wolfsflechte und Krüppelkiefern im Femundsmarka-Nationalpark

Der Femundsmarka-Nationalpark ist eine wilde Landschaft. Sie hat sich seit dem Ende der letzten Eiszeit nur wenig verändert. Jahrtausendelang haben sich Toteisblöcke im Boden erhalten, bis sie abgeschmolzen sind und sich an ihrer Stelle Seen, Tümpel und Moore gebildet haben. Unzählige Moränenfelder und Felsblockschüttungen lassen erahnen, wie Gletscher diese Landschaft geformt haben.

Der höchste Berg ist der Storvigelen mit 1561 Metern an der Nordgrenze des Gebietes. Das Klima ist von langen strengen Wintern und kurzen Sommern geprägt. Die Tiefsttemperaturen erreichen im Winter bis zu –50 °C. Nur in geschützten Bereichen an den Flüssen Mugga und Røa wachsen Bäume dichter und es mischen sich Birken und Erlen unter die Kiefern. Auf den kargen Böden der Femundsmarka gedeiht nur eine sehr spärliche Vegetation aus an die extremen Witterungsbedingungen angepassten Arten. Sie alle, ob Flechten, Pilze, Steinbrechgewächse oder Kiefern, wachsen sehr langsam und bleiben klein. Man sollte meinen, dass diese armseligen Pflanzen für den Menschen kaum nutzbar sind, aber das Gegenteil ist der Fall. Die Wolfsflechte, eine auf den Kiefernästen wachsende, zitronengelbe Strauchflechte, wurde zur Abwehr von Füchsen und Wölfen verwendet. Die gelbe Färbung stammt von dem Inhaltsstoff Vulpinsäure, einem starken Nervengift. Es entfaltet seine Wirkung jedoch nur bei fleischfressenden Wirbeltieren und Weichtieren. Bei Pflanzenfressern zeigt das Gift keine Wirkung. Köder für Füchse und Wölfe wurden präpariert. Nach Aussagen der Jäger stirbt ein Wolf innerhalb von 24 Stunden, wenn er in dieser Zeit nicht frisches Blut zu sich nimmt. Hier vermischen sich aber vermutlich Realität und Mythologie.

INFO: www.visitnorway.e

47 ZU FUSS DURCH UNBERÜHRTE NATUR

Nichts als Urwald – der Gutulia-Nationalpark

Der Gutulia-Nationalpark ist Heimat für Vielfraß, Braunbär, Wolf und Luchs. Auch Elche sind dort regelmäßig anzutreffen. Biber hinterlassen ihre Nagespuren an Bäumen und sind die Baumeister der Dämme an den Flüssen und Bächen des Nationalparks. Die Vogelwelt ist mit Steinadler, Auerhuhn und dem seltenen Dreizehenspecht vertreten. Die Rentiere dagegen sind domestizierte Tiere der Sami.

Obwohl nur 19 Quadratkilometer groß, kann der Gutulia-Nationalpark für sich in Anspruch nehmen, den letzten Urwald Norwegens zu besitzen. Natürliche Brände haben den Wald geprägt. Mehrmals haben Gewitter Waldbrände ausgelöst, zuletzt in den 1860er-Jahren. Bis auf ein kleines Areal im Süden, wo nach 1945 Holz eingeschlagen wurde, hat noch kein Förster Hand an den Wald gelegt. Entsprechend vielfältig ist er. Hier findet man über 300 Jahre alte mächtige Fichten. Sie sind jedoch noch Jünglinge im Vergleich zu vielen Kiefern, die seit fast 500 Jahren hier wachsen. Im Park befinden sich zwei berühmte Bäume. Die Riesenkiefer Torfrau, etwa einen Kilometer südlich von Gutulisetra, und die Riesenfichte Stergiani, ungefähr 500 Meter nördlich von Gutulisetra, gehören zu den ältesten und prachtvollsten Exemplaren des üppigen Nadelwalds und sind über 30 Meter hoch. Kleine, unmarkierte Pfade führen dorthin. Begonnen hat alles nach der letzten Eiszeit. Als sich das Eis zurückzog, entwickelte sich eine Tundra, in der sich zunächst Birken, später Kiefern ansiedelten. Erst sehr viel später erschienen Fichten, die sich rings um den Gutulia-See durchsetzen konnten. Es führen keine Straßen durch den Nationalpark; man muss ihn zu Fuß erkunden.

INFO: www.graenslandet.se

Entstehen und Vergehen findet in den Urwäldern des Gutulia-Nationalparks in unmittelbarer Nachbarschaft statt. Umgestürzte Bäume werden zu »Ammen« für Farne, Moose und neue Bäume. Die Humusschicht ist hier sehr dünn. Die Felsen, die zutage treten, tragen bunte Flechtenüberzüge.

DER NORDEN

Mitternachssonne und Polarlicht

Die wabernden Vorhänge des Polarlichtes tauchen die Landschaft in ein unwirkliches Licht. Der kleine Ort Kjerringøy nördlich von Bodø mit seinem Jachthafen (oben). Prächtig ausgestaltetes Fenster in der Kirche der nordnorwegischen Stadt Hammerfest (unten).

Der Torghatten ist eine der markantesten Landmarken Norwegens (oben). Einfahrt in den Hafen von Brønnøysund mit dem Torghatten im Hintergrund (rechte Seite unten). Die mächtigen Seeadler können bei Bootstouren oft beobachtet werden (rechte Seite oben).

48 UM UND DURCH DEN TORGHATTEN

Mystisch oder profan – wie kommt das Loch in den Berg?

Der Berg Torghatten auf der Insel Torget ist eine der markantesten Landmarken an der norwegischen Küste. Obwohl nur 258 Meter hoch, überragt der massive Granitblock doch alle Inseln und Schären in der näheren Umgebung. Das außergewöhnlichste Merkmal des Torghatten ist jedoch das auf halber Höhe durch den gesamten Berg führende, 160 Meter lange, 35 Meter hohe und 25 Meter breite wie ein Tunnel wirkende Loch.

Der Torghatten ist nicht leicht zu erreichen, denn die Insel Torget liegt inmitten eines typischen norwegischen Schärengartens. Neben wenigen größeren Inseln ist das Meer mit vielen Hundert kleinen Felseilanden gespickt. Torget ist eine tief zerklüftete, 14 Kilometer lange, schmale Insel mit zwei kleinen Siedlungen und wenigen verstreuten Gehöften – nur ca. 500 Menschen leben auf den 16,4 Quadratkilometern. Die nächste größere Siedlung mit rund 5000 Einwohnern ist das 14 Kilometer vom Torghatten entfernte Brønnøysund auf dem Festland. Von dort führt der Fylkevei 54 über die Brønnøysundbrücke zunächst auf die Insel Kvaløya, die wiederum über einen Damm mit der Insel Slåttøya verbunden ist. Erst über den nächsten Damm wird Torget erreicht. Ab Nordhus geht es auf dem Fylkevei 7234 bis zur Südspitze der Insel zum Torghatten. Brønnøysund ist das letzte Etappenziel vor dem Torghatten, aber auch dieser Ort liegt ziemlich abgelegen. Trondheim, die Hauptstadt der Fylke Trøndelag ist 387 Kilometer entfernt, Bodø sogar 484 Kilometer. Die Straßen sind gut ausgebaut, folgen aber meist den Küstenlinien, was den Weg erheblich verlängert. Aus der Luft ist Brønnøysund seit 1968 zu erreichen, Flugzeuge mit bis zu 50 Passagieren können hier landen und starten. Hurtigruten-Passagiere können ihr Schiff in Brønnøysund verlassen, den Torghatten besuchen und einen Tag später mit dem nächsten Postschiff weiterfahren. Mit Glück kann der Torghatten auch vom Schiff aus während der Vorbeifahrt gesehen werden.

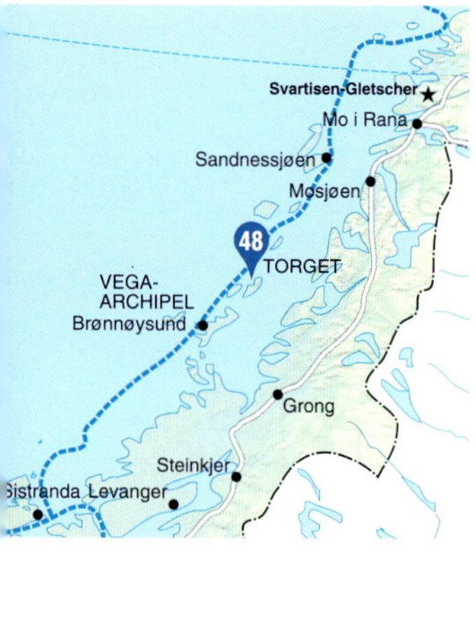

Stippvisite in der nordischen Mythologie

Um den Torghatten und das Loch in seiner Flanke rankt sich eine tragische Geschichte um Liebe und Leidenschaft unter Trollen. Zwei Könige lebten einst in der Gegend: König Vågekallen mit seinem Sohn Hestmannen in Svolvær, König Sulitjelmakongen mit sieben Töchtern auf der anderen Seite des Vestfjords. Er hatte Probleme mit den pubertierenden Töchtern und schickte sie zu der Dame Lekamøya, um sie von ihr erziehen zu lassen. Eines Abends beobachtete Hestmannen die acht Frauen beim Baden und verliebte sich in Lekamøya. In voller Rüstung ritt er über den Fjord, um sie zu entführen, doch die acht Frauen konnten vor ihm fliehen. Während die sieben Schwestern nicht abgeneigt waren, hockten sie sich bald nieder, Hestmannen hatte aber nur Augen für Lekamøya, die aber weiter nach Süden bis in das Gebiet des Königs Sømna floh. Hestmannen war so erbost über die Flucht, dass er einen Pfeil auf Lekamøya abschoss, um sie zu töten. König Sømna aber, der das Geschehen beobachtet hatte, warf seinen Hut in die Bahn des Pfeils und hielt ihn so auf. In diesem Moment ging die Sonne auf – und alle Beteiligten erstarrten zu Stein. Die sieben Schwestern wurden zu der Bergkette Sju søstre (Sieben Schwestern) bei Sandnessjøen, der Hut wurde zum Torghatten, Lekamøya zur Insel Leka und Hestmannen zur Insel Hestmannøy.

Die nüchterne Wahrheit

Die Realität ist natürlich prosaischer: Nachdem der Eisschild, der Nordeuropa während der letzten Eiszeit bedeckt hatte, geschmolzen war, hob sich die Kontinentalplatte wieder, die zuvor vom Gewicht des Eises tief in den Erdmantel gedrückt worden war. Das Loch, das jetzt durch den Berg führt, ist nicht, wie die Sage es will, durch einen Pfeil entstanden, sondern eine durch die Meeresbrandung in den Felsen gefräste Höhle, die durch die Landhebung aus dem Brandungsbereich inzwischen auf 126 Meter über NN gehoben wurde.

Ein Wanderweg führt steil bergauf zum Loch, das durchgangen werden kann, um auf der anderen Seite wieder hinabzusteigen. Startpunkt ist der Torghatten-Campingplatz. Ein Pfad führt nach Norden zum Svartholet und von dort bergan bis zum Eingang des Tunnels. Festes Schuhwerk ist sehr zu empfehlen, denn der Weg kann rutschig sein. Durch den Tunnel geht es über einen Bohlenweg auf die andere Seite; unten angekommen, schließt sich die Wanderung um den Torghatten herum an, wofür man insgesamt etwa drei Stunden einkalkulieren sollten.

TOP ★ ERLEBNISSE

★ DAS SONNEN-PHÄNOMEN

Zweimal im Jahr kann man am Torghatten ein beeindruckendes Phänomen beobachten: Jeweils Anfang November und Anfang Februar verschwindet die im Westen untergehende Sonne hinter dem Torghatten und scheint dann für einen kurzen Moment genau durch das Loch im Berg. Dieses Phänomen soll bereits dem griechischen Seefahrer Pytheas um 300 v. Chr. bekannt gewesen sein. Beschrieben wurde es 1806 von dem Botaniker Jonathan Christian Wilhelm Ritter, bildlich dokumentierte es aber erst 2014 ein norwegischer Fotograf.

★ MIT DEM RIB-BOOT ZUM TORGHATTEN

Der Ausflug beginnt am Kai Kongebrygga in Brønnøysund und dauert etwa eineinhalb Stunden. Das Rib-Boot passiert den historischen Leuchtturm von Prestøya, fährt dann durch den wunderschönen Toftsundet und umrundet den Torghatten, sodass der Berg von allen Seiten besichtigt werden kann. Auch der Blick durch das Loch ist möglich. Unterwegs können mit großer Wahrscheinlichkeit Seeadler aus nächster Nähe gesehen werden. Alle Teilnehmer werden mit Überlebensanzügen, Rettungswesten und Brillen ausgestattet, denn selbst im Sommer kann es auf dem Wasser kalt werden.

WEITERE INFORMATIONEN
torghatten.net, visitnorway.de/listings-kystriksveien/torghatten-mountain-walk/192504; sea-adventure-helgeland.businnes.site

49 IM LAND VON ALPENROSE UND SILBERWURZ

Svartisen und Saltfjell – Gletscher und Nationalpark am Polarkreis

Der mächtige Svartisen-Gletscher ist mit 370 Quadratkilometern nach dem Jostedalsbreen der zweitgrößte Gletscher Norwegens. Wie eine weiße Kappe liegt er auf dem Saltfjell, einer Hochebene, die vom Melfjord im Westen bis an die schwedische Grenze im Osten reicht. Über 60 Gletscherzungen streckt der Svartisen-Gletscher in alle Richtungen in die Täler des Saltfjells und die tief eingeschnittenen Fjorde im Westen.

Wo vor 30 Jahren noch eine mächtige Gletscherzunge durch das Svartisdal in den Holandfjord ragte (unten), breitet sich jetzt der Svartisvatnet aus (rechte Seite oben). Das Polarsirkelsenteret wurde exakt auf dem Polarkreis errichtet (rechte Seite unten).

Svartisen, Schwarzeis, wird der Gletscher genannt, und zwar deshalb, weil das Eis teilweise eine tief dunkelblaue Farbe hat, wie sie für sehr altes und stark gepresstes Eis typisch ist. Neuerdings macht er seinem Namen deshalb Ehre, weil sich Staub und Moränenschutt auf der Oberfläche der Gletscherzungen angereichert haben und das Eis schwarz erscheinen lassen, ein Effekt, der durch das Abschmelzen des Eises hervorgerufen wird. Der Svartisen ist, wie alle anderen norwegischen Gletscher auch, auf dem Rückzug. Noch in den 1970er-Jahren kalbte der Engabreen, eine seiner Gletscherzungen, noch direkt in den Holandfjord. Inzwischen ist das Eis um mehr als 2,5 Kilometer zurückgewichen. Zwischen Endmoräne und Gletscherzunge breitet sich jetzt der See Svartisvatnet aus. Wer einen Spaziergang zum Eis machen will, muss 3,5 Kilometer um den See herumgehen, bis der Gletscher auftaucht. Der Svartisen ist aber noch lange nicht am Ende. Die Eiszunge des Engabreen ist an der dicksten Stelle immer noch 400 Meter mächtig.

Nationalpark der Gegensätze

Der Svartisen-Gletscher ist Teil des 2105 Quadratkilometer großen Saltfjell-Svartisen-Nationalparks, der 1989 eingerichtet wurde. Er umfasst eine sehr abwechslungsreiche Landschaft. Fjorde, fruchtbare Hochtäler, Kalk-

steinhöhlen und natürlich der Gletscher selbst prägen die Landschaft. Im zentralen Teil des Nationalparks besteht das Grundgestein vielerorts aus Kalk. Stellenweise steht Marmor an, das ist Kalkstein, der sich im Lauf von Millionen Jahren unter dem Einfluss hoher Drücke und Temperaturen in Marmor umwandelte, metamorphisierte, wie der Geologe sagt. Während Hunderttausenden von Jahren hat das Wasser unzählige kleine und größere Höhlen aus dem Kalk herausgewaschen. Einzelne dieser Höhlen sind über 350 000 Jahre alt. Zu den berühmtesten zählt die Grønliggrotte, eine von einem Bach durchflossene Tropfsteinhöhle, die im Gegensatz zu anderen Höhlen beleuchtet wird und deshalb einem enormen Besucheransturm ausgesetzt ist. Der Kalk ist auch dafür verantwortlich, dass auf dem Fjell, der immerhin auf der Höhe des Polarkreises liegt, eine üppige Vegetation gedeiht. 250 verschiedene Pflanzenarten weist zum Beispiel allein das Stormdalen auf. In den ausgedehnten Moorbirkenwäldern wachsen der Nördliche Eisenhut, das Schmalblättrige Weidenröschen und Mädesüß in dichten Beständen, und die nicht bewaldeten Tundraflächen sind von dichten Silberwurz-Teppichen überzogen. Die im Frühling wunderschön rosa blühende Lappland-Alpenrose ist hier ebenfalls zu Hause. Sie ist übrigens die einzige Alpenrosenart Norwegens. Die Hochebene bildet mit dem Gletscher aber auch eine natürliche Barriere für Pflanzen aus dem wärmeren Süden. Sie waren bisher nicht in der Lage, weiter nach Norden vorzudringen. Die Fichte allerdings scheint von der allgemeinen Erwärmung zu profitieren, denn sie wurde in neuerer Zeit mit einzelnen Exemplaren auf dem Saltfjell gefunden. In der Tierwelt sind noch keine Veränderungen zu erkennen. Nach wie vor fühlen sich Elch, Luchs, Vielfraß und Alpenschneehuhn im Nationalpark sehr wohl.

Landschaft mit Geschichte

Auch Rentiere hat es auf dem Saltfjell gegeben, doch bereits im 9. Jahrhundert stellten samische Jäger ihnen nach. Aus dieser Zeit sind viele Relikte erhalten. Opferstätten, Leitzäune und Rentierfallen sind im Gebiet verstreut zu finden. Heute gibt es hier keine wild lebenden Rentiere mehr. Seit dem 16. Jahrhundert werden sie gezüchtet. Das Zentrum der Rentierhaltung ist das Lønsdalen, das unbedingt einen Besuch wert ist. Auch in den anderen Fjelltälern finden sich Spuren menschlicher Besiedlung. Bauernhöfe, Jagdhütten und Scheunen stammen meist aus dem 19. Jahrhundert, wurden aber schon vor vielen Jahrzehnten verlassen, weil sich die Landwirtschaft dort nicht mehr lohnte.

TOP ★ ERLEBNISSE

★ WAS SIE SCHON IMMER ÜBER DEN POLARKREIS WISSEN WOLLTEN

Polarkreis, Mitternachtssonne, Polarnacht und Ekliptik: Was auf den ersten Blick verständlich zu sein scheint, entpuppt sich bei näherer Betrachtung als ein hochkomplexes Thema, bei dem man schnell den Überblick verliert. Da haben es die Norweger und ihre Besucher gut. Denn exakt an der Stelle, wo die E 4 auf dem Weg von Mo i Rana nach Norden den Polarkreis schneidet, steht mitten auf dem Saltfjell das »Polarsirkelsenteret«, das Polarkreis-Informationszentrum. 66° 33′ 39″ N bezeichnet die magische Grenze zur Mitternachtssonne im Sommer bzw. zur Polarnacht im Winter. Warum das so ist, wird mit Filmen, Grafiken und wechselnden Ausstellungen erklärt. Im Shop kann man nicht nur Souvenirs, sondern auch Literatur zum Polarkreis erwerben. Ein eigenes Postamt und ein Restaurant vervollständigen das Angebot.
www.visithelgeland.com

★ HOLZTREPPE ZUM HIMMEL

300 Höhenmeter und eine Steigung von bis zu 61 Grad: Die Fykantrappa in der Nähe von Glomfjord ist eine Herausforderung für Körper und Geist. Die längste Holztreppe der Welt wurde von 1910 an gebaut und erlaubte den Arbeitern, in den Fjell hinaufzusteigen, um ein Wasserkraftwerk zu bauen. Zu bestimmten Zeiten ist das Gasthaus Rallarbrakka geöffnet.
www.svartisen.no

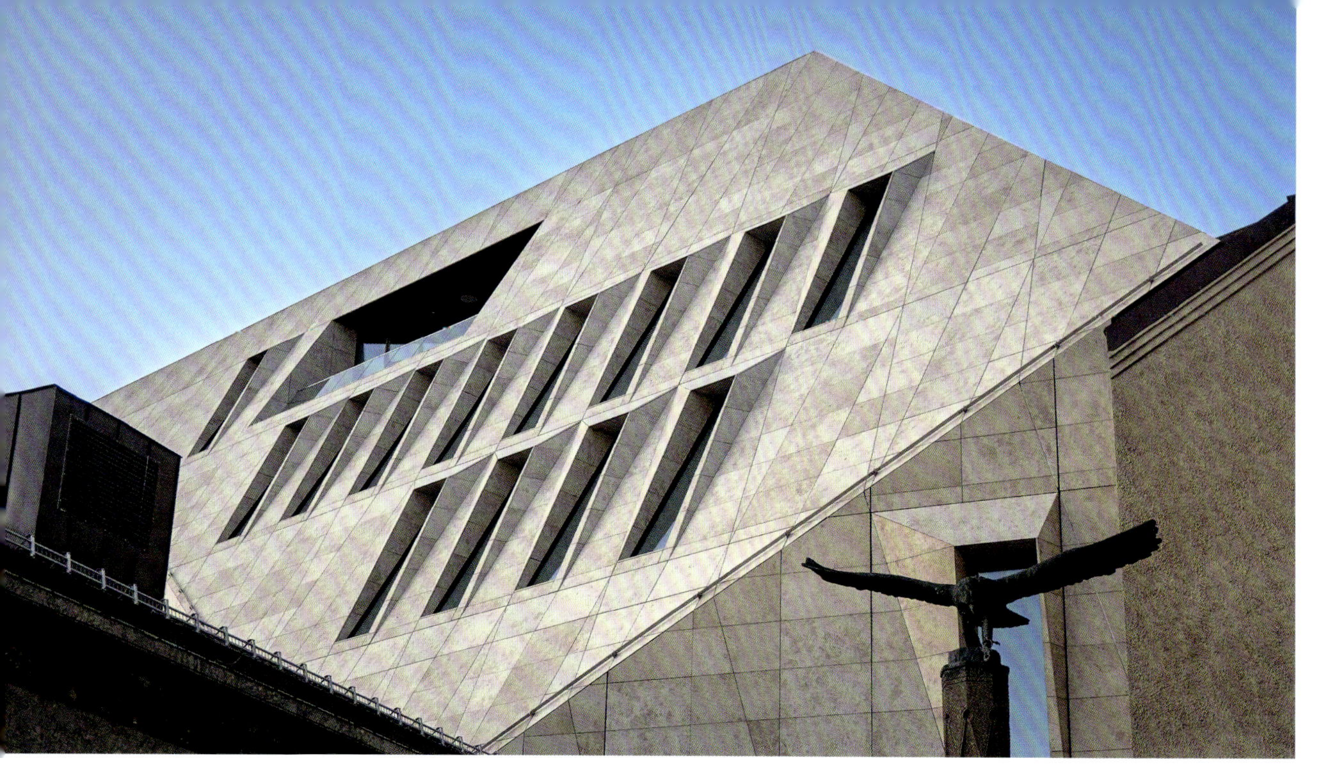

Seeadler sind in Bodø allgegenwärtig, auch als Skulptur vor dem Rathaus (oben). Blick vom Ronvikfjellet auf Bodø (rechte Seite unten). Das Luftfahrtmuseum dokumentiert die Entwicklung der norwegischen Luftfahrt und führt Forschungsprojekte durch (rechte Seite oben).

50 BODØ – STADT DER SEEADLER

Natur und Kultur in einzigartiger Mischung

Seinen Ruf verdankt Bodø der Tatsache, dass Seeadler in den fischreichen Gewässern rund um die Stadt ein reiches Nahrungsangebot vorfinden und so, obwohl sie in der Regel Städte meiden, häufig über Bodø und der reizvollen Landschaft kreisen. Der Ort hat aber noch mehr zu bieten, wie etwa ein reiches kulturelles Leben.

Bodø liegt etwa 80 Kilometer nördlich des Polarkreises, und die 52 000 Einwohner sind stolz darauf, in der südlichsten Stadt nördlich des Polarkreises zu leben. Vom 2. Juni bis zum 10. Juli geht hier die Sonne nicht unter, was sich auch im Stadtwappen widerspiegelt, das die Mitternachtssonne vor rotem Hintergrund zeigt – allerdings geht diese vom 15. bis zum 29. Dezember auch gar nicht erst auf.

Bodø wurde erst im Jahr 1816 gegründet, allerdings gab es an dieser Stelle auch zuvor schon den Handelsplatz Hundholmen mit einer Fischfabrik. Ein historischer Stadtkern, wie er in vielen anderen Städten Norwegens zu finden ist, existiert nicht, da die deutsche Wehrmacht die Stadt im Jahr 1940 fast vollständig zerstörte.

Kulturelle Vielfalt

Die Stadt bietet das ganze Jahr über eine Vielzahl kultureller Veranstaltungen, von Musikfestivals über Kammerkonzerte und Kunstausstellungen bis hin zum Nachtleben in Bars und Clubs. Die bekanntesten Musikfestivals sind das Nordland Musik Festival (eine bunte Mischung aus Klassik, Jazz, Folk und Popmusik) und das Parkenfestivalen, das sich dem Rock verschrieben hat und jedes Jahr bis zu 10 000 Besucher anzieht.

Die Stadt beherbergt auch mehrere Museen, darunter das Nordlandsmuseet, das in einem der ältesten Gebäude der Stadt untergebracht ist, das die Zerstörungen des Zweiten Weltkriegs wie durch ein Wunder unbeschadet überstanden hat. Die Kultur der Sami ist einer der Schwerpunkte des

Museums. Ausstellungen über die Wikinger und die Lofoten-Fischerei bilden die anderen Schwerpunkte. Eine besondere Attraktion ist der Silberschatz, der 1919 nicht weit vom Zentrum gefunden wurde: Er war dort vor etwa 1000 Jahren von Unbekannten versteckt worden, kam bei archäologischen Untersuchungen wieder ans Tageslicht und ist heute im Museum ausgestellt.

Bollwerk gegen die Engländer

In die Zeit vor der Gründung der Stadt entführt das Fort auf der kleinen, vor dem Hafen gelegenen Insel Nyholmen. Es wurde während der Napoleonischen Kriege errichtet, um den Handelsplatz Hundholmen gegen Angriffe englischer Kriegsschiffe zu schützen. Die Bewaffnung des Forts Nyholms Skandse konnte sich sehen lassen: Vier Zwölfpfünder- und acht Achtpfünder-Kanonen wurden dort in Stellung gebracht. Offenbar hatte das Fort derart abschreckende Wirkung, dass es niemals in Kriegshandlungen verwickelt wurde. 1815 baute man die Kanonen ab und schloss das Fort 1835 endgültig. Teile des Forts wurden anlässlich der 180-jährigen Bestehens von Bodø nach alten Plänen restauriert und der Öffentlichkeit zugänglich gemacht.

Mit der Natur verbunden

Bodø ist eine der ersten Adressen in Norwegen, um die heimische Natur zu erleben: Nicht weniger als 15 Naturschutzgebiete liegen in unmittelbarer Nähe, und zu den neun Nationalparks der Provinz Nordland ist es ebenfalls nicht weit. Auch der Beiname »Stadt der Seeadler« wird aktiv gepflegt – äußeres Zeichen dieses Engagements ist die Skulptur eines Seeadlerpaars mit Jungen auf dem Platz Nedre Torg. Eine eigene Organisation, der Havørnklubben, wurde zum Schutz der Seeadler gegründet und hat es sich zum Ziel gesetzt, die Bestände in und um Bodø zu schützen und über diesen Vogel zu informieren. Jeder kann Mitglied im Havørnklubben werden, wenn er drei Bedingungen erfüllt: Er muss in Bodø gewesen sein und dort einen Seeadler gesehen haben – was nicht schwer ist –, und als Erwachsener muss man einen einmaligen Eintrittsbeitrag zahlen. Der Club leistet effiziente Arbeit im Seeadlerschutz: Jedes Jahr finden im Sommer die Havørn-dager, die Seeadler-Tage, mit Seminaren und Ausstellungen statt. Ein spezielles Auswilderungsprogramm hat dazu beigetragen, dass Seeadler heute wieder in Schottland heimisch sind – von 1959 bis 1998 wurden 151 junge Seeadler mit großem Erfolg dorthin umgesiedelt.

TOP ★ ERLEBNISSE

★ NORSK LUFTFARTS-MUSEUM

Das Luftfahrtmuseum hat nicht nur die Aufgabe, die Entwicklung der norwegischen Luftfahrt zu dokumentieren, sondern darüber hinaus auch historische Forschungsprojekte zur Luftfahrt durchzuführen. Dazu wurde eine Fülle von Exponaten zusammengetragen, darunter die einzige erhaltene Ju-52 in der zivilen Ausführung als Wasserflugzeug. Auch militärisch genutzte Flugzeuge werden ausgestellt, darunter das US-Spionageflugzeug U-2. Die Attraktion des Museums ist der Flugsimulator: Kunstflüge mit kleinen Maschinen, aber auch der Flug mit Apollo 5 zum Mond können nachgestellt werden.

★ HANDELSSTATION KJERRINGØY

Das Dorf und die alte Handelsstation in Kjerringøy liegen nur einige Kilometer nördlich von Bodø. Bis 1964 war Kjerringøy eine eigene Kommune, heute leben dort nur noch ca. 300 Menschen. Im alten Handelsposten führen ein Knecht und eine Magd in historischen Kostümen durch die Gebäude und demonstrieren das Leben und Wirken der Menschen im 18. Jahrhundert. Im Nyfjøsen, dem »Neuen Stall«, sind eine Gaststätte, der Museumskiosk und die Tourist-Info untergebracht. In einem Video wird dort auch die Geschichte der Handelsstation erzählt. Die Station war seit 1962 mehrfach Kulisse für Verfilmungen von Knut-Hamsun-Romanen.

WEITERE INFORMATIONEN
luftfart.museum.no;
visitbodo.com;
havornklubben.no

ALTEINGESESSENE UND NEUBÜRGER

Die Tierwelt des hohen Nordens

Neben den faszinierenden Landschaften lockt vor allem die Tierwelt mit Rentieren, Elchen, Bären und Wölfen Besucher in Wälder, Sümpfe und auf die Fjelle des hohen Nordens. An den Küsten sind es die Vogelfelsen mit Abertausenden Möwen, Lummen und Papageitauchern. In den Fjorden können Wale bei der Nahrungssuche beobachtet werden. Spektakuläre Abenteuer, die man auf so engem Raum in Europa nicht noch einmal erleben kann.

Rentieren begegnen wir im Nordnorwegen auf Schritt und Tritt. Selbst in Städten wie Hammerfest oder Honningsvåg laufen sie ungeniert über die Straßen. Zwar sind das fast alles domestizierte Tiere, sie sehen jedoch genauso aus wie ihre wilden Verwandten, und darauf kommt es nur an.

Refugien für Elch, Braunbär und Co.

Wilde Rentiere, Elche, Bären, Vielfraße und Luchse sieht man vorwiegend in Nationalparks. In der Provinz Troms og Finnmark sind neun Nationalparks ausgewiesen.

Elche sind die größten Landsäugetiere in Norwegen, aber sehr scheu und Einzelgänger. Die besten Chancen, sie zu beobachten, hat man im Anarjohka-Nationalpark. Lokale Unternehmen bieten Elchsafaris mit einer hohen Erfolgsquote an. Nirgendwo sonst in Norwegen ist die Chance, einen Braunbären zu sehen, so groß wie im Øvre-Pasvik-Nationalpark, aber auch im Rohkunborri- und im Øvre-Dividal-Nationalpark kann man ihm begegnen. Auch Luchs und Vielfraß sind nur noch in Nationalparks zu finden. Oft kommen sie gemeinsam vor, so im Reisa-, Rohkunborri- und im Øvre-Dividal-Nationalpark.

Wanderer zwischen den Welten

Polarfuchs und Wolf sind zwar auch hauptsächlich in den Nationalparks zu Hause, man trifft sie jedoch auch nicht selten außerhalb an. Der Polarfuchs kommt sogar häufig in die Nähe menschlicher Siedlungen, weil er sich auch nicht scheut, Abfälle zu fressen. Sein Ausbreitungsdrang wird nur durch die Temperatur bestimmt. Er bevorzugt das harsche Klima der Tundren auf den Fjellen.

Der Wolf ist flexibler. Wie im übrigen Europa ist er auch in Norwegen im Begriff, wieder seine angestammten Lebensräume zu besiedeln. Im 19. Jahrhundert waren Wölfe nicht nur in Europa, sondern in ihrem gesamten eurasiatischen Verbreitungsgebiet durch menschliche Verfolgung nahezu ausgerottet. Seit 1983 sind mehrere Tiere aus Russland und Finnland eingewandert und bildeten die Keimzelle für die weitere Ausdehnung nach Norwegen. Beste Beobachtungsmöglichkeiten bieten sich im Øvre-Dividal-Nationalpark.

Vögel halten sich noch weniger an erdgebundene Grenzen. Gleichwohl profitieren sie von Schutzgebieten, in denen sie ungestört brüten können. Entlang der Küste sind mehrere Schutz-

Braunbären sind durch die Jagd in großen Teilen Europas nahezu ausgerottet worden. Im Norden Norwegens haben sie überlebt.

Die meisten Rentiere in Norwegen sind domestizierte Tiere. Wild lebend findet man sie nur in den Nationalparks.

gebiete ausgewiesen worden. Berühmt ist der Seiland-Nationalpark mit seinen Vogelfelsen, auf denen sich Kolonien von Gryllteisten, Tordalken und Kormoranen etabliert haben. Da sind die Räuber nicht fern. Allen voran See- und Steinadler, aber auch Gerfalke, Merlin und Raufußbussard bedienen sich an Eiern und Küken. Ähnlich ist es am Gjesværstappen in der Nähe des Nordkaps. Hier sind es vor allem Lummen und Möwen, die an den Klippen brüten. Die Räuber sind dieselben.

Konkurrenz aus dem Osten

Neben den alteingesessenen Arten wandern auch immer wieder Tiere aus anderen Regionen ein. Zwei dieser Neubürger sind der Marderhund und die Königskrabbe. Marderhunde sind ursprünglich in Ostsibirien, China, Korea und Japan verbreitet. Im 19. Jahrhundert wurden sie als Pelztiere eingeführt und im Westen Russlands und in der Ukraine zu Tausenden ausgesetzt. Seitdem haben sie sich über fast ganz Europa ausgebreitet. Ob und wie intensiv Marderhunde einheimische Arten verdrängen, ist nicht abschließend geklärt. Die im Nordpazifik heimischen Königskrabben wurden gegen Ende der 1960er-Jahre in der Barentssee ausgesetzt und haben sich seither bis zu den Lofoten ausgebreitet. Auch ihr Einfluss auf die Meereslebensgemeinschaft an den Küsten ist noch unbekannt.

Um Elche zu beobachten, sollte man sich einer Elchsafari anschließen.

51 UNBÄNDIGE WASSERMASSEN – DER SALTSTRAUMEN

Der größte Gezeitenstrom der Welt

Mit »nur« einem Meter Höhenunterschied zwischen dem inneren Bereich des Sundes zwischen den Inseln Straumen und Straumøy und dem Meeresniveau am Eingang zum Sund nimmt sich dieser Mahlstrom, verglichen etwa mit der Bay of Fundy in Maine mit bis zu 25 Metern, eher bescheiden aus. Allerdings kann der Saltstraumen von sich behaupten, mit bis zu 40 Kilometern Geschwindigkeit der stärkste Gezeitenstrom der Welt zu sein.

Bei Flut drücken gewaltige Wassermassen in den nur 150 Meter breiten, 31 Meter tiefen und 2,5 Kilometer langen Sund hinein. Durch diesen Düseneffekt erhöht sich die Strömungsgeschwindigkeit des Wassers um ein Vielfaches – 400 Millionen Tonnen Wasser strömen alle sechs Stunden mit durchschnittlich 13 km/h durch das Nadelöhr. Wenn die Strömung am stärksten ist, ist die Fließgeschwindigkeit noch wesentlich höher. Im Prinzip fließt das Wasser einmal hinein und mit der nächsten Tide wieder hinaus – aber wenn es doch nur so einfach wäre: Der Strom bewegt sich nämlich nicht nur in einer Richtung, sondern kehrt sich gleichzeitig innerhalb des Sundes um. Dabei bilden sich Strudel mit Durchmessern von bis zu 15 Metern, die mehr als vier Meter in die Tiefe reichen.

Gewaltiges Naturschauspiel

Am stärksten ist der Strom bei Voll- und Neumond, wenn Sonne, Mond und Erde auf einer Achse liegen und sich die Anziehungskräfte von Sonne und Mond addieren. Dann entstehen die sogenannten Springtiden, bei denen die Flut besonders hoch aufläuft und bei Ebbe besonders niedriges Wasser erreicht wird. Stürme aus westlicher Richtung können den Effekt zusätzlich verstärken.
Eine kurzfristige Ruhe legt der Gezeitenstrom nur bei Stillwasser ein, wenn der höchste oder niedrigste Wasserstand erreicht

Der Höhenunterschied zwischen dem äußeren Saltfjord und dem inneren Kjerstafjord beträgt bis zu zwei Metern (unten). Mit bis zu 40 Kilometern pro Stunde schießt das Wasser unter der Brücke hindurch (rechte Seite oben). Die gewaltigen Strudel können nicht nur kleinen Booten gefährlich werden (rechte Seite unten).

ist. Dann haben auch größere Schiffe eine Chance, den Sund zu passieren. Doch selbst wenn die Wasseroberfläche ruhig erscheint, ist Vorsicht geboten: Unsichtbare Strömungen können ein Schiff dann immer noch in Gefahr bringen. Vor Ort ist eine Funkstation einzig damit beschäftigt, ein- und auslaufenden Schiffen die aktuellen Strömungsverhältnisse mitzuteilen. Außerdem veröffentlicht die Lokalzeitung »Avisa Nordland« jeden Tag die Zeiten, zu denen der Saltstraumen die größte Stärke erreicht – das allerdings weniger für Schiffe als für die Touristen, die dieses Naturschauspiel erleben wollen.

Ein junges Phänomen

Als die ersten Menschen vor etwa 10 000 Jahren hier siedelten, gab es den Gezeitenstrom noch nicht. Er entwickelte sich erst vor 2000–3000 Jahren, als sich die Kontinentalscholle, befreit vom Gewicht der eiszeitlichen Gletscher, so weit angehoben hatte, dass nur noch der schmale Durchlass zwischen den Inseln offen geblieben war. Selbst zur Zeit der Wikinger lagen die Inseln noch zwei bis drei Meter tiefer als heute. Aber auch schon damals wurde der Saltstraumen mit Ruderbooten befahren, die jedoch speziell für turbulente Gewässer konstruiert waren. Solche Boote gibt es sonst nirgendwo auf der Welt – im kleinen Ort Saltstraumen können sie im Museum besichtigt werden.

Angeln im Mahlstrom

Das klare Wasser wird durch die starken Strömungen und Turbulenzen gut mit dem Luftsauerstoff vermischt. Nährstoffreich ist es auch und stellt damit einen idealen Lebensraum für eine ungeheure Vielfalt verschiedener Organismen dar. Sichtbar wird dieser Reichtum an den Fischen, die hier leben. Der häufigste Fisch ist der Seelachs, auch Köhler genannt. Aber auch andere Arten sind nicht selten, vor allem Lachse, Forellen, Heringe, Flundern, Schellfische und Heilbutte. Deshalb ist es nicht verwunderlich, dass an den Ufern fast zu jeder Zeit Angler stehen und ihr Glück versuchen. Manchmal benötigen sie nicht einmal eine Angel, denn bei bestimmten Wetterbedingungen steigen Rotbarsche aus Tiefen von bis 500 Metern auf, werden von den Turbulenzen an die Wasseroberfläche hochgerissen und durch den plötzlichen Druckabfall sofort getötet. Auf dem Wasser schwimmend, können sie dann ohne viel Mühe eingesammelt werden. Aber nicht nur die Angler profitieren vom Fischreichtum: Auf den nahen Klippen nisten mehrere Tausend Möwenpaare, die hier Nahrung im Überfluss finden. Auch Seeadler kommen häufig hierher.

TOP ★ ERLEBNISSE

★ SALTSTRAUMEN HAUTNAH

Wer den größten Gezeitenstrom der Welt hautnah erleben will, kann von Bodø aus mit schnellen Schlauchbooten zum Ort des Geschehens gebracht werden – dick eingepackt in wasserdichte Schutzkleidung erlebt man dann, dass selbst die starken Boote kaum gegen die Strömung ankommen. Wer sich den Booten nicht anvertrauen will: Von der 41 Meter hohen Straßenbrücke über den Saltstraumen hat man den besten Überblick über den Mahlstrom. Anschließend bietet sich der Besuch des benachbarten Erlebniszentrums »Magic Saltstraumen« an – Abbildungen, Strömungsmodelle und eine Multimediashow erklären den Gezeitenstrom.

★ SALTSTRAUMEN IM MUSEUM

Die Exponate im Saltstraumen Museum zeigen die Geschichte Norwegens von der Erstbesiedlung vor ca. 11 000 Jahren bis heute. Dazu zählt das älteste Musikinstrument, das jemals in Norwegen gefunden wurde: der »Brummer von Tuv«, ein Schwirrgerät, das an einem langen Faden im Kreis geschwungen wird. Aus der Wikingerzeit stammt das Straumabåten, ein speziell für die Fahrt durch den Saltstraumen konstruiertes Boot. Eine weitere Attraktion ist Ormurin langi, der »lange Wurm«, das Schiff von König Olav Tryggvason.

WEITERE INFORMATIONEN
exploresalten.no/en
magicnorth.no/saltstraumen
saltstraumen-museum.no

Tromsø gilt als Pforte zum Eismeer und ist zu jeder Jahreszeit eine Reise wert (oben). Das berühmte Glasmosaik, eines der größten Glasgemälde Europas, in der Eismeerkathedrale zeigt die Auferstehung Christi (rechte Seite).

52 »PARIS DES NORDENS«

Tromsø – Pforte zum Eismeer

Tromsø scheint mit 77 000 Einwohnern eine vergleichsweise kleine Stadt zu sein, und trotzdem ist sie eine Stadt der Superlative. Mit einer Fläche von 2558 Quadratkilometern, das entspricht der des Saarlandes, ist sie die zweitgrößte Stadt Europas. Sie besitzt die nördlichste Universität, die nördlichste Brauerei und die nördlichste Kathedrale der Welt. Damit nicht genug bietet sie seit langer Zeit eine Fülle kultureller Angebote, die ihr schon vor hundert Jahren den Beinamen »Paris des Nordens« einbrachten.

Tromsø liegt auf dem Festland und über mehrere Inseln verteilt im Grotsundet, einem Nebenarm des Ullfjordes. Fast auf dem 70. Breitengrad Nord gelegen, geht im Sommer die Sonne vom 19. Mai bis zum 26. Juli nicht unter. Umgekehrt herrscht vom 28. November bis zum 14. Januar Polarnacht, die jedoch häufig durch die spektakulären Nordlichter erhellt wird. Auf gleicher Breite liegen die Disko-Insel an der Westküste Grönlands oder die Nordküsten Alaskas und Sibiriens, hocharktische Gebiete mit wesentlich kälterem Klima. In Tromsø macht sich aber der Golfstrom noch bemerkbar und sorgt für eine milde Jahresdurchschnittstemperatur von 2,5 Grad Celsius. Im Juli, dem wärmsten Monat, steigt die Durchschnittstemperatur auf 11,8 Grad Celsius. Im Winter wurde die bisher niedrigste Temperatur mit –18,4 Grad Celsius gemessen. Verantwortlich dafür ist die der Stadt westlich vorgelagerte Insel Kvaloya, die mit 1000 Meter Höhe die Stadt zum Meer abschirmt, sodass hier kontinentale Einflüsse wirksam werden. Bis in den April hinein liegt in der Regel noch Schnee. Die Wintersportbedingungen sind daher sehr gut.

10 000 Jahre Siedlungsgeschichte

Der Ort erhielt 1794 die Stadtrechte, aber schon lange vorher haben dort Menschen gesiedelt. Bereits vor rund 10 000 Jahren kamen mit dem Ende der letzten Eiszeit die

Die Lyngenalpen, eine 100 Kilometer lange Bergkette östlich von Tromsø, gelten als eines der schönsten Gebirge Norwegens (oben). Hundeschlittenfahrten sind im Winter eine gefragte Attraktion nicht nur für Touristen. Die Hunde haben daran genauso viel Spaß wie die Menschen (unten). Das gänzlich verglaste Gebäude der Bibliothek ist eines der Wahrzeichen der Stadt (rechte Seite oben). Die Biere der Mack-Brauerei kann man in der »Ølhalle« probieren (rechte Seite unten).

ersten steinzeitlichen Jäger in das Gebiet von Tromsø und die östlich davon gelegenen, bis zu 1800 Meter hohen Lyngsalpen. Erste Spuren samischer Kultur lassen sich etwa 2000 Jahre zurückverfolgen. Ab dem 4. und 5. Jahrhundert findet man auch skandinavische Kultur und Sprachen. Die Initiative für die eigentliche Gründung der Stadt ging von König Håkon Håkonsson aus, der 1252 eine kleine Hafensiedlung im heutigen Stadtteil Skansen errichtete und auf der Insel Tromsøya die erste christliche Kirche erbauen ließ. Bis zur Erteilung der Stadtrechte dauerte es aber doch noch 542 Jahre. Ganze 80 Einwohner konnten sich fortan Stadtbürger nennen. Mit dem Wegfall des Handelsmonopols für Bergen und Trondheim im Jahr 1789 blühte der Handel auch in Tromsø auf. Seitdem wuchs Tromsø zu einem wichtigen Handelsplatz heran, der zudem Ausgangspunkt für den Wal- und Robbenfang im Eismeer wurde. Außerdem erlebte Lyngen, und damit auch Tromsø, um die gleiche Zeit eine Einwanderungswelle der sogenannten Kvener aus Finnland, die aufgrund von Hungersnöten und politischer Unruhen aus ihrer Heimat auswanderten. Nur wenige Jahre später, nämlich 1803, wurde Tromsø Bischofssitz für Nordnorwegen. Die zugehörige Domkirche mit 700 Sitzplätzen wurde aber erst 1861 in der damals üblichen Weise aus Holz gebaut. Sie ist landesweit die größte neugotische Kirche.

Das Wahrzeichen der Stadt Tromsø ist aber nicht der Dom, sondern die Eismeerkathedrale, die eigentlich Tromsdalen-Kirche heißt und als Pfarr- und Seemannskirche dient. Sie wurde 1965 gebaut und steht auf der Festlandseite der Stadt. Die äußere Form soll an übereinandergeschobene Packeisplatten erinnern. Die Rückwand wird von einem 140 Quadratmeter großen, bunten Glasfenster eingenommen, das 1972 von Victor Sparre in der sogenannten »La Salle-Technik« gestaltet wurde. Das Bild trägt den Namen »Die Wiederkunft Christi« und ist eines der größten Glasgemälde Europas. Nahe der Eismeerkathedrale liegt die Talstation der Seilbahn auf den Berg Storsteinen, von dessen 418 Meter hohem Gipfel der Blick über die Stadt hinaus weit in den Fjord und über die umgebenden Berge reicht. Der auch Floyen genannte Storsteinen kann übrigens auch zu Fuß bestiegen werden.

Die nördlichste Brauerei der Welt

Eher irdischen Genüssen gewidmet ist die »Ølhallen« der Mack-Brauerei, die entgegen allen norwegischen Regeln bereits morgens um 9.00 Uhr die Pforten öffnet und an Werktagen erst um 17.00 Uhr wieder schließt. Selbst am Samstag ist sie geöffnet, wenn auch nur

bis 13.00 Uhr. Lediglich der Sonntag ist Ruhetag. Nicht weit von der Brauerei bildet der »Stor Torget«, der Große Markt, das Zentrum von Tromsø. Dort kann man alles kaufen, was zum täglichen Leben gehört.

Zentrum der Polarforschung

Anfang des 20. Jahrhunderts wurde die Stadt zum Ausgangspunkt einer Reihe von Expeditionen in arktische und antarktische Gebiete, was ihr den zweiten Beinamen »Pforte zum Eismeer« eintrug. Tromsø ist untrennbar mit den Namen Fridtjof Nansen und Roald Amundsen verbunden, die von hier aus ihre Polarexpeditionen geplant und gestartet haben. Auch heute wird der Polarforschung breiter Raum gewidmet. Seit 1993 hat das Norsk Polarinstitutt unter dem Dach des Polaren Umweltforschungszentrums seinen Sitz in Tromsø, gemeinsam mit den Instituten für Natur-, Kultur- und Luftforschung, dem Institut für Geologie, dem Amt für Kartografie und der norwegischen Strahlenschutzagentur.

Viele Wege führen nach Tromsø

Reisende mit den Hurtigruten benötigen vier Tage Schiffsreise, um von Bergen kommend die Stadt zu erreichen. Schneller geht es mit dem Flugzeug von Oslo in knapp zwei Stunden. Aber auch mit dem Auto ist die Stadt über die E 6 von Oslo aus gut zu erreichen. Für die immerhin 1646 Kilometer lange Strecke auf zum Teil gebührenpflichtigen Straßen sind zwei Tage anzusetzen. Aber der Weg lohnt sich, denn Tromsø hat eine Menge zu bieten. Es ist eine »junge« Stadt, denn seit der Gründung der Universität im Jahr 1972 haben sich die Studentenzahlen rasant entwickelt. Heute können 10000 Studenten in sechs Fakultäten und vier Wissenschaftszentren rund 150 Studiengänge absolvieren. Aber da das Studentenleben nicht nur aus Lernen, sondern auch aus Leben besteht, gibt es eine Fülle von kulturellen und sportlichen Angeboten, nicht nur für junge Leute. Jedes Jahr im Juni findet der Mitternachtssonnen-Marathon statt und im Januar der Polarnacht-Halbmarathon, beides mit internationaler Beteiligung. Wem der Weg in die Arktis zu weit oder zu beschwerlich ist, kann in das Polaria-Museum gehen, das mit Multimedia-Präsentationen, Dioramen, Aquarien und lebenden Bartrobben über die Arktis informiert. Vollständig wird Ihr Aufenthalt allerdings erst, wenn Sie die Stadt verlassen und die bis zu 1800 Meter hohen Lyngenalpen östlich von Tromsø besuchen. Die rund 100 Kilometer lange Gebirgskette ist im Sommer ein Traumziel für Bergsteiger, im Winter für Skitourengeher.

TOP ★ ERLEBNISSE

★ DIE NÖRDLICHSTE BRAUEREI

Die Mack-Brauerei wurde im Herbst 1877 von dem Bäcker Ludwig Markus Mack aus Braunschweig gegründet. Die Brauerei sollte später zum bedeutendsten Industriebetrieb von Tromsø werden. In den Gründungsjahren bestand das Angebot der Brauerei aus zwei dunklen Bieren mit den Namen Bayerøl und Bokøl sowie einem alkoholfreien Getränk aus gehopfter Bierwürze, auf Norwegisch Vørterøl genannt. Alle drei Sorten gehören noch zum Sortiment, und Bayerøl wird noch nach dem gleichen Rezept wie bei der Markteinführung im Mai 1878 hergestellt. Die 1929 eröffnete »Ølhallen«, die Halle, war zunächst eine reine Männerdomäne für Fischer, Walfänger und Bauern. Erst seit Ende der 1960er-Jahre sind auch Frauen dort willkommen.

★ AUF DER SPUR DER ORCAS

Jahrelang waren die Orcas in jedem Winter im Tysfjord zu sehen. Nun jagen sie gerne in den Gewässern rund um Tromsø. Darauf haben sich die örtlichen Anbieter bereits eingestellt und bieten Bootsafaris zu den Killerwalen mit ihrer markanten Schwarz-Weiß-Färbung an.

WEITERE INFORMATIONEN
www.visittromso.no

Polarlichter erhellen die langen Winternächte nördlich des Polarkreises (oben). Schwertwale jagen koordiniert in Gruppen (rechte Seite unten). Der Stetind am Tysfjord ist mit 1392 Metern der höchste Granitobelisk der Welt (rechte Seite oben).

53 MIT SCHWERTWALEN AUF TUCHFÜHLUNG

Der Tysfjord – Orcas, Seeadler und Polarlicht

Wer die schneidende Kälte im Winter nicht scheut, kann im Tysfjord, rund 250 Kilometer nördlich des Polarkreises, ein Schauspiel erleben, das seinesgleichen sucht. Bis zu 700 Schwertwale folgen von Oktober bis Januar riesigen Heringsschwärmen, die zum Überwintern in die Nebenarme des Vestfjordes, den Tysfjord und den Ofotfjord, ziehen. Mit umgebauten Fischkuttern, Schlauchbooten und Kajaks fahren die »Whalewatcher« zu den Orcas. Ganz Harte tauchen in dicken Neoprenanzügen mitten zwischen die Wale.

Angefangen hatte alles am Ende der 1980er-Jahre, als aus bisher nicht endgültig geklärten Ursachen gewaltige Mengen an Heringen im Vestfjord und Ofotfjord zu überwintern begannen. Während des Sommers halten sie sich im offenen Atlantik auf, ziehen in den Nordost-Atlantik, wo sie ihre Nahrungsgründe haben, und kehren im Oktober zurück in die Fjorde, wo sie bis zum Januar bleiben. Ab Februar bis in den April hinein legen die Weibchen in flachem Wasser bis zu 50 000 Eier ab, anschließend ziehen sie wieder in den Atlantik. Diesen Heringen stellen die schwarz-weißen Schwertwale nach, die auch Killerwale oder Orcas genannt werden.

Killer aus der Unterwelt

Der Name Orca leitet sich vom wissenschaftlichen Namen der Schwertwale ab. *Orcinus orca* ist »der aus der Unterwelt Stammende«. Die häufig benutzte Bezeichnung Killerwal ist nicht angebracht, denn wie jedes andere Raubtier jagen die Schwertwale ihre Beute nur, um selbst zu überleben. Es ist weltweit kein Fall bekannt, dass Schwertwale Menschen angegriffen hätten. Allerdings haben sie ausgeklügelte Jagdtechniken entwickelt, deren Effizienz unübertroffen ist. Fischschwärme werden von mehreren Walen eingekreist und an die Wasseroberfläche getrieben, wo Hunderte von Heringen mit einem einzigen Schlag der Fluke, der Schwanzflosse der Wale, betäubt oder getötet werden. Anschließend können die Fische bequem verspeist werden. »Carousel Feeding« wird dieses Verhalten genannt. Jeder ausgewachsene Orca verspeist pro Tag 70 Kilogramm Fisch.

Ein Schauspiel auf Zeit

Jedes Jahr im Herbst zittern die Veranstalter der »Wal-Safaris« der Walsaison entgegen, denn so überraschend, wie die Heringe ihr neues Überwinterungsquartier im Tysfjord bezogen haben, können sie sich auch wieder zurückziehen. Dann werden auch die Schwertwale nicht mehr kommen.
Bis dahin aber werden in jedem Winter alle Register gezogen, um den Besuchern die Schwertwale im wahrsten Sinne des Wortes nahezubringen. In Storfjord, einem kleinen Ort am Tysfjord, ist das Tysfjord Turistcenter gebaut worden, eine Kombination aus Hotel, Reisebüro und Walforschungszentrum. Auf den Schiffen, oft umgebauten Fischkuttern, vermitteln Walexperten alles Wissenswerte über die mächtigen Tiere, von der Größe über die Familienstruktur bis hin zur Lebenserwartung.
Rund 6000 Touristen besuchen in jeder Saison die Orcas, und die Zahl der Schiffe ist begrenzt, um die Tiere nicht übermäßig zu stören. Tatsächlich scheinen sich die Orcas an die vergleichsweise wenigen Besucher gewöhnt zu haben, denn sie kommen neugierig häufig dicht an die Schiffe, Schlauchboote und Kajaks heran. Selbst Taucher, die in unmittelbarer Nähe schwimmen, scheinen sie nicht zu stören.

Räuber aus der Luft

Es sind aber nicht nur die Schwertwale, die von den Heringen profitieren. Seeadler, die größten Greifvögel Europas mit Flügelspannweiten bis zu 2,50 Metern, gibt es hier in großen Mengen. Bis zu 250 Brutpaare finden hier jedes Jahr genügend Nahrung, um ihre Jungen aufzuziehen. Sie sind immer zur Stelle, wenn die Orcas jagen, denn die Wale treiben die Fische an die Wasseroberfläche, wo sie von den Adlern leicht erbeutet werden können. Immer wieder fliegen die Seeadler in weitem Bogen an die Wasseroberfläche heran, greifen kurz mit den Klauen in die Fluten und fliegen mit ihrer Beute davon.
Hier, nördlich des Polarkreises, sind die Tage im Winter kurz, aber Langeweile kommt trotzdem nicht auf. In klaren Nächten erlebt man ein faszinierendes Schauspiel: das Polarlicht. Grüne, gelbe und rote Lichtvorhänge wabern am Himmel über den schneebedeckten Bergen und tauchen das Land und den Fjord in unwirkliche Farben.

TOP ★ ERLEBNISSE

★ BASISLAGER FÜR WAL-SAFARIS

Im Winter nach Norwegen zu fahren, erfordert eine ausgeklügelte Logistik, denn hier diktiert das Wetter alle Aktivitäten. Umso besser, wenn man vor Ort Einrichtungen findet, bei denen alles in einer Hand ist, wie im »Base Camp« des Tysfjord Turistcenter. Das Hotel bietet 146 Betten in 55 Zimmern, das Restaurant fasst 250 Gäste, dazu kommt ein Schnellrestaurant mit 100 Plätzen. Im Campingbereich stehen sieben Hütten und 30 Caravan-Stellplätze mit Elektroanschluss zur Verfügung. Im Informations- und Walforschungszentrum werden die Forschungsergebnisse den Besuchern in verständlicher Form dargeboten. Vom Hotel aus starten auch die spektakulären Killerwal-Safaris per Schlauchboot. Auch Elch- oder Seeadler-Safaris werden angeboten.
www.tysfjord-turistsenter.no/

★ GRANITOBELISK

Hinaufklettern werden die wenigsten, aber der Anblick der Stetind genügt schon, um begeistert von diesem 1392 Meter hohen Gipfel zu erzählen. Wie von einem riesenhaften Bildhauer gestaltet ragen seine wunderschön gestalteten Flanken aus dem Meer. Die schwierige Westwand des norwegischen Nationalbergs wurde 1963 vom norwegischen Öko-Philosophen und Bergsteiger Arne Næss zum ersten Mal durchstiegen.
www.visitnorway.de

54 WO HERINGE DAS MEER KOCHEN LASSEN

Der Ofotfjord

Der Ofotfjord hat viele Gesichter. Fast 80 Kilometer weit erstreckt er sich annähernd in West-Ost-Richtung zwischen den bis zu 1700 Meter hohen, meist steil aufragenden Bergen. Flachere Bereiche gibt es nur auf der Nordseite des Fjords um Harstad und auf der Narvik-Halbinsel. An den Hängen wachsen bis in 500 Meter Höhe lockere Birkenwälder, darüber steht meist Fels an. Der wahre Reichtum befindet sich unter Wasser. Heringe, Makrelen und Kabeljau sind zu unterschiedlichen Zeiten im Jahr hier zu finden.

Der Ofotfjord, selbst ein Nebenarm des Vestfjords, besitzt seinerseits noch eine Reihe von Nebenarmen, die alle landschaftlich außerordentlich reizvoll sind. Sie erschließen sich dem Besucher von der Landseite über die an den Ufern des Fjordes entlangführenden Straßen E 6 und E 10. Noch reizvoller ist es aber von der Wasserseite, denn von einem Boot oder Schiff aus bietet sich das gesamte Panorama des Fjordes mit seinen beeindruckenden, bis zu 1500 Meter hohen Bergketten. Die Baumgrenze liegt bei 500 Metern, darüber steht der nackte Fels an. Ein Geheimtipp ist der gut 20 Kilometer lange Skjomen-Fjord, der von beinahe senkrechten Felswänden eingefasst wird. Am Ende des Fjordes blickt man auf die Eiskappe des Frostisen-Gletschers. Mit seinen 25 Quadratkilometern Fläche zählt er zwar zu den kleineren Gletschern, ist aber nicht weniger eindrucksvoll.

Nahrung im Überfluss

Jedes Jahr im Oktober spielt sich im Ofotfjord ein beeindruckendes Schauspiel ab, das nicht nur unter der Wasseroberfläche zu beobachten ist. Riesige Heringsschwärme strömen in den Fjord, um hier zu überwintern und im Frühjahr im flachen Wasser abzulaichen. Dicht an dicht schwimmen sie

Der Leuchtturm von Hamarøya, das »Tranøy fyr«, wurde bereits 1864 gebaut. 1991 wurde der Leuchtturmwärter durch eine Schaltuhr ersetzt (unten). Vom Fährhafen Skutvik starten die Fähren nach Svolvær auf den Lofoten (rechte Seite oben). Blick von Bjerkvik über den Ofotfjord auf die verschneiten Berge oberhalb von Narvik (rechte Seite unten).

in den bis zu 553 Meter tiefen Fjord hinein. Die Schwärme können so dicht sein, dass das Wasser violett gefärbt zu sein scheint. Tausende von Seevögeln begleiten den Schwarm und fressen sich satt. Im Fjord angekommen, halten sich die Heringe tagsüber in größeren Tiefen von 150 bis 400 Metern auf. Erst nachts folgen sie ihrer Nahrung, kleinen Krebsen, Schnecken und den Larven von Sandaalen, an die Wasseroberfläche. Wenn sie emporsteigen, verringert sich der sie umgebende Wasserdruck. Durch einen besonderen Kanal können die Heringe dann Luft aus der sich ausdehnenden Schwimmblase ausstoßen. Durch Millionen solcher kleiner Luftblasen scheint das Meer zu kochen. Für Fischer ist dies das Zeichen, dass der Schwarm aufsteigt. Aber Fischer sind nicht die Einzigen, die den Heringen nachstellen. Ähnlich wie im Tysfjord werden sie auch hier von Schwertwalen gejagt. Tagsüber tauchen die Orcas tief unter den Schwarm, treiben ihn an die Wasseroberfläche und betäuben die Fische mit kräftigen Schlägen der Fluke. Darauf warten Möwen und Seeadler. Sie bedienen sich ebenfalls an diesem überreich gedeckten Tisch, genauso wie die Fischotter, die an der Küste leben. Anders als Heringe und Makrelen, die nur saisonale Gastspiele geben, sind »Torske« (Kabeljau) während des ganzen Jahres im Ofotfjord und bilden die Nahrungsgrundlage für Mensch und Tier, die immer verfügbar ist.

Vom Fischer zum Hafenarbeiter

Die Fischerei spielte auch für die wenigen hier lebenden Menschen eine wichtige Rolle. Bis in die Gegenwart war die Kombination von Landwirtschaft und Fischfang der Haupterwerb der Bevölkerung. Aber die landwirtschaftlich nutzbaren Flächen waren klein und die Erträge gering, sie dienten daher in erster Linie für den Eigenbedarf, während die Fische verkauft wurden, um Dinge zu erwerben, die man nicht selbst herstellen konnte. Die Menschen waren arm und mussten häufig auch hungern. Die Situation besserte sich erst, als 1903 die Lapplandbahn von Kiruna in Schweden bis nach Narvik, dem Hauptport im Ofotfjord, fertiggestellt wurde. Auf dieser Strecke wurde und wird das in Kiruna geförderte Eisenerz transportiert und von Narvik verschifft. Dort, wo bisher nur einige Bauernhöfe standen, wurde der Hafen mit riesigen Erzverladeeinrichtungen gebaut. Binnen kurzer Zeit wurde Narvik zum zweitgrößten Hafen Norwegens. Der Hafen ist aufgrund des Golfstroms ganzjährig eisfrei. Heute hat Narvik gut 21 000 Einwohner und eine für diese Region gigantische Bevölkerungsdichte von sechs Menschen pro Quadratkilometer.

TOP ★ ERLEBNISSE

★ VON DER STEINZEIT IN DIE GEGENWART

Obwohl Narvik eine relativ junge Stadt ist, besitzt sie doch einige bemerkenswerte historische Zeugnisse. Narvik kann als einzige Stadt in Norwegen mit Felszeichnungen aus der Steinzeit aufwarten. Nur 700 Meter vom Zentrum entfernt ist im heutigen Park Brennholtet vor 5000 Jahren ein Elch in den Felsen geritzt worden. Die neuere Geschichte wird im Museum Nord dargestellt. In dem 1902 errichteten Museumsgebäude hatte früher die Regionalverwaltung der Norwegischen Staatsbahnen (NSB) ihren Sitz. Das übergreifende Thema der Ausstellungen ist die lokale Kulturgeschichte. Mit Ausstellungen und Multivisionspräsentationen wird das Leben der Bevölkerung im Wandel der Zeiten dargestellt. Ein Museumsladen und ein Café bereichern das Angebot.
www.museumnord.no

★ FAHRT MIT DER ERZBAHN

Ein tolles Erlebnis ist die Fahrt mit der Erzbahn von Narvik nach Kiruna in Schweden. Nachdem der Zug sich in den Fjell hinaufgeschraubt hat, passiert man kleine Orte wie Riksgränsen, Björkliden sowie Abisko, die im Winter bekannte Skigebiete sind. Hier am Rande berühmter Nationalparks bestehen im Sommer überall beste Wandermöglichkeiten. Über viele Kilometer in Richtung Kiruna ist der bis zu 168 Meter tiefe Torneträsk der Begleiter. Der See ist meist bis in den Juni hinein zugefroren.
kirunalapland.se

Nur noch selten sind die Sami mit Rentierschlitten unterwegs (oben). Das samische Parlamentsgebäude ist in Form eines Zeltes errichtet worden, um an die nomadisierenden Rentierzüchter zu erinnern (rechte Seite).

55 TRADITIONEN JENSEITS DER NOMADENROMANTIK

Bei den Sami in der Finnmark

Etwa 70 000 Sami leben heute verteilt über Norwegen, Schweden, Finnland und Russland, davon 40 000 in Norwegen. Die Finnmark, die nördlichste und größte Provinz Norwegens, hat mit 50 Prozent den größten Anteil samischer Bevölkerung. Hier gibt es sie noch, die sagenumwobenen Rentierjäger und -züchter, von denen bis heute nicht genau bekannt ist, wo ihre Ursprünge liegen. Seit Jahrtausenden leben sie mit und von der Natur, doch sie sind längst in der Neuzeit angekommen.

Die Suche nach Samen, die in Zelten lebend den langen Wanderungen halbwilder Rentiere folgen, ist zum Scheitern verurteilt. Die Samen leben längst in festen Häusern mit Zentralheizung, fließendem Wasser, Fernsehen und Internet. Ihre Arbeitskleidung ist funktionell aus modernen Fasern hergestellt, und die bunten Trachten werden nur noch zu besonderen Anlässen getragen. Allenfalls ein offener Kamin erinnert an die Zeltromantik vergangener Jahrhunderte, die gar nicht so romantisch war. Mit den Rentieren zu ziehen, bedeutet, bittere Kälte ebenso zu ertragen wie Hitze und Myriaden von Mücken. Überhaupt werden den Samen viele Klischees angehängt, denen sie auch vor Jahrhunderten nicht entsprochen haben. Sie waren keineswegs eine homogene Gesellschaft, sondern zeigten und zeigen eine ganze Reihe kultureller und sprachlicher Differenzierungen.

Von den Ursprüngen bis heute

Erste Spuren menschlicher Besiedlung in der Finnmark stammen aus der Steinzeit und sind etwa 10 000 Jahre alt. Sie werden der Komsa-Kultur zugerechnet, denen auch die berühmten Felszeichnungen bei Alta zugeschrieben werden (s. Kapitel 57). Ob die Sami aus den Angehörigen dieser Kultur hervorgingen, die einer fast rund um die Arktis verbreiteten Ethniengruppe entstam-

In Karasjok, nahe der Grenze zu Finnland und ebenfalls ein Zentrum der norwegischen Samen, befindet sich die älteste Holzkirche der Finnmark, die 1807 erbaut wurde (unten). Die Wanderungen der Rentiere werden auf Geländefahrzeugen begleitet, und feste Hütten haben die meisten Zelte abgelöst (rechte Seite oben). Um das Osterfestival in Kautokeino zu erleben, kann man sich eine der im Sami-Stil eingerichteten Hütten buchen (rechte Seite unten).

men, oder aus dem Süden einwanderten, ist bis heute nicht geklärt. Genetische Untersuchungen haben jedoch ergeben, dass die Sami seit vielen Jahrtausenden von allen anderen europäischen Völkern genetisch isoliert sind, die Zuwanderungstheorie also auf schwachen Füßen steht. Sichere Nachweise samischer Besiedlung stammen aus der Zeit um 1500 v. Chr., einige Hundert Jahre nach dem Beginn der Nordischen Bronzezeit. In der Folge breiteten sie sich über große Bereiche Skandinaviens aus. Mit dem Auftauchen der Wikinger begann ein Unterdrückungs- und Verdrängungsprozess, der sich über viele Jahrhunderte fortsetzte und erst vor kurzer Zeit beendet wurde. 1673 begann die offizielle Kolonisation des bis dahin von den Sami beanspruchten Gebiets. Schon vor diesem Zeitpunkt presste man die Urbevölkerung zur Zwangsarbeit in Bergwerke. Die Siedler nahmen den Sami nicht nur die Weidegründe für ihre Rene, sondern brachten viele einheimische Tiere, die bis dahin einen großen Teil der Handelswaren geliefert hatten, durch Jagd an den Rand der Ausrottung. Die ökonomische Grundlage der samischen Jagdkultur war damit vernichtet.

Die Christianisierung wurde gegen den Willen der Sami vorangetrieben. Die alte Religion wurde verboten, die rituellen Stätten zerstört, und sogar Hexenverbrennungen fanden statt. Im 18. Jahrhundert begann die systematische Umsiedlung in »Lappenreservate«. Wer blieb, wurde gezwungen, sesshaft zu werden und Landwirtschaft zu betreiben. Noch 1913 verabschiedete das norwegische Parlament ein Gesetz, das die ertragreichsten Böden den nichtsamischen Siedlern zusprach. Gleichzeitig wurde in den Schulen die samische Sprache verboten, eine Anordnung, die bis 1970 galt. Erst seit den 1950er-Jahren erhielten die Samen als Minderheit langsam wieder Rechte. 1956 wurde der länderübergreifende »Samische Rat« gegründet, der sich als Interessenvertretung der Samen in Norwegen, Finnland und Schweden sieht. Seit 1989 existiert in Norwegen ein samisches Parlament, der »Samething«, der den Sami die Selbstverwaltungsrechte sichert. 1997 entschuldigte sich der norwegische König Harald V. offiziell bei den Sami für die jahrhundertelange Missachtung ihrer Rechte.

Gleiche Herkunft, unterschiedliche Lebensweise

Keineswegs alle Sami waren Rentierzüchter. Vielmehr gab es sehr differenzierte Lebensweisen. An und in der Nähe der Küste lebende Sami waren traditionell Fischer und Jäger, während »Berg-Sami« traditionell Ren-

tiere züchteten. Nur dort, wo die Vegetation dicht genug und auch im Winter erreichbar war, konnten sie davon leben. Aber auch hier mussten sie den jahreszeitlichen Wanderungen der halbwilden Herden folgen. Weiter im Süden, wo die Böden für landwirtschaftliche Nutzung geeignet waren, lebten die »Bauern-Sami« oder »Wald-Sami«. Die Übergänge zu den »Küsten-Sami« waren jedoch fließend. Die Rene bildeten die Lebensgrundlage der Berg-Sami schlechthin. Sie wurden als Reit- und Lasttiere, Milchlieferanten und natürlich auch als Schlachtvieh und Handelsobjekt genutzt. Abfall gab es nicht. Alles, was essbar war, wurde gegessen, auch und gerade die Innereien, denn sie versorgten die Menschen mit den notwendigen Vitaminen. Die Häute wurden zu Zelten und Kleidung verarbeitet, die Sehnen boten Nähmaterial. Aus Knochen und Geweihen entstanden Werkzeuge und kunstvolle Schnitzereien.

Unabhängig von der Lebensweise werden ethnisch drei Gruppen von Sami unterschieden: die Ost-Sami, die vorwiegend auf der Kola-Halbinsel leben, die Süd-Sami in Mittelnorwegen und Mittelschweden und die Nord-Sami, die das klassische Lappland im Norden von Schweden und Norwegen bewohnen. Sie sind die größte Gruppe. Ihr kulturelles Zentrum ist Kautokeino. Alle drei Gruppen sprechen Samisch, doch die Unterschiede sind größer als zwischen den skandinavischen Sprachen Norwegisch, Schwedisch und Dänisch, sodass sie tatsächlich als verschiedene Sprachen angesehen werden müssen.

Modern und doch der Tradition verhaftet

Die noch von der Rentierzucht lebenden Sami haben sich der heutigen Zeit angepasst. Die Hirten gehen nicht mehr zu Fuß oder reiten auf Rentieren, sondern fahren in Geländewagen oder mit Geländemotorrädern, um die Herden zusammenzuhalten. Wenn der große Herdenabtrieb zu den Rentierscheidungen erfolgt, wo die Tiere sortiert werden, sind auch schon einmal Hubschrauber im Einsatz. Erst wenn diese Arbeit erledigt ist, werden die alten Traditionen gepflegt. Dann kommen die alten Trachten wieder zu Ehren, die regional sehr unterschiedlich sind und den Träger als Angehörigen einer bestimmten Gruppe identifizieren. Bei den Festen wird der traditionelle samische Gesang, der »Joijk«, angestimmt. Ohne Instrumentalbegleitung besingt der Sänger oder die Sängerin die Natur oder auch nur die eigene Stimmung, wobei keine feste Form vorgegeben ist, sondern sehr viel improvisiert wird. Diese für mitteleuropäische Ohren ungewohnte Musik erfährt seit einigen Jahren eine Renaissance. Viele samische Musiker haben die traditionellen Gesänge aufgegriffen und begleiten sie mit modernen Instrumenten.

TOP ★ ERLEBNISSE

★ UND ES GIBT SIE DOCH, DIE SAMI DER LEGENDEN

Zumindest beim Påskefestivalen, dem Osterfestival in Kautokeino. Dann sieht man noch viele Menschen in ihren samischen Trachten, die hier nicht für die Touristen getragen werden, sondern tatsächlich Ausdruck samischer Tradition sind. Hochzeiten werden gefeiert, Rentierschlitten-Meisterschaften ausgefahren, Theaterstücke vorgeführt und gesungen. Seit 1990 wird der »Sami Grand Prix« für traditionelle und moderne samische Musik, speziell den Joijk-Gesang, ausgetragen. Die Veranstaltungen ziehen sich vom Palmsonntag bis zum Ostermontag. Zu den Schauplätzen gehören neben der Kirche auch Juhls Silbergalerie, das Kulturhaus und die beiden Restaurants »Alfreds Kro« und »Nàsti pub og Restaurant«. www.kautokeino.kommune.no; www.samieasterfestival.com

★ SPEKTAKULÄRER CANYON

Der Alta-Canyon gehört zu den spektakulären Landschaftsformationen in der Finnmark. Er ist rund zehn Kilometer lang und bis zu 420 Meter tief und gehört damit zu den größten Schluchten Europas. Der Sautso-Canyon, wie er von den Sámi genannt wird, ist nur zu Fuß zu erreichen. Der Bau einer Staumauer in den 1980er-Jahren hatte vor allem bei den Sámi zu Protesten und einer der größten Polizeiaktionen in Norwegen geführt. www.bookfinnmark.com

56 ENTDECKUNG DES HOHEN NORDENS

Route von Tromsø nach Tromsø

Die Route von Tromsø nach Tromsø bietet alles, was der Norden Skandinaviens zu bieten hat: die Großstadt Tromsø, Petroglyphen in Alta, das Ende des Kontinents, den längsten Fjord des Nordens, das Zentrum der Samikultur, Erzbergbau mitten in der Wildnis und nicht zuletzt hautnahe Begegnungen mit Walen.

Wer Tromsø kennenlernen will, benötigt mindestens zwei Tage, um sich die Stadt anzuschauen, ein Konzert in Troldhaugen zu besuchen und ein Bier in der nördlichsten Brauerei der Welt zu trinken. Am dritten Tag verlassen wir die Stadt und machen uns auf den Weg nach Alta. Nur unterbrochen durch die Fähren über den Ullsfjord und den Lyngenfjord geht es auf gut ausgebauten Straßen nach Nordosten. Der größte Teil der Strecke führt an der Küste entlang. In Hjemmeluft, kurz vor Alta, wird das Alta-Museum mit seinen Petroglyphen erreicht. In Alta wird übernachtet.
Am nächsten Tag steht Hammerfest auf dem Programm. Zwar sind bis dorthin nur 140 Kilometer zurückzulegen, doch die Fahrt über die Porsanger-Halbinsel lädt wiederholte Male zu Fotostopps ein. Daher ist auch in Hammerfest eine Übernachtung zu empfehlen. Um an das Nordkap zu gelangen, fahren wir von Hammerfest quer über die Porsanger-Halbinsel. Bei Oldenfjord wird der Porsangerfjord, der längste Fjord Nordnorwegens, erreicht. An der Küste entlang führt der Weg auf die Insel Magerøy und zum Nordkap. Auf dem Rückweg empfiehlt sich eine Übernachtung in Honningsvåg. Wer zum echten nördlichsten Punkt Europas will, kann einen Abstecher zum Knivskjellodden unternehmen.
Nach Stabbursnes mit dem Naturhus og Museum gelangt man von Honningsvåg aus nach 175 Kilometern, immer an der Westküste des Porsangerfjordes nach Süden entlang. Von hier sind Exkursionen in den Stabbur-

Rote Holzhäuser an der Bucht von Alta

Die Nordlichtkathedrale in Alta wurde erst 2013 eingeweiht.

selva-Nationalpark möglich, mit Übernachtung im Stabbursdalen Resort. Wer nur das Museum besucht, kann weiter nach Lakselv fahren, dem Eldorado für Angler. Spätestens hier wird eine Übernachtung nötig.

Zum Herzen der Finnmark

70 Kilometer ins Landesinnere fahren wir von Lakselv streckenweise am Lakselva entlang nach Karasjok. Die Stadt ist Sitz des Sameting, des samischen Parlaments. Das im November 2000 eröffnete neue Parlamentsgebäude besticht durch seine Architektur, die an einen Sami-Koten erinnern soll. Zunächst folgen wir dem Lauf der Karasjohka nach Westen, später dem Fluss-System nach Südwesten bis Kautokeino. Der Ort steht als Synonym für traditionelle Sami-Kultur, die sich im Stadtbild allerdings kaum abbildet. Lediglich zur Zeit des Osterfestivals Påskefestivalen sind die traditionellen Trachten zu sehen. Kautokeino ist Ausgangspunkt für Wanderungen, Vogelbeobachtungen, Rentiersafaris, Kajaktouren und mehr. Eine Übernachtung wird empfohlen.
Das nächste Ziel ist auf kürzestem Weg 495 Kilometer entfernt, und dabei sind drei Grenzen zu überschreiten. Es bietet sich an, diese Strecke mit einem Stopp in Kiruna zu unterbrechen. Bei Kivilompolo, südlich von Kautokeino, ist die finnische Grenze erreicht. Nach weiteren 100 Kilometern sind wir in Schweden. Kiruna, das Zentrum der schwedischen Eisenerzindustrie, ist nach sechs Stunden erreicht.
Narvik am Ofotfjord steht auf dem Programm der nächsten Tage. Von hier aus starten Wanderungen, Husky-, Kanu- und Bootstouren. Ein zweitägiger Abstecher führt uns zum Tysfjord, um an Schwertwalexkursionen teilzunehmen. Die Jagd der Wale auf die Heringsschwärme ist ein unvergessliches Schauspiel. Von dort sind wir in sechs Stunden wieder in Tromsø, dem Ausgangspunkt der Route.

Traditionelles Schuhwerk der Sami

TOP ★ ERLEBNISSE

★ AURORA BOREALIS IN TROMSØ

Wer in der dunklen Jahreszeit in den Norden Norwegens fährt, hat gute Chancen Polarlichter, die berühmte Aurora borealis zu sehen. Im Sommer besteht jedoch keine Chance die Leuchterscheinungen zu beobachten. Zumindest nicht in der freien Natur. Tromsø bietet jedoch zu jeder Jahreszeit Polarlichter im Planetarium des Vitencenter auf dem Gelände der Universität. Jeden Tag um 15.15 Uhr wabern die bunten Vorhänge des Polarlichts durch die Kuppel des Planetariums. www.vitensenter.no

★ JEDER SEIN EIGENER MUSHER

Wenn im April die Tage schon wieder länger sind, startet das Schlittenabenteuer in Tromsø. Bei dieser Tour kann jeder sein eigener Musher mit einem eigenen Schlittenhundegespann sein. Vorkenntnisse sind nicht erforderlich, lediglich die Kondition sollte gut genug sein um 7 Tage lang mehrere Stunden auf dem Schlitten zu stehen und die Nächte im Zelt zu verbringen. www.arcticadventuretours.no

★ ZUM NÖRDLICHSTEN PUNKT EUROPAS

Die Landzunge Knivskjellodden ist der echte nördlichste Punkt Europas. Sie liegt auf 71° 11' 08" Nord und damit 1380 m weiter nördlich als das Nordkap. Die einfache Strecke dorthin ist 8,5 km lang und führt über einen Felspfad mittlerer Schwierigkeit. 304 Höhenmeter sind auf dem »nördlichsten Wanderweg der Welt« zu überwinden, bis der Knivskjellodden-Cairn erreicht ist. Am Ziel liegt in einem kleinen Schrank das Protokollbuch des Wandervereins, in das man sich einträgt. Beim Nordkapp-Camping in Honningsvåg kann eine Urkunde erworben werden, die den Besuch am Knivskjellodden dokumentiert.
www.nordkapp.no

Im Øksfjord und Langfjord haben die Angehörigen der Komsa-Kultur schon vor mehr als 6000 Jahren gelebt (oben). Das milde Klima im Øksfjord und im Langfjord war Voraussetzung für die Besiedlung des Gebietes (rechte Seite oben). Nicht weit entfernt fließt die Gletscherzunge des Øksfjordjøkulen zu Tal (rechte Seite unten).

57 ZEUGEN EINER 10 000-JÄHRIGEN GESCHICHTE

Die Felsritzungen von Alta

Nicht umsonst wurden die Felszeichnungen von Alta 1985 zum Weltkulturerbe erklärt. An fünf Orten in der Region sind die Felsen übersät mit Bildern von Tieren, Menschen und geometrischen Formen. Nirgendwo sonst in Nordeuropa gibt es so viele von steinzeitlichen Jägern und Sammlern angefertigte Zeichnungen. Mehr als 6000 Figuren sind im Laufe von etwa 4500 Jahren mit einfachen Werkzeugen in den Fels gemeißelt worden.

Alta, am Ende des Altafjordes an der Mündung des Flusses Altaelv gelegen, ist eine junge Stadt. Erst 1704 gründeten finnische Einwanderer den Ort. Wirtschaftlich lebt die Gemeinde von Fischfang und der fischverarbeitenden Industrie sowie vom Bergbau. Der Tourismus spielt aber eine immer stärkere Rolle. Die Region des klimatisch begünstigten Altafjords war schon vor mehr als 10 000 Jahren besiedelt, in einer Zeit, in der nach gängiger Lehrmeinung ganz Skandinavien noch unter einem mächtigen Eispanzer lag. Anscheinend war diese Region jedoch schon früher eisfrei geworden, denn die Funde von Speerspitzen und Siedlungsresten sprechen eine eindeutige Sprache. Hier haben seitdem Angehörige der sogenannten Komsa-Kultur gelebt, die vor etwa 6500 Jahren begonnen haben, Bilder mit Hammer und Meißel in die Felsen zu ritzen. Die Hämmer wurden aus Stein oder Rentiergeweih hergestellt, Meißel aus härterem Gestein als die Sandsteinfelsen, in welche die Bilder gemeißelt wurden. In Transfarelv, Amtsmannsnes, Storsteinen, Kåfjord und Hjemmeluft wurden Bilder gefunden, aber nur das Bilderfeld von Hjemmeluft ist für Besucher freigegeben worden.

Eine Zufallsentdeckung

Dass die Felszeichnungen heute zugänglich sind, ist dem Zufall zu verdanken. Isak Balandin, ein Einwohner von Alta, ging im Sommer 1973 mit seinem Sohn zum Angeln. Als er

In die vom Meer blank gescheuerten Felsen haben sie Elche, Rentiere, Menschen und rätselhafte Figuren gemeißelt. Einige sind rot eingefärbt worden, um sie besser sichtbar zu machen (unten). Bei diesem Sonnenuntergang hat die Natur tief in den Farbkasten gegriffen (rechte seite oben). Bei einem Besuch des preisgekrönten Alta Museums kann man Felszeichnungen bewundern und einiges über die Stadtgeschichte lernen (rechte Seite unten).

sich hinterher auf einen der Felsen setzte, um eine Pfeife zu rauchen, erkannte er in den Fels gehauene Rentierfiguren. Kurze Zeit später entdeckten zwei Jungen beim Spielen weitere Zeichnungen. Gezielte Nachforschungen durch Archäologen brachten dann die anderen Zeichnungen zum Vorschein. Sie zu finden, war nicht ganz leicht, denn viele Felsen waren im Laufe der Zeit von Gras überwuchert worden.

Felszeichnungen in fünf Etagen

Der Name Hjemmeluft leitete sich von dem samischen Wort »Jiepmaluokta«, »Robbenbucht« ab, ein Indiz dafür, dass die Siedler

Jäger und Fischer waren. Auf einer Fläche von 43 Hektar wurden in Hjemmeluft 68 Felder mit über 3500 Zeichnungen gefunden, die meisten von ihnen 20 bis 40 Zentimeter groß. Sie wurden unmittelbar am Ufer des Fjordes in die vom Wasser glatt geschliffenen Felsen geritzt, die bei Flut auch von den Wellen überspült wurden. Vermutlich ist dieser Ort gewählt worden, weil hier Himmel, Erde und Wasser zusammenkommen. Der Kosmos der steinzeitlichen Jäger unterschied zwischen dem Himmel als der Oberwelt, in der die Götter und Geister wohnten, der Erde als Mittelwelt mit den Menschen und Tieren und der Unterwelt, die durch das Meer repräsentiert wurde.

Heute befindet sich keine der Zeichnungen mehr auf Meeresniveau, sondern bis zu 32 Meter darüber, denn die skandinavische Landmasse hob sich nach dem Ende der letzten Eiszeit. Die gewaltige Last des Inlandeises war verschwunden, und Skandinavien wuchs aus dem Meer heraus, ein Prozess, der bis heute zu beobachten ist. Mit der Zeit gelangten daher die ursprünglich am Meeresufer gelegenen Zeichnungen nach oben. Neue glatt geschliffene Felsen tauchten aus dem Wasser auf und wurden für weitere Zeichnungen genutzt, bis auch sie nicht mehr am Schnittpunkt von Ober-, Mittel- und Unterwelt lagen. Die ältesten Zeichnungen sind daher am weitesten oben am Ufer zu finden. Die Archäologen haben fünf »Schaffensphasen« der Zeichnungen identifiziert, die nicht nur zeitlich voneinander getrennt sind, sondern auch klare Unterschiede in der Motivwahl und dem Stil zeigen. Die älteste Phase I wird Landphase genannt, da ein Großteil der Figuren Landtiere darstellt. Phase II wird die Wasserphase genannt, weil dort größeres Gewicht auf die Darstellung von Booten, der Fischerei und von Seevögeln gelegt wird.

In Hjemmeluft sind als einzigem Fundort im Altafjord alle fünf Phasen deutlich erkennbar, während an den anderen Fundorten einzelne Phasen fehlen.

Zeichnungen als Komposition

Die Felszeichnungen weisen einen enormen Motivreichtum auf. Sie zeigen Rentiere, Elche, Bären, Wölfe, Füchse, Hasen, Gänse, Schwäne, Kormorane, Heilbutte, Lachse und sogar Wale. Einige Figuren stellen Menschen dar, die mit Speeren oder Pfeil und Bogen auf der Jagd sind, die fischen, an Bord von Booten sitzen oder auf Skiern oder Schneeschuhen laufen. Prozessionen mit rituellen Gegenständen wie Stangen mit Tierköpfen gehören ebenfalls dazu. Einige Motive, vor allem die geometrischen Figuren, konnten bis heute nicht entschlüsselt werden.

Auf den ersten Blick erkennt der Betrachter auf den Zeichnungsfeldern nur eine Vielzahl von Einzelfiguren. Doch es scheint ein tieferer Sinn in der Anordnung der Figuren zu liegen. Es wird vermutet, dass die Felder nicht nur aus verstreuten, voneinander getrennten Figuren bestehen, sondern oftmals Kompositionen darstellen, in denen die Figuren, Spalten im Fels, schräge Flächen und Tümpel in der Felsoberfläche eine Gesamtheit bilden und die Auffassung der Menschen in prähistorischer Zeit vom Kosmos, unserer Erde und der Welt der Geister widerspiegeln. Und zu dieser Welt der Geister hatte nicht jeder unmittelbaren Zutritt. Daher durften nur mit besonderen Fähigkeiten ausgestattete Menschen den Kontakt suchen und Zeichnungen in den Fels ritzen. Das waren zu der Zeit die Schamanen, die als Priester, Zauberer und Heiler hohes Ansehen genossen.

Beobachtung aus der Vogelperspektive

Eine Voraussetzung für die Anerkennung als Weltkulturerbe ist die Zugänglichkeit zu den Welterbestätten für die Öffentlichkeit. Das ist in Hjemmeluft in nahezu vorbildlicher Weise gelungen. Ein auf Stelzen stehender Bohlensteg führt auf einem drei Kilometer langen Rundweg etwas erhöht an den Zeichnungen vorbei, die dabei quasi aus der Vogelperspektive angeschaut werden können. Einige der Zeichnungen sind rot eingefärbt, um sie besser kenntlich zu machen.

Das ist jedoch ein zweischneidiges Schwert, denn die Farbe kann den Sandstein verändern und die Zeichnung zerstören. Deshalb ist man auch sehr sparsam mit der Farbe umgegangen. Um die nicht gefärbten Zeichnungen besser sehen zu können, sollte man kommen, wenn die Sonne kurz über dem Horizont steht. Im Schein der Abendsonne treten die Zeichnungen dann plastisch hervor.

TOP ★ ERLEBNISSE

★ EIN PREISGEKRÖNTES MUSEUM

Nach einer langen Phase der Sichtung und Auswertung der Felszeichnungen wurde 1991 ein Teil für die Öffentlichkeit freigegeben. Ein Lehrpfad führt nun zu den Zeichnungen, an dessen Startpunkt ein Museum entstand. Im Museum erläutert eine umfangreiche Dokumentation die Felsbilder und die jüngere Geschichte von Alta. Zwei Jahre später wurde dem Museum der höchstdotierte europäische Museumspreis, der »European Museum of the Year Award« zugesprochen. Anfang 2007 zog das Museum in das neu errichtete Gebäude des Weltkulturerbezentrums für Felskunst um. Das Museum ist an 354 Tagen im Jahr geöffnet. Es liegt unmittelbar an der E 6, fünf Kilometer vom Stadtzentrum entfernt.
www.alta.museum.no

★ LUXURIÖSE ARKTIS

Nur 17 Kilometer südlich von Alta liegt die Sorrisniva Wilderness Lodge, die für sich in Anspruch nimmt, höchsten Komfort in arktischem Ambiente zu bieten. Am Ufer des Alta-Flusses gelegen bietet die Lodge nicht nur geführte Wanderungen, Nordlicht- und Schlittenhund-Exkursionen, sondern auch Besuche bei den Sami der Finnmark an. Stilgerecht mit Rentierschlitten. Helikopterflüge über das Finnmark-Plateau runden das Angebot ab. Erstklassige Küche in zwei Restaurants sind eine Selbstverständlichkeit. Übernachtet wird alternativ in festen Gebäuden oder einem Eishotel.
www.sorrisniva.no

Die Skulpturen im Eishotel Alta sind genauso vergänglich wie das Hotel selbst. Im Sommer schmelzen sie dahin.

58 ZU VERSTEINERTEN TROLLEN UND 500-JÄHRIGEN KIEFERN

Die Fjorde im Norden und ihr Hinterland

Nur wenige Besucher verirren sich in die Fjorde im hohen Norden Norwegens. Zu wenig attraktiv scheinen sie im Vergleich zu denen im Süden. Zudem locken andere Ziele wie Alta oder das Nordkap. Aber die nördlichen Fjorde müssen sich nicht verstecken. Ob Langfjord, Altafjord, Porsangerfjord, Laksefjord, Tanafjord oder ganz im Osten Varangerfjord, sie alle sind landschaftlich außerordentlich reizvoll.

Ob man von Süden aus Karasjok oder von Südwesten aus Alta kommt, die E 6 führt immer zum Porsangerfjord, der sich von Norden zwischen Magerøya und Porsangerhalvøya im Westen und der Nordkinnhalvøya im Osten 123 Kilometer weit in die Finnmark hineinzieht. Im Fjord liegt eine Reihe kleinerer und größerer Inseln, die geologisch und landschaftlich interessant sind. Trollholmsund auf dem Festland und die Inseln Trollholmen und Reinøya sind wegen ihrer Dolomitformationen bekannt. Die rein weißen über elfenbeinfarbenen bis grauen Felsen haben abenteuerliche Erosionsformen angenommen. Die Sage erzählt, dass die Steine von Trollholmsund versteinerte Trolle sind, die von Sonnenstrahlen getroffen wurden. Auf Reinøya wusch das Schmelzwasser des Inlandeises große Höhlen aus den Dolomitfelsen. Die Insel ist daher als Naturschutzgebiet ausgewiesen. Ebenfalls Naturschutzgebiet ist das Gebiet Roddenes auf der Ostseite des Porsangerfjordes. Hier ist an den in unterschiedlicher Höhe über dem Meer gelegenen ehemaligen Strandlinien abzulesen, wie sich das Gelände seit der letzten Eiszeit gehoben hat.

Kein Platz für Anglerlatein

Der Porsangerfjord ist fast auf ganzer Länge etwa 15 Kilometer breit, erst zum Ende hin verjüngt er sich. Hier münden die Flüsse

Deutlich sind am Porsangerfjord die Strandlinien zu erkennen, die den ehemaligen Küstenverlauf markieren (unten). Der Regenbogen über dem Porsangerfjord ist der Bote für eine heranziehende Regenfront (rechte Seite oben). Der Besuch der Kirche in Alta ist ein Muss für jeden Kunst- und Architekturliebhaber (rechte Seite unten).

Stabburselva und Lakselva in den Fjord. Der Lakselva heißt nicht umsonst Lachsfluss, denn er ist einer der ertragreichsten Lachsflüsse Norwegens. Lachse mit mehr als 18 Kilogramm Gewicht zu angeln, ist keine Seltenheit, das Durchschnittsgewicht aller geangelten Lachse liegt bei 5,5 Kilogramm, die als »groß« eingestuften Lachse mit mehr als 7 Kilogramm brachten im Schnitt 10,5 Kilo auf die Waage. Kein Angler muss hier bei seinen Erzählungen übertreiben, solche Fische beeindrucken auch ohne Anglerlatein. Einen solchen Brocken aus dem Wasser zu holen, erfordert allerdings Können und starke Arme.

Im nördlichsten Kiefernwald der Welt

Auch der Stabburselva, der im gleichnamigen Nationalpark entspringt, ist ein guter Lachsfluss, er ist aber mehr durch seine formende Kraft bekannt. Er hat sich durch mächtige Kiesablagerungen der Schmelzwasserflüsse gefressen und beeindruckende Kiesterrassen geformt. Im Stabbursdalen gibt es viele der für die Finnmark typischen Landschaftsformen: karge Hochgebirge und offene Hochebenen, schmale Flusstäler, Birken- und Kiefernwälder. Durch diese Landschaften fließt der Stabburselva. Stromschnellen wechseln mit Wasserfällen und tiefen Kolken. Dort, wo das Gefälle gering ist, weitet sich der Fluss seenartig aus oder mäandriert durch Sumpfgebiete. Der 98 Quadratkilometer große Nationalpark wurde 1970 eingerichtet, um den letzten verbliebenen Kiefernurwald in Nordeuropa zu schützen. Einzelne Bäume sind 500 und mehr Jahre alt, die höchsten unter ihnen erreichen eine Höhe von 15 Metern, die meisten allerdings sind sehr viel kleiner und wegen starker Winde und großer Schneelasten im Winter oft abenteuerlich verwachsen. Dieser Wald, immerhin noch etwa 10 Quadratkilometer groß und im Herzen des Nationalparks gelegen, hat allen Witterungsunbilden zum Trotz bis heute überdauert.

Begonnen hatte alles in der Warmzeit vor mehr als 5000 Jahren. Damals war die gesamte Finnmark von geschlossenen Kiefernwäldern bedeckt, die sich entlang der Täler und Fjorde bis zur Küste erstreckten. Als das Klima kälter wurde, zog sich der Wald zurück, konnte sich jedoch an wenigen klimatisch begünstigten Stellen wie im Stabbursdalen behaupten. Unter dem lichten Kiefernwald mit niedrigen, buschigen Bäumen gedeihen auf dem trockenen und kargen Boden vorrangig Flechten und Heidekrautgewächse. Aber nicht nur für die Kiefern ist das Stabbursdalen ein Refugium. Auch mehrere Vogelarten, darunter Fischadler und Auerhahn, haben hier ihre nördlichsten Vorkommen.

TOP ★ ERLEBNISSE

★ IM NÖRDLICHSTEN WEINGUT DER WELT

Gäbe es in Lakselv eine Bierbrauerei oder eine Schnapsbrennerei, niemand würde ein Wort darüber verlieren. Die Stadt wirbt aber damit, das nördlichste Weingut der Welt zu beherbergen. Nordkap-Wein wird der Gaumengenuss genannt. Des Rätsels Lösung lautet: Nicht Weintrauben sind die Früchte, aus denen der Wein gewonnen wird, sondern Krähenbeeren. Dieses Heidekrautgewächs überzieht in dichten Teppichen die Tundra, die Früchte enthalten sehr viel Vitamin C. Bereits seit dem Mittelalter wird in Norwegen daraus Wein vergoren. Führungen durch das Weingut einschließlich Verkostung werden in Lakslev für 140 Kronen angeboten.
Arntzen Win & Cigar: Meierivikken 11, Tel.: +47/78 46 23 73

★ GÖTTLICHES GOTTESHAUS

So etwas wie die Kirche von Alta würde man so weit oben im Norden nicht erwarten. Das 2013 eingeweihte Gotteshaus besteht aus Beton, die Fassade wurde mit Titanplatten verkleidet. Die Altarwand wurde mit einer blauen Lasur behandelt, um die davorstehende Christusfigur besser zur Geltung zu bringen. Die Innenwände sind mit beleuchteten Leisten bedeckt, wodurch eine ganz eigene Lichtstimmung entsteht.

WEITERE INFORMATIONEN
nordnorge.com

Ein grüner Lichtvorhang lässt auf den Lofoten die Polarnacht fast wieder zum Tag werden (oben). An den schmalen Küstenstreifen bleibt nur wenig Platz für Häuser. Sie werden daher oft auf Stelzen ins Wasser gebaut (rechte Seite unten). An manchen Tagen wird das Polarlicht so hell, dass es selbst bei starkem Nebenlicht sichtbar bleibt (rechte Seite oben).

59 WO ELFEN TANZEN UND WALKÜREN REITEN

Im Land der Mitternachtssonne und des Polarlichts

Naturwissenschaftlich gesehen sind die Phänomene Mitternachtssonne und Polarlicht mittlerweile eindeutig erklärbar, trotzdem haftet ihnen immer noch viel Mystisches an. Mit dem Schritt über den Polarkreis wird nach wie vor die Grenze in eine andere Welt überwunden. Eine Welt voller Geheimnisse, in der Trolle und Elfen im Schein der Mitternachtssonne tanzen und Walküren auf dem Weg zu Odins Festtafel die Polarnacht erhellen.

Auf 66° 33' 39'' Nord liegt die magische Linie, ab der im Sommer die Mitternachtssonne scheint. Direkt auf dem Polarkreis geschieht das nur in einer Nacht, nämlich zur Sommersonnenwende am 21. oder 22. Juni. Das ist zum Beispiel am Svartisen-Gletscher der Fall, der genau auf dem Polarkreis liegt. Doch je weiter man nach Norden kommt, umso mehr Nächte kann man erleben, in denen die Sonne nicht unter dem Horizont versinkt, sondern einen Kreisbogen am Himmel beschreibt. Am Nordkap kann das Schauspiel vom 11. Mai bis zum 31. Juli beobachtet werden, immer vorausgesetzt, dass keine dichten Wolken den Blick auf die Sonne verdecken. Unmittelbar am Nordpol geht die Sonne rechnerisch für ein halbes Jahr nicht unter, tatsächlich scheint der Polartag aber sogar einige Tage länger zu dauern, weil durch die Lichtbrechung in der Atmosphäre die Sonne immer noch sichtbar ist.

Rauschende Feste zur Sommersonnenwende

Die weißen Nächte, wie die Zeit der Mitternachtssonne auch genannt wird, haben von jeher die Fantasie der Menschen beflügelt. Die Sonne wurde als Lebensspender begrüßt und gefeiert. Ein besonderes Datum war dabei die Sommersonnenwende. In der norwegischen Saga wird erzählt, dass in dieser Nacht Elfen tanzen und Trolle ihr Unwesen treiben. Der Morgentau soll geheimnisvolle magische Kräfte besitzen. Er wurde gesammelt und als Heilmittel benutzt. Die Menschen feierten oft über mehrere Tage lang

dieses besondere Ereignis. Doch kein Genuss ohne Reue: Genauso wie die Sonne im Polarsommer nicht untergeht, genauso geht sie im Polarwinter nicht auf. Am Polarkreis ist das nur ein Tag, entweder der 21. oder 22. Dezember, am Nordkap dauert die Polarnacht schon länger, nämlich vom 22. November bis zum 21. Januar.

Sonnenwinde und Magnetfelder

Noch viel geheimnisvoller als die Mitternachtssonne sind die Polarlichter, auf der Nordhalbkugel auch »Aurora borealis« genannt, die als rote, grüne, blaue oder violette Bänder und Vorhänge über den Himmel wabern. Sie erhellen häufig die Polarnacht so sehr, dass man bei ihrem Licht die Zeitung lesen kann. Anders als die Mitternachtssonne können Polarlichter auch südlich des Polarkreises beobachtet werden, allerdings werden sie umso intensiver, je näher man sich an den Polen befindet. Polarlichter entstehen, wenn der sogenannte Sonnenwind, ein Strom geladener Teilchen, der von der Sonne kommt, auf die Erdatmosphäre trifft. Der Sonnenwind besteht hauptsächlich aus Protonen und Elektronen sowie aus Heliumkernen und wird bei gewaltigen Eruptionen auf der Sonne ins Weltall geschleudert. Vom Magnetfeld der Erde werden die Teilchen zu den magnetischen Polen abgelenkt. Dort verlaufen die Magnetfeldlinien sehr eng nebeneinander und senkrecht zur Erdoberfläche, sodass die Protonen und Elektronen tief in die Atmosphäre eindringen können. Sie erhöhen, stark vereinfacht ausgedrückt, den Energiegehalt der Luftmoleküle. Nach kurzer Zeit wird diese Energie wieder abgegeben, und dabei entstehen zuweilen bizarre Lichtformationen. Je nachdem, ob ein Sauerstoff- oder Stickstoffmolekül vom Sonnenwind angeregt wird, tauchen grüne und rote beziehungsweise blaue Lichter am Himmel auf.

Blutige Schlachten in schimmernden Rüstungen

Die Polarlichter sind schon in frühester Zeit als Botschaften der Götter oder als Zeichen für nahendes Unglück angesehen worden. Die Wikinger vermuteten in ihnen Hinweise, dass irgendwo auf der Welt eine große Schlacht geschlagen worden war. Nach ihrer Vorstellung ritten die Walküren nach jedem Gefecht über das Schlachtfeld und wählten die ehrenvoll gefallenen Helden aus, die in die Walhalla eingehen und an Odins Tafel speisen sollten. Dabei spiegelte sich das Licht des Mondes auf ihren schimmernden Rüstungen, wodurch das Nordlicht entstand.

TOP ★ ERLEBNISSE

★ TANZ UM DAS FEUER AM SANKT-HANS-ABEND

Es ist ganz gleichgültig, wo man sich in Norwegen befindet, am 23. Juni jeden Jahres wird überall gefeiert. Der 24. Juni ist der Geburtstag von Johannes dem Täufer. Dieses Datum wurde aus dem Lukasevangelium abgeleitet, wonach Johannes sechs Monate vor Jesus geboren wurde. Daher feiern die Norweger den Sankt-Hans-Abend als christliches Fest am Vorabend des Johannistages erst zwei Tage nach der Sonnenwende. Bis spät in die Nacht wird getanzt, gesungen, gegessen und natürlich getrunken. Das hat eine lange Tradition. Schon in vorchristlicher Zeit sollten bei den Sonnwendfeiern Dämonen und böse Geister mit Feuer abgewehrt werden. Ab dem 12. Jahrhundert sind die christlich geprägten Johannisfeuer belegt. Für alle, die sich am 23. Juni in Norwegen aufhalten, ist die Teilnahme an den Festen Pflicht.

★ NORDLICHT-SAFARIS

Das Polarlicht ist einer der Gründe, um im Winter nach Nordskandinavien zu reisen. Natürlich braucht man nicht zwingend einen Guide, um das Himmelsphänomen zu erleben. Allerdings haben die Profi-Beobachter einen großen Vorteil: Sie ahnen, wo sich aufgrund des oft wechselhaften Wetters Lücken in den Wolken auftun, und kennen die Punkte in der Landschaft, wo Streulicht am wenigsten stört. Wer also sichergehen will, schließt sich einer geführten Tour an.

WEITERE INFORMATIONEN
www.visitnorway.no

Typische Landschafts-
formation im Stabbursdalen-
Nationalpark

60 KLAPPERN GEHÖRT ZUM HANDWERK

Hammerfest – die nördlichste Stadt Europas?

Hammerfest hätte es verdient, die nördlichste Stadt der Welt zu sein, immerhin liegt sie auf 70° 39' 48'' Nord. Tatsächlich befindet sich die Stadt Barrow in Alaska noch um eine Kleinigkeit nördlicher, auf 71° 18' Nord. Damit nicht genug: Honningsvåg hat Hammerfest im eigenen Land den Rang abgelaufen, seit dieser Ort 1998 den Stadtstatus bekam. Aber auch wenn Honningsvåg nördlicher liegt, ein »gentlemen agreement« erlaubt es Hammerfest nach wie vor, sich »Nördlichste Stadt Europas« zu nennen.

Auch wenn Hammerfest nicht die nördlichste Stadt Europas ist, kann sie doch mit einigen Besonderheiten aufwarten. Seit 1789 hat sie die Stadtrechte und ist damit die älteste Stadt in Nordnorwegen. Sie war außerdem 1891 die erste Stadt in Europa, die mit elektrischem Licht ausgestattet wurde, ein Zugeständnis an die Tatsache, dass der Polarwinter hier vom 22. November bis zum 21. Januar dauert. Ihren Aufschwung verdankte sie dem geschützten und ganzjährig eisfreien Naturhafen auf der Westseite der Insel Kvaløy. Vor allem Robben- und Walfänger nutzten Hammerfest als Lösch- und Ladehafen. Auch heute noch sind Fischfang und Fischverarbeitung die Hauptwirtschaftsfaktoren, wenngleich der Tourismus ständig wachsende Bedeutung erlangt. Hammerfest ist Hurtigrutenhafen, und auch Kreuzfahrtschiffe legen regelmäßig hier an. Architektonisch bietet die Stadt wenig, denn am Ende des Zweiten Weltkrieges zerstörten die deutschen Besatzer große Teile von ihr. Bemerkenswert ist jedoch die Hammerfest-Kirke, eine 1961 eingeweihte Kirche mit einem wunderschönen, bunten Glasmosaik, die an die beeindruckende Eismeerkathedrale in Tromsø erinnert.

Vom Hausberg Salen bietet sich ein weiter Blick auf Hammerfest und das Meer (unten). Nahe bei Hammerfest liegt das idyllische Fischerdorf Rypefjord (rechte Seite oben). Ringelrobben lieben es, in der Sonne zu ruhen (rechte Seite unten).

Im Zickzack auf den Berg

Bereits seit 1891 führt der steile zikk-zakk veien (Zickzack-Weg) auf den immerhin 80 Meter hohen Salen, den Hausberg von Hammerfest. Von hier bietet sich ein weiter Blick über die Stadt, den Hafen und die umgebende Tundra-Landschaft. Bäume und Sträucher sucht man hier vergebens, aber Moose, Flechten, Krähenbeeren, Steinbrechgewächse und das Stengellose Leimkraut färben die Landschaft in grünen, grauen, roten und rosa Tönen. Nicht selten sieht man Trupps von Rentieren, die auf der Hochfläche die Flechten abweiden, aber gelegentlich mitten in die Stadt kommen, wo sie lächelnd geduldet werden. Kein Autofahrer käme auf die Idee, die Hupe zu betätigen. Vom Salen aus sieht man auch die Zeichen der neuen Zeit, die Hammerfest Wohlstand bringen sollen. Auf der nordwestlich vorgelagerten Insel Melkøya existiert seit 2008 die größte Erdgasverflüssigungsanlage Europas. Das Erdgas stammt aus dem Erdgasfeld Snøvit in der Barentssee.

Traditionspflege im Isbjørnklubben

Zurück in der Stadt lohnt sich ein Besuch im Isbjørnklubben, dem Eisbärenclub. Dort residiert die Royal and Ancient Polar Bear Society, die es sich zum Ziel gesetzt hat, die Jagd- und Fischereitraditionen in Hammerfest lebendig zu erhalten. Diesem Zweck dient ein kleines, aber sehenswertes Museum. Im Mai 2007 wurden neue Ausstellungsräume direkt im Hafen bezogen, dort wo die Hurtigrutenschiffe und Kreuzfahrtschiffe anlegen. Durch Zahlung eines einmaligen Beitrags von 23 Euro wird man lebenslang Mitglied im Eisbärenclub und hat freien Eintritt zum Museum. Der Club hat mittlerweile fast 250 000 Mitglieder, meist Touristen, aber auch etliche Prominente, darunter König Harald.

Nicht nur für Angler ein lohnendes Ziel

Von Hammerfest aus sind viele Exkursionen und Wanderungen in die nähere und weitere Umgebung möglich, der Besuch des Repparfjordes sollte dabei nicht fehlen. Dazu muss man die Insel über die Kvalsund-Brücke verlassen und der Reichsstraße 94 folgen. In Kvalsund selbst ist eine mehrere Tausend Jahre alte Felszeichnung erhalten, welche die Jagd auf ein schwimmendes Rentier darstellt. Bei Oldernes mündet der Repparfjordelva in den Fjord, und dort beginnt das Paradies für Lachsangler. Ähnlich wie im Lakselva im Porsangerfjord werden auch hier regelmäßig kapitale Lachse von mehr als 10 Kilogramm aus dem Wasser gezogen. Wer nicht angeln will, kann auf Wanderungen die wunderschöne Natur genießen.

TOP ★ ERLEBNISSE

★ EIN DREIKLANG AUS NATUR, KULTUR UND GAUMENFREUDEN

Auf dem Hausberg der Stadt Hammerfest, dem Salen, hat man nicht nur einen wunderschönen Blick auf die Stadt und die Landschaft, sondern auch Gelegenheit, Einblick in die samische Kultur zu gewinnen. Die Rentiersamen Mikkel und Solveig aus Kautokeino sind dabei Garanten für ein unvergessliches Erlebnis. Während eines traditionellen samischen Essens erzählen sie Geschichten über das Leben der Samen mit ihren Rentieren. Nicht fehlen darf dabei natürlich auch nicht der Joik, jener für die Samen typische Gesang, mit dem Menschen, Tiere und die Natur besungen werden. Termine auf Anfrage.

★ EISBÄREN, ROBBEN UND ALTE DOKUMENTE

Im Stadtmuseum von Hammerfest bekommt man als Besucher ausgestopfte Tiere wie Eisbären, Robben, Luchse und Wölfe zu sehen, aber auch Jagd- und Reiseausrüstung aus der Frühgeschichte der Region sowie zahlreiche Fotografien, Gemälde und Schriftstücke aus der Stadtgeschichte. Mitglieder des Eisbärenklubs, dem man vor Ort beitreten kann, erhalten lebenslang freien Eintritt.

WEITERE INFORMATIONEN

www.hammerfest-turist.no, www.nordnorge.com

Der kleine Skipsfjord liegt im Osten der Insel Magerøy, weitab vom Trubel am Nordkap (oben). Hier am Nordkap ist der europäische Kontinent zu Ende (rechte Seite oben). Eisige Weiten bei magischer Lichtstimmung am Skipsfjord (rechte Seite unten).

61 MEHR ALS EIN FELSEN MIT DENKMAL UND SOUVENIRSHOP

Nordkap – das Ende des Kontinents

Niemand kann sich der Faszination diese Ortes entziehen. Das ist er also, der nördlichste Punkt des Kontinents: am besten im Schein der Mitternachtssonne, die bezeichnenderweise im Norden steht. 2100 Kilometer sind es von hier bis zum Nordpol, dazwischen nur das Meer, die Inseln von Spitzbergen und das Polareis. Ein Gefühl unendlicher Weite überkommt den Besucher. Da stört es nicht, dass die benachbarte Landzunge Knivskjellodden exakt 1380 Meter weiter nördlich liegt.

Genau wie das Kap Hoorn in Chile nicht auf dem Festland liegt, sondern auf der Insel Isla Hornos, liegt das Nordkap auf einer vorgelagerten Insel, Magerøya, durch den an der schmalsten Stelle nur 1,2 Kilometer breiten Magerøysundet vom Festland getrennt. 71° 10′ 21″ Nord heißt die magische Koordinate des zweitnördlichsten Punktes Europas, der sich aber als der nördlichste ausgibt. Das sich gut 300 Meter über dem Meer erhebende Schieferplateau lässt sich als Touristenattraktion einfach besser vermarkten als der Knivskjellodden, der zwar auf 71° 11′ 08″ Nord liegt, aber nur flach in das Meer hineinragt, oder der tatsächlich nördlichste Punkt des Festlandes, der Kinnarodden auf der Halbinsel Nordkyn. Wenn nicht der nördlichste Punkt, so ist das Nordkap doch zweifelsfrei der nördlichste Außenposten der Zivilisation auf dem Kontinent.

Folgen eines Irrtums

Die Bezeichnung Nordkap stammt von dem englischen Seefahrer Richard Chancellor – und sie beruht auf einem Irrtum. Er versuchte 1553 von England aus, die Nordostpassage nach China zu finden. Auf dem Weg nach Osten passierte er den Felsen, der bei den Einheimischen Knyskanes, steile Klippe, hieß, und gab ihm den Namen Nordkap in der

Mehr als 200 000 Besucher kommen jedes Jahr in die Nordkapphalle (oben). Sieben Kinder aus sieben Ländern haben 1988 in sieben Tagen diese Kunstwerke als Sinnbilder für Freude, Freundschaft und Zusammenarbeit geschaffen (unten). Die Insel Magerøya trägt ihren Namen »Karge Insel« zu Recht, insbesondere im Winter (rechte Seite oben). Ein einsamer Pilz am Kinnarodden, dem nördlichsten Punkt des Kontinents (rechte Seite unten).

fälschlichen Annahme, es handele sich um Festland. Dabei ist es dann geblieben, und der Erfolg gibt Chancellor im Nachhinein Recht. Jedes Jahr zieht es bis zu 265 000 Touristen zu diesem faszinierenden Punkt. Von Beginn an zur Legende erhoben, zog das Nordkap schon früh die ersten Reisenden an. Immer wieder gern erzählt wird die Geschichte des italienischen Priesters Francesco Negri, der bereits 1664 das Nordkap besuchte. Er gilt als erster Tourist und soll gesagt haben: »Hier stehe ich nun am Nordkap – am letzten Außenposten der Zivilisation – und kann sagen, dass meine Wissbegier nun befriedigt ist. Ich reise nun zufrieden heim – so Gott will.« So ganz zufrieden war er aber wohl doch nicht, denn einige Jahre später zog es ihn noch einmal zum Nordkap, er fand jedoch keinen Gönner, der die Fahrt bezahlt hätte. Zu der Zeit war es eine beschwerliche Reise zu Pferde, mit Skiern und auf Fischerbooten. 181 Jahre später war es der Norweger Baltazar Keilhau, der von der Seeseite aus den Felsen erkletterte. Das war aber nur der letzte Teil eines mühseligen Trips, der auf das Kap führte. Um in die östlich des Kaps gelegene Bucht von Hornvika zu kommen, wo der Aufstieg begann, musste er von Gjesvær etwa 24 Kilometer rudern. Andere taten es ihm nach, viele brachen aber den Aufstieg vorzeitig ab – wegen plötzlich einsetzenden schlechten Wetters oder einfach nur mangels Kondition.

Faszination des Nordens

Trotz aller Widrigkeiten entwickelte sich das Nordkap zu einem der bevorzugten Ziele von Nordlandreisenden. 1875 organisierte die Reiseagentur Cook in London die erste Gruppenreise für 24 Teilnehmer, größere Besucherzahlen wurden erst 1893 nach dem Beginn des regelmäßigen Verkehrs auf der Hurtigrutenlinie gezählt. Honningsvåg, ein kleiner Ort im Südosten der Insel Magerøy, wurde Haltepunkt der Schiffe und damit Basis für Wanderungen zum nördlichsten Punkt. Es dauerte dann noch fünf Jahre, bis 1898 das erste Gebäude errichtet wurde. Dort wurde Champagner ausgeschenkt, eine Tradition, die dem Deutschen Karl Vogt zugeschrieben wird, der angeblich bereits 1861 beschlossen hatte, die Ankunft am Nordkap ordentlich zu begießen. Der Touristenstrom nahm im Laufe der Zeit immer mehr zu. 1927 wurde die Nordkapps Vel AS, die Gesellschaft zum Wohl des Nordkaps, mit dem Ziel gegründet, den Fremdenverkehr in geregelten Bahnen zu halten und die Umwelt der Insel zu schützen. Nachdem 1956 die neue Straße von Honningsvåg zum Nordkap-Plateau eröffnet wurde, steigerte sich der Fremdenverkehr noch einmal, konnte man

doch jetzt Wanderschuhe und Rucksack durch Busse und Pkw ersetzen. Die Besucherzahlen stiegen von 7000 im Jahr 1956 auf 265 000 im Rekordjahr 1994. Als Reaktion wurde die erste Nordkaphalle errichtet, die inzwischen mehrfach aus- und umgebaut wurde. Heute ist sie ein modernes Informationszentrum mit Ausstellungen, Kino, Postamt, Souvenirshop und einem Restaurant. Durch einen unterirdischen Tunnel gelangt man in die Aussichtshalle, eine in den Felsen gesprengte verglaste Aussichtsplattform, von der aus man einen fantastischen Blick auf die tief unten liegenden Klippen und das Meer hat. Die letzten Dämme gegen den ausufernden Tourismus brachen, als König Harald 1999 den Nordkaptunnel eröffnete. Die fast 7 Kilometer lange Unterquerung des Magerøysundes verbindet die Insel mit dem Festland. An seiner tiefsten Stelle liegt der Tunnel 212 Meter unter der Oberfläche. Seitdem sind die Fähren überflüssig geworden. Doch auch auf den neuen Besucheransturm war die Nordkapps Vel AS vorbereitet. Ausreichend Park- und Campingplätze stehen in unmittelbarer Nähe der Nordkaphalle zur Verfügung.

Magerøya – vielfältiges Leben trotz karger Landschaft

Wer das Nordkap besucht, sollte nicht nur den riesigen Globus, das Wahrzeichen des Kaps, und die Nordkaphalle besuchen, sondern sich auch einmal auf der Insel umsehen. Die Insel heißt zwar Magerøya, kahle Insel, und macht ihrem Namen auch alle Ehre, doch bei genauerem Hinsehen wird eine erstaunliche Vielfalt sichtbar. Mehr als 200 verschiedene Pflanzenarten, darunter einige hochalpine Arten, sind hier zu finden. Die Zwergstendel, eine kleine Orchidee, gehört ebenso dazu wie das Niederliegende Sandkraut. Dichte Matten aus niedrigen Preiselbeer-, Krähenbeer- und Blaubeersträuchern überziehen die Felsen. Selbst die in Norwegen ebenso seltenen wie begehrten Moltebeeren wachsen hier noch in großer Zahl. Sie waren schon vor 10 000 Jahren wichtige Vitaminspender für die ersten Jäger und Fischer der Komsa-Kultur, die sich nach dem Ende der Eiszeit hier angesiedelt haben. Die Jäger kamen in erster Linie wegen der Seevögel, die an den steilen Felsen brüteten oder im Meer Nahrung suchten. Heute sind Hobby-Ornithologen auf der optischen Jagd nach Dreizehenmöwen, Papageitauchern, Kormoranen, Basstölpeln, Tordalken und Gryllteisten. Der Vogelreichtum kommt nicht von ungefähr. Die Gewässer um das Nordkap sind überaus fischreich und bieten nicht nur vielen Vogelarten, sondern auch Schwertwalen, Kegelrobben und Fischottern Nahrung, die man mit ein wenig Glück auch beobachten kann. Alles in allem: Das Nordkap ist wohl eine Reise wert.

TOP ★ ERLEBNISSE

★ BLICK HINTER DIE KULISSEN

Im Zentrum von Honningsvåg, nur wenige Minuten zu Fuß vom Hurtigruten- und Kreuzschiffahrtskai, liegt das Nordkap-Museum. Es dokumentiert seit 1982 die ältere und jüngere Geschichte der Küstenbewohner in der Finnmark. Mindestens fünf wechselnde Ausstellungen werden in jedem Jahr präsentiert. Der Eintrittspreis schließt eine Führung durch das Museum ein. Die Führungen werden nicht nur in Norwegisch und Englisch, sondern auch in Deutsch und Französisch durchgeführt. Wer sich allein im Museum bewegen will, ist dennoch nicht verloren. Alle Ausstellungstexte sind mehrsprachig.

★ FÜR ABENTEURER

Auch wenn das Nordkap als nördlichster Punkt Europas vermarktet wird, ist es das nicht. Allerdings ist Kinnarodden, dem dieser Titel eigentlich gebührt, nicht leicht zu erreichen. Denn dorthin muss man vom Flughafen Mehamn eine zweitägige Wanderung mit hin und zurück knapp 50 Kilometern über unwegsames Terrain unternehmen. Dafür ist man dort jedoch mit ziemlicher Sicherheit allein.

WEITERE INFORMATIONEN
www.nordkappmuseet.no, visitnordkapp.net

62 DIE ÖSTLICHSTE STADT NORWEGENS – VARDØ

Kleinstadt mit großer Geschichte

Hurtigruten- und Fischereihafen, Frühwarnstation während des Kalten Kriegs, Festungsstadt, Zentrum der Hexenverfolgung, Heimat steinzeitlicher Nomaden, östlichste Stadt Norwegens – vieles kennzeichnet diesen kleinen Ort. Gerade einmal 1864 Einwohner leben im 600 Quadratkilometer großen Gemeindegebiet, die meisten davon allerdings dicht gedrängt auf der Insel Vardøya.

Die Varanger-Halbinsel erstreckt sich 100 Kilometer weit in die Barentsee hinein. An ihrem östlichen Ende, schon nicht mehr auf dem Festland, sondern auf der vorgelagerten Insel Vardøya, liegt Vardø. Seit 1983 besitzt die Stadt mit dem 2895 Meter langen Vardøtunnelen unter dem Bussesund eine Straßenverbindung mit dem Festland. Das war der erste Unterwassertunnel Norwegens, der tiefste Punkt liegt 88 Meter unter dem Meeresspiegel. Über die Europastraßen 75 und 6 wird die Verbindung nach Westen und Süden hergestellt.

Wie abgelegen Vardø ist, wird durch die Entfernungen zu den nächstgrößeren Städten deutlich: Tromsø ist mehr als 800 Kilometer entfernt, und selbst bis Kirkenes sind noch 250 Kilometer zurückzulegen. Da trifft es sich gut, dass Vardø Hurtigruten-Hafen ist. Jeden Tag machen die Postschiffe um 04.15 Uhr auf der nordgehenden und um 16 Uhr auf der südgehenden Route im Hafen fest. Post und Ladung werden dann gelöscht, und die Passagiere – die meisten davon Touristen – haben nachts 15 und nachmittags 60 Minuten Zeit, den Ort zu erkunden. Besser ist es jedoch, man bleibt für mindestens einen Tag, um alle Sehenswürdigkeiten bestaunen zu können.

Zeugen der Geschichte

Bereits vor 9000 Jahren war die Region um Vardø von Jägern und Sammlern besiedelt, das Varanger-Museum zeigt viele Artefakte aus dieser Zeit. Vardø ist nicht nur die öst-

Trotz massiver Zerstörung während des zweiten Weltkrieges wurde die Vorkriegsbebauung in Vardø rekonstruiert (unten). Der »Drakker« ist ein Mischwesen aus Wikingerboot und Wal (rechte Seite oben). Papageitaucher auf Hornøya warten auf die Schneeschmelze, um ihre Brutröhren graben zu können (rechte Seite unten).

lichste Stadt Norwegens, sondern auch die älteste in der Finnmark. Sie wurde bereits 1306 als Bollwerk gegen die Nowgoroder Rus gegründet. Die erste feste Stellung, die Vardøhus festning, war mit ihrer 120 Quadratmeter großen, von einem zwei Meter hohen Wall umgebenen Fläche vergleichsweise bescheiden. Eine zweite Festung, Vardøhus slott, im Ostteil der Insel erlangte im 17. Jahrhundert traurige Berühmtheit: Sie diente nicht nur als Gefängnis, sondern auch als Folterwerkstatt für angebliche Hexen. Vardø war der Ort in Norwegen mit den im Vergleich zur Bevölkerungszahl meisten Hexenprozessen – 77 Frauen und 14 Männer wurden wegen Hexerei verurteilt und am Steilneset verbrannt.

Die nach dem letzten Umbau in den 1730er-Jahren bis heute weitgehend erhaltene dritte Festung verdient diesen Namen schon eher: Mehr als zehn Kanonen und etliche Mörser standen zur Verteidigung bereit, wurden aber nie im Kampf benutzt, denn die Kontrahenten verlegten sich nach einem Friedensvertrag auf den profitableren Handel miteinander. Erst im Zweiten Weltkrieg kamen die Geschütze im Widerstand gegen die deutsche Wehrmacht zum Einsatz. Heutzutage wird nur noch einmal im Jahr geschossen: Wenn die Sonne zum ersten Mal nach der Polarnacht in voller Größe über dem Horizont erscheint, wird sie von der in der Festung verbliebenen Salutbatterie mit zwei Schüssen begrüßt.

Kultur allerorten

Bei einem Stadtrundgang fallen sofort großformatige Wandmalereien an vielen Gebäuden auf – sie sind das Ergebnis eines Kunstprojekts, das 2012 initiiert wurde. Komafest wurde es genannt, weil damit versucht werden sollte, die dramatisch geschrumpfte Stadt aus dem Koma zu erwecken. Gleichzeitig startete die Initiative Vardø restored zur Restaurierung vieler noch aus der Zeit vor dem Zweiten Weltkrieg stammender Häuser. Heute ist Vardø die einzige Stadt in der Finnmark, in der die gesamte Vorkriegsbebauung in ihrer historischen Stadtstruktur erhalten ist. Die Geschichte der Stadt wird im Pomor-Museum nachgezeichnet, und ein Kulturpfad führt zur Steilneset mit dem 2011 errichteten Hexenmahnmal: Es besteht aus einer 220 Meter langen Gedenkhalle und einem quadratischen Pavillon, in dem ein stilisierter Scheiterhaufen brennt. »Drakker«, eine monumentale Skulptur auf dem Hügel Skagen im Norden der Insel, blickt auf den Bussesund – sie besteht aus dem Bug eines Wikingerboots, der in ein Drachenskelett mit Walfluke übergeht.

TOP ★ ERLEBNISSE

★ NORDPOL KRO

Nordpol Kro in der Kaigata 21 wurde 1886 von der Familie Brodtkorb als Hotel erbaut. Stolz verweisen die heutigen Besitzer darauf, dass Fridtjof Nansen sich hier 1889 zum letzten Mal mit fließendem Wasser waschen konnte, ehe er zu seiner zweiten Polarexpedition mit der »Fram« startete. Ununterbrochen in Betrieb, ist Norpol Kro die älteste Gaststätte Nordnorwegens. Das Hotel ist längst geschlossen, ein kleines Museum erinnert an seine Zeit. Der Pub ist Veranstaltungszentrum und Treffpunkt nicht nur für die Einwohner der Stadt: Jedes Jahr findet dort das Festival »Blues i Winterværket« (Blues in der Winterdunkelheit) statt; getrunken wird dabei ein eigenes Nordpol-Ale.

★ VOGELEXKURSION ZUR HORNØYA

Exkursionen zur Hornøya werden vom 1. April bis 31. September täglich vom Hafen in Vardø durchgeführt. Nur 10 Minuten dauert die Überfahrt. 23 Vogelarten brüten auf der Insel oder sind regelmäßig dort zu beobachten, darunter Seeadler, Gerfalken, Trottel- und Dickschnabellummen, Eiderenten, Silber-, Mantel-, Eis- und Dreizehenmöwen. Da schlagen die Herzen aller Hobby-Ornithologen höher!

WEITERE INFORMATIONEN
varangermuseum.no;
nordpolkro.no;
visitgreaterarctic.com/visit-vardo

DIE INSELN

Bollwerke gegen die Atlantikstürme

Die Lofoten im Schein des Polarlichts (links). Schafe finden auf Andøya genügend Nahrung (oben). Drachenschädel am Bug des «Drakker« (unten).

Der direkte Zugang zum Wasser ist im Vega-Archipel wichtiger als in dörflicher Gemeinschaft zu wohnen (oben). Führung durch das Eiderentenmuseum (rechte Seite unten). Eiderenten werden während der Brutzeit von Eiderentenwächtern geschützt (rechte Seite oben).

63 DER VEGA-ARCHIPEL

Symbiose von Menschen und Eiderenten

6000 Inseln, Inselchen und Schären, eine Besiedlungsgeschichte, die 9600 Jahre zurückreicht, und Inselbewohner, die im Gleichklang mit der Natur leben: All das hat die UNESCO dazu bewegt, den Vega-Archipel in die Welterbeliste aufzunehmen. Die wenigen Bewohner leben hier von Fischerei und Landwirtschaft, und Felsen, Wiesen und Moore prägen die Landschaft.

Die ersten Siedler kamen zu einer Zeit, als sich die Gletscher der letzten Eiszeit gerade zurückgezogen hatten. Unter der Last des Eises waren große Teile der Region bis zu 60 Meter unter die Meeresoberfläche gedrückt worden, und von den heute mehr als 6000 Inseln und Felsen ragten damals nur drei aus dem Wasser heraus und konnten besiedelt werden. Erst im Lauf der Zeit setzte ein Hebungsprozess ein, der – bis heute noch nicht abgeschlossen – nach und nach immer mehr Inseln über die Meeresoberfläche hob.

Mit dem Erscheinen der Inseln wurden diese auch besiedelt. Fischerei, Jagd und kleinbäuerliche Landwirtschaft, vorwiegend mit Viehhaltung, prägten das Leben. Der Fischfang war Männersache, während die Frauen sich um die bescheidene Landwirtschaft kümmerten. Da kam es ihnen zugute, dass jedes Jahr Tausende Eiderenten zum Brüten auf die Inseln zogen. Die Menschen gingen mit den Enten so etwas wie eine Symbiose ein: Bereits seit dem 9. Jahrhundert bereiteten die Inselbewohner für die Enten unter Steinen oder in kleinen Hütten Nistplätze vor und beschützten sie während der Brutzeit vor Nesträubern. Als Gegenleistung wurde aus den Nestern die Hälfte der Eier entnommen, und nach der Brut, wenn die jungen Enten das Nest verlassen hatten, wurden die feinen Daunen aus den Nestern eingesammelt, gewaschen und als Füllung für Bettdecken und warme Kleidung verkauft.

Kulturverlust durch Bürokratie

Um ein Haar wäre die in vielen Generationen entstandene Kulturlandschaft auf den Inseln wieder preisgegeben worden, denn in den 1960er- bis 1980er-Jahren wurden die kleinen Streusiedlungen und Einzelgehöfte auf Betreiben von Politikern und Verwaltung zugunsten größerer, zentraler Siedlungen aufgegeben. Nur noch vier Inseln sind heute dauerhaft bewohnt. In der Folge reduzierten sich die Bestände der Eiderenten rapide, denn nachdem sie nicht mehr vor Feinden wie Ratten, Füchsen und Mardern geschützt wurden, gingen viele Bruten verloren.
Die Anerkennung als UNESCO-Welterbe kam im Jahr 2004 gerade rechtzeitig, um die alten bäuerlichen Traditionen wieder zu beleben. Zur Begründung heißt es in der Anerkennungsurkunde des Welterbekomitees sinngemäß: »Die Menschen des Vega-Archipels haben als Fischer und Bauern seit 1500 Jahren über viele Generationen hinweg ihre nachhaltige Lebensweise in der ungastlichen Meereslandschaft am Polarkreis auf der Basis der Eiderdaunennutzung bewahrt.«

Rettung in letzter Minute

Die Stiftung Vegaøyan verdensarv wurde ins Leben gerufen, um die Landschaftspflege fachlich mit der Erstellung von Pflegeplänen zu unterstützen. Um die Bemühungen zur Erhaltung des Welterbes zu dokumentieren und Öffentlichkeitsarbeit zu betreiben, wurde in der Gemeinde Nes auf Vega das E-Huset-Museum eröffnet, ein sehr sehenswertes Eiderentenmuseum.
Und der Erfolg ließ nicht lange auf sich warten: Durch die Anerkennung wurden viele Bauernhöfe renoviert, die »Unterkünfte« für die Eiderenten instandgesetzt und die brach gefallenen Wiesen wieder extensiv beweidet. Bauern von Vega und den Nachbargemeinden bringen heute ihr Weidevieh auf die Inseln im Welterbe-Gebiet – inzwischen werden wieder ca. 60 Inseln von Rindern, Schafen und Ziegen beweidet, und zwar hauptsächlich die Inseln im Norden und Westen von Vega, dem Kerngebiet des Welterbe-Areals.
Auch die Daunen sind heute begehrt wie ehedem: 18 Eiderentenwächter schützen inzwischen wieder die Gelege. Dank dieses Schutzes haben die Bruten enorm zugenommen – allein in sieben der alten Dörfer wurden im Jahr 2009 wieder 1271 erfolgreiche Eiderentenbruten registriert, Tendenz steigend. Und inzwischen ist auch der Tourismus auf den Inseln angekommen: Wandern, Angeln, Bootstouren und ein Besuch der Eiderentendörfer gehören zu den angebotenen Freizeitaktivitäten.

TOP ★ ERLEBNISSE

★ VEGA WORLD HERITAGE CENTER

Wunderschön auf Gardsøy gelegen, dokumentiert das Welterbe-Zentrum die Geschichte und Kultur der Vega-Inselbewohner: Man erhält faszinierende Einblicke in das Leben der Fischer und Bauern und ihre jahrhundertealten lokalen Traditionen zum Schutz der hier nistenden Eiderenten. Das Zentrum bietet ein breites Spektrum an Aktivitäten, insbesondere für Kinder und Jugendliche. Hauptattraktion ist eine Unterwassersafari am »Schnorchelpfad« bei Eidemstranda.

★ AUSFLUG IN DIE STEINZEIT

Steinzeitliche Jäger und Fischer hinterließen auf Vega viele. Ein Lehrpfad führt zu den Resten ihrer Siedlungen in der Region Middagskarheia. Startpunkt ist in Åkvika; von dort führt der Weg Richtung Westen nach Hammaren zu den Resten eines 5500 Jahre alten Hauses. Auf dem Kamm des Gebirgszugs Middagskarheia können die Reste eines natürlichen Hafens bestaunt werden (zur Zeit der Besiedlung lag der Meeresspiegel mehr als 60 m höher), dann besichtigt man die Überreste der 9600 Jahre alten Fischersiedlung Middagskarheia 1 sowie der »nur« 8500 Jahre alten Siedlung Middagskarheia 2, eine leider geplünderte Grabanlage und einige 5500 Jahre alte Häuserruinen.

WEITERE INFORMATIONEN
visitvega.no

64 GEHEIMTIPP FÜR NATURLIEBHABER

Die Insel Senja – Berge, Wälder, Fjorde und Seen

Senja ist mit 1570 Quadratkilometern nach Hinnøya die zweitgrößte Insel Norwegens, aber kaum jemand kennt sie, selbst in Reiseführern wird sie kaum erwähnt. Dabei hat sie alles, was Norwegen aufzubieten hat. Im Osten finden sich mit den dichten Wäldern Anklänge an Südnorwegen, im Westen fühlt man sich an die Lofoten und die zerklüfteten Fjorde des Fjordlandes erinnert, und der Ånderdalen-Nationalpark im Südteil der Insel begeistert mit seinen Seen, Flüssen, Wäldern und Hochebenen.

Direkt am Meer, mit Blick auf bis zu 1000 Meter hohe Felswände, liegt der Rastplatz Tungeneset auf der Nordwestseite der Insel, an der Norwegischen Landschaftsroute Senja (unten). Anders als der Wolf konnte sich der Fuchs auf Senja behaupten (rechte Seite oben). Ein Badespaß für Mutige bei 12 °C Wassertemperatur (rechte Seite unten).

Vielleicht ist es ein Glück, dass die Insel Senja keinen eigenen Hafen für die Hurtigrutenschiffe hat. Zwar wird das auf dem Festland liegende Finnsnes angelaufen, und das ist nur durch den an dieser Stelle einen Kilometer breiten Gisund von der Insel getrennt, aber die Schiffe haben hier nur 30 Minuten Aufenthalt. Das ist gerade Zeit genug, um sich an Land die Füße zu vertreten, keinesfalls aber für die Erkundung von Senja.

Vielfalt auf kleinstem Raum

Wer aber den Weg über die 1250 Meter lange Gisund-Brücke, die übrigens eine der längsten Pfeilerbrücken Europas ist, genommen und die Ortschaft Silsand hinter sich gelassen hat, befindet sich in einem bis zu 10 Kilometer breiten Waldgürtel aus Birken und Kiefern, der sich am Gisund nach Norden entlangzieht. Wiesen und Weiden unterbrechen den Wald an manchen Stellen und lockern die Landschaft auf. Die Berge sind hier nur 300 bis 400 Meter hoch, eine liebliche Landschaft, die an den Süden Norwegens erinnert. Das ändert sich aber schnell, wenn man sich der Westküste nähert. Schroffe Berge ragen beidseits tiefer Fjorde bis fast 1000 Meter in die Höhe. Die

Menschen auf der Insel leben auch heute noch vorwiegend vom Fischfang. Der hier gefangene Heilbutt ist berühmt. Auf dem schmalen Küstenstreifen drängen sich in kleinen Fischerdörfern die Häuser dicht an dicht. Die Bewohner von Husøy sind noch enger zusammengezogen. Sie haben ihr Dorf auf einem winzigen Inselchen im Fjord gebaut. Höchstens fünf Minuten benötigen die 250 Einwohner, um von einem zum anderen Ende der Insel zu gelangen. Zum Schutz gegen die Stürme haben viele Bewohner ihre Häuser zusätzlich mit dicken, im Felsen verankerten Tauen gesichert.

Moore, Sümpfe und Seen im Ånderdalen-Nationalpark

Weiter nach Südosten werden die Berge wieder niedriger und sind bewaldet; sie sind hier nur noch gut 450 Meter hoch. Kiefern und Birken bestimmen zunächst das Landschaftsbild. Bald jedoch wird der Wald durch die Seen, Moore und Sümpfe des Ånderdalen-Nationalparks unterbrochen. Er wurde 1970 eingerichtet, um die typischen Wälder mit den eingestreuten Feuchtgebieten zu erhalten. Der zunächst nur 69 Quadratkilometer große Nationalpark wurde 2004 fast auf das doppelte Maß vergrößert. Etwa ein Viertel seiner Fläche nehmen Berge und Hochflächen ein. Große, abgerundete Granitblöcke sind Zeugen der verschiedenen Eiszeiten, während derer die Felsen glatt geschliffen wurden. Im Zentrum des Parks liegt der fischreiche See Åndervatn. Forellen und Saiblinge leben hier. Den Abfluss des Sees bildet der Ånderelva, der durch den Nationalpark nach Süden in den Tranøybotn fließt. Stromschnellen und Wasserfälle wechseln mit langsameren Passagen, wenn er durch kleine Seen fließt. Dort, wo der Fluss langsamer wird und sich das Wasser staut, bildeten sich ausgedehnte Sümpfe und Moore mit ihrer typischen Vegetation. Zwei seltene Orchideenarten haben hier ein Refugium gefunden. Der Weg des Flusses führt auch durch die Trollschlucht. An den steilen Hängen wachsen Birkenwälder, während im Tal selbst knorrige Kiefern vorherrschen, die bis zu 500 Jahre alt sind. In früheren Zeiten hat es auf der Insel auch Bären und Wölfe gegeben, doch die sind längst ausgerottet. Fischotter, Wiesel und Füchse sind jedoch nicht selten. Auch Elche bekommt man gelegentlich zu sehen. Häufig sind dagegen Hausrene, die hier auf die Sommerweide geschickt werden. Sie gehören Sami, die nicht hier leben, sondern ihre Tiere traditionell im Frühjahr mit Booten auf die Insel bringen und im Herbst wieder abholen.

TOP ★ ERLEBNISSE

★ ÜBERNACHTEN IM MUSEUM

Etwa 15 Kilometer nördlich von Finnsnes liegt in Lenvik das Lenvik Bygdemuseum. Mehrere alte Gebäude, darunter das alte Pfarrhaus, wurden restauriert und für die Besucher zugänglich gemacht. Dieses Heimatmuseum hat es sich zur Aufgabe gemacht, über das Leben und die Kultur der Küstenbewohner zu informieren. Auch die samische Vergangenheit der Insel wird dargestellt. Im Hafen ist eine alte Kaianlage mit Fischerhütten, Bootsschuppen und traditionellen Booten erhalten. Nun wäre das Bygdemuseum ein Museum unter vielen, wenn hier nicht die Gelegenheit bestünde, in den alten Fischerhütten, die inzwischen mit einer Miniküche, Dusche und Toilette ausgestattet sind, zu übernachten. Bis zu sechs Personen finden darin Platz. Die etwas andere Art, ein Museum zu besuchen.
www.lenvik-museum.no

★ STRANDVERGNÜGEN AM NORDMEER

An einem schönen Sommertag können die Temperaturen auch in Nordnorwegen deutlich über 20 Grad steigen. Wer dann – wie die Einheimischen auch – Abkühlung sucht, ist am Sandstrand von Ersfjord bestens aufgehoben. Dank des flachen Wassers und der geschützten Lage kann das Meer für Mutige auch einmal badetaugliche Temperaturen aufweisen.

WEITERE INFORMATIONEN
www.visitsenja.no

Wälder und Berge zum Wandern, fischreiche Fjorde zum Angeln: Senja bietet für jeden etwas, so wie hier am Mefjordvatnet.

Die aufgehende Wintersonne erleuchtet die Rorbuer im kleinen Dorf Sakrisoy (oben). Auch üppig blühende Wiesen findet der Besucher im Frühjahr und Sommer auf den Lofoten (rechte Seite oben). Die Sandstrände auf den Lofoten laden zum Baden ein (rechte Seite unten).

65 80 INSELN NÖRDLICH DES POLARKREISES

Lofoten – der Fuß des Luchses

Aus welcher Richtung man sich auch den Lofoten nähert, unvermittelt ragen bis zu 1200 Meter hohe Berge aus dem Meer. Kahl und unwirtlich scheinen die Inseln auf den ersten Blick zu sein, dann werden grüne Küstenstreifen mit Wiesen, Äckern und bunten Fischerdörfern sichtbar, an den Berghängen wachsen Wälder, und die Schneefelder auf den Bergen speisen Bäche, die in wilden Kaskaden ihren Weg ins Meer suchen.

Wie ein 200 Kilometer langer Schutzwall liegen die Lofoten, die durch den bis zu 85 Kilometer breiten Vestfjord vom Festland getrennt sind, vor der Küste Norwegens. Sie bilden das erste Hindernis für die von Westen heranziehenden Tiefdruckgebiete und mildern deren Einfluss auf das Festland. Die letzte Eiszeit hat die Inseln maßgeblich geformt und tiefe Fjorde und bizarre Felsformationen geschaffen, aber sie war nicht der einzige Landschaftsarchitekt. Heute noch nagen Wind und Wellen an den Felsen. Auch wenn die Eiszeiten ihnen im wahrsten Sinne des Wortes den letzten Schliff gegeben haben, erfuhren die Gesteine der Lofoten schon lange vorher so manche Veränderung. Auf Moskenesøy sind sie teilweise 3,5 Milliarden Jahren alt. Damit gehören sie zu den ältesten frei liegenden Gesteinen weltweit. Im Laufe der Zeit sind sie durch hohe Temperaturen und gewaltige Drucke verändert, geologisch ausgedrückt: metamorphisiert worden.

Was Namen verraten

Lófót hieß ursprünglich nur die Insel Vestvågøy. »Ló« ist die norwegische Bezeichnung für den Luchs, und »fót« bedeutet Fuß. »Luchsfuß« wurde die Insel genannt, weil ihr Umriss – mit etwas Fantasie betrachtet – dem Pfotenabdruck eines Luchses ähneln soll. Später ging der Name auf alle Inseln des Archipels über. Die benachbarte Insel Flagstadøy hatte einen Namen vergleichbarer Herkunft,

Bei Wanderungen entlang der Küste wird man oft auf frei lebende Schafe stoßen (oben). Die Dächer mancher Häuser sind von Gras bedeckt. Das schützt vor Regen und isoliert zusätzlich (unten). Viele Wochen lang trocknen die gefangenen Fische auf solchen Gestellen und werden dadurch haltbar (rechte Seite oben). Die Robbenfütterung im Aquarium ist einer der Höhepunkte des Besuchs (rechte Seite unten).

nämlich Vargfót, Wolfsfuß, der jedoch in Vergessenheit geraten ist. Vermutlich hat auch hier die Form der Insel ihr den ursprünglichen Namen gegeben.

Nördlich des Polarkreises und doch kein arktisches Klima

Nirgendwo sonst auf der Welt ist das Klima zwischen dem 67. und 68. Breitengrad so mild wie auf den Lofoten. Zwar können hier schwere Stürme wüten, ein Ausläufer des Golfstroms sorgt aber dafür, dass im Winter die Durchschnittstemperatur auf den am weitesten südlich gelegenen Inseln Røst und Værøy nicht unter den Gefrierpunkt sinkt.

Selbst im etwa 140 Kilometer weiter nördlich gelegenen Svolvær liegt die Durchschnittstemperatur im Januar nur bei moderaten minus 1,5 Grad Celsius. Auf der gleichen Breite in Ostgrönland reichen die Gletscher bis an das Meer heran; im Winter ist es dort bis zu minus 40 Grad kalt, und selbst im Hochsommer kann Eis die Seefahrt unmöglich machen. Das ist auf den Lofoten anders. Das Meer um die Inseln bleibt ganzjährig eisfrei und sichert den Menschen bis heute ihren Lebensunterhalt.

Vom Kabeljau zum Bacalhau

Bereits vor 6000 Jahren kamen die ersten Jäger und Fischer auf die Lofoten und fanden hier hervorragende Lebensbedingungen. Die Inseln waren mit Birken- und Kiefernwäldern bedeckt, in denen Elche, Hirsche, Rentiere, Biber, Luchse und Bären lebten. Auch das Leben im Meer war sehr vielfältig. Fische und Robben, später auch Wale, standen auf dem Speiseplan der Insulaner. Wegen des milden Klimas war auch Landwirtschaft möglich. Die ersten Getreideäcker wurden bereits vor 4000 Jahren in der Jungsteinzeit angelegt. Obwohl auch die Landwirtschaft aufblühte, blieb doch der Fischfang der wichtigste Erwerbszweig. Auch als die Wikinger die Herrschaft übernahmen, änderte sich daran nichts, im Gegenteil. Im Winter ruderten Fischer vom Festland zu den Lofoten, um Kabeljau zu fangen, der aus der Barentssee in die Gewässer um die Lofoten zieht, um zu laichen. Da die Menschen dort überwinterten, benötigten sie auch Unterkünfte. König Øystein, der die Bedeutung der Fischerei auf den Lofoten erkannte, ließ daher bereits im frühen 12. Jahrhundert die sogenannten »Rorbuer«, Hütten für Ruderer, bauen, eine Tradition, die bis in das 20. Jahrhundert fortgesetzt wurde. Bis zu 16 Männer teilten sich ein Rorbu, von denen die meisten direkt auf Pfählen im Wasser standen. Die gefangenen Fische wurden ausgenommen und, paarweise an den Schwänzen zusammengebun-

den, auf großen Holzgestellen zum Trocknen aufgehängt. Bereits im Mittelalter florierte ein schwungvoller Handel mit dem auf diese Weise haltbar gemachten Stockfisch, den die Norweger selbst Tørrfisk nennen. Bis in den Mittelmeerraum wird der Fisch bis heute geliefert. In Spanien heißt er Bacalao, in Portugal Bacalhau. Dort soll es 365 verschiedene Bacalhau-Rezepte geben, für jeden Tag des Jahres eins.

Teilhaber am Fischreichtum

Nicht nur den Fischern sichern die reichen Fischgründe der Lofoten ihr Auskommen, auch unzählige Seevögel bevölkern während der Brutzeit die Küsten. Etwa ein Viertel des gesamten Seevogelbestandes von Norwegen, das sind 2,5 Millionen Vögel, brütet auf den steilen Felsen südwestlich von Røstlandet, einer der südlichsten Inseln der Lofoten. Auch auf den anderen Inseln ziehen Kormorane, Mantelmöwen, Dreizehenmöwen, Eissturmvögel, Basstölpel, Papageitaucher und Eiderenten in großer Zahl ihre Jungen auf. In Måstad auf der Insel Værøy wurde eine eigene Hunderasse, die Lundehunde, gezüchtet, die in die engen Bauten der Papageitaucher hineinkriechen können und dort die Jungvögel herausholen, die auf den Lofoten als Delikatesse gelten. Wo keine Hunde zur Verfügung standen, hat man früher die Papageitaucher beim Aus- oder Einfliegen in ihre Bauten mit Netzen gefangen.

Auch Schwertwale folgen den Fischschwärmen und dringen tief in die Fjorde ein. Wegen der Riesentintenfische, die in großer Tiefe um die Lofoten leben, kommen Pottwale hierher. Diese größten Zahnwale können bis zu 3000 Meter tief tauchen und dabei zwei Stunden unter Wasser bleiben. Von den einzelnen Inseln werden Walsafaris mit Garantie organisiert: Wer bei einer Ausfahrt keinen Wal gesehen hat, darf kostenlos an der nächsten Safari noch einmal teilnehmen.

Artenreichtum nicht nur im Meer

Die Vegetation der Lofoten ist eigenartig. Direkt nebeneinander kann man Gebirgspflanzen, Waldbewohner und Küstenpflanzen finden. Am Strand wächst die in Norwegen Østersurt, Austernpflanze, genannte Mertensie mit ihren kleinen blauen Blüten. Sie wurde wegen ihres Geschmacks, der an Austern erinnert, so genannt. Dicht daneben findet man häufig das Löffelkraut, das als Mittel gegen Skorbut gegessen wurde. Es wurde in eine schwache Salzlake eingelegt, in der es sich lange frisch hielt. Weiter im Inselinnern gibt es noch Moore, in denen Torfmoose und Moltebeeren gedeihen.

TOP ★ ERLEBNISSE

★ AUF DEN LOFOTEN MUSS ES FISCH SEIN!

Lofoten und Fisch, das sind fast Synonyme. Wer dort keinen Fisch gegessen hat, dem ist etwas wirklich Gutes entgangen. In nahezu jedem Dorf auf den Inseln kann man wunderbar Fisch essen, aber die besten Fischgerichte bekommt man nach Meinung aller Gourmets im Restaurant »Børsen Spiseri« in Svinøya, dem ältesten Teil von Svolvær, direkt am Kai. Es ist in einer 170 Jahre alten Fischhalle untergebracht, die liebevoll restauriert und eingerichtet wurde. Der erste Krämerladen von Svolvær mit seiner historischen Ausstattung befindet sich direkt nebenan, ebenso wie 24 Rorbuer, die allerdings nicht mehr im Originalzustand sind, sondern für Touristen instandgesetzt wurden.

★ SPANNENDE UNTERWASSERWELT

So schön die Lofoten über Wasser sind, so spannend ist auch die Unterwasserwelt, die man als normaler Tourist so nie zu Gesicht bekommen wird. Es sei denn, man besucht das Lofoten-Aquarium in Kabelvåg. Das ist zwar vergleichsweise klein, bietet aber zahlreiche Information zur Tierwelt rund um den Archipel.

WEITERE INFORMATIONEN
www.svinoya.no,
www.lofoten.info

66 Å I LOFOTEN – LEBEN IM MUSEUM

Kurzer Name für ein berühmtes Dorf

Das Ortsschild von Å i Lofoten ist eines der meistfotografierten Motive in Norwegen, denn dort steht nur ein Buchstabe: Å. Allerdings gibt es allein in Norwegen sieben weitere Dörfer, die ebenfalls nur Å heißen, aber nicht die internationale Berühmtheit des »Originals« auf Moskenesøy erlangt haben. Selbst auf der Insel Andøya, die auch zu den Lofoten zählt, gibt es einen Ort Å.

Å i Lofoten wäre ähnlich unbekannt geblieben wie all die anderen Å-Dörfer, wenn dort nicht die Zeit um die Mitte des 19. Jahrhunderts herum wie in einem Dornröschenschlaf stehen geblieben wäre: 23 an ihren ursprünglichen Standorten erhaltene, über 150 Jahre alte Gebäude vermitteln den Eindruck eines großen Freilichtmuseums. Neben einigen Rorbuer, den frühen Unterkünften der Fischer, und ein paar Bootshäusern sind die alte Schmiede, die Bäckerei und die Trankocherei erhalten. Auch die traditionelle Farbgebung der Häuser ist nach wie vor erkennbar: Wer es sich leisten konnte, sein Haus weiß zu streichen, gehörte zu den Wohlhabenden; Kaufleute benutzten blaue Farben, und die Fischer mussten notgedrungen mit der billigsten Variante vorliebnehmen, dem mit Rinderblut rot gefärbten Anstrichmaterial.

Ende der Welt und doch erreichbar

Doch diese ehemaligen Grenzen weichen heutzutage auf, denn Å ist ein lebendes Museum. Das Dorf ist nach wie vor bewohnt, und die 100 Einwohner gehen zum großen Teil immer noch der Fischerei nach, auch wenn der Tourismus vor allem in den Sommermonaten viel Geld in die Kassen spült. Å liegt abgelegen am Südostende der Insel Moskenesøy. Bis 2007 war das Dorf, wie alle anderen Lofoteninseln auch, nur mit Fähren zu erreichen. Mit dem Bau der »Lofast«, der festen Verbindung zwischen den Inseln und dem Festland, wurden die Lofoten auch für den Straßenverkehr erschlossen. In Å beginnt

Traditionell werden die meisten Häuser nach wie vor rot gestrichen (unten). Die Produktion von Stockfisch ist nicht nur Tradition, sondern immer noch guter Lebenserwerb (rechte Seite oben). Der See Agvatnet, ein Traum für Angler (rechte Seite unten).

seitdem die Europastraße E 10 mit einem Parkplatz mit Kiosk und Toiletten. Um den riesigen Parkplatz vor den Augen der Dorfbesucher zu verbergen, haben die Denkmalschutzbehörden eine aufwendige, aber sehr wirkungsvolle Lösung gefunden: Kurzerhand wurde ein 130 Meter langer Tunnel durch den 33 Meter hohen Hügel Å-Gården im Süden des Dorfes gebohrt und dahinter der zentrale Parkplatz für die Besucher des Dorfes versteckt.

Delikatesse in 18 Güteklassen

Während der Kabeljau-Saison in den Monaten Januar bis April hängen die Trockengestelle nach wie vor voller Stockfisch, wie der Kabeljau dann genannt wird: Die Fische werden ausgenommen, die Köpfe abgetrennt und jeweils zwei Fische an den Schwänzen zusammengebunden und zum Trocknen an den Fischgestellen aufgehängt. Stockfisch ist jedoch nicht gleich Stockfisch, denn die Fische werden je nach Größe und Qualität in nicht weniger als 18 Güteklassen eingeteilt. Als Klippfisch werden sie zusätzlich stark gesalzen und dann erst zum Trocknen aufgehängt – die Köpfe werden getrennt getrocknet, und der Rogen wird gesalzen und in deutsche Weinfässer aus Eiche gefüllt.
Am alten Hafen befindet sich die älteste Trankocherei Norwegens, in der einst die Kabeljaulebern gekocht oder zu Öl eingedampft wurden. Auch die Lebern wurden wie der Rogen zunächst in Fässer gefüllt und sich selbst überlassen. Das austretende Öl wurde abgeschöpft, während die Lebern bei den höheren Sommertemperaturen fermentierten. Um eine höhere Ausbeute zu erreichen, wurden später die Lebern das ganze Jahr über ausgekocht – dem strengen Geruch der getrockneten Fische und der ausgekochten Lebern konnte niemand im Dorf entkommen. Aber die Bewohner nahmen es gelassen: »Man kann Geld riechen«, sagten sie. Das Öl wurde für Lampen in ganz Europa verwendet, darüber hinaus war es bis zur Erfindung synthetischer Öle u. a. beim Gerben von Häuten und bei der Herstellung von Farbe und Seife unentbehrlich.

Tradition im Museum

Öl und Stockfisch waren also jahrhundertelang Norwegens wertvollste Handelsgüter. Zwei Museen in Å zeigen dies eindrücklich und sind ein Muss für jeden Besucher. Im Fischereimuseum wird die Geschichte des Dorfes dargestellt: Schmiede, Bäckerei, Trankocherei, Rorbuer und Bootshäuser werden bei einem Rundgang besucht. Und das Stockfischmuseum zeigt den gesamten Arbeitsprozess vom Fischfang über seine Weiterverarbeitung bis zu den fertigen Produkten.

TOP ★ ERLEBNISSE

★ BOOTSTOUR ZUR REFSVIKHULA

An der Südwestküste der Moskenesøya liegt das verlassene Dorf Refsvik, in dessen Nähe sich die Refsvikhula befindet: Ein Besuch der 50 Meter hohen und 115 Meter tiefen Höhle ist eine Reise in die Vergangenheit, denn dort haben Menschen vor über 3000 Jahren 33 Wandmalereien hinterlassen. Obwohl die Höhle seit langem bekannt war, wurden die Wandmalereien erst 1986 von Archäologiestudenten der Universität Tromsø entdeckt. Bootstouren ab Å werden im Sommer mehrmals pro Woche angeboten, für Gruppen auch in der Nebensaison.

★ WANDERUNG ZUR STOKKVIKA

Eine anspruchsvolle ganztägige Wanderung führt von Å zur Bucht Stokkvika auf der Westseite der Insel. Über Pfade sowohl am Nord- als auch am Südufer des Sees Ågvatnet entlang, geht es zum drei Kilometer entfernten Sattel am Mengedalstinden, der mit 400 Metern den höchsten Punkt der Wanderung markiert und einen fantastischen Blick zurück über den Ågvatnet bis nach Å bietet. Von dort wandert man weitere drei Kilometer bergab und am See Stokkvikvatnet vorbei bis zum Meeresufer mit Atlantikbrandung – ein schmaler Strand lädt hier Unerschrockene zum Baden ein.

WEITERE INFORMATIONEN
lofoten-info.no
lofoten-info.no/fiskmus.htm

67 DIE INSELN

Bollwerke gegen die Atlantikstürme

Die Reise über die Inselketten Norwegens, von den Lofoten über die Vesterålen bis zur Insel Senja, ist eine Tour d'Horizon, die selten »erfahren« wird. Und es sind einmalige Erfahrungen: schroffe Berge, dunkle Wälder, sturmgepeitschte Küsten und nicht zuletzt wunderschöne Fischerdörfer.

Das Museumsschiff Finnmarken im Hurtigrutenmuseum Stokmarknes

Bodø auf dem Festland ist der ideale Startpunkt, um auf die Inseln zu gelangen. Hier startet die Autofähre nach Moskenes, der ersten Station auf den Lofoten, die nach gut drei Stunden erreicht wird. Der Ort selbst bietet wenig, aber nur fünf Kilometer weiter südlich liegt der Ort Å i Lofoten, meist nur Å genannt. Das Ortsschild ist eines der meistfotografierten Objekte in Norwegen. Å ist aber mehr. Die bis zu 150 Jahre alten Fischerhäuschen vermitteln den Eindruck eines lebendigen Freilichtmuseums. Im Brygga Hotel gibt es ein gutes Mittagessen. Reine im Nordosten der Insel ist das nächste Ziel am Nachmittag. Reine liegt zwischen Bergen und Meer auf einer winzigen Halbinsel, die über einen nur 100 Meter breiten Damm mit Moskenesøy verbunden ist. Hier sollte die erste Übernachtung eingelegt werden. Zur Auswahl stehen Hotelzimmer, Appartements und Rorbuer. Am nächsten Morgen lohnt sich der Aufstieg auf den Berg Reinebringen mit Blick auf den Ort und das Meer.

Nusfjord und Vesterålen

42 Kilometer sind es bis nach Nusfjord. Auf dem Weg dorthin laden die wunderschönen Strände an der Atlantikküste bei Ramberg und Flakstad zum Baden ein. Im Lauf des Nachmittags erreichen wir Nusfjord. Hier wird auch übernachtet. Am nächsten Vormittag steht das Wikingerdorf Borg auf dem Programm und am Nachmittag Svolvær mit der Ausstellung »Magic Ice«. Hier empfiehlt es sich, die dritte Übernachtung einzuplanen.
Am nächsten Morgen werden die Lofoten verlassen, um zu ihren Stiefschwestern, den Vesterålen, zu fahren. Die Vesterålen sind von hier aus nur mit der Fähre Fiskebøl–Melbu zu erreichen. Erstes Ziel ist Stokmarknes. Hier befindet sich nicht nur der Verwaltungssitz der Hurtigruten, sondern auch das Hurtigrutenmuseum, das einen Besuch wert ist. Der Nachmittag gehört dem Geisterdorf Nyksund, das 80 Kilometer nördlich von

Das Hurtigrutenmuseum in Stokmarknes entführt seine Besucher auf eine Zeitreise entlang der norwegischen Küste.

Stokmarknes auf der Insel Langøya liegt. Hier lohnt sich eine weitere Übernachtung.

Senja – die raue Perle unter den Inseln

Rund 250 Kilometer ist die Brücke in Finnsnes entfernt, die zur Insel Senja führt. Eine Halbtagesreise, bei der man von Nyksund über die Inseln Langøya, Hinøya, Rolla und Andørja bis nach Finnsnes auf dem Festland fährt. Als Stadt bietet Finnsnes wenig, aber es werden von dort lohnenswerte Walbeobachtungstouren durchgeführt. Dafür sollte der Nachmittag reserviert werden. Am nächsten Tag wird Senja erkundet. Die Insel wird nur von wenigen Straßen durchquert. Eine von ihnen führt zum Kaperdalen Museum, einer ehemaligen Sami-Siedlung, die bereits am Ende des 16. Jahrhundert aufgegeben wurde. Von dort aus können Wanderungen in den Anderdalen-Nationalpark unternommen werden. Allerdings sollte man gute Kondition und festes Schuhwerk mitbringen, denn es führen nur wenige Pfade in den Park. Am Nachmittag wird Husøy ganz im Norden Senjas besucht. Nur einen Kilometer lang und 200 Meter breit ist das Inselchen vor der Küste, inzwischen durch einen 300 Meter langen Damm mit Senja verbunden. Der Weg zurück führt noch einmal nach Finnsnes, wo eine weitere Übernachtung ansteht.
Am nächsten Morgen wird die letzte Etappe in Angriff genommen. 160 Kilometer führt die Tour durch Gebirge, entlang von Flüssen und Seen bis nach Tromsø.

Brücken oder Tunnel verbinden viele Inseln miteinander.

TOP ★ ERLEBNISSE

★ SEEADLERSAFARI ZUM TROLLFJORD

Auf den Lofoten lebt eine große Population von Seeadlern. Mit einer Flügelspannweite bis 2,5 Metern sind sie beeindruckende Vögel. Von Svolvær aus gelangt man mit Rib-Booten in die Region um den Trollfjord. Dort bestehen fantastische Beobachtungsmöglichkeiten und Gelegenheit, die Tier aus kurzer Distanz zu fotografieren. Als »Beifang« werden mehrere Wikingerstätten besucht.
www.fjordtours.com

★ ÜBERNACHTEN IM MUSEUM

Nördlich von Finnsnes liegt in Bjorelvnes das Lenvik Bygdemuseum. Mehrere alte Gebäude, darunter das alte Pfarrhaus sind restauriert und für die Besucher zugänglich gemacht worden. Nun wäre das Bygdemuseum ein Museum unter vielen, wenn hier nicht die Gelegenheit bestünde, in den alten Fischerhütten, die inzwischen mit einer Miniküche, Dusche und Toilette ausgestattet sind, zu übernachten. Früher mussten sich 16 Fischer eine solche Hütte teilen, heute finden bis zu sechs Personen darin bequem Platz.
www.lenvik-museum.no

★ ÅNDERDALEN NATIONALPARK

Eine der schönsten Wanderungen auf Senja führt von Tranøybotn zum Åndervatnet. Von Finnsnes geht es zunächst über die Gisundbrücke. 30 Minuten sind für die Fahrt einzurechnen, dann ist der Hyttekroa Caravan und Camping Park in Tranøybotn erreicht. Dort beginnt ein Wanderweg in den Nationalpark und zum See Åndervatnet. Der leicht begehbare Weg führt über längere Strecken am Fluss Ånderelva mit seinen Stromschnellen und kleinen Wasserfällen vorbei. Nach acht Kilometern ist der See erreicht, eine Strecke, die in maximal drei Stunden zu bewältigen ist, Fotostopps bereits eingeschlossen.
www.nasjonalparkstyre.no/Anderdalen

Platz ist knapp in Nusfjord. Die Hütten sind zum Teil weit in den Fjord hinein auf Stelzen gebaut (oben). Der geschützte Hafen von Nusfjord ist bei Seglern sehr beliebt (rechte Seite unten). Wanderer können zwischen verschiedenen Schwierigkeitsstufen wählen. Es ist für jeden etwas dabei (rechte Seite oben).

68 AUSFLUG IN DAS 19. JAHRHUNDERT

Der Nusfjord – das schönste Fischerdorf der Lofoten

Der Nusfjord auf der Westseite der Insel Flakstadøy ist eher eine schmale Bucht als ein Fjord, denn er zieht sich bei einer Breite von ca. 300 Metern gerade einmal zwei Kilometer weit in die Insel hinein. Aber diese zwei Kilometer sind an landschaftlicher Schönheit kaum zu übertreffen. Steile Klippen ragen auf beiden Seiten des Fjordes bis zu 900 Meter in die Höhe. Auf der Westseite umschließen die bunten Holzhäuser des Dorfes Nusfjord einen winzigen Naturhafen.

Der Nusfjord ist auch von der Seeseite erreichbar, allerdings gibt es keine feste Fährverbindung. Man muss entweder mit dem eigenen Boot kommen oder ein Boot mieten. Einfacher ist es aber, die Fähre von Bodø nach Svolvær, Stamsund oder Moskenes zu nehmen und von dort mit dem Wagen in den Nusfjord zu fahren. Die Einfahrt in den Fjord, ob von der Seeseite im Süden oder über die Straße von Norden, ist in jedem Fall ein Erlebnis. Nach zwei Kilometern erreicht man auf der schmalen, am Fuße der Felswände verlaufenden Straße das Dorf Nusfjord. Es nimmt für sich in Anspruch, nicht nur Norwegens ältestes, sondern auch das besterhaltene Fischerdorf zu sein. Unzweifelhaft ist es eines der schönsten. Nusfjords Bebauung stammt im Wesentlichen aus dem späten 18. und frühen 19. Jahrhundert. Der Ort blieb von großen, verheerenden Bränden verschont und präsentiert sich einheitlich, ohne Einflüsse neuerer Stilrichtungen. Neben den gepflegten historischen Häusern trägt vor allem die malerische Bergkulisse dazu bei, dass Nusfjord zu den meistfotografierten Motiven Norwegens gehört. Es kommt hinzu, dass die Bewohner neben dem Tourismus, der ihnen jedes Jahr einige Tausend Besucher beschert, weiterhin den Fischfang als Einnahmequelle nutzen. Das macht das Dorf, das fast wie ein Freilichtmuseum wirkt, sehr authentisch.

Jahrtausendealte Fischereitradition

Die ältesten Spuren der Besiedlung des Nusfjordes sind mehr als 2400 Jahre alt. Fischerhütten aus der Zeit um 400 v. Chr. wurden vor einigen Jahren hier gefunden. Damit konnte belegt werden, dass schon in der Eisenzeit im Nusfjord ein Fischhandelsplatz lag. Über die Jahrhunderte kamen die Fischer jedes Jahr, um Kabeljau zu fangen und an Ort und Stelle zu verarbeiten. Der getrocknete Fisch wurde dann meist über Bergen bis in den Mittelmeerraum exportiert. Bis zum Anfang des 19. Jahrhunderts war Nusfjord Krongut unter den wechselnden Herrschern aus Dänemark und Schweden. In den Jahren 1823 und 1843 wurde das Dorf dann in zwei Raten mit allen damit verbundenen Rechten verkauft.

Abhängig vom Væreier

Hans Grøn Dahl war der Käufer. Er erwarb aber nicht nur das Dorf selbst, sondern auch 1750 Hektar Land, vorwiegend »nutzloses« Bergland, aber auch fünf fischreiche Seen. Er wurde der Begründer einer Familiendynastie, die über vier Generationen das Schicksal des Dorfes bestimmte. Es heißt, dass Hans Dahl nicht lesen und schreiben konnte, er hatte aber ein Gespür dafür, wie man Geld verdient. Unter seiner Ägide stieg Nusfjord zum führenden Fischverarbeitungs- und -handelsplatz auf den Lofoten auf. Er und seine Nachfolger waren die Væreier, die Dorfbesitzer, und hielten die Fischer in völliger Abhängigkeit. Doch wurde auch viel investiert. So gehörte Nusfjord 1905 zu den ersten Orten in Nordnorwegen, die ein Wasserkraftwerk erhielten. Es hatte eine Leistung von 15 Kilowatt, was ausreichte, um den Kai zu beleuchten, eine elektrische Seilwinde zu betreiben und die Wohnung des Besitzers mit Elektrizität zu versorgen. Mit dem Niedergang der Lofotenfischerei in den 1980er-Jahren kam auch das Aus für die Væreier, die 1989 Konkurs anmelden mussten.

Wiederbelebung und Neuanfang

Heute wird Nusfjord von einer Aktiengesellschaft unterhalten, die es sich zum Ziel gesetzt hat, die historischen Gebäude und Einrichtungen zu erhalten und der Öffentlichkeit zugänglich zu machen. Besucher können einen Nusfjord-Pass erwerben, der sie berechtigt, die Einrichtungen zu besichtigen. Der Laden, eine Bäckerei, die Schmiede, das Sägewerk und natürlich das Kraftwerk sind nur einige Stationen der historischen Rundtour, die durch das Dorf führt.

TOP ★ ERLEBNISSE

★ FISCHER FÜR EINEN TAG

Der Besuch in einem Fischerdorf, zumal in einem so liebevoll restaurierten wie Nusfjord, ist schon ein besonderes Erlebnis. Wer zur Kabeljau-Zeit im Januar und Februar kommt, kann unmittelbar miterleben, wie die Fische angelandet, ausgenommen und getrocknet werden. Aber auch wer den Ort zu anderen Zeiten besucht, gewinnt einen hautnahen Einblick in das Leben der Fischer. Vom 1. Juni bis zum 30. August kann man täglich um 12 Uhr vom Hafen aus mit den Berufsfischern auf der »MS Vibeke« hinausfahren und zusehen, wie professionell gefischt wird, und manchmal mithelfen. Wenn der Fang eingebracht ist, geht es nach drei Stunden zurück nach Nusfjord. Die Preise sind moderat, Kinder unter 12 Jahren erhalten 50 Prozent Ermäßigung.

★ NUSFJORD ZU FUSS

Nusfjord ist ein hervorragender Ausgangspunkt für Wanderungen in verschiedenen Schwierigkeitsgraden. Egal, ob man nur am Ufer flaniert oder sich auf die felsigen Gipfel hinaufwagt und dabei der Tier- und Pflanzenwelt näher kommt: Die Eindrücke werden bleibend sein. Das gilt besonders dann, wenn ein ortskundiger Guide die passenden Erklärungen und Geschichten parat hat.

WEITERE INFORMATIONEN
www.nusfjord.no

Nusford wird seinem Ruf als schönstes Fischerdorf der Lofoten gerecht.

69 IN DEN FUẞSTAPFEN DER WIKINGERKÖNIGE

Das Wikingermuseum Borg

Wenn Frikk Harald Bjerkli, Landwirt auf Vestvagøy, im Herbst 1981 nicht ein wenig tiefer als üblich gepflügt hätte, vielleicht wäre der alte Sitz eines Wikingerhäuptlings weitere tausend Jahre unentdeckt geblieben. Eine ungewöhnlich dunkle Verfärbung des Bodens machte ihn neugierig, und er setzte sich mit dem Amateurarchäologen Kåre Ringstad in Verbindung, der das Phänomen genauer untersuchte. Er fand mehr als tausend Jahre alte Glasperlen und Tonscherben. Die Sensation war perfekt.

Weithin sichtbar wurde der Sitz der Wikingerkönige von Borg auf dem Hügel angelegt (unten). Runensteine, reich verzierte, seetüchtige Schiffe und die für damalige Zeiten luxuriöse Innenausstattung des Langhauses zeugen von der handwerklichen Geschicklichkeit, mehr noch aber vom Reichtum der Bewohner (rechte Seite oben). Ein Blick in das Innere des Langhauses (rechte Seite unten).

Die Ausgrabungen begannen 1983 durch ein Team von Archäologen aus ganz Skandinavien. Schnell wurde deutlich, dass Frikk Bjerkli durch Zufall auf die Reste der nördlichsten und größten Wikingersiedlung nicht nur Skandinaviens, sondern ganz Europas gestoßen war. Bereits im 4. Jahrhundert war das erste Gebäude errichtet worden. Es war immerhin schon 67 Meter lang. Im Laufe der Zeit wurde es mehrere Male umgebaut und erweitert, bis es Anfang des 9. Jahrhunderts die imposanten Maße von 83 Meter Länge, 8,30 Meter Breite und 9 Meter Höhe erreicht hatte.

Ein Symbol für Reichtum und Macht

Das Gebäude war etwas erhöht in der Ebene gebaut. Von dort hatten die Bewohner einen weiten Blick über die Bucht und die Landschaft. Hier muss ein mächtiges Wikingergeschlecht gelebt haben, das seinen Reichtum und seine Macht mit diesem Gebäude überdeutlich signalisierte. Dieser Reichtum beruhte zu großen Teilen auf der Landwirtschaft. 50 Kühe fanden im Stallbereich des Hauses Platz. Dazu wurden Pferde, Schafe, Schweine und Hühner gehalten. Die bei den Ausgrabungen entdeckten Fundstücke zeigen aber auch, dass die Bewohner nicht

nur auf ihrer Scholle saßen, sondern weit herumgekommen sind oder mindestens Handel getrieben haben. Reicher Goldschmuck wurde gefunden, darunter drei Goldamulette, dazu Glasscherben aus Frankreich, mit Goldfäden verziertes Glas aus England und Walrosszähne aus Sibirien. Vergleichbares wurde bisher nur in den bedeutenden Wikingerhandelsorten Birka, Haithabu und Kaupang gefunden.

Bauern, Händler und Eroberer

Alle Funde in Borg lassen darauf schließen, dass hier politisch und wirtschaftlich einflussreiche Häuptlinge gelebt haben. Die Umrisse zweier bis 26 Meter langer Bootshäuser werden als Beleg dafür angesehen, dass die Bewohner auch über große Schiffe verfügten. Diese Schiffe waren hochseetüchtig und hervorragend für die Navigation auf engem Raum geeignet. Sie begründeten den Ruf der Wikinger als Plünderer und Eroberer. Dass sie in erster Linie auch reisende Händler waren, gerät dabei meist in den Hintergrund.

Der Exodus

Borg wurde um 900 n. Chr. verlassen. Kriegerische Auseinandersetzungen mit benachbarten Clans, der Versuch, den Einflussbereich noch weiter auszudehnen, oder das Klima können eine Rolle gespielt haben. Denn der Standort hatte auch Nachteile. Hier weht ein beständiger Wind, der häufig auch Sturmstärke erreicht. Gebäude in dieser Region müssen stabil gebaut sein. Das sollten die Bewohner von Borg 1789 feststellen, als der Sturm ihre Kirche regelrecht umgeblasen hatte. Das Pfarrhaus teilte dieses Schicksal 1920. Möglich, dass ein solches Ereignis auch zum Ende von Borg geführt hat. Vielleicht hat sich der Herr von Borg aber auch denen angeschlossen, die ihr Glück in einer neuen Welt gesucht haben. Es gibt Hinweise darauf, dass Olaf Tvennumbruni, der als Siedler im Südwesten Islands bekannt geworden ist, der letzte Häuptling von Borg gewesen ist.

Das Wikingerleben wird rekonstruiert

Nicht weit vom Originalfundort wurde 1995 das Wikingermuseum Borg eröffnet. Im Mittelpunkt steht ein originalgetreuer Nachbau des Langhauses. Ein dreischiffiges Haus mit Pfostenreihen im Innern, die das Dach tragen. Auch die Inneneinrichtung und Aufteilung der Räume ist nach dem Grundriss des Originals rekonstruiert worden. Eine Gruppe von Mitarbeitern stellt das Leben der Menschen zur Wikingerzeit nach. Besucher können mitmachen.

TOP ★ ERLEBNISSE

★ RUDERN WIE DIE WIKINGER

Im Hafen von Borg liegt der Nachbau des berühmten Gokstad-Schiffes, das 1880 bei Gokstad, etwa 120 Kilometer südlich von Oslo, gefunden wurde (s. Seite 30). Das Schiff ist über 20 Meter lang, und um es zu rudern, sind 32 Männer notwendig. In der Saison vom 22.05. bis 13.09. startet das Schiff täglich um 12 Uhr zu einer Rundfahrt durch die Bucht. Jeder Besucher ist dann eingeladen, auch selbst zu rudern. Das ist gar nicht so einfach, denn 32 Ruderer müssen erst einmal dazu gebracht werden, synchron zu rudern. Da die Kraft der Gäste in den wenigsten Fällen ausreicht, wird mit einem vorgespannten Schlauchboot ein wenig nachgeholfen.
www.lofotr.no

★ EINE ZEITREISE INS 19. JAHRHUNDERT

Skaftnes ist das einzige Fischerdorf auf den Lofoten, das mit allen Möbeln, Werkzeugen, Booten und allen anderen Geräten aus dieser Zeit, unverändert aus dem 19. Jahrhundert erhalten geblieben ist. Skaftnes liegt zwischen Sennesvik und Ure. Zu den Gebäuden gehören das Bauernhaus mit seinem authentischen Interieur, ein Lagerhaus am Kai mit Anlegestelle für Fischerboote und ein altes Landhaus. In dem großen steinernen Bootshaus befindet sich eine Sammlung von Nordland-Booten und eine Schmiede.
www.visitlofoten.com/en/activity/museum/vestvagoy-museum-skaftnes/

»Lutefisk« war die Grundlage für den Wohlstand der Lofotenbewohner (oben). Abenddämmerung an der Küste von Svolvaer (rechte Seite unten). »Magic Ice« betrachtet die Inselwelt der Lofoten wie durch eine Kristallkugel. Die »Kunst unter dem Gefrierpunkt« ist seit ihrer Eröffnung im Jahr 2004 zu einer viel beachteten Attraktion auf den Lofoten geworden (rechte Seite oben).

70 SVOLVÆR

Moderne Kommune mit Sinn für Traditionen

Wer in Svolvær die typische Idylle norwegischer Fischerdörfer mit bunt bemalten Holzhäusern, leise in der Dünung schaukelnden Fischerbooten und endlosen Stockfischgestellen erwartet, wird enttäuscht sein: Viele Häuser sind zwar immer noch aus Holz gebaut, doch handelt es sich zumeist um mehrstöckige Gebäude neueren Datums. Trotzdem ist Svolvær einen Besuch wert, und zwar nicht nur deshalb, weil die Stadt ein Hurtigruten-Hafen ist.

Svolvær liegt im Südosten der Insel Austvågøy und ist das Verwaltungszentrum der Kommune Vågan. Sie hat 4751 Einwohner (Stand 2022) und ist ein Fischerstädtchen wie viele andere auch. Die meisten Gebäude sind reine Zweckbauten, die Schiffe der Hurtigruten kommen täglich in den Hafen, und gelegentlich legen auch Kreuzfahrtschiffe an. Wahrhaftig kein Highlight, wenn man allein den Ort betrachtet. Und gemessen an anderen Siedlungen in Norwegen ist Svolvær auch noch jung: Die erste urkundliche Erwähnung stammt aus dem Jahr 1567. Vermutlich ist die erste Siedlung, die damals »Souluer« (Kaltes Fischerdorf) genannt wurde, aber doch ein wenig älter. Die ersten Stadtrechte erhielt Svolvær 1918, das wurde aber 1996 wiederholt, weil bis dahin einige kleinere Nachbarkommunen eingemeindet worden waren. Die wirtschaftliche Grundlage der Stadt ist immer noch die Fischerei, der Tourismus bekommt aber einen immer größer werdenden Stellenwert. Svolvær ist inzwischen ein wichtiger Verkehrsknoten auf den Lofoten. Die Stadt ist mehrmals täglich über Fähren mit den Städten Bodø und Skutvik verbunden, ein kleiner Flughafen für Inlandsflüge liegt außerhalb der Stadt, eine fährfreie Straßenverbindung zum Festland besteht mit der Fertigstellung der Raftsundbrücke seit 2007, und nicht zuletzt legen hier täglich die Hurtigruten-Schiffe an. Über 280 000 Touristen kommen jedes Jahr hierher und finden eine gut ausgebaute touristische Infrastruktur vor. Die letzte Errungenschaft ist das 2009 eingeweihte zehngeschossige Thon-Hotel mit 160 Betten und einem Veranstaltungszentrum.

Der Zweite Weltkrieg im Museum

Und Svolvær hat einiges zu bieten. Interessant ist vor allem das norwegische Kriegsmuseum, das über die Zeit des Zweiten Weltkriegs und die Besetzung durch Nazideutschland informiert. Die deutsche Wehrmacht hatte Svolvær zu einer waffenstarrenden Festung mit Bollwerken, Bunkern und Geschützen gemacht, die auch bei dem ersten Angriff der Engländer 1941 nicht eingenommen werden konnte und von denen viele auch heute noch zu sehen sind. Das Museum mit einer unabhängigen Stiftung als Träger wurde im Juni 1996 eröffnet und kann seitdem während der Öffnungszeiten im Sommer ständig wachsende Besucherzahlen verzeichnen. In verschiedenen Ausstellungen wird dargestellt, was in den Kriegsjahren auf den Lofoten und in Nordnorwegen geschah. Zudem gibt es eine umfassende Sammlung von Uniformen, Orden und Ehrenzeichen aus dem Zweiten Weltkrieg sowie eine umfangreiche Bibliothek mit Originaldokumenten und bisher nicht veröffentlichten Fotos.

Angeln als Wettstreit

Angelwettbewerbe werden zwar weltweit durchgeführt, aber nirgendwo sonst als in Svolvær, der Stadt des Dorsches, gibt es eine Weltmeisterschaft im Kabeljau-Angeln. Seit 1991 treffen sich jedes Jahr an einem Wochenende im März, also während der Hauptsaison für den Kabeljau, ca. 700 passionierte Angler zum Wettstreit – bisher aus 13 verschiedenen Ländern. Jeweils freitags und samstags fahren sie mit ihren Booten hinaus und versuchen den größten Fisch zu fangen. Am Freitag zählen alle Fische, die an Land geholt werden, am Samstag geht es nur um den Kabeljau, und um den Siegerpreis zu erringen, muss dieser dann schon mindestens 19 Kilogramm auf die Waage bringen – der Rekord liegt bei 25,88 Kilogramm. Insgesamt werden durchschnittlich 9000 Kilogramm Kabeljau geangelt. Wer mitmachen will, muss als Erwachsener ein Startgeld von 2000 Kronen für die zweitägige Veranstaltung zahlen, Jugendliche sind mit 1600 Kronen dabei, Helfer zahlen 200 Kronen. Im Preis inbegriffen ist die Bootsmiete. Wer nur zuschauen will, kann auf gesonderten Booten mit hinausfahren; das Ticket kostet 250 Kronen.

TOP ★ ERLEBNISSE

★ MAGIC ICE

Ein Highlight ist die Ausstellung »Magic Ice«, Norwegens erste Galerie und Bar ganz aus Eis. 2004 eröffnet, zog sie seither Tausende von Besuchern an: Direkt im Hafen von Svolvær wurde in einer 500 Quadratmeter großen Halle die Welt der Lofoten in Eis nachmodelliert – Menschen in Fischerdörfern, die Vogelfelsen von Røst, die Arbeit der Fischer und vieles mehr wird hier detailgetreu gezeigt. Mit einem warmen »Pinguinmantel«, Handschuhen und Mütze ausgestattet, kann die Ausstellung ohne Bibbern betrachtet werden.
www.magic-ice.no

★ KUNST IM FISCHERHAUS

Die Rorbuer, die mehr als 150 Jahre alten Fischerhütten, dienen schon lange nicht mehr als Unterkünfte für Fischer, sondern wurden zumeist zu Ferienwohnungen umgebaut. In einigen lebten und arbeiteten auch Künstler, und so gibt es z. B. die Galerie Gunnar Berg: Der Maler wurde 1863 in Svolvær geboren und richtete dort nach dem Malerei-Studium sein Atelier ein, das bis heute erhalten ist. Er gehört zu den bekanntesten Vertretern norwegischer Landschaftsmalerei – neben vielen anderen ist auch sein berühmtes Bild »Schlacht um den Trollfjord« in der Galerie ausgestellt.

WEITERE INFORMATIONEN
lofoten.info

71 ANDENES – POTTWAL VORAUS!

Auf der Landschaftsroute ans Ende der Vesterålen

Nirgendwo sonst in Nordeuropa bestehen bessere Chancen, Pottwale zu beobachten, als im Meer westlich der Vesterålen-Insel Andøya. Die Meeresgiganten können dort das ganze Jahr über beobachtet werden, wenn sie von ihren Tauchgängen an die Wasseroberfläche kommen. Die Whalewatching Safaris garantieren eine Erfolgsquote von 100 Prozent – wer Pech hat und keinen Wal sieht, darf bei der nächsten Tour noch einmal kostenlos mitfahren.

Ausgangspunkt der Safaris ist der kleine Ort Andenes ganz im Norden der Insel. Mit Fischerbooten, Motorbooten oder den wendigen Rib-Booten (in Letzteren ausgestattet mit wasserdichten Überlebensanzügen) wird die »Bleikdjupet«, die Bleikschlucht, angesteuert, eine tiefe Rinne im Meeresboden. Hier beginnt der Steilabfall des Kontinentalsockels von unter 100 Metern Wassertiefe auf 1000 Meter bzw. auf über 3000 Meter Tiefe. Nährstoffreiches Tiefenwasser strömt an die Oberfläche und sorgt dort im Sonnenlicht für eine gewaltige Algenproduktion, die ihrerseits die Nahrungsgrundlage für wirbellose Tiere, Fische und letztlich Wale bildet. Und in der Tiefe lebt die Hauptspeise der Pottwale: Riesenkalmare, die mehr als zwölf Meter lang werden können.

Charakteristischer Blas

Pottwale sind wahre Tauchkünstler: Sie können bis zu 3000 Meter tief tauchen und dabei mehr als zwei Stunden unter Wasser bleiben. Trotzdem kann man sie gut beobachten, denn nach dem Auftauchen müssen sie ihre Muskulatur erst wieder mit Sauerstoff versorgen, um den nächsten Tauchgang starten zu können. Dann ruhen sie bis zu 20 Minuten an der Wasseroberfläche, atmen tief durch und stoßen die Luft durch ihr Blasloch aus. Dabei entsteht die für Wale charakteristische Fontäne kondensierender Feuchtigkeit aus der Atemluft. Pott-

Weite Buchten mit Sandstränden und kleinen Dörfern sind typisch für die Lofoten (unten). Pottwale finden am Fuß des Kontinentalsockels ihre Beute (rechte Seite oben). Rorbuer, Wohnhaus und Leuchtturm auf Andenes (rechte Seite unten).

wale können leicht an ihrem Blas identifiziert werden, der anders als der senkrecht nach oben ausgestoßene Blas anderer Wale, schräg nach vorn links gerichtet ist.
Pottwale sind mit bis zu 20 Metern Länge und 50 Tonnen Gewicht die größten Zahnwale. Entsprechend beträchtlich ist ihr Appetit: 1,5 Tonnen Beute muss ein großer Pottwal am Tag machen, um satt zu werden – da kann er sich mit kleinen Fischen nicht zufriedengeben ...

Jagd mit dem Echolot

Also muss der Pottwal in die Tiefe, um dort die Riesenkalmare zu jagen, die mehr als ein Appetithappen sind. Da ihm in den fast lichtlosen Tiefen des Ozeans seine Augen nichts nutzen, hat er ein präzise arbeitendes Echolot entwickelt, um seine Beute aufzuspüren: Er sendet eine Folge von Ultraschalllauten aus, die von Gegenständen in der Nähe reflektiert und vom Wal wieder aufgefangen werden. Auf diese Weise kann er seine Beute orten und identifizieren.
Das machen sich die Kapitäne der Walsafariboote zunutze: Sie benutzen Hydrophone, Unterwassermikrofone, mit denen die für unsere Ohren unhörbaren Klicklaute hörbar gemacht werden. Das funktioniert gut, denn Pottwale sind die lautesten Tiere der Welt – ihre Klicklaute haben einen Schalldruck bis zu 225 Dezibel (zum Vergleich: Ein Düsenjet in 30 Metern Entfernung bringt es gerade einmal auf 150 Dezibel). Mit den Hydrophonen können die Pottwale bereits aus einer Entfernung von sechs Kilometern geortet werden.

Ganzjährige Safaribootstouren

Während die Pottwale das ganze Jahr über in den Gewässern um Andenes bleiben, sind Buckel- und Schwertwale dort nur im Winter zu finden. Buckelwale folgen als Plankton- und Kleinfischfresser den Schwärmen dieser Tiere im Jahresverlauf genauso wie Schwertwale, die es auf die riesigen Heringsschwärme abgesehen haben, die im Winter in die nordischen Fjorde ziehen. Whalewatching Safaris werden daher auch und gerade im Winter mit großem Erfolg durchgeführt. Warme Kleidung ist mitzubringen.
Andenes ist zu Wasser, aus der Luft und über Land erreichbar. Empfehlenswert ist der Landweg über die Norwegische Landschaftsroute Andøya, eine von 18 landschaftlich besonders schönen Straßenverbindungen in Norwegen. Einmal auf der Insel Andøya angekommen, wird der kleine Ort Åknes an der Westküste angesteuert. Dort beginnt die Landschaftsroute und führt zunächst durch die Moltebeerensümpfe an die Westküste, vorbei am längsten Sandstrand Norwegens und durch das Dorf Bleik mit seinen riesigen Vogelfelsen, in denen 70 000 Papageitaucher brüten, bis nach Andenes, wo die Safariboote schon warten.

TOP ★ ERLEBNISSE

★ WALMUSEUM ANDENES

Das Walzentrum wurde 1988 gegründet und befindet sich in einem ehemaligen Fischverarbeitungslager am Hafen, unweit des Leuchtturms. Es bietet eine einzigartige Kombination aus Bildung und Unterhaltung, Tourismus und Forschung. Es werden Führungen durch die Ausstellung mit Informationen über Walbiologie, Meeresökologie, Walforschung und Walschutz angeboten – die perfekte Vorbereitung auf die Walsafari. Die Führung durch die Ausstellung ist im Wal-Safari-Ticket enthalten, sie dauert 45–60 Minuten.

★ BESUCH DES ANDØYA SPACE CENTER

Das Andøya Space Center ist ein Startplatz für Forschungsraketen, Wetterballons und Drohnen. Der Einrichtung angeschlossen ist ein Besucherzentrum, das über die Geschichte der Station, die Entstehung von Nordlichtern und die aktuellen Forschungsprojekte informiert. Mit dem »Raumschiff Aurora« wird in 70 Minuten eine virtuelle Reise zum Mars simuliert. Im »Escape Room« wird spielerisch ein Angriff aus dem All auf die Erde abgewehrt. Führungen werden ganzjährig angeboten. Das Andøya Space Center liegt fünf Kilometer südlich von Andenes an der Westküste der Insel.

WEITERE INFORMATIONEN
whalesafari.no
andoyaspace.no

Die Landschaft am Trollfjord ist nicht nur oberhalb des Wasserspiegels spektaktulär sondern auch am Ufer der Meeresarme (oben). Der Besuch des Trollfjordes steht auf den Fahrplänen nur weniger Kreuzfahrtschiffe, denn die schmale Passage ist jedesmal aufs Neue eine Herausforderung an das nautische Können der Kapitäne (rechte Seite unten). Die Fahrt in den engen Trollfjord gehört zu den Highlights einer Schifffahrt durch das Inselreich der Lofoten (rechte Seite oben).

72 DER TROLLFJORD

Wasserstraße für Könner

Den einen oder anderen mag ein seltsames Gefühl beschleichen, wenn er auf einem der Hurtigruten-Schiffe durch die engsten Passagen des Trollfjords fährt und die Felswände rechts und links wie in einem Höllenschlund aufragen. Und doch gehört die Fahrt durch diese traumschöne steinerne Welt zu einem der mystischsten Erlebnisse im hohen Norden – hier müssen Trolle hausen, ganz sicher!

Obwohl nur zwei Kilometer lang, steht der Trollfjord – der seinen Namen den Trollen verdankt, die hier in Höhlen hausen und nach Einbruch der Dunkelheit ihr Unwesen treiben sollen – von der landschaftlichen Schönheit her nicht hinter seinen großen Brüdern wie dem Geiranger- oder dem Lysefjord zurück. Versteckt als kleiner Nebenfjord des Raftsunds, der Wasserstraße, die Lofoten und Vesterålen voneinander trennt, kann man ihn leicht übersehen. Nicht mehr als 100 Meter breit ist der Eingang zum Trollfjord, und auch an der breitesten Stelle sind die auf beiden Seiten bis über 1000 Meter steil aufragenden Felswände nicht mehr als 800 Meter voneinander entfernt. Nur wenige Schiffe fahren in den Trollfjord, denn es erfordert erhebliches nautisches Können, um in den engen Fjord hinein und vor allem wieder hinauszukommen. In Zeiten, als die Schiffe noch nicht über moderne Bug- und Heckstrahlruder verfügten, fiel am Ende des Fjords der Anker, und das Schiff drehte sich auf kleinem Raum um die Ankerkette.

Alternativ zu einem Postschiff kann man von Svolvær aus auch mit einem Kutter oder einem Speedboot durch den Trollfjord fahren. In die Trollfjordberge führen mehrere Wanderwege, und auf 405 Metern Höhe trifft man auf die Trollfjordhytta, die man am besten über einen Wanderweg vom Ufer des Fjords aus erreicht.

Die Schlacht um den Trollfjord

1890 war der Trollfjord Schauplatz eines erbitterten Kampfs zwischen den Lofotenfischern in ihren kleinen Nordlandbooten und den Dampfschiffen, die von den großen Fischfanggesellschaften betrieben wurden. Die Besatzungen der Dampfschiffe hatten den Fjord mit Netzen abgesperrt, um dort mit ihren Senknetzen zu fischen, die um ein Vielfaches effizienter waren als die Langleinen und Stellnetze der Lofotenfischer. Diese sollten die Sperre nur passieren dürfen, wenn sie sich verpflichteten, die Hälfte ihres Fangs an die Dampfschiffer abzugeben. Dazu waren die Lofotenfischer aber nicht bereit und stürmten daraufhin mit 600 Booten den Fjord: Mit Bootshaken und Rudern attackierten sie die Besatzungen der Dampfschiffe, bis diese den Weg freimachten. In der Folgezeit durften die Fischer daraufhin vom 6. März bis Anfang April eine Million Kabeljau im Wert von 240 000 Kronen fangen.

Der Streit geht weiter

Die Auseinandersetzung hatte ein Nachspiel im Storting, dem norwegischen Parlament: Nach dreimonatiger Beratung erging 1893 der Beschluss, dass die Nutzung von Senknetzen nicht mehr zulässig sei. Das sollte gewährleisten, dass auch die Lofotenfischer, für die die teuren Senknetze zu teuer waren, ihre Existenzgrundlage erhalten konnten. Im Grunde genommen sind die Auseinandersetzungen um den Trollfjord bis heute nicht abgeschlossen – nur dass es heute nicht mehr um den Fischfang, sondern um die Besitz- und Vermarktungsrechte am Fjord geht. In dieser Angelegenheit streiten sich Lofoten und Vesterålen, denn der Trollfjord ist geografisch ein Fjord der Insel Austvågøy und damit Bestandteil der Lofoten, verwaltungsmäßig gehört er aber zur Kommune Hadsel auf der Vesterålen-Insel Hadseløya. Da mit dem Trollfjord als touristischer Attraktion eine Menge Geld zu verdienen ist, wird die Auseinandersetzung wohl so schnell kein Ende finden.

Filmkulisse Trollfjord

Im Jahr 2009 hatten die US-amerikanischen Filmemacher Alexander Payne und Jim Taylor die Idee zum Film »Downsizing«, der 2017 in die Kinos kam. Sein Inhalt: Die Ernährungskrise der Menschheit sollte dadurch beherrschbar werden, indem man Menschen mit wissenschaftlichen Methoden verkleinerte und sie als Folge daraus zukünftig weniger Ressourcen verbrauchten. Ein Schauplatz des Films mit Matt Damon und Kristen Wiig war u. a. der Trollfjord.

TOP ★ ERLEBNISSE

★ BOOTSTOUR IN DEN TROLLFJORD

Wer nicht mit einem Kreuzfahrtschiff oder mit den Hurtigruten unterwegs ist und trotzdem den Trollfjord erleben möchte, kann in Svolvær an einer Rib-Boat-Tour teilnehmen. Diese startet das ganze Jahr über täglich an der Pier in Svolvær, führt durch den Øyhellsund hinauf zum Raftsund und schließlich in den Trollfjord. Jeder Teilnehmer erhält einen Überlebensanzug, eine Schwimmweste und -brille sowie Handschuhe; für gute Schuhe und warme Kleidung (vor allem im Winter) muss man selbst sorgen. Neben dem Erlebnis Trollfjord gibt es auch eine große Population von Seeadlern in der Gegend, die man mit etwas Glück beobachten kann.

★ LOFOTEN-AQUARIUM

Nicht nur über, sondern auch unter der Wasseroberfläche und in der Tiefe pulsiert das Leben: Krebse, Muscheln, Schnecken, Seegurken und viele andere Unterwassertiere und -pflanzen kann man im Lofotakvariet (Lofoten-Aquarium) bestaunen, u. a. wird der Nordostatlantische Kabeljau gezeigt. Höhepunkt des Tages ist die Fütterung von Ottern und Robben.

WEITERE INFORMATIONEN

visitlofoten.com/en, museumnord.no/en/skrei

Leere Strände, schroffe Felsen und weite Moore bestimmen das Landschaftsbild auf Andøya (unten). Fernab vom Massentourismus findet man idyllische Orte wie Kjerringnes am Sortlandsundet (rechte Seite oben). Von den Höhenlagen der Inseln abgesehen gedeiht überall eine üppige Vegetation: Engelwurz und Weidenröschen auf den Wiesen, Wollgras in den Mooren (rechte Seite unten).

73 UND DOCH EINE REISE WERT

Die Vesterålen – Stiefgeschwister der Lofoten

»Lofoten und Vesterålen« heißt es, wenn von den Inseln im Westen Norwegens gesprochen wird. Die Vesterålen stehen immer ein wenig im Schatten der südlich gelegenen Lofoten, und auch in den Reiseführern werden sie kaum erwähnt. Dabei haben sie vieles zu bieten. Nicht umsonst haben sich die ersten Jäger und Fischer bereits vor 6000 Jahren hier niedergelassen. Boten die Inseln doch alles, was man zum Leben braucht.

Nur durch den schmalen Raftsund von den Lofoten getrennt, liegen die Vesterålen nordöstlich der Lofoten. Die fünf großen Inseln Austvågsøya, Andøya, Langøya, Hadseløya und Hinnøya beherrschen den Archipel, dazu kommt eine Vielzahl kleinerer Inseln und Inselchen. Auf 3100 Quadratkilometer zeigen die Inseln ein Spektrum von Landschaftstypen. Vorwiegend im Westen erheben sich schroffe Berge, zwischen ihnen liegen Fjorde, die tief in die Inseln einschneiden. An anderen Stellen fühlt man sich an die Südsee erinnert. Kilometerlange weiße Sandstrände wie der Bleikestranda an der Nordwestspitze der Insel Andøya, übrigens der längste Sandstrand Norwegens, laden zum Baden ein. Im Binnenland wartet eine geradezu liebliche Landschaft mit Seen, Mooren, Wäldern, Wiesen und Weiden auf den Besucher.

Der Golfstrom macht's möglich

Obwohl die Inseln zwischen dem 68. und 69. Breitengrad und damit 200 Kilometer an der Südspitze Hinnøyas beziehungsweise 300 Kilometer an der Nordspitze Andøyas, nördlich des Polarkreises liegen, herrscht hier, dem Golfstrom sei Dank, ein sehr mildes Klima. Winter mit Mitteltemperaturen im Februar von –2 °C und Sommer, in denen

Die Strände auf den Vesterålen gehören zu den längsten und schönsten Stränden Norwegens (oben). Auf der Inselgruppe gibt es auch idyllische Flecken so wie diesen durch einen Birkenwald glucksenden Bach (unten). Dreizehenmöwen sind überaus elegante Flieger und Fischfänger. Gern profitieren sie vom Beutezug der Buckelwale (rechte Seite oben). Eine der Skulpturen in der »Skulpturenlandschaft« auf den Vesteralen (rechte Seite unten).

die mittlere Temperatur im Juli zwischen 12 und 14 °C pendelt, lassen vergessen, dass in diesen Breiten eigentlich arktische Verhältnisse herrschen sollten. Umso mehr, wenn man weiß, dass als höchste auf den Vesterålen gemessene Temperatur 31 °C erreicht wurden. Entsprechend üppig sind die Inseln bewachsen. Birken, Traubenkirschen, Ebereschen, Erlen und verschiedene Weidenarten gedeihen in den Wäldern. Selbst die empfindlichen Fichten können hier überleben, wenngleich der größte Teil angepflanzt wurde. Allerdings existiert auf Hinnøya auch ein natürlicher Bestand. Die Wälder schaffen es auf den windabgewandten Seiten der Inseln, bis zu 400 Meter hoch an den Berghängen emporzuklettern. Auf den windigen Westseiten gelingt ihnen das nur bis auf 200 Meter. In abflusslosen Senken haben sich großflächige Hochmoore entwickelt, die im Laufe der Jahrtausende über das umgebende Gelände hinausgewachsen sind und nun eine Hügellandschaft bilden. Diese Moore sind Lebensraum für eine Vielzahl von Pflanzen und Tieren, darunter die Uferschnepfe, die hier ihr einziges Brutgebiet in ganz Norwegen hat. Auch heute noch wird in einigen dieser Moore Torf gestochen, allerdings stehen weite Bereiche inzwischen unter Naturschutz. Im Moor von Ramså wird eine der größten Düngemittelanlagen auf Torfbasis in Norwegen betrieben. Aber nur 5 % der Moorflächen werden zum Torfabbau genutzt.

Ein Mix aus Alt und Jung

Auch geologisch weisen die Vesterålen einige Besonderheiten auf. Das Spektrum reicht von 2,7 Milliarden Jahren alten Tiefengesteinen vulkanischen Ursprungs, die im Laufe der Zeit an die Erdoberfläche gekommen sind, bis zu Sedimentgesteinen, die »nur« etwa 100 Millionen Jahre alt sind. Zwischen Ramså und Haugsnes auf Andøya kommen diese jüngeren Sedimentgesteine zutage. Darin finden sich viele Fossilien, unter anderem Muscheln, Schnecken und Tintenfische. Ebenfalls auf Andøya wurden die bisher einzigen Kohlevorkommen auf dem norwegischen Festland gefunden, Relikte aus der Kreidezeit, als Skandinavien noch sehr viel weiter südlich lag. Zu dieser Zeit herrschte hier ein subtropisches Klima mit ausgedehnten Wäldern aus Baumfarnen, Ginkgo- und Nadelbäumen. Aus den Resten dieser Pflanzen entstand im Laufe der Jahrmillionen die Kohle. Ein Lehrpfad führt durch das Gebiet.

Die Besiedlungsgeschichte der Vesterålen ist untrennbar mit der Fischerei verknüpft. Bereits die ersten Siedler, die sich hier vor 6000 Jahren niederließen, lebten vom Fischfang in den reichen Fischgründen um die

Inseln. Kabeljau, Lachs, Butt, Schellfisch, Rotbarsch und viele weitere Fischarten waren fast im Überfluss vorhanden. Vom Beginn der Wikingerzeit an gewann der Stockfisch, der nicht mehr nur für den Eigenbedarf gefangen, sondern auch gehandelt wurde, an Bedeutung. Die Vesterålen erlebten einen ersten Aufschwung. Als seit den 1860er-Jahren zusätzlich zum Kabeljau auch Heringe in außergewöhnlichen Mengen gefangen werden konnten, kam es zu einer weiteren wirtschaftlichen Blüte in der Region. Bis heute ist die Fischerei neben dem Tourismus die Haupteinnahmequelle für die Bevölkerung. Aber nicht nur die Menschen leben von den Fischen.

Für jede Vogelart ein anderes Jagdrevier

Wo viele Seefische vorkommen, leben auch viele Seevögel. Das ist auch auf den Vesterålen so. Aus der großen Gruppe der Alkenvögel sind Papageitaucher, Tordalken und Lummen gemeinsam mit den Kormoranen unter Wasser auf der Jagd nach Fischen, während Basstölpel sich aus großer Höhe ins Wasser stürzen und schon vorher genau wissen, welchen Fisch sie fangen wollen. Auch Seeadler, die hier regelmäßig zu beobachten sind, peilen ihre Beute vorher an, bevor sie mit gezieltem Griff ihrer Fänge den Fisch aus dem Wasser ziehen. Die Möwen nehmen ihre Nahrung direkt von der Wasseroberfläche oder kurz darunter auf, denn sie können nicht tauchen. Um solche und andere Beobachtungen machen zu können, kommen Hobby-Ornithologen aus ganz Europa vor allem nach Nyhvåg.

Wiederbelebung einer Geisterstadt

Nicht weit von den Vogelfelsen befindet sich das Fischerdorf Nyksund, das bis 1972 eines von vielen kleinen Fischerdörfern entlang der Küste war. Die Unterhaltung all dieser kleinen Dörfer wurde dem norwegischen Staat auf Dauer jedoch zu teuer. So wurde beschlossen, mehrere kleine Fischerdörfer in einer kleinen Stadt zusammenzufassen. Daher wurden die Einwohner und Betriebe aus Nyksund mit staatlicher Hilfe in den nahe gelegenen Ort Myre umgesiedelt. Nur der Schmied blieb als einziger Bewohner zurück. Der Staat hatte alle Umzugskosten unter der Bedingung getragen, dass keiner der Bewohner vor Ablauf von 30 Jahren nach Nyksund zurückkehren dürfe. Das Dorf verfiel mit der Zeit und geriet (fast) in Vergessenheit. Erst ein Besucher aus Deutschland kam auf die Idee, das Dorf zu erhalten und wieder aufzubauen. Sein erster Versuch scheiterte, aber mit der Zeit fanden sich immer mehr Sponsoren und Freiwillige bereit, am Aufbau mitzuwirken und die alten Gebäude wieder instand zu setzen. Inzwischen leben wieder ca. 20 Personen dauerhaft in Nyksund. Strom, Telefon und fließend warmes Wasser gibt es auch wieder. Neben mehreren Herbergen haben im Sommer auch ein Café, ein Laden, eine Galerie und ein Museum geöffnet.

TOP ★ ERLEBNISSE

★ ZU DEN ROBBEN UND VÖGELN DER VESTERÅLEN

Die Vesterålen sind für ihre reichhaltige Tierwelt bekannt. Jedes Jahr kommen viele Touristen, um speziell die Tierwelt, angefangen von den Walen über Robben bis hin zu Vögeln, zu beobachten. Zu empfehlen ist daher eine Bootstour zu den Kegelrobben- und Seevogelkolonien auf Bleiksøya. Die Fahrt führt aber nicht einfach nur zu den Kolonien, sachkundige Experten an Bord erklären den Aufbau und die Verteilung der Vogelarten auf einem Vogelfelsen ebenso wie das Fortpflanzungsverhalten der Robben. Während der Saison vom 1. Mai bis 15. September starten die Boote täglich um 9.00, 12.00, 15.00 und 18.00 Uhr in Stave, einem kleinen Ort, 18 Kilometer von Andenes auf Andøya entfernt.

★ KUNST AM FJORD

An vielen Stellen im Norden Norwegens – auch auf den Vesterålen – sind die Ergebnisse der »Skulpturenlandschaft Nordland« zu sehen. Künstler aus der ganzen Welt hatten in den 1990er-Jahren Beiträge geliefert, die bis heute die Landschaft bereichern.

WEITERE INFORMATIONEN
www.sealsafari.no,
visitvesteralen.com

Bjarkøy liegt strategisch günstig im Andfjord (oben). Nachbau eines typischen Wikingerschiffs (rechte Seite unten). Feuer kann auch ohne Feuerzeug entfacht werden (rechte Seite oben).

74 ZU DEN WIKINGERN VON BJARKØY

Auf den Spuren von Tore Toresson

Das Erbe des legendären Wikingerhäuptlings Tore Toresson, auch Thorir (der) Hund genannt, wird auf seiner Heimatinsel Bjarkøya hochgehalten. Er wurde um das Jahr 990 geboren und war einer der mächtigsten Häuptlinge in Norwegen. Als Anführer eines Bauernheers soll er 1030 in der Schlacht von Stiklestad den aus dem Exil zurückgekehrten König Olav II. Haraldsson, später Olav der Heilige genannt, getötet haben.

Das hinderte ihn jedoch nicht daran, fleißig mit an der Legende von Olav dem Heiligen zu stricken, der bereits unmittelbar nach seinem Tod noch auf dem Schlachtfeld für Wunder gesorgt haben soll. Daraus entwickelte sich in den folgenden Jahren ein Olavskult, der bis heute nachwirkt. Der von Oslo bis Trondheim verlaufende, Olav dem Heiligen gewidmete Pilgerweg wurde 2010 vom Europarat als Europäische Kulturroute zertifiziert. Die Verehrung Olavs gab der Christianisierung Norwegens einen kräftigen Anschub. Die Schlacht von Stiklestad, von manchen Historikern als Kampf des christlichen Königs gegen heidnische Bauern bezeichnet, war aber nichts dergleichen, sondern ein reiner Machtkampf. Gleichwohl markiert sie die endgültige Abwendung der Norweger von den alten Göttern hin zum Christentum.

Auch wenn noch keine 1000 Jahre seit der Schlacht von Stiklestad vergangen sind, wird bereits jetzt auf diese Jahrfeier hingearbeitet, und die Vorbereitungen laufen: Im Juni 2023 werden in Bjarkøy-Nergårdsvik einheimische, nationale und internationale Sänger, Tänzer und Schauspieler ein Historienspektakel veranstalten – beginnend mit dem Jahr 1030 wird die Geschichte Norwegens in vielen musikalischen Bildern dargestellt. Durch das Programm führt kein Geringerer als Tore Hund selbst. Fortsetzungen in den nächsten Jahren sind geplant.

Häuptling, Entdecker, Kriegsherr

Bjarkøy war zu Tores Lebzeiten ein wichtiger Handels- und Umschlagplatz für Waren aller Art, was den Wikingern auf der Insel zu großem Wohlstand verhalf. Damit verbunden war auch ein großer politischer Einfluss. Tore verstand es, mit anderen einflussreichen Familien Bündnisse zu schließen, um seine Interessen noch schlagkräftiger zu vertreten. Darüber hinaus war er auch ein versierter Seefahrer, der mehrere Expeditionsreisen ins Weiße Meer und in das sagenumwobene Bjarmaland unternommen haben soll. Nicht zuletzt hat er sich als Heerführer gegen Olav II. hervorgetan. Sein Verbleib nach der Schlacht von Stiklestad verliert sich im Dunkel der Geschichte – nach Bjarkøy kehrte er nicht mehr zurück, einige Quellen berichten, dass er sich nach Jerusalem begeben habe, um dort Buße zu tun. Belege dafür gibt es nicht. Es wird vermutet, dass er bereits ein Jahr nach der Schlacht starb.

Zur Erinnerung an den großen Sohn und an die Geschichte von Bjarkøy wurde hier ein Kulturpfad eingerichtet: Er führt vom Standort von Tores Hof in Øvergården über die Ole Ottesastue, ein kleines Freilichtmuseum, zur Kirche und den Resten von Tores Bootshaus in Hafennähe. Neben der Kirche wurde 1980 ein Bautastein zu seinen Ehren aufgerichtet. Bautasteine, in Mitteleuropa Menhire genannt, wurden in der Bronze- und Eisenzeit zum Andenken an Verstorbene errichtet. Anders als die frühen Bautasteine, die keine Inschriften trugen, ist Tores Stein mit einem Bronzerelief versehen, das eine Szene aus seinen Vorbereitungen für die Schlacht bei Stiklestad zeigt. Entlang des Kulturpfads wurden Informationstafeln und Wegweiser aufgestellt.

Neuer Weg nach Bjarkøy

Bis zum Jahr 2018 war Bjarkøy nur mit dem Schiff zu erreichen. Auch heute noch verkehrt die Fähre von Harstad mit Zwischenstopps auf den kleinen Inseln Kjøtta und Sandsøya nach Bjarkøy und von dort bis zum Endhafen Krottøya ganz im Norden des kleinen Archipels. Mit der Inbetriebnahme des 3222 Meter langen Kvernsund-Tunnels zwischen Grytøya und Bjarkøya, dessen tiefster Punkt 125 Meter unter dem Meeresspiegel liegt, ist eine fast durchgehende Straßenanbindung erreicht worden. Nur der Toppsund zwischen Hinøya und Grytøya muss noch mit der Fähre überquert werden. Das hat dem Tourismus zu weiterem Aufschwung verholfen, der sich neben der traditionellen Fischerei und Fischverarbeitung zum wichtigsten Wirtschaftsfaktor in Bjarkøy entwickelte.

TOP ★ ERLEBNISSE

★ AUF DEN SPUREN VON TORE HUND

Von Harstad kann man, gut in Überlebensanzügen verpackt, mit den wendigen Rib-Booten nach Bjarkøy fahren und auf dem Kulturpfad durch die Heimat des großen Wikingers Tore Hund wandern. Anschließend geht die Fahrt weiter nach Norden zum Naturreservat Sundsvollsund mit spektakulären Beobachtungen von Dreizehenmöwen, Lummen und Seeadlern. Nach einem leichten Mittagessen im Restaurant Midgard in Sundsvoll fährt man zurück nach Harstad.

★ WIKINGERHOF MIDDELALDERGARDEN

Die direkten Spuren der Wikinger auf Bjarkøy sind heute weitgehend verschwunden. Im Trondenesveien 122 in Trondenes, 25 Kilometer südlich von Bjarkøy, wurde die Epoche mit der Rekonstruktion eines mittelalterlichen Wikingerhofs aber wieder zum Leben erweckt. Wohnhaus und Schmiede aus den frühen 1200er-Jahren und die König-Øystein-Kirche, eine Stabkirche aus dem Jahr 1114, wurden mit Techniken und Gerätschaften aus dieser Zeit authentisch nachgebildet. Das Dienstmädchen Frøydis, der Knecht Halte-Haldor oder die Hausfrau Jorunn erfüllen den Hof für die Besucher mit Leben.

WEITERE INFORMATIONEN
visitharstad.no
stmu.no/attraksjoner/middelaldergarden

DIE NORWEGISCHE HOHE ARKTIS

Das Land der rauen Küste

Die Kirche von Longyearbyen ist nicht nur für Gläubige ein Treffpunkt (links). Selbst mitten in der Stadt brüten Eiderenten (oben). Walrosse sind heute auf Spitzbergen streng geschützt (unten).

Die bunten Häuser von Longyearbyen kontrastieren wunderbar mit der schneebedeckten Winterlandschaft (oben). Das Spitzbergen-Ren ist eine eigene, nur auf Svalbard vorkommende Unterart (rechte Seite oben). Auf dem Meereis fühlen sich die Eisbären am wohlsten (rechte Seite unten).

75 INSELPARADIES IN DER HOHEN ARKTIS – SVALBARD

Die ganze Arktis in einer Nussschale

Auf Spitzbergen, von den Norwegern Svalbard, »Land der kühlen Küste«, genannt, ist die Natur noch nahezu unberührt. Spitzbergen ist nur die größte Insel des Archipels, der aus sieben großen und einigen Hundert kleinen und kleinsten Inseln besteht. Sie liegen weit nördlich des Polarkreises zwischen 74° und fast 81° N. Bis zum Nordpol sind es gerade noch einmal 1000 Kilometer, das entspricht der Entfernung von Köln nach Oslo.

Der nördlichste Punkt liegt auf der Insel Rossøya bei 80° 50' N. So hoch im Norden geht die Sonne im Sommer vom 20. Mai bis zum 26. August nicht unter. Die Polarnacht beginnt am 26. Oktober, und erst am 16. Februar taucht die Sonne erstmals wieder für wenige Minuten hinter dem Horizont auf. Der südlichste Punkt Svalbards wird durch die Südspitze der Bäreninsel bei 74° 20' N markiert. Trotz der hocharktischen Lage ist das Klima auf Svalbard dank der letzten Ausläufer des Golfstroms, die gerade noch die Westküste erreichen, relativ mild. Die Jahresdurchschnittstemperatur liegt bei –4,4 Grad Celsius, im Sommer können aber durchaus einmal 17 Grad Celsius erreicht werden. Der Juli ist mit 5,7 Grad Celsius der wärmste, der Februar mit –11,6 Grad Celsius der kälteste Monat. Die meisten Besucher erkunden Svalbard mit einem Kreuzfahrtschiff. Schiffe mit mehr als 300 Passagieren begnügen sich meist damit, die Hauptstadt Longyearbyen anzulaufen und an der Küste entlangzufahren. Die kleineren Schiffe besitzen Schlauchboote, mit denen die Passagiere an interessanten Plätzen an Land gebracht werden.

Vom Walöl zum schwarzen Gold

Im Unterschied zu anderen hocharktischen Regionen, wie z. B. Grönland, Nordkanada, Alaska und Nordsibirien, die von verschiedenen Inuit-Kulturen oder schon von deren Vorgängerkulturen bewohnt wurden, war Spitzbergen nie von Menschen besiedelt. Zu groß war die Entfernung zum nächstgelegenen Festland, als dass sie mit kleinen

Der Polarfuchs hat kleinere Ohren als seine mitteleuropäischen Verwandten (oben). Die Rentiere auf Spitzbergen sind bestens an kalte Winter angepasst (unten). Historisches Schiff vor einer Gletscherzunge im Norden Spitzbergens (rechte Seite oben). Das Innere einer Trapperhütte, im Museum von Longyearbyen aufgestellt (rechte Seite unten).

Booten oder Kajaks hätte überwunden werden können. So waren es die Wikinger, die im 12. Jahrhundert die »Kühle Küste« entdeckten. 1194 wird die Sichtung erstmals in einem Dokument als »Svalbardi fundinn« erwähnt. Danach vergingen aber weitere fast 200 Jahre, bevor 1596 der Holländer Willem Barentsz auf der Suche nach der Nordostpassage die schroffen Zinnen an der Westküste der größten Insel »Spitsbergen« nannte. Die Kunde von den hochnordischen Inseln mit ihren reichen Vorkommen an Walen, Robben, Eisbären und Polarfüchsen sorgte für einen bis dahin beispiellosen Wettlauf um diese Ressourcen: Walfänger und Pelztierjäger machten reiche Beute. Während die Walfänger ihre an Land errichteten Tranöfen nur während der Sommermonate nutzten, überwinterten die Pelztierjäger in Spitzbergen, um die hochwertigeren Winterfelle zu erbeuten.

Gegen Ende des 17. Jahrhunderts verlor der Walfang rapide an Bedeutung, weil die in Küstennähe lebenden Bestände der Grönlandwale nahezu ausgerottet waren. Nach einem Höhepunkt zum Ende des 19. Jahrhunderts nahm auch die Jagd auf Polarfüchse, Eisbären und Robben, insbesondere Walrosse, kontinuierlich ab und kam mit dem Ausbruch des Zweiten Weltkriegs gänzlich zum Erliegen. Nach dem Krieg wurde die Pelztierjagd wieder aufgenommen, aber ab 1973 mit dem Jagdverbot für Eisbären und Walrosse unattraktiv. Heute werden nur noch vereinzelt Polarfüchse gejagt.

Kohle in der Arktis

Wirtschaftlich interessant wurde Spitzbergen auch durch die großen Kohlevorkommen, die man zu Beginn des 20. Jahrhunderts entdeckte. 1906 entstand die erste dauerhafte Siedlung, die nach ihrem Gründer John Munroe Longyear, einem amerikanischen Industriellen, Longyear City genannt wurde. Der heutige Name Longyearbyen ist die norwegische Übersetzung. Von Beginn an waren mehrere Nationen im Kohlebergbau aktiv. Immerhin war Spitzbergen Niemandsland. Aufgrund des Spitzbergenvertrags von 1920 erlangte Norwegen fünf Jahre später die Souveränität über die Inseln mit der Maßgabe, dass allen Unterzeichnerstaaten, unter ihnen Frankeich, Russland, die USA und Großbritannien, die gleichen Rechte eingeräumt würden wie den Norwegern. Bis heute baut Russland aufgrund des Vertrages in Barentsburg immer noch Kohle ab, auch wenn die Förderung heute kaum noch rentabel ist. Walfänger und Pelztierjäger haben in der Vergangenheit die Bestände der auf Spitzbergen lebenden Tierarten fast bis zur

Ausrottung gejagt, doch schon seit vielen Jahrzehnten stehen Wale, Eisbären, Walrosse und Co. unter strengem Schutz. Nicht umsonst steht daher der Naturtourismus für Spitzbergen auf dem Programm fast jeden Reiseanbieters.

Etwa 3500 Eisbären zählen heute wieder zur Spitzbergen-Population. Während des Sommers halten sich die meisten von ihnen auf dem Packeis auf, dessen Grenze nördlich des Archipels liegt. Aber auch auf den Inseln ist immer mit Eisbären zu rechnen. Meist handelt es sich um Weibchen mit ihren Jungen oder um halbwüchsige, etwa drei- bis fünfjährige Männchen, die dem von den Küsten zurückweichenden Packeis im Frühsommer nicht rechtzeitig gefolgt sind.

Überlebenskünstler

Auch die Walrosse sind zurückgekehrt. War bis vor 20 Jahren nur ein einziger der traditionellen Lagerplätze auf der streng geschützten Insel Moffen im Norden Svalbards übrig geblieben, sind sie heute auch regelmäßig auf der Amsterdamøya im Nordwesten, am Torellneset auf dem Nordaustlandet und auf der Insel Edgeøya zu finden. Niemand kann sich der Faszination dieser bis zu vier Meter langen und rund 1500 Kilogramm schweren Tiere mit den gewaltigen Zähnen entziehen. Dagegen nehmen sich die anderen Robbenarten, allen voran die immerhin auch bis zu 2,5 Meter langen und 350 Kilogramm schweren Bartrobben, fast bescheiden aus. Sie können regelmäßig auf Eisschollen beobachtet werden, genauso wie Seehunde, Ringel- und Sattelrobben. Auch Wale werden in den Gewässern um Spitzbergen wieder regelmäßig gesichtet, vorwiegend Buckel-, Finn- und Weißwale, gelegentlich auch die zu Unrecht als Killerwale diffamierten Schwertwale. In den letzten fünf Jahren sind zudem wieder einzelne Blauwale registriert worden, die zu den größten Tieren in der Erdgeschichte zählen.

An Land sind Rentiere und Polarfüchse die einzigen Säugetiere. Die Rentiere halten sich vorwiegend in den flacheren Küstenebenen auf. Dort finden sie in der schütteren, aber im Sommer wunderbar bunt blühenden Tundra genügend Äsungsflächen, um nicht nur im Sommer zu überleben, sondern sich auch genügend Reserven für den Winter anzufuttern. Polarfüchse sind im Sommer häufig unterhalb der riesigen Vogelkolonien zu finden. Die steilen Felsen, in denen Hunderttausende von Seevögeln brüten – vor allem Lummen, Krabbentaucher, Dreizehen- und Eismöwen –, können sie zwar nicht erreichen, aber immer wieder fallen Eier und Jungvögel von den Felsen. Im Winter tauschen die Füchse ihr braunes Sommerfell gegen das strahlend weiße Winterfell und folgen den Eisbären aufs Packeis. Hier leben sie von den Resten der Eisbärenmahlzeiten.

TOP ★ ERLEBNISSE

★ LONGYEARBYEN

So ziemlich jeder Besucher erreicht Spitzbergen via Longyearbyen, da sich hier der einzige Flugplatz des Archipels befindet. Im Svalbard-Museum wird auf anschauliche Weise die Entdeckungsgeschichte der Arktis und die Zeit der Walfänger dargestellt. Der Schwerpunkt liegt jedoch auf der fantastischen arktischen Natur, die im Kontext von Geologie, Klima, Tier- und Pflanzenwelt nähergebracht wird. Außerdem lohnt sich in der Stadt der Besuch der Kunstgalerie.

★ KREUZFAHRT INS EIS

Longyearbyen ist nicht Spitzbergen. Deshalb gehen viele Touristen an Bord von Schiffen, um auf Tagestouren die Ziele im Isfjord wie die russische Bergbausiedlung Pyramiden zu erkunden. Noch interessanter sind mehrtägige Kreuzfahrten, die in den Norden des Archipels führen. Dabei sieht man sicher Gletscher, mit etwas Glück jedoch auch Eisbären und Robben. In den Klippen brütende Seevögel sind neben der alles andere als eintönigen, wenn auch rauen Landschaft eine weitere Attraktion.

WEITERE INFORMATIONEN
visitsvalbard.com

76 AUF DEM WEG NACH NORDEN – BÄRENINSEL

Fünf Millionen Vögel und neun Meteorologen

Mehr als 400 Kilometer nördlich des Nordkaps im offenen Nordatlantik gelegen, ist die Bäreninsel nie besiedelt worden. Erst Willem Barentsz entdeckte sie 1596 auf der Suche nach der Nordostpassage. Auch heute noch wird dort nur eine Wetter- und Forschungsstation unterhalten. Berühmt ist die Bäreninsel für ihre riesigen Seevogelkolonien, die mit über einer Million Brutpaaren zu den größten der Nordhalbkugel zählen.

Nicht nur die Vogelwelt auf Bjørnøya, wie die Bäreninsel auf Norwegisch heißt, ist bemerkenswert, auch die jahrhundertelange Jagd auf Meeressäuger und Vögel, dazu der Bergbau haben ihre kulturellen Spuren hinterlassen. Die ältesten Überreste stammen aus der Zeit englischer Walfänger, die auf dem Weg nach Spitzbergen quasi im Vorbeisegeln Walrosse jagten. Unmengen an Walrossknochen bedecken die ehemaligen Liegeplätze der Tiere. Allein von 1603 bis 1612 erlegten elf Fangexpeditionen mehr als 3000 Walrosse. Im späten 17. Jahrhundert kamen russische Pomoren als Trapper auf die Insel. Sie jagten Walrosse, Eisbären, Polarfüchse und Vögel bis nahe zur Ausrottung. Gräber, Reste von Fangstationen und ein russisch-orthodoxes Kreuz erinnern heute an die Trapper.

Zu Beginn des 19. Jahrhunderts geriet die Insel auch ins Blickfeld der Norweger, die dort ebenfalls Fangstationen errichteten. Einige Gebäude wie das Tobiesens Hus sind noch erhalten. Die Überwinterungsstationen wurden jedoch bald wieder aufgegeben. Eine Walfangstation wurde 1905 in der Kval-

Vogelbrutfelsen am Sørkap der Bäreninsel (unten). An den Vogelbrutfelsen ist ein ständiges Kommen und Gehen (rechte Seite oben). Nur wenige Schiffe sind in den Gewässern um die Bäreninsel unterwegs. Meist sind es Expeditionskreuzfahrtschiffe (rechte Seite unten).

rossbukta errichtet, aber bereits 1908 wegen mangelnder Rentabilität wieder geschlossen. Der Walfang hatte sich inzwischen auf die Südhalbkugel verlagert.

Die Zeit nach der Jagd

Der Rohstoffhunger machte auch vor der Bäreninsel nicht Halt. Theodor Lerner, eine schillernde Figur in der Geschichte Svalbards, begann 1898 mit der Suche nach Kohle und Bleiglanz. Die eigens gegründete Gesellschaft Bjørnøya AS suchte zunächst erfolglos, erst 1916 wurde man im Nordosten der Insel fündig. Bis zu 182 Menschen lebten hier ganzjährig in 25 Gebäuden. Außer Ruinen ist nichts davon übrig geblieben, denn während des Zweiten Weltkriegs wurde die Siedlung von den Alliierten zerstört.

Bis heute überdauert hat hingegen die im Jahr 1919 eingerichtete und 1923 um meteorologische Einrichtungen erweiterte Station Bjørnøya Radio im Norden der Insel. Auf Bjørnøya wird heute auch wissenschaftliche Forschung betrieben. Die Ökologie der Seevögel und Untersuchungen zum Schadstoffeintrag in die Umwelt sind zwei der Schwerpunkte.

Die Bäreninsel befindet sich an der Polarfront, der Region, in der kaltes nährstoffreiches Tiefenwasser am Schelf der Insel aufsteigt und sich mit milderem atlantischem Oberflächenwasser vermischt. Dadurch wird eine gewaltige Planktonproduktion in Gang gesetzt. Wale, Robben, Fische und nicht zuletzt Seevögel profitieren von dem Überangebot an Nahrung. Das Meer um die Bäreninsel ist eine wichtige Kinderstube für Kabeljau, Schellfisch, Hering, Schwarzen Heilbutt und viele andere Fischarten.

Im Süden der Insel erstreckt sich ein neun Kilometer langes Vogelkliff von Glupen im Westen bis zur Sørhamna im Osten. Dickschnabellummen, Krabbentaucher, Eissturmvögel, Dreizehen- und Eismöwen bevölkern die Felsen in ungeheuren Mengen. Trottellummen und Tordalken haben hier ihre nördlichsten Brutvorkommen. Nicht umsonst wurden große Teile der Insel 2002 unter Schutz gestellt. Teilbereiche dürfen nur außerhalb der Brutzeit betreten werden. Zu den Vogelklippen müssen Schiffe einen Mindestabstand von einer Meile einhalten. Kleine Boote wie die von den Expeditionsschiffen benutzten Zodiacs dürfen jedoch in der Zone fahren.

Schwierige Anreise

Die Bäreninsel ist nur mit dem Schiff auf dem Weg von und nach Spitzbergen zu erreichen. Angelandet wird immer an der Nordküste in einer kleinen Bucht bei Bjørnøya Radio. In der Station befinden sich ein kleiner Souvenirshop und ein Postamt. An den nahe gelegenen Klippen brüten Papageitaucher, die sich sehr gut beobachten lassen.

TOP ★ ERLEBNISSE

★ DIE VOGELKLIPPEN IN DER SØRHAMNA

Zwei Ziele gibt es auf der Insel, die von den Expeditionskreuzfahrtschiffen angesteuert werden. Eines davon ist die Sørhamna, eine geschützte Bucht im Südosten der Insel – hier werden Bootstouren durch die Bucht zu den Kalksteinklippen mit ihren riesigen Vogelkolonien angeboten. Es herrscht ein ständiges An- und Abfliegen von Lummen, Dreizehen- und Eismöwen, die ihre Jungen mit Nahrung versorgen. Ein besonderes Erlebnis ist die Fahrt durch ein Loch im Meholmen, einem Felsen an der Ostseite der Bucht.

★ BJØRNØYA RADIO

Nicht immer ist es möglich, die Insel zu betreten und die Station zu besuchen, denn oft herrschen starker Wind und hoher Seegang. Doch wenn die Anlandung glückt, ist der Besuch der Station ein außergewöhnliches Erlebnis. Die Mitarbeiter, die für jeweils ein halbes Jahr auf der Insel bleiben, geben bereitwillig Auskunft über ihre Arbeit und das auch heute noch abenteuerliche Leben außerhalb der Zivilisation. Neben der Station selbst ist der »meteorologiske stein« ein untrügliches Instrument zur Wetterbeobachtung.

WEITERE INFORMATIONEN

visitnorway.de/listings/birdwatching-bjørnøya-island/185073

Longyearbyen heute: Die Transformation von der Bergarbeitersiedlung zur Touristendrehscheibe ist gelungen (oben). Auch wenn die Kohleförderung heute keine Rolle mehr spielt, hat man den Bergarbeitern ein Denkmal gesetzt (rechte Seite unten). Polarlichter sind nur in der Polarnacht sichtbar (rechte Seite oben).

77 METROPOLE SVALBARDS – LONGYEARBYEN

Vom Kohlenbergbau zum Ökotourismus

Die ehemalige Bergarbeitersiedlung Longyearbyen ist das administrative und logistische Zentrum Svalbards (Spitzbergens). Es hat sich dort seit den 1990er-Jahren ein Gemeinwesen mit einem gesellschaftlichen und kulturellen Angebot entwickelt, dass sich durchaus mit ähnlichen Orten auf dem norwegischen Festland messen kann. Die Siedlung ist auch Dreh- und Angelpunkt für alle touristischen Aktivitäten auf und um Svalbard.

Als sich im Jahr 1900 einige Geschäftsleute aus Trondheim die Rechte zur Kohleförderung im Longyeardalen sicherten, dachten sie gar nicht daran, dort selbst aktiv zu werden, sondern nur daran, sie so schnell wie möglich gewinnbringend wieder zu verkaufen. Die Rechnung ging schnell auf, denn bereits fünf Jahre später begann der Amerikaner John Munroe Longyear mit der Kohleförderung. Unter primitiven Bedingungen mit schlechten hygienischen Verhältnissen und schlechtem Essen lebten die Minenarbeiter in der Longyear-City genannten Siedlung. Streiks waren gang und gäbe. Der einzige Anreiz dort zu arbeiten war der hohe Lohn, der gezahlt wurde. Die »amerikanische Ära«, wie diese Zeit später genannt wurde, endete 1915 mit dem Verkauf der Anlagen an die norwegische Firma Store Norske Spitsbergen Kulkompanie (SNSK).

Die Store-Norske-Periode

Wer geglaubt hatte, die Arbeitsbedingungen würden sich nun entscheidend verbessern, sah sich getäuscht. Die Siedlung wurde nur in Longyearbyen umgetauft, denn auch die SNSK war eine profitorientierte Gesellschaft, die alle Regeln in der Siedlung, die Arbeitsbedingungen und die Versorgung bestimmte. Zwar war Norwegen mit dem Spitzbergen-Vertrag von 1925 die Souveränität über Svalbard übertragen worden, Longyearbyen blieb jedoch eine SNSK-Enklave.

Während des Zweiten Weltkriegs wurde Longyearbyen von deutschen Schiffen fast vollständig zerstört, nach dem Krieg aber unter Einsatz erheblicher Mittel von der SNSK wieder aufgebaut. Dadurch verbesserten sich zwar die Lebensbedingungen für die Arbeiter, einen echten Wandel gab es aber erst in den 1970er-Jahren, nachdem Norwegen eine aktivere Politik auf Svalbard eingeleitet hatte. Im Zuge dieser Maßnahmen wurde die SNSK im Jahr 1976 verstaatlicht.

Jahrzehnte des Wandels

Mehr als 600 Kilometer vom norwegischen Festland entfernt, war Svalbard jahrhundertelang nur auf dem Seeweg und nur während der eisfreien Sommermonate erreichbar. Das änderte sich 1975 mit der Inbetriebnahme des Flughafens in Longyearbyen – der Ort war von nun an ganzjährig mit der Welt verbunden. Das erleichterte nicht nur die Versorgung, auch der Tourismus, der bis dahin nur eine minimale Rolle gespielt hatte, nahm langsam, aber stetig zu. Bis 1990 gab es nur ein einfaches Hotel in Longyearbyen in der Nähe des Flughafens. Heute gibt es eine ganze Reihe gut ausgestatteter kleiner und mittlerer Hotels, und selbst die große Hotelkette Radisson hat sich dort etabliert.

Auch rechtlich änderte sich in den Jahren des Umbruchs vieles. Im Jahr 2001 wurde die erste Gemeindeverwaltung eingerichtet, und seitdem finden Kommunalwahlen statt. Jeder Einwohner hat nun die Möglichkeit, ein Haus zu bauen oder zu erwerben, was zu Zeiten der SNSK nicht möglich war. Heute erinnern nur noch die Kohletransportanlagen, einige wenige Gebäude und eine Bergarbeiterstatue in der Fußgängerzone an die Zeit des Bergbaus, der 2021 eingestellt wurde. Nur eines hat sich über die Jahrzehnte hinweg nicht geändert: Wer den Ort verlassen will, muss eine großkalibrige Schusswaffe mitführen, um sich der Eisbären erwehren zu können, die immer wieder in der Nähe auftauchen und gelegentlich sogar in den Ort hineinspazieren.

Arktische Abenteuer

Zu allen Jahreszeiten gibt es heute touristische Angebote. Selbst während der dunklen Zeit von November bis Februar können ein- und mehrtägige Wanderungen, Skiexkursionen, Hunde- und Motorschlittentouren gebucht werden. Im Sommer werden Wanderungen auch auf und in die Gletscher angeboten. Schiffstouren in die Fjorde ergänzen die Palette.

TOP ★ ERLEBNISSE

★ EISHÖHLEN

In den Gletschern Svalbards gibt es unzählige Gänge, die durch Schmelzwasser gebildet wurden und zu faszinierenden Eishöhlen führen. Ausgerüstet mit Stirnlampe, Steigeisen und Helm kann man in diese faszinierende Welt eintauchen und die wunderschönen Farben, Eiszapfen und Schneekristalle bewundern. Es gibt mehrere Möglichkeiten, zu den Eishöhlen zu gelangen: Unter Leitung eines ortskundigen Führers gelangt man auf Schneeschuhen oder Skiern zu den Höhlen. Der rustikale Transport mit einem Hundegespann oder einem Motorschlitten ist etwas für die Abenteuerlustigen. Wer es etwas bequemer haben will, lässt sich bequem in einer Pistenraupe chauffieren.

★ POLARLICHTER

Svalbard ist einer der besten Orte der Welt, um Nordlichter zu beobachten. Allerdings nur während der Monate, in denen die Sone weit genug hinter dem Horizont versinkt. Auf der sicheren Seite ist man in der Polarnacht von November bis Februar, aber schon ab Mitte September und dann bis Mitte April wird es nachts dunkel, und die Polarlichter werden sichtbar. Mehrere Unternehmen in Longyearbyen bieten Nordlichttouren mit Schneemobil, Hundeschlitten, Boot oder sogar mit Schneeschuhen an. Wer die bequeme Variante bevorzugt, lässt sich mit einer Schneekatze aus der Stadt herausfahren.

WEITERE INFORMATIONEN
visitsvalbard.com

78 SEEVÖGEL, WALROSSE, RENTIERE – PRINS KARLS FORLAND

Der perfekte Einstieg in die arktische Wildnis

Das Prins Karls Forland bietet auf kleinem Raum alles, was Spitzbergen ausmacht. Die namengebenden, über 1000 Meter hohen schroffen Bergspitzen, spektakuläre Gletscher, Hunderte Seen und Flüsse und dazu eine reiche Tierwelt mit Vogelbrutklippen, einem Walrossliegeplatz und dazwischen Rentieren, Polarfüchsen und gelegentlich Eisbären: Nicht umsonst sind die Insel und über 4000 Quadratkilometer umliegende Meeresfläche als Nationalpark ausgewiesen.

Die Spitzbergen-Rentiere sind deutlich kleiner als als ihre nächsten Verwandten, die Karibus in Nordamerika (unten). Auf der Suche nach Walrossen spazieren ein paar Touristen am Strand von Prins Karls Forland entlang (rechte Seite oben). Walrosse sind am Poolepynten auf dem Prins Karls Forland wieder häufiger zu beobachten (rechte Seite unten).

Willem Barentsz hatte die Insel zwar bereits 1596 gesichtet, aber erst englische Walfänger gaben ihr 1610 einen Namen und benannten sie nach dem damaligen Prince of Wales, dem späteren König Charles I.

Bescheidene Hommage

Der Prinz hätte sich vermutlich eine größere Insel gewünscht, denn größenmäßig gibt sie nicht viel her: 86 Kilometer lang und zwischen fünf und elf Kilometern breit, hat sie lediglich eine Fläche von 615 Quadratkilometern. Durch den 15 Kilometer breiten Forlandsundet wird sie von der Hauptinsel Spitzbergen getrennt. Die beiden Gipfel des Salfjellet markieren das Südende des Prins Karls Forlands. Nach Norden folgt darauf die Forlandsletta, eine sandige Ebene, die mit Hunderten von Seen und Tümpeln durchsetzt ist.

Ein markanter Punkt ist Poolepynten, eine nach Osten vorspringende Landzunge, auf der häufig Walrosse lagern. Das 528 Meter hohe Methuenfjellet leitet von der Forlandsletta nach Norden in den gebirgigen Teil der Insel über. Die höchsten Gipfel sind ganz im Norden das Phippsfjellet mit 1013 Metern

und das Monacofjellet mit 1084 Metern. Der Berg wurde während der Expeditionen des schottischen Polarforschers Dr. William S. Bruce in den Jahren 1906 und 1907 nach Fürst Albert I. von Monaco benannt, der diese Expeditionen organisierte. Der Fürstenfamilie wurde zudem in der Grimaldibucht mit den Grimaldifelsen ein Denkmal gesetzt.

Die Nordspitze der Insel wird vom Fuglefjellet beherrscht, einer 548 Meter hohen Berggruppe, deren Steilhänge im Norden wegen der dort brütenden Seevögel Fuglehuken (Vogelhaken) genannt wird. Die Nordostseite der Insel ist teilweise vergletschert. Der größte Gletscher ist der Søre Buchananisen, der sich acht Kilometer an der Ostküste entlangzieht.

Kein Leben auf Sparflamme

Auf den ersten Blick mag das Prins Karls Forland kahl und lebensfeindlich sein, die Berghänge und die Forlandsletta scheinen kaum Pflanzenwuchs aufzuweisen. Trotzdem werden dort auch regelmäßig Rentiere angetroffen, die selbst auf den kargen Böden Flechten, Moose und Kräuter finden. Einen geradezu üppigen Pflanzenwuchs findet man unter dem Vogelfelsen Fuglehuken im Norden der Insel.

Fuglehuken ist einer der größten, vielfältigsten und an Individuen reichsten Vogelfelsen im Westen Spitzbergens. Vor allem Dickschnabellummen und Dreizehenmöwen, aber auch Trottellummen, die hier ihren nördlichsten Brutplatz besetzen, sind vertreten. Kurzschnabelgänse brüten an den flacheren Hängen, und die tieferliegenden Bereiche werden von Ringelgänsen als Rastgebiet von und zu den Winterquartieren in Grönland genutzt.

Langsam erholen sich auch die Walrossbestände auf Spitzbergen wieder, und vormals aufgegebene Lagerplätze werden wieder besiedelt, wie etwa der Poolepynten auf der Ostseite der Insel. Im flachen Wasser suchen die Tiere im Meeresboden Klaffmuscheln, Schnecken, Würmer und Krebse, an Land ruhen sie dichtgedrängt in großen Gruppen am Strand.

Spuren der Vergangenheit

Am Fuglehuken stößt man zudem auf kulturelle Überreste aus den meisten historischen Epochen Svalbards. Aus der Walfangzeit stammen Einzel- und Gruppengräber an der Küste, und auf einem Hügelrücken liegt ein Friedhof mit 45 Gräbern. Mehrere Hütten russischer und norwegischer Trapper stehen am Strand. Das Funkfeuer an der Nordspitze der Insel wurde 1946 errichtet und verrichtet immer noch seinen Dienst.

TOP ★ ERLEBNISSE

★ DIE WALROSSE AM POOLEPYNTEN

Nachdem sie bis nahe zur Ausrottung bejagt wurden, haben sich die Walrossbestände noch nicht vollständig erholen können. Die meisten traditionellen Lagerplätze sind immer noch verwaist. Nicht so der Poolepynten: Hier finden sich seit einigen Jahren regelmäßig wieder Walrosse ein. Zunächst waren es nur männliche Tiere, heute sind gelegentlich auch Weibchen und Jungtiere dabei. Angelandet wird in mindestens 300 Metern Entfernung von der Walrossgruppe. Langsam und vor allem ruhig kann man sich den Tieren bis auf 50 Meter nähern, ohne sie zu beunruhigen.

★ AM FUGLEHUKEN

Zum Schutz der Brutvögel sind einige Bereiche am Fuglehuken in der Zeit vom 15.5.–1.7. nicht zugänglich, aber das schmälert nicht das Erlebnis, Tausende von Vögeln in den Klippen zu beobachten. Mit Glück sieht man auch einen Polarfuchs, der sich gern unter dem Vogelfelsen aufhält, um heruntergefallene Küken zu erbeuten. Auch die Hinterlassenschaften der Walfänger und Trapper faszinieren – die zahlreichen Gräber sind Beleg dafür, dass das Leben hier im hohen Norden voller Gefahren war.

WEITERE INFORMATIONEN
www.visitsvalbard.no

Auch die NASA betreibt Forschung in Ny Alesund (oben). Die alte Lorenbahn erinnert an die Bergbaugeschichte von Ny Alesund. Sie wird liebevoll gepflegt (rechte Seite unten). Das nördlichste Postamt der Welt (rechte Seite oben).

79 ZENTRUM DER POLARFORSCHUNG – NY-ÅLESUND

Ein »Melting Pot« von Wissenschaften

Ny-Ålesund ist eine der nördlichsten, ganzjährig bewohnten Siedlungen der Welt. Ursprünglich errichtete man den Ort 1917 als Bergarbeitercamp, dann wurde die Kohleförderung jedoch 1962 nach einem schweren Unfall aufgegeben. Heute ist Ny-Ålesund ein internationales Zentrum der Arktis- und Umweltforschung – Wissenschaftler aus 15 Nationen arbeiten hier, und auch das Interesse weiterer Länder ist hoch.

Bereits Anfang des 17. Jahrhunderts fand man bei Ny-Ålesund Kohle, Pläne für ihren Abbau wurden jedoch erst 300 Jahre später realisiert. 1916 wurde die Kings Bay Kul Compani in Ålesund gegründet, die ein Jahr später mit der Förderung begann. Wegen mangelnder Rentabilität schloss man die Mine aber bereits nach zwölf Jahren wieder. Als nach dem Zweiten Weltkrieg die Kohle-Nachfrage steil stieg, warf der Betrieb zwar wieder Profit ab, doch nach mehreren schweren Unglücken mit vielen Toten zog man 1962 einen endgültigen Schlussstrich unter die Kohlegewinnung. Die Siedlung drohte zum Geisterdorf zu werden.

Forschung statt Kohle

Doch im Lauf der Jahrzehnte war in Ny-Ålesund eine umfassende Infrastruktur mit Wohngebäuden, Hotels, Werkstätten und einem geschützten Hafen entstanden, die nicht dem Verfall überlassen werden sollte. Weil Norwegen zudem einen Forschungsschwerpunkt auf die Arktis gelegt hatte, errichtete das in Tromsø ansässige Norwegische Polarlichtobservatorium 1966 eine Außenstelle in Ny-Ålesund. Ein Jahr später folgte die European Space Research Organisation (ESRO) mit einer Satellitenantenne. Das Norwegische Polarinstitut bezog 1968 einige der Gebäude und übernahm auch die

Koordination der im Lauf der Jahre immer umfangreicheren Forschungsaktivitäten. Längst sind die alten Gebäude zu eng geworden, und das Polarinstitut residiert seit 1999 in einem modernen Neubau, der Sverdrup Stasjonen. Die alten Gebäude werden aber nach wie vor genutzt. Das deutsche Alfred-Wegener-Institut hat 1991 im Blauen Haus die Koldewey-Station eingerichtet. 1997 kam etwas außerhalb der Siedlung mit dem Svalbard Rakettskyttefelt ein Raketenstartplatz für Höhenforschungsraketen hinzu. Die bisher jüngste Forschungseinrichtung ist das Marinelabor am Hafen, das 2008 seine Arbeit aufnahm.

Der Hafen ist nach wie vor von größter Bedeutung, aber nicht mehr der einzige Weg, um Ny-Ålesund zu erreichen: Flüge vom Flughafen Hamnerabben verbinden die Siedlung mehrmals in der Woche mit Longyearbyen.

Polarpioniere in Ny-Ålesund

Fluggeräte hat es aber schon viel früher in Ny-Ålesund gegeben. Bereits 1925 versuchte Roald Amundsen, von Ny-Ålesund mit Wasserflugzeugen den Nordpol zu erreichen. Der Versuch scheiterte. Erst ein Jahr später gelang ihm mit einem Luftschiff der Flug zum Pol, gemeinsam mit seinem Sponsor Lincoln Ellsworth und dem Konstrukteur Umberto Nobile. Der Mast, an dem das Luftschiff befestigt war, ist bis heute erhalten. Nobile startete 1928 erneut mit einem Luftschiff, stürzte ab und konnte in einer groß angelegten Suchaktion gerettet werden. Amundsen, der sich mit einem Wasserflugzeug an der Suche beteiligte, verschwand jedoch spurlos.

Tourismus in Ny-Ålesund

Mitten in solch geballter Wissenschaft vermutet zunächst niemand touristische Attraktionen, und doch bietet der Ort eine Fülle von Erlebnissen und Eindrücken. Ny-Ålesund verfügt über die größte Sammlung von Kulturerbe-Stätten auf Spitzbergen. 30 Häuser, etwa die Hälfte aller Gebäude in der Siedlung, sind denkmalgeschützt. Darüber hinaus sind viele Überreste der Bergbaugeschichte sichtbar. Das meistfotografierte Motiv ist die kleine Schmalspurbahn in der Nähe des Hafens. Nicht weit vom Blauen Haus und dem nördlichsten Postamt der Welt entfernt, thront eine Büste Amundsens auf einem Sockel. Und im nur wenige Schritte entfernten Museum wird die Geschichte Ny-Ålesunds dokumentiert. Die Kongsfjord Buttiken bietet neben Souvenirs auch warme Kleidung, Karten und Bücher an. Und neben allem Kulturellen sieht man gelegentlich auch Polarfüchse, und Weißwangengänse und Küstenseeschwalben brüten mitten im Ort.

TOP ★ ERLEBNISSE

★ NÖRDLICHSTES POSTAMT DER WELT

In einem kleinen Haus nahe der Amundsen-Büste befindet sich das nördlichste Postamt der Welt. Personal gibt es hier zwar nur, wenn Schiffe mit mehr als 300 Passagieren an Bord nach Ny-Ålesund kommen, aber der Vorraum ist immer zugänglich und damit auch die offiziellen Poststempel, die in der Vergangenheit gelegentlich mit Souvenirs verwechselt wurden und jetzt meist angekettet sind. So stempelt man seine Post eben selbst. Briefmarken gibt es in der Kongsfjord Buttiken, wo auch der Briefkasten hängt.

★ ELFENBEINMÖWEN

Für Hobbyornithologen bietet Ny-Ålesund eine Rarität: Mit etwas Glück kann man am östlichen Ortsrand bei einem Schlittenhundezwinger die hocharktischen Elfenbeinmöwen beobachten, die sonst nur selten so nahe an Siedlungen herankommen. Meist halten sie sich in der Nähe von Eisbären und Polarfüchsen auf und partizipieren von deren Beute. In Ny-Ålesund werden sie jedoch durch das für die Hunde bestimmte, am Zwinger zum Trocknen aufgehängte Robbenfleisch angelockt. Die Vögel bieten mit ihrem rein weißen Gefieder großartige Fotomotive.

WEITERE INFORMATIONEN
kingsbay.no

80 EISBÄREN, ROBBEN, WEISSWALE – KONGSFJORD UND KROSSFJORD

Im größten Fjordsystem Westspitzbergens

1000 Meter hohe Berge, 13 Gletscher, eine üppige Flora, Vogelfelsen mit Zehntausenden Brutpaaren, in der Tundra Brutstätten für Eiderenten, Weißwangen- und Kurzschnabelgänse, reiche Beute für Polarfüchse, im Meer Weißwale, Bart- und Ringelrobben, die bevorzugte Beute von Eisbären – und 400 Jahre menschlicher Aktivitäten haben ebenfalls ihre Spuren auf Kongsfjord und Krossfjord hinterlassen.

Wenn noch Eis im Krossfjord treibt, sind Bartrobben nicht weit (unten). Beim Polarfuchs ist der Wechsel vom braunen Sommerfell zum weißen Winterfell fast vollzogen (rechte Seite oben). Weißwale gehören quasi zum Standardinventar im Kongsfjord (rechte Seite unten).

Kongsfjord und Krossfjord bilden ein großes Fjordsystem im Nordwesten Spitzbergens. Der Kongsfjord erstreckt sich etwa 25 Kilometer nach Südosten und endet an den Abbruchkanten des Kronabreen und des Kongsbreen, während sich der 20 Kilometer lange Krossfjord nach Nordosten öffnet und in die nach Norden gerichteten Nebenfjorde Möllerfjord und Lilliehoekfjord aufspaltet. Der Möllerfjord besitzt seinerseits drei weitere Nebenarme. Vom 140 Quadratkilometer großen Plateaugletscher Isachsenfonna fließen 13 Gletscherzungen direkt bis an die Fjorde – es ist ein fantastisches Schauspiel, wenn hochhausgroße Eiswände unter tosendem Krachen vom Gletscher abbrechen, an der Wasseroberfläche in Zehntausende Bruchstücke zerlegt werden und sich eine mehrere Meter hohe Welle ausbreitet. Die mit 15 Kilometern Länge spektakulärste Gletscherfront bildet der Zusammenfluss des Lilliehöökbreen und mehrerer benachbarter Gletscher am Ende des Lilliehöökfjordes. Ebenfalls beeindruckend sind vier Gletscher, die am Ende des Kongsfjords ins Meer kalben. Zusammengerechnet sind die Gletscherfronten zehn Kilometer lang.

Gletschereis für den Robbennachwuchs

Gletschereisbrocken, die im Meereis festgefroren sind, bieten gute Bedingungen für Ringelrobben. Mehrere Hundert Tiere

werden regelmäßig im Kongsfjord und im Krossfjord gesichtet. Die Weibchen graben Geburtshöhlen in die Schneewehen hinter den Eisbrocken, und im März oder April wird dort ein einzelnes Jungtier geboren.
Auch Bartrobben kommen regelmäßig in die Fjorde, wenngleich in geringerer Zahl. Sie gebären ihre Jungen von April bis Mai auf dem offenen Eis; sie müssen sich dabei nicht im Schnee verstecken, denn die Jungen können bereits unmittelbar nach der Geburt schwimmen und tauchen.
Wo Robben auf dem Eis liegen, sind Eisbären nicht weit, zu deren Leibspeisen vor allem Ringelrobben zählen. Das wissen auch die Robben und sind entsprechend vorsichtig – nur etwa jede zehnte Attacke der Bären ist erfolgreich.
Kongsfjord und Krossfjord gehören zu den Regionen Spitzbergens, in denen Weißwale die Sommermonate verbringen; vor allem im Juni und Juli können große Gruppen beobachtet werden.

Blütenpracht dank Golfstrom

Der Kongsfjord besitzt wegen des Golfstroms ein milderes Lokalklima, als in der Hocharktis zu erwarten ist. Hier gedeihen Pflanzen in üppigen Beständen, die sonst nur in niedrigeren Breiten angetroffen werden. Das Naturschutzgebiet Ossian Sars im innersten Fjord gilt als der artenreichste Ort in Svalbard für Gefäßpflanzen: Zarter Enzian, Schuppensegge, Niedriges Sandkraut und Alpen-Wimperfarn gedeihen nur hier. Für ausreichende Düngung der Pflanzen sorgen mehrere große Vogelkolonien mit Dickschnabellummen, Papageitauchern, Krabbentauchern, Gryllteisten und Dreizehenmöwen. Um die Vielfalt an Tieren und Pflanzen zu schützen, sind im Kongsfjord vier Naturschutzgebiete ausgewiesen, und der Krossfjord ist zur Gänze Bestandteil des Nordwest-Nationalparks.

Menschliche Spuren

Die kulturellen Spuren reichen bis ins 17. Jahrhundert zurück. Englische Walfänger errichteten schon 1607 eine Station in der Ebeltofthamna. Nach ihnen kamen die Pomoren, von der Küste des weißen Meers stammende Walfänger, Fischer und Jäger. Ab Ende des 19. Jahrhunderts überwinterten norwegische Trapper im Kongsfjord- und Krossfjordgebiet, unter ihnen der berühmte Isbjørnkongen Henry Rudi. Er arbeitete auch als Aufseher für die Einrichtungen der Northern Exploration Company, die im Kongsfjord Marmor abbauen ließ, der sich aber als minderwertig erwies. Auf der Bloomstrandhalvøya sind Maschinen und Gebäude des Pleite-Unternehmens erhalten geblieben.

TOP ★ ERLEBNISSE

★ WHALEWATCHING

Sowohl im Kongsfjord als auch im Krossfjord bestehen gute Chancen, Wale zu beobachten. Meist sind es die kleineren Arten Weiß- und Zwergwal, gelegentlich aber auch Buckel- oder Finnwale. Selbst Blauwale, die mit über 30 Metern Länge und 130 Tonnen Gewicht zu den größten Tieren der Erdgeschichte zählen, konnten im Krossfjord schon gesichtet werden. Sie finden in den Fjorden einen reich mit Plankton und kleinen Fischen gedeckten Tisch.

★ DAS LLOYD-HOTEL

Bereits seit Beginn des 20. Jahrhunderts zieht die beeindruckende Berg- und Gletscherlandschaft des Möllerfjords Kreuzfahrttouristen an. Die Schifffahrtslinie Norddeutscher Lloyd war zeitweise Besitzer der Region. An der Spitze der Regnardneset im Möllerfjord wurde vermutlich bereits 1912 eine kleine Schutzhütte im Trapperstil errichtet, die man später leuchtend orange strich und Lloyd-Hotel nannte. Das Kabineninterieur erzählt die Geschichte der mehr als hundertjährigen Tradition des Kreuzfahrtschiffverkehrs in dieser Region, was die Hütte zu einem der wenigen kulturellen Überreste in Svalbard mit einer ausgeprägten und engen Verbindung zur Geschichte des Tourismus im gesamten Archipel macht.

WEITERE INFORMATIONEN
www.geokart.npolar.no/Html5Viewer/index.html?viewer=Svalbardkartet

Lebensfeindlich, aber wunderschön: Die Eislandschaften im Nordwesten von Spitzbergen (oben). Gräber in der Arktis sind vergänglich. Der Permafrost bringt Särge und Knochen wieder an die Oberfläche (rechte Seite unten). Auch die Amsterdamøya ist von den Walrossen zurückerobert worden (rechte Seite oben).

81 GESCHICHTSTRÄCHTIGE INSELN IM NORDWESTEN – AMSTERDAMØYA UND DANSKØYA

Eldorado für Walfänger und Abenteurer

Die Inseln Amsterdamøya und Danskøya sind eng mit menschlichen Aktivitäten aus unterschiedlichen Epochen verknüpft. Willem Barentsz entdeckte sie 1596, ohne dort anzulanden, aber schon zu Beginn des 17. Jahrhunderts errichteten Holländer und Dänen Walfangstationen auf beiden Inseln. Nach dem Ende des Walfangs gerieten sie in Vergessenheit, bis Danskøya von Wissenschaftlern und Abenteurern wiederentdeckt wurde.

Smeerenburg, die »Speckstadt«, war 1614 die erste von Holländern an der Südostspitze der Amsterdamøya errichtete Walfangstation. Hier wurden die Wale angelandet und der Speck in Tranöfen ausgekocht. Die Station entwickelte sich zu einer der größten auf Spitzbergen. Acht Handelshäuser aus Holland hatten ihre Stützpunkte in Smeerenburg. Zur Blütezeit in den 1620er- und 1630er-Jahren bestand die Station aus mindestens 17 Gebäuden und acht Doppeltranöfen. Bis zu 200 Männer arbeiteten hier im Sommer. Um konkurrierende baskische Walfänger abzuschrecken, wurde eine Kanonenstellung errichtet. Von all dem sind heute nur noch die Reste von Tranöfen und 101 Gräber geblieben, denn schon 1660 musste Smeerenburg aufgegeben werden – es gab keine Wale mehr in den Gewässern rund um Spitzbergen.

Ähnlich war es auf Danskøya, der Däneninsel. Hier betrieben Dänen im Kobbefjord an der Westküste der Insel seit 1625 eine Walfangstation. An der Nordküste der Danskøya, in der Houker Bay, die später Virgohamna genannt wurde, errichteten Holländer 1636 eine zweite Walfangstation, da Smeerenburg keine Erweiterungsmöglichkeiten mehr bot. Auch für diese Stationen kam 1660 das Aus.

Polarforscher und Abenteurer

Dem schwedischen Polarforscher Adolf Erik Nordenskiöld kommt das Verdienst zu, Spitzbergen und speziell auch die Danskøya ins Blickfeld der Forschung gerückt zu haben. 1858–1873 unternahm er fünf Arktisexpeditionen, die ihn auch nach Spitzbergen führten. Aber auch Nichtwissenschaftler entdeckten die Insel für sich: Der spleenige Lord Arnold Pike ließ in der Virgohamna ein für arktische Verhältnisse komfortables vorgefertigtes Haus errichten, in dem er im Winter 1888/89 als Bärenjäger lebte. Das Haus hatte mehrere Nachnutzer, darunter der deutsche Abenteurer D. O. Bauendahl: Er baute 1901 aus den Resten von Andrées Hangar (s. unten) ein acht Meter langes Floß mit zwei Segeln, mit dem er zum Nordpol segeln wollte. Das Floß sank bereits, als es von den Leinen am Ufer des Kong-Karls-Forlands gelöst worden war. Bis 1925 blieb das Haus an seinem Standort, dann wurde es abgebaut und nach Barentsburg verfrachtet; die Fundamente sind noch erhalten.

Gescheiterte Nordpolexpeditionen

Der Run auf den Nordpol hatte nur einen Gewinner: Das war Roald Amundsen, der den Nordpol von Ny-Ålesund aus erreichte. Die Verlierer: Salomon August Andrée und Walter Wellman, die den Nordpol von der Danskøya aus erreichen wollten. Den Anfang machte der Schwede Salomon August Andrée mit einem Ballon. 1896 kam er mit dem Schiff Virgo, das Namensgeber für die Virgohamna wurde, auf der Insel an. Er benötigte einen Monat, um die Basisstation einschließlich eines Hangars und einer Wasserstoffanlage zur Füllung des Ballons einzurichten. Er konnte jedoch nicht starten, weil das Wetter nicht mitspielte. Beim zweiten Versuch 1897 startete er zwar, erreichte jedoch nie den Nordpol. Seine Leiche und die seiner beiden Mitfahrer wurden erst 33 Jahre später auf der zu Svalbard gehörenden Insel Kvitøya gefunden. Der Nächste war der Amerikaner Walter Wellman: Er unternahm 1906 und 1907 zwei vergebliche Versuche, mit einem Luftschiff den Nordpol zu überfliegen. Auch sein Fluggerät versagte, er konnte jedoch gerettet werden.
Die Hinterlassenschaften der Walfänger, Forscher und Abenteurer auf der Danskøya sind teilweise von Moosen und Flechten überwachsen. Beim Besuch der Inseln ist beides zu erleben: Natur und Kultur. Für den Besuch von Virgohamna ist eine Sondergenehmigung des Sysselmanns notwendig, die jedoch in der Regel erteilt wird.

TOP ★ ERLEBNISSE

★ WALROSSE AUF AMSTERDAMØYA

Die jahrzehntelang fast ausgerotteten Walrosse kehren langsam nach Spitzbergen zurück. Auch auf ihrem traditionellen Liegeplatz auf der Amsterdamøya sind sie seit einigen Jahren wieder zu finden. In den ausgedehnten Flachwasserbereichen entlang des Ostufers der Insel und hinüber zur Danskøya ist der Tisch mit ihrer Lieblingsspeise, den Sandklaffmuscheln, reich gedeckt. Für ihre ausgedehnten Ruhepausen an Land ist der flache Sandstrand am Ostufer der Amsterdamøya ideal geeignet. Vorsichtige Annäherungen sind bis auf 50 Meter möglich.

★ VIRGOHAMNA

In Virgohamna kann der Besucher die Geschichte der letzten 400 Jahre von Epoche zu Epoche nachvollziehen. Die jüngsten Hinterlassenschaften sind die von Wellman. Die Reste seiner Werkstätten, Gebäude und der Luftschiffhangar liegen am westlichen Rand des Strands. Diesem nach Osten folgend, gelangt man zu den Fundamenten der Walfangstation und zu den Tranöfen. Es folgen der Wasserstofffilter von Andrée hinter dem Haus von Arnold Pike und Gräber von holländischen Walfängern. Den Abschluss bilden die Fundamente des Ballonhangars ganz am Ostrand des Strands.

WEITERE INFORMATIONEN
www.geokart.npolar.no/Html5Viewer/index.html?viewer=Svalbardkartet

82 SPITZBERGENS RIVIERA – LIEFDEFJORD

Zwischen Gletscherkanten und roten Bergen

Von mehreren Fjorden in Svalbard wird behauptet, dass er der schönste sei, auch der Liefdefjord gehört dazu. Ob er wirklich der schönste Fjord ist, muss jeder für sich entscheiden. Erstmals 1715 wird der Name Liefdefjord als Liebesfjord erwähnt, möglich ist aber auch die Interpretation »lieblicher Fjord«, weil er aufgrund seiner Lage im Windschatten der Berge ein besonders freundliches Klima mit vielen Sonnenstunden aufweist.

Etwa 30 Kilometer lang erstreckt sich der Liefdefjord von seiner Mündung in den Woodfjord in Richtung Südwesten, bis er an der gemeinsamen Abbruchkante der Gletscher Monacobreen und Seligerbreen endet. An der Mündung noch 13 Kilometer breit, verjüngt er sich am Ende auf fünf Kilometer. Die Landschaft am Liefdefjord ist sehr abwechslungsreich. Im Norden erstreckt sich die weite Ebene der von unzähligen Flüssen und Seen übersäten Reinsdyrflya, die ihrem Namen (Rentierebene) alle Ehre macht – die Tiere finden dort eine üppige, von Silberwurz beherrschte Vegetation.

Die Reinsdyrflya geht nach Südwesten in mehr als 540 Millionen Jahre alte, bis zu 1000 Meter hohe schroffe Bergketten über, zwischen denen mehrere kleinere Gletscher in den Fjord kalben. Das Südufer wird von den sanft geschwungenen, bis 750 Meter hohen roten Sandsteinablagerungen des »Old Red« aus dem Devon geprägt. In den 420–360 Millionen Jahre alten Ablagerungen finden sich viele Fossilien, vorwiegend Vertreter der inzwischen ausgestorbenen Panzerfische.

Die Täler zwischen den von Norden nach Süden ausgerichteten Bergketten sind mit Eisfeldern gefüllt, ehemaligen Gletscherzungen, die den Kontakt zum Plateaugletscher Isachsenfonna verloren haben und auch den Fjord nicht mehr erreichen. Unmittelbar an

Nachts im Schein der tief stehenden Mitternachtssonne tritt die Färbung der Felsen des »Old Red« besonders hervor (unten). Brutplätze sind knapp im Liefdefjord. Auf den wenigen geeigneten Felsen herrscht großes Gedränge (rechte Seite oben). Mit etwas Glück kann man Weißwale aus geringer Entfernung beobachten (rechte Seite unten).

der Mündung zum Woodfjord liegt die kleine Gruppe der Stasionsøyane, etwas weiter südöstlich die Andøyane und näher am Südufer des Liefdefjords die Måkeøyane, alles flache Inseln mit der gleichen nordarktischen Tundra wie die Reinsdyrflya. Ganz anders die weiter im Fjord gelegenen Lernerøyane: Hier macht sich das mildere Lokalklima bemerkbar, das wärmeliebendere Pflanzen begünstigt.

Beliebtes Vogel-Eldorado

Die Inseln sind bevorzugte Brutgebiete für Eiderenten und Kurzschnabelgänse. Als Vegetarier finden sie in der Tundra reichlich Nahrung. Außerdem sind die flachen Inseln für die Bodenbrüter gut überschaubar, sodass die Beutegreifer Polarfuchs und Eisbär rechtzeitig erkannt werden können. Eiderenten brüten auf allen Inseln im Fjord, vor allem aber auf den Andøyane in mehreren lockeren Kolonien, die bis zu 1000 Tiere umfassen können. Auch Prachteiderenten, deren Männchen durch ihren orangefarbenen Stirnhöcker auffallen, brüten hier in geringerer Zahl. Kurzschnabelgänse finden auf den Andøyane, den Måkeøyane und am Hornbækpollen, einer kleinen Bucht am Nordufer des Liefdefjords, geeignete Brutplätze. An den steilen Hängen oberhalb der Bucht haben bis zu 10000 Brutpaare der Dreizehenmöwen neben 100 Eismöwen- und zehn Eissturmvogel-Paaren ihre Nester gebaut. Gut beobachten kann man die Dreizehenmöwen zwar nicht am Brutfelsen, jedoch an der Abbruchkante des Monacobreen.

Nahrungsquelle Monacobreen

Der Grund dafür ist der Gletscher selbst: Unter seinem Eis fließen gewaltige Schmelzwasserströme in den Fjord. Sie führen große Mengen an ausgewaschenen Nährstoffen und Mineralien mit sich, die von Planktonalgen unmittelbar umgesetzt werden. Zudem quillt das leichtere Süßwasser an die Oberfläche und reißt viele Planktonorganismen, Krebse, Schnecken und Fische nach oben. Dreizehenmöwen fangen vorwiegend die kleinen Sandaale, die dort in großen Mengen vorkommen. Es ist ein ständiges Kommen und Gehen der Dreizehenmöwen von den Brutfelsen zur Abbruchkante und zurück. Doch der Weg ist beschwerlich, denn die Wegelagerer warten schon: Schmarotzerraubmöwen attackieren die Dreizehenmöwen so lange in der Luft, bis diese einen Teil ihrer Beute herauswürgen, der dann von den Schmarotzerraubmöwen aufgefangen und zu den eigenen Jungtieren gebracht wird. Aber nicht nur die Dreizehenmöwen nutzen das reiche Nahrungsangebot, auch Ringel- und Bartrobben sind häufig auf Eisschollen zu sehen. Und wo Robben sind, ist auch der Eisbär nicht weit.

TOP ★ ERLEBNISSE

★ WEISSWALE BEI DEN ANDØYANE

Nicht nur Vögel, Robben und Eisbären nutzen das gewaltige Nahrungsangebot im Liefdefjord, auch Weißwale (Belugawale) sind regelmäßig dort zu finden und suchen in großen Gruppen im flachen Wasser nach Nahrung. Tintenfische, Krebse, Muscheln und Fische stehen auf ihrem Speiseplan. Die bevorzugten Nahrungsgründe sind die Flachwasserbereiche rund um die Inselgruppe Andøyane. Die wendigen Schlauchboote der Expeditionskreuzfahrtschiffe sind ideal dafür geeignet, den Walen bis auf 100 Meter nahezukommen.

★ STIPPVISITE IN DER »TEXAS BAR«

Das Gebiet um Liefdefjord und Woodfjord war in den 1920er-Jahren ein bevorzugtes Jagdgebiet für norwegische Trapper. In dieser Zeit wurden dort mehrere Überwinterungshütten errichtet, die zum Teil noch erhalten sind. Eine davon ist die »Texas Bar« in der Medaljebukta am Nordufer des Liefdefjords, die – aus welchen Gründen auch immer – nach dem US-amerikanischen Bundesstaat benannt wurde. Die Trapper Hilmar Nøis und Martin Pettersen Nøis erbauten sie 1927. Sie ist bis heute authentisch erhalten und kann besichtigt werden. Nach dem Besuch muss sie wieder eisbärenfest verschlossen werden.

WEITERE INFORMATIONEN
www.visitsvalbard.no

Auf dem Alkefjellet brüten bis zu 100 000 Lummenpaare (oben). Expeditionskreuzfahrtschiffe bieten nicht nur fantastische Erlebnisse, sondern auch den Luxus schwimmender Hotels (rechte Seite unten). Eine Gruppe von Finnwalen bei der Nahrungssuche (rechte Seite oben).

83 ZU DEN LUMMEN AM ALKEFJELLET

100 000 Vögel auf engstem Raum

Eine der größten Dickschnabellummen-Kolonien Svalbards befindet sich am Alkefjellet in der Hinlopenstraße, der Meeresstraße, die Spitzbergen und Nordaustland, die beiden größten Inseln des Archipels, voneinander trennt. Bis zu 100 000 Paare nisten auf den Basaltfelsen – dicht an dicht sitzen die Vögel auf den schmalen Felsbändern und bebrüten dort abwechselnd ihr einziges Ei, das direkt auf den Felsen abgelegt wird.

Vor dem Absturz von den bis zu 100 Meter hohen Felsklippen wird das Ei dadurch bewahrt, dass es wie eine Birne geformt ist. Wenn es durch die an- und abfliegenden Altvögel einmal angestoßen wird, rollt es nicht vom Felsen in die Tiefe, sondern dreht sich auf engem Raum um seine eigene Achse. Nach durchschnittlich 32 Tagen schlüpft das Junge und bleibt weitere drei Wochen am Nistplatz, immer wieder von den Altvögeln gefüttert. Obwohl es noch nicht vollständig flügge ist, folgt es nach etwa drei Wochen dem Lockruf des auf dem Wasser wartenden Vaters und stürzt sich von den Felsen. Mit etwas Glück landet es heftig flügelschlagend direkt auf dem Wasser, gelegentlich aber auch am Fuß der Brutfelsen, wo schon Polarfüchse und Eismöwen warten und für große Verluste unter den Jungvögeln sorgen.

Synchronisation als Überlebensstrategie

Um diese Verluste gering zu halten, haben Lummen eine ausgeklügelte Strategie entwickelt: Bereits im zeitigen Frühjahr treffen zwar die ersten Tiere an den Brutplätzen ein, beginnen jedoch nicht sofort mit der Paarung und Brut, sondern warten, bis der größte Teil der Kolonie gegen Ende Mai/Anfang Juni eingetroffen ist. Die weiblichen Tiere legen dann die Eier synchron innerhalb weniger Tage. Das führt dazu, dass auch der Lummensprung, wie das erste Flugverhalten der Jungvögel genannt wird, bei allen in der Kolonie nahezu gleichzeitig erfolgt. Eine noch so große Zahl von Beutegreifern ist dann nicht in der Lage, Abertausende von Jungvögeln in so kurzer Zeit nachhaltig zu dezimieren. Einmal glücklich im Wasser beim Vater angekommen, werden die Jungvögel noch sechs bis acht Wochen betreut und sind dann auf sich allein gestellt. Ab Mitte Juli kann das beeindruckende Schauspiel beobachtet werden, mit Glück ist man zur rechten Zeit am rechten Ort.

Es geschah im Jura

Der Grundstein für die Entstehung des Alkefjellets wurde im wahrsten Sinn des Wortes vor 100–150 Millionen Jahren gelegt. Zu der Zeit gab es vulkanische Aktivitäten in Svalbard, in deren Verlauf flüssiger Basalt in waagerechte Spalten des etwa 300 Millionen Jahre alten Kalksteingebirges eindrang. Die wie mit einem Messer abgeschnittenen Grenzflächen oberhalb und unterhalb dieser »Intrusion« genannten Basaltschicht sind an einigen Stellen noch gut zu erkennen. Dort haben wegen der großen Hitze sogenannte Kontaktmetamorphosen stattgefunden, die den Kalkstein zu Marmor umkristallisierten. Die groben Basaltsäulen, die sich während des Erkaltungsprozesses bildeten, sind heute die Brutplätze der Dickschnabellummen. Die steilen Klippen bieten ihnen einen guten Schutz gegen Polarfüchse und auch gegen Eisbären, die ihren Speisezettel gern einmal mit Geflügel ergänzen.

In guter Gesellschaft

Auch wenn allein die Dickschnabellummen-Kolonie schon ein grandioses Schauspiel bietet, so sind sie doch nicht allein damit: Ungefähr die gleiche Zahl an Dreizehenmöwen brütet ebenfalls auf dem Alkefjellet, gemeinsam mit einigen Hundert Eissturmvögeln und einer kleinen Anzahl Papageitaucher.

Die Hinlopenstraße ist das Nadelöhr beim Versuch, Spitzbergen zu umrunden, weil dort bis weit in den Sommer hinein Eis den Weg versperren kann. Sobald das Eis es zulässt, steht das Alkefjellet aber auf dem Fahrplan jedes Anbieters von Expeditionskreuzfahrten. Anlanden kann man dort zwar nicht, aber schon der Blick vom Schiff aus ist großartig.

TOP ★ ERLEBNISSE

★ EISBÄREN

Natürlich kann niemand garantieren, dass in der Nähe oder auf dem Weg zum Alkefjellet Eisbären gesichtet werden, doch die Chance ist groß. Vor allem dann, wenn noch viel Eis vorhanden ist, denn dort finden sie ihre Leibspeise, die Ringelrobben. Aber auch auf den Inseln in der Hinlopenstraße und in der Nähe der Vogelklippen sind sie anzutreffen. Meist sind es Weibchen mit ihren Jungen oder drei- bis fünfjährige Männchen, die aus Respekt vor den alten großen Männchen, die auch vor Kannibalismus nicht zurückschrecken, zurückgeblieben sind.

★ WALE, WALE, WALE

Nicht nur nach Eisbären sollte Ausschau gehalten werden, sondern auch nach Walen. Regelmäßig werden in der Hinlopenstraße Zwerg- und Finnwale gesichtet. Finnwale sind nach dem Blauwal die zweitgrößten Wale auf der Welt. Sie können bis zu 24 Meter lang werden – beeindruckende Tiere, deren Anblick man nicht vergisst. In den letzten Jahren sind auch Buckelwale häufiger beobachtet worden, und selbst die fast ausgerotteten Grönlandwale kommen zwar selten, aber immer häufiger zurück nach Svalbard.

WEITERE INFORMATIONEN
www.visitsvalbard.no

84 EISIG, UNWIRTLICH, WUNDERSCHÖN – NORDAUSTLANDET

Faszinierende arktische Wüste

Nordaustlandet ist mit 14 443 Quadratkilometern die zweitgrößte Insel des Svalbard-Archipels. 80 Prozent der Fläche sind von vier Gletschern bedeckt, von denen der Austfonna mit 8450 Quadratkilometern und 450 Metern Mächtigkeit auf Rang vier der weltweit größten Eiskappen nach der Antarktis, Grönland und der Nordinsel von Novaja Semlja steht. Der Rest ist hocharktische Wüste, das Reich von Eisbären, Walrossen, Rentieren und Seevögeln.

So weit das Auge reicht und noch weit darüber hinaus: die 190 Kilometer lange Eiskante des Austfonna (unten). Sobald im Frühling das Meereis aufbricht, wird der Weg durch die Hinlopenstraße frei und Spitzbergen kann umrundet werden (rechte Seite oben). Auch Rentiere vollziehen einen Fell- und Farbwechsel, wie die Polarfüchse (rechte Seite unten).

Anders als die Hauptinsel Spitzbergen mit den namengebenden schroffen Bergspitzen, die als Nunatakker nicht vom Eis überflossen wurden, ist Nordaustlandet durch die Gletscher mehrerer Eiszeiten glatt geschliffen worden. Die höchsten Erhebungen sind der Norddomen und der Snøhatten mit 770 und 623 Metern. Beide liegen jedoch unter den Eiskappen von Austfonna und Vestfonna, deren Eisdicke von der Höhe abgezogen werden muss. Die Berge in den eisfreien Gebieten erreichen bis zu 400 Meter Höhe, die Küsten fallen zumeist steil zum Meer hin ab. Flache offene Landschaften finden sich auf der Storsteinhalvøay und auf der Laponiahalvøy. Hunderte von Schmelzwasserflüssen strömen von den Eiskappen ins Meer, die Ebenen sind mit vielen Seen durchsetzt. Im Westen und Norden schneiden Wahlenbergfjord, Murchinsonfjord, Lady Franklinfjord, Rijpfjord und Duvefjord mit ihren Nebenfjorden tief in die Insel hinein. Im Osten und Süden beherrscht die 190 Kilometer lange Gletscherfront des Austfonna die Landschaft.

Reiches Leben in arktischer Wüste

Aus der Ferne wirkt Nordaustlandet eisig, unwirtlich und karg. Viele Orte sind jedoch unerwartet üppig, besonders in der Nähe der

Vogelklippen. Der größte Teil der Vegetation gehört zur arktischen Polarwüstenzone. Auf den Halbinseln im Norden und in der Inselmitte östlich des Wahlenbergfjords, wird die Vegetation von der Nördlichen Hainsimse beherrscht, die auch unter den Bedingungen der polaren Wüste überleben kann. Hier und noch weiter nördlich blüht der Svalbardmohn, die Nationalblume des Archipels, die weiter in den Norden reicht als alle anderen Gefäßpflanzen. In den Gebieten um Murchinsonfjord und Wahlenbergfjord sowie den inneren Teilen des Rijpfjord ist die Vegetation etwas wärmeliebender. Hier ist die Arktische Hainsimse sehr häufig, eine der Charakterarten der Tundra. Diese Gebiete sind auch die wichtigsten Äsungsflächen für eine Population von 400–500 Rentieren, die häufig einzeln durch die Landschaft streifen.

Großartige geschützte Fauna

Eisbären sind ganzjährig überall auf Nordaustlandet zu finden. Wie viele dort den Sommer verbringen, hängt von der Verteilung und Form des Meereises und dem Zugang der Bären zu Nahrung ab. Es ist nicht ungewöhnlich, dass sich mehrere Eisbären um Kadaver von Walen oder Walrossen versammeln, die an Land geschwemmt wurden. In ihrem Gefolge befinden sich immer auch Polarfüchse, um die Reste der Eisbärenmahlzeiten zu vertilgen.

In den Gewässern um Nordaustlandet herum leben Ringelrobben, Bartrobben, Walrosse, Zwerg- und Weißwale. Einige der wichtigsten Lagerplätze von Walrossen in Svalbard befinden sich im Nordwesten, Nordosten und Südwesten von Nordaustlandet. Es gibt viele Seen und Flüsse auf Nordaustlandet, in denen Wandersaiblinge leben. Hierher kommen sowohl die stationäre als auch die namengebende, vom Süß- zum Salzwasser und zurück wandernde Saiblingsart.

Mehr als 60 Seevogelkolonien mit Zehntausenden Krabbentauchern, Dickschnabellummen und Dreizehenmöwen befinden sich an den Steilküsten im Westen und Norden. Der Kot der Vögel lässt unter den Brutfelsen eine üppige Vegetation entstehen. Vogelfelsen sind daher schon aus der Ferne an den intensiv grünen Vegetationsflecken darunter zu erkennen. Hier bestehen auch die besten Möglichkeiten zur Beobachtung von Elfenbeinmöwen, die geschützt vor den Polarfüchsen, in kleinen Kolonien von 10–20 Paaren hoch oben auf den Felsen brüten. Die Lebensgemeinschaften der polaren Wüste sind sehr empfindlich – schon geringe Störungen an den Brutplätzen der Vögel oder den Lagerplätzen von Walrossen können schwere Verluste unter den Tieren bewirken. Vertritt schädigt die Vegetation für Jahre. Daher wurde Nordaustlandet zusammen mit den umliegenden Inseln als Naturreservat unter Schutz gestellt.

TOP ★ ERLEBNISSE

★ PALANDERBUKTA

Nicht weit vom Alkefjellet, auf der Ostseite der Hinlopenstraße, erstreckt sich der Wahlenbergfjord etwa 50 Kilometer weit ins Nordaustland hinein. Von ihm zweigt die Palanderbukta ab. Zwei norwegische Trapper bauten hier 1933 eine Hütte, deren Reste heute noch zu sehen sind. Auch einige ihrer Fuchsfallen liegen noch im Gelände. Rentiere können regelmäßig beobachtet werden. Nicht selten findet man hier Fossilien aus dem Perm, die immerhin schon 250 Millionen Jahre alt sind, jedoch nur betrachtet, aber nicht mitgenommen werden dürfen.

★ TORELLNESET

Einer der besten Orte zur Beobachtung von Walrossen ist die Torellneset, eine flache Landzunge am Südende der Augustabukta. Hier lagern regelmäßig vorwiegend männliche Tiere, aber in den letzten Jahren auch vermehrt Kühe mit ihren Jungen. Die Bedingungen sind ideal, sowohl für die Tiere, die im flachen Wasser nach Nahrung suchen, als auch für die Beobachter, die sich im Schutz einer flachen Düne den Tieren vorsichtig bis auf höchstens 50 Meter nähern können. Wenn eine Anlandung mit den Schlauchbooten nicht möglich ist, können die Tiere auch von der Wasserseite beobachtet werden.
www.geokart.npolar.no/Html5Viewer/index.html?viewer=Svalbardkartet

Viele ehemalige Trapperhütten sind als Nothütten mit Lebensmitteln und Überlebensausrüstung ausgestattet. Manchmal werden sie das Ziel von hungrigen Eisbären (oben). Die flachen Strände auf Phippsøya sind ideale Lagerplätze für Walrosse (rechte Seite unten). Zodiacs sind die idealen Fahrzeuge für die Beobachtung von Eisbären, Walen und Robben (rechte Seite oben).

85 GRÜNE INSELN IN ARKTISCHER WÜSTE – SJUØYANE

Dem Golfstrom sei Dank

Im Nordwesten des Svalbard-Archipels liegt die Inselgruppe Sjuøyane, die »Sieben Inseln«. Sie markieren mit der winzigen Insel Rossøya auf 80° 44,733' N den nördlichsten Punkt Norwegens. Nur noch etwas mehr als 1000 Kilometer sind es von hier bis zum Nordpol. Und trotzdem sind die Inseln und das umgebende Meer voller Leben, dem allerletzten Ausläufer des Golfstroms sei es gedankt.

Der warme Westspitzbergenstrom wendet sich am Nordwestende der Insel Spitzbergen nach Nordosten in Richtung Sjuøyane. Das führt dazu, dass die Inseln nicht vergletschert sind und das Meer um die Inseln lange eisfrei bleibt. Es bietet Eisbären, Seevögeln, Walrossen und Walen reiche Nahrungsgründe, allerdings ist die Packeisgrenze selten weit entfernt. Pflanzen haben es auf den kargen Böden schwer, im Bereich der Vogelfelsen jedoch überziehen ausgedehnte grüne Teppiche aus Moosen die Felsen. Dazwischen setzen Löffelkraut und Polarmohn weiße und gelbe Farbtupfer. Das Löffelkraut hatte schon eine große Bedeutung für Walfänger und Trapper, später auch für Polarforscher: Die Blätter sind reich an Vitamin C und daher ein gutes Mittel gegen die Vitamin-Mangelkrankheit Skorbut.

Fliegende Raritäten ...

In den steil abfallenden Felsklippen der Sjuøyane brüten nicht nur die schon von anderen Vogelklippen bekannten Krabbentaucher, Gryllteisten, Eismöwen, Dickschnabel- und Trottellummen, sogar einige Papageitaucher »verirren« sich regelmäßig hierher, denn ihre nördliche Verbreitungsgrenze liegt normalerweise etwas südlicher. Eine der wenigen bekannten Brutkolonien von Elfenbeinmöwen befindet sich auf der Insel Phippsøya, der größten Insel der

Sjuøyane. Noch seltener ist die Schwalbenmöwe, die ihren Namen ihrem tief gegabelten Schwanz verdankt, der an einen Schwalbenschwanz erinnert. Sie ist die einzige Möwe im hohen Norden, die während der Brutzeit einen dunklen Kopf hat und daran leicht auch im Flug zu erkennen ist. Nur wenige Paare brüten in Svalbard auf abgelegenen Inseln wie den Sjuøyane. Um ihre Nester vor Polarfüchsen zu schützen, brüten sie häufig mitten in den Kolonien von Küstenseeschwalben, die Feinden gegenüber sehr aggressiv sind und Füchse durchaus vertreiben können. Von Spatelraubmöwen ist bisher nur eine einzige Brut nachgewiesen worden, aber sie werden regelmäßig in Küstennähe beobachtet. Sie stehlen, ähnlich wie die nahverwandten Schmarotzerraubmöwen, anderen Vögeln ihre Beute, fangen jedoch auch selbst Fische, Krebse und Schnecken.

... und schwimmende Kolosse

Sechs flache Sandstrände auf den Inseln werden regelmäßig von Walrossen besucht, allein vier davon befinden sich auf Phippsøya. Ihre Nahrungsgebiete liegen direkt vor der Haustür im flachen Wasser direkt vor den Stränden. Bis zu 100 Tiere lagern in der größten Kolonie in der Isflakbukta, der Eisschollenbucht, die ihren Namen den auch im Sommer dort häufig treibenden Eisschollen verdankt. Auch an diesen Liegeplätzen, die viele Jahre lang nur von männlichen Tieren besucht wurden, sind in den letzten Jahren häufiger weibliche Tiere mit ihren Jungen beobachtet worden – ein Zeichen dafür, dass sich die Walrosspopulation Svalbards langsam erholt.

Eisbären sind im Sommer überall auf den Sjuøyane zu sehen. Ihre Verbreitung hängt stark mit der Verteilung des Meereises zusammen: Je mehr Eisschollen um die Inseln treiben, umso mehr Eisbären halten sich dort auf.

Uralte Inseln mit langer Geschichte

Die meisten Inseln wurden nach den englischen Nordpolexpeditionen von Phipps (1773) und Parry (1827) benannt. Die Inselgruppe selbst wird zwar »Sieben Inseln« genannt, genau genommen sind es aber acht Inseln, wenngleich die kleineren Kluftholen, Nelsonøya und Rossøya kaum mehr als 300 Meter durchmessen und eher als Schären denn als Inseln bezeichnet werden können. Sie sind die Überreste eines vor 470–400 Millionen Jahren entstandenen Gebirges, der Kaledoniden. Verwitterung und Erosion haben diese Gebirge abgetragen und die Täler zwischen ihnen mit dem Schutt aufgefüllt.

TOP ★ ERLEBNISSE

★ WANDERUNGEN IN DER ISFLAKBUKTA

Phippsøya ist mit 22 Quadratkilometern nicht nur die größte, sondern auch die vielgestaltigste Insel der Sjuøyane. Steile Küsten mit Vogelfelsen wechseln ab mit weiten Stränden, auf denen Walrosse ruhen. Mehrere Seen liegen im Osten und Süden der Insel. Der Strand in der Isflakbukta unterhalb einer Hütte, die ursprünglich während der Expedition des Bergbauinspektors Hans Merckoll 1936 gebaut wurde, ist für Anlandungen mit Schlauchbooten ideal geeignet. Von dort können Wanderungen zu den Seen und Walross-Liegeplätzen durchgeführt werden – vorausgesetzt, es sind keine Eisbären in der Nähe.

★ EISBÄREN-BEOBACHTUNG MIT DEM SCHLAUCHBOOT

An Land begegnet man Eisbären besser nicht. Das bedeutet jedoch nicht, dass man auf Beobachtungen verzichten muss. Eisbären trotten häufig auf der Suche nach Kadavern oder anderem Essbaren an den Stränden entlang und lassen sich in der Regel durch Beobachter wenig stören, die in Schlauchbooten in sicherer Entfernung parallel zu den Eisbären mitfahren. Sobald die Eisbären jedoch Anzeichen von Stress zeigen, müssen die Boote umkehren.

86 SVALBARD – HOPEN

Trittstein für Eisbären

Die kleine, 100 Kilometer abseits der nächsten Insel des Svalbard-Archipels gelegene Insel Hopen ist nur schwer zu erreichen, doch trotzdem lohnt sich der Besuch. Sie ist ein wichtiger »Trittstein« für Eisbären auf ihren Wanderungen, Brutgebiet für Hunderttausende Seevögel, und in den umliegenden Gewässern leben zahlreiche Robben. Spuren menschlicher Aktivitäten reichen bis ins 17. Jahrhundert zurück.

Seit 1947 gibt es die Wetterstation auf Hopen, in der vier Wissenschaftler und sechs Schlittenhunde leben, die per Helikopter und Schiff versorgt werden (unten). Nicht immer geht es bei den Dickschnabellummen friedlich zu (rechte Seite oben). Dreizehenmöwen rasten in der Mitternachtssonne auf einem Eisberg (rechte Seite unten).

Wie ein schmaler Grat ragt die 37 Kilometer lange und im Durchschnitt nur zwei Kilometer breite Insel aus dem Meer. Der über die gesamte Länge der Insel verlaufende Gebirgszug besteht zum größten Teil aus mehr als 200 Millionen Jahre alten Meeressedimenten, die durch tektonische Prozesse über die Meeresoberfläche gehoben wurden. Während der Entstehung der Sedimente, im Zeitalter der Trias und des Jura, lebte hier eine üppige Flora und Fauna, wie zahlreiche Fossilien in den Ablagerungen belegen. Öl wird in tieferen Schichten vermutet, Erkundungsbohrungen erbrachten jedoch keinen Erfolg. Vier Täler und Pässe durchschneiden den Bergrücken in Ost-West-Richtung. Die größte Erhebung ist mit 371 Metern das Iversenfjellet an der Südspitze der Insel. Abgesehen von wenigen verstreuten Strandebenen gibt es nur einen sehr schmalen Strand, der die gesamte Insel umgibt. Zwei Namen wurden der Insel in der Vergangenheit gegeben: Hope Island nach dem Schiff »Hopewell« des englischen Walfängers Thomas Marmaduke, der die Insel 1613 besuchte, und der schwedische Polarforscher Nordenskiöld nannte sie auf seiner Expedition 1865 Walrossinsel.

Refugium für Vögel und Eisbären

Die Vegetation auf Hopen ist ausgesprochen karg. Sie gehört zur arktischen Polarwüstenzone, die neben schütteren Moos- und Flechtenbeständen durch den Spitzbergenmohn gekennzeichnet ist. Dichte Vegetation befindet sich auch hier nur unterhalb der Vogelklippen und in Meeresnähe. Auf acht großen Klippen brüten Hunderttausende von Vögeln. Die häufigsten Arten sind Dreizehenmöwen mit sieben und Dickschnabellummen mit fünf Kolonien, jede bis zu 100 000 und mehr Brutpaare umfassend. Daneben brüten dort aber auch Eissturmvögel, Gryllteisten, Krabbentaucher, Papageitaucher und Silbermöwen in großen Kolonien. Die meisten Vogelklippen befinden sich im Süden der Insel, im Iversen-, Werenskiold- und Kollerfjellet. Die größte Vogelklippe befindet sich jedoch im Nørdstefjellet im Norden der Insel. Weitere Brutvögel auf der Insel sind Schmarotzerraubmöwe, Große Skua und Purpurstrandläufer. Auch Eiderenten brüten auf Hopen, allerdings in geringer Anzahl. Wegen der riesigen Vogelpopulationen wird Hopen von BirdLife International, einer internationalen Organisation zum Schutz von Vögeln und ihrer Lebensräume, in der Liste der wichtigen Vogelgebiete in Europa geführt.

Damit nicht genug ist Hopen auch ein wichtiger »Trittstein« für Eisbären auf ihren Wanderungen. Regelmäßig statten im Winter bis zu 300 Eisbären der Insel einen Kurzbesuch ab, bevor sie wieder aufs Eis gehen und Robben jagen. Viele weibliche Eisbären haben in der Vergangenheit ihre Geburtshöhlen in Schneewehen auf der Insel angelegt – im Winter 1996 wurden 38 Höhlen gezählt.

Der alte Name Walrossinsel trifft mittlerweile nicht mehr zu – Walrosse sind zwar auch heute noch auf dem Eis zu finden, die Liegeplätze auf der Insel sind jedoch seit Langem verwaist.

Vergangenheit und Gegenwart

Die Walfänger des 17. Jahrhunderts begnügten sich nicht nur mit Walen, sondern jagten auch Walrosse. Das älteste kulturelle Überbleibsel auf Hopen ist ein Speckofen an einem Schlachtplatz für Walrosse in Koefoedodden im Südosten der Insel. Aus der Zeit der norwegischen Überwinterungsjagd sind mehrere Hütten erhalten, denn Hopen war früher ein wichtiges Jagdrevier und galt als gutes Eisbärenland. Polarfüchse und Seevögel waren ebenfalls reichlich vorhanden. Die Rudihytta erinnert an die erste Überwinterung des Trappers Henry Rudi im Jahr 1908. Er wurde später Isbjørnkongen genannt, weil er während 27 Überwinterungen 713 Eisbären erlegt hat. Seit 2003 ist Hopen als Naturreservat ausgewiesen. Besuche sind möglich, müssen jedoch angemeldet werden.

TOP ★ ERLEBNISSE

★ BESUCH BEI HOPEN RADIO

Norwegen betreibt seit 1947 eine Wetterstation auf der Insel. An gleicher Stelle hatte der Wettertrupp Svartisen der Deutschen Wehrmacht 1943–1945 die Nilsebu, eine 1908 errichtete Trapperhütte, als Unterkunft genutzt. Diese Hütte dient heute als (sehr) kleines Museum.

★ WANDERUNG AUF DIE WESTSEITE DER INSEL

Wenn es die Witterungsbedingungen erlauben und gerade keine Eisbären in der Nähe sind, lohnt sich die Wanderung von der Wetterstation über die Bjørnsletta, die Bärenebene, auf die andere Seite der Insel. Die Strecke ist nur zwei Kilometer lang und der Auf- und Abstieg nicht sehr steil, führt aber über Stock und Stein. Vorsicht ist geboten in flachen Senken: Der Boden ist hier sehr nass und matschig, und so manchem Wanderer hat es darin schon die Stiefel ausgezogen. Der Blick von der Bjørnsletta zurück auf die Station und nach vorn auf die Westküste mit der langsam verfallenden Johshytta entschädigt jedoch für alle Mühen.

WEITERE INFORMATIONEN (BESUCHSGENEHMIGUNG)

sysselmesteren.no/en
firmapost@sysselmesteren.no

Noch ist die norwegische
Hohe Arktis voller Eis.

Europäisches
Nordmeer
Nordisshavet
Vestfjorden
Frohavet
Stadhavet
Skagerrak
Bottenviken
Bottenhavet
262
263
264
265
266
267
268
269
270
271
272
273
274
275
276
277
278
Nordkapp
Magerøya
Mehamn
Båtsfjord
Havøysund
Hammerfest
Vadsø
Kirkenes
Lakselv
Alta
Skjervøy
Storslett
Tromsø
Senja
Andøya
Finnsnes
Sortland
Stokmarknes
Langøya
Svolvaer
Narvik
Kiruna
Bodø
Fauske
Mo i Rana
Nesna
Uddjaure
Brønnøysund
Rørvik
Grong
Kristiansund
Trondheim
Molde
Åndalsnes
Ålesund
Oppdal
Funäsdalen
Dombås
Hjerkinn
Otta
Florø
NORWEGEN
Lillehammer
Hamar
Fagernes
BERGEN
Voss
Odda
Drammen
OSLO
Skien
Stavanger
Kragerø
Flekkefjord
Kristiansand
Östersund
Storsjön
Sundsvall
Söderhamn
Mora
Siljan
VÄSTERÅS
STOCKHOLM
ÖREBRO
Vänern
Vättern
NORRKÖPING
LINKÖPING
Gotland
Åland
SCHWEDEN
Storuman
Lycksele
UMEÅ
Piteå
OULU
Oulujärvi
Iisalmi
Kuopio
Vaasa/Vasa
FINNLAND
Jyväskylä
TAMPERE
Päijänne
Lahti
Pori
Turku/Åbo
HELSINKI/HELSINGFORS
Tallinn
ESTLAND
Saaremaa
Liivi laht
Riga
LETTLAN
RUSSLAND
Ieš jávri
Sodankylä
Rovaniemi

LEGENDE

Autobahn	Sehenswürdigkeit - Kultur
Schnellstraße	Sehenswürdigkeit
Fernstraße	Kirche, Kloster
Hauptstraße	Schloss
Nebenstraße	Schlossruine
Sonstige Straße	Museum
Fahrweg	Höhle
Eisenbahn	Windmühle
Flüsse	Leuchtturm
See	Aussichtspunkt
Bebauung	Flughafen
Natur-, Nationalpark	Wasserfall
Staatsgrenze	Skigebiet

HUBER KARTOGRAPHIE

N

0 20 km

1 : 950.000

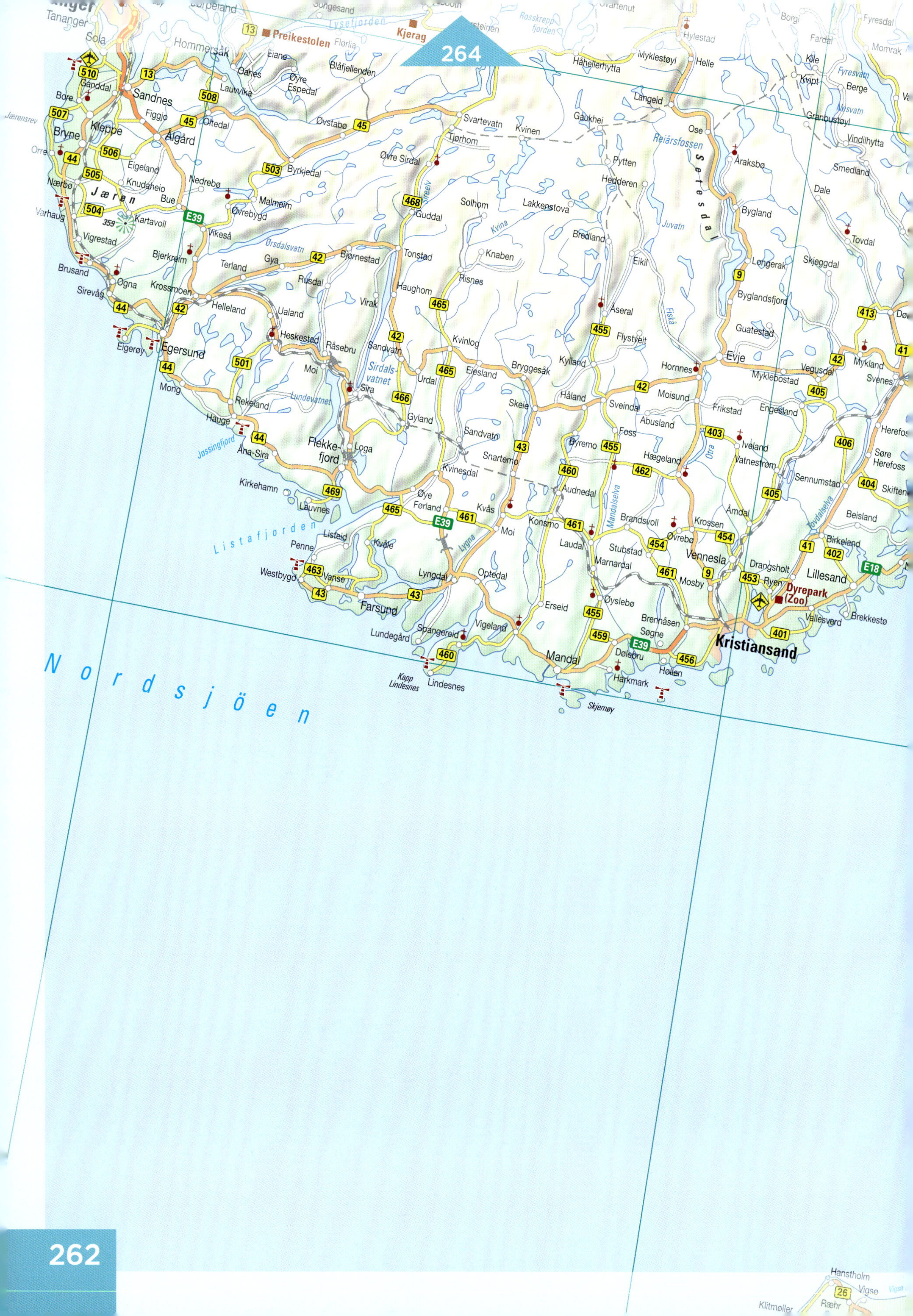

264
Tananger
Sola
Hommersåk
Preikestolen
Kjerag
Lysefjorden
Sandnes
Gandal
Bore
Bryne
Kleppe
Ålgård
Figgjo
Oltedal
Øvre Espedal
Blåfjellenden
Øvstabø
Svartevatn
Kvinen
Tjørhom
Øvre Sirdal
Byrkjedal
Eigeland
Knudaheio
Nedrebø
Malmeim
Øvrebygd
Jæren
Nærbø
Varhaug
Kartavoll
Vigrestad
Vikeså
Ørsdalsvatn
Bjerkreim
Terland
Gya
Bjørnestad
Brusand
Ogna
Sirevåg
Krossmoen
Helleland
Ualand
Rusdal
Heskestad
Egersund
Eigerøy
Mong
Moi
Råsebru
Sira
Sandvatn
Sirdals-vatnet
Lundevatnet
Rekeland
Hauge
Jøssingfjord
Åna-Sira
Flekke-fjord
Loga
Gyland
Kirkehamn
Lauvnes
Listafjorden
Listeid
Penne
Kvåle
Westbygd
Vanse
Farsund
Lyngdal
Optedal
Lundegård
Spangereid
Vigeland
Lindesnes
Kapp Lindesnes
Mandal
Skjernøy
Harkmark
Kristiansand
Nordsjöen
Guddal
Tonstad
Haughom
Solhom
Knaben
Risnes
Kvinlog
Eiesland
Urdal
Sandvatn
Snartemo
Kvinesdal
Øye
Førland
Kvås
Moi
Konsmo
Audnedal
Lauda
Marnardal
Øyslebø
Erseid
Byremo
Håland
Skeie
Bryggesåk
Kylland
Åseral
Flystveit
Eikil
Bredland
Lakkenstova
Hedderen
Pytten
Gaukhei
Håhellerhytta
Myklestøyl
Helle
Hylestad
Langeid
Ose
Reiårsfossen
Setesdal
Juvatn
Åraksbø
Bygland
Longerak
Byglandsfjord
Guatestad
Evje
Hornnes
Moisund
Sveindal
Abusland
Foss
Hægeland
Iveland
Vatnestrøm
Frikstad
Engesland
Myklebostad
Vegusdal
Mykland
Svenes
Herefoss
Søre Herefoss
Sennumstad
Skjeggdal
Tovdal
Dale
Smedland
Vindilhytta
Granbustøyl
Berge
Kvipt
Kile
Fardal
Borgi
Fyresdal
Momrak
Fyresvatn
Nesvatn
Åmdal
Brandsvoll
Krossen
Øvrebø
Stubstad
Vennesla
Mosby
Dragsholt
Ryen
Lillesand
Dyrepark (Zoo)
Birkeland
Beisland
Vallesverd
Brekkestø
Brennåsen
Søgne
Dolebru
Hollen
Hanstholm
Vigsø
Klitmøller
Ræhr

Stavkirke Hopperstad
Stavkirke
Snøvegen
Nærøyfjord
Flåmsbanen
Stølsheimen
Holsnøy
Osterøya
Bergen
Bryggen
Voss
Øystese
Norheimsund
Hardangerfjorden
Sørfjorden
Sommarskisenter
Odda
Vøringsfossen
Hardangervidda
Hardangervidda nasjonalpark
Hårteigen
Folgefonna nasjonalpark
Baroni
Låtefossen
Stavkirke
Leirvik
Haugesund
Utstein klasztor
Stavanger
Preikestolen
Ryfylke
Setesdalsheiene
Valleheiene
Lyseheiene
Sauda
Bjørnafjorden
Boknafjorden
Nedstrandfjorden
Ulvik
Eidfjord
Flåm
Aurlandsvangen
Gudvangen
Myrdal
Fedje
Sotra
Karmøy
Kopervik
Åkrahamn
Etne
Ølen
Skånevik
Røldal
Haukelisæter
Suldal
Sand
Jørpeland
Randaberg
Sola
267
262

268

Ardalstangen
Naddvik
File-fjell
Tyinkrysset
Stavkirke
Øye
Vangsmjøsi
Slettefjell
1776
Beitostølen
Bygdin
Vinstre
Storhøliseter
Espedalen
Vassenden
Kvitfjell
Fåvang
Gausdal
Vestfjell
Storeskag
Revsjøbu
Svatsum
Aulstad
Skei
Tretten
Bjørgeseter
Bøsætra
Øyer
Hornsjø
Liomseter
Ormtjernkampen Nasjonalpark
Fullsenn
Hensån
Høre
Lomen
Stavk.
Hegge
Kvamme
Soleistølen
Grindaheim
Vang
Oylo
Valdres
Borgund
Stav-kirke
Borlaug
Slidre
Rogne
Helin
Strandafjorden
Røe
Ulnes
Skrautvål
Lenningen
Synnfjell
Forsetsætra
Follebu
Fåberg
Saksum
Nordsæter
Mai-haugen
Lillehammer
Sjusjøen
Mesnali
Bjordalsbu
Morekvarn
Kvithaug
Vaset
Fagernes
Leira
Stølen
Hugulia
Vingrom
Brøttum
Stumlia
Mjøsa
Bjøberg
Øynan
Valdres
Nøsen
Flyvatn
Hardangervidda
Fljåvatn
Djup
Tuv
Hemsedal
Flævannshytta
Hemsedal
Blommestølen
1788
Stolsvatnet
Åbjør
Aurdal
Flatøygarden
Tisleifjorden
Tisleidalen
Bruflat
Stavk.
Reinli
Bagn
Svingstad
Nykirke
Segård
Biri
Moelv
Rudshøgda
Nærøsen
Granheim
Robru
Meitebekk
Dokka
Vardal
Myrland
Bergsjø
Leveld
Hovet
Torpo
Gol
Herad
Høvreslia
Svingvoll
Gjøvik
Prestholtsætre
Ål
Kleive
Geilo
Rødungen
Fetjar
1212
Mykingstølen
Teinvassætra
Åsli
Hedal
Brøtset
Nesbyen
Engelia
Åmot
Raufoss
Reinsvoll
Ustaoset
Ustevatnet
Tuva
Bruvoll
1063
Buvassbrenna
Fekjan
Bromma
Nes
Skute
Lomsdalen
Eina
Kolbu
Skreia
Hågår
Enger
Horn
Mjørlund
Heinsæter
Æan
Dagali
Bergsjøstøl
Tunhovd
Langedrag
1314
Hallingnatten
Kolsrud
Flå
1280
Bjonevika
Sørum
Sperillen
Vikerkoia
Viker
Lygna
Skrukkeli
Brandbu
Jaren
Randsfjorden
Finnsand
Solheimstulen
Vasstulan
Tunhovdfjorden
Uvdal
Øygardsgrend
Rødberg
Flentenseter
Gulsvik
Hagtebu
1466
Krøderen
Strømsoddbygda
Ørgenvika
Onsaker
Gran
Skjerva
Vikstul
Bjørkeflåta
Stavkirke
Medalen
Eggedal
Ringnes
Hallingby
Sokna
Hen
Jevnaker
Hadeland
Roa
Helleren
Sønstevatn
Sandbu
Mårbu
Mårvatn
Skålbø
Stavkirke
Nore
Numedal
Bøle
Stordalsbu
Kalhovd
Steinsbøle
Kravik
Nedre Eggedal
Noresund
Krødsherad
Hamremoen
Hønefoss
Mår
Gøystdal
Hægard
Andersnatten
733
Båsheim
Eiddal
Krøderen
Tyristrand
Nord-marka
Katnosa
Gardermoen
Stryken
Åsa
Langesjå
Helberghytta
Attrå
Bakko
Veggli
Rollag
Stavkirke
Halvorset
Sandsbråten
Søneren
Nerstad
Snarum
Drolsum
Tyrifjorden
Bønsnes
Nittedal
Møsvatnet
Miland
Håkånes
Rjukan
Gausta
1881
Svineroi
Grasdalen
Bjørkeset
Simostranda
Vikersund
Geithus
Sollihøgda
Sørkedalen
Movatn
Måna
Bondal
Rudsgrend
Tinnsjø
Evju
Lyngdal
OSLO
Lillestrøm
Bossboen
Austbø
Sudbø
Tuddal
1342
Blefjell
Blåberg
Flesberg
Blestølen
Skotselv
Åmot
Syling
Sandvika
Rælingen
Amotsdal
Tinnoset
Ormemyr
Svene
Lågen
Hokksund
Vestfossen
Mjøndalen
Lierbyen
Asker
Slemmestad
Nesodden
Klemetsrud
Flateby
Breidvatnet
Gransherad
Rendla
Follsjå
Drammen
Røyken
Enebakk
Langlim
Gvammen
Sauland
Ørvella
Grønvollfoss
Kongsberg
Fagerstrand
Nutheim
Mælefjell
1413
Stavkirche
Meheia
Krekling
Hakavik
Sætre
Ski
Tangenbru
Ofte
Heddal
Skollenborg
Hostvet
Eikeren
Drøbak
Ås
Tomter
Morgedal
Lifjell
Reskjem
Notodden
Seljord
Heddalsvatnet
Svelvik
Sande
Holmsbu
Filtvet
Vestby
Hobøl
Brunkeberg
Strond
Bandak
Lifjell
Nautesund
Holte
Styggmann
871
Efteløt
Eidsfoss
Stuabrua
Garder
Spydeberg
Askim
Bø
Bestul
Hvittingfoss
Hillestad
Holmestrand
Son
Hølen
Vrådal
Gvarv
Mykle
Våler
Skedtveit
Kilen
Telemarkskanal
Grorud
Svarstad
Vivestad
Bakstvål
Horten
Moss
Stean
Flåsesund
Lunde
Romnes
Nisser
Grova
Ulefoss
Norsjø
Siljan
Lågen
Gravdal
Åsgårdstrand
Larkollen
Rygge

266

263

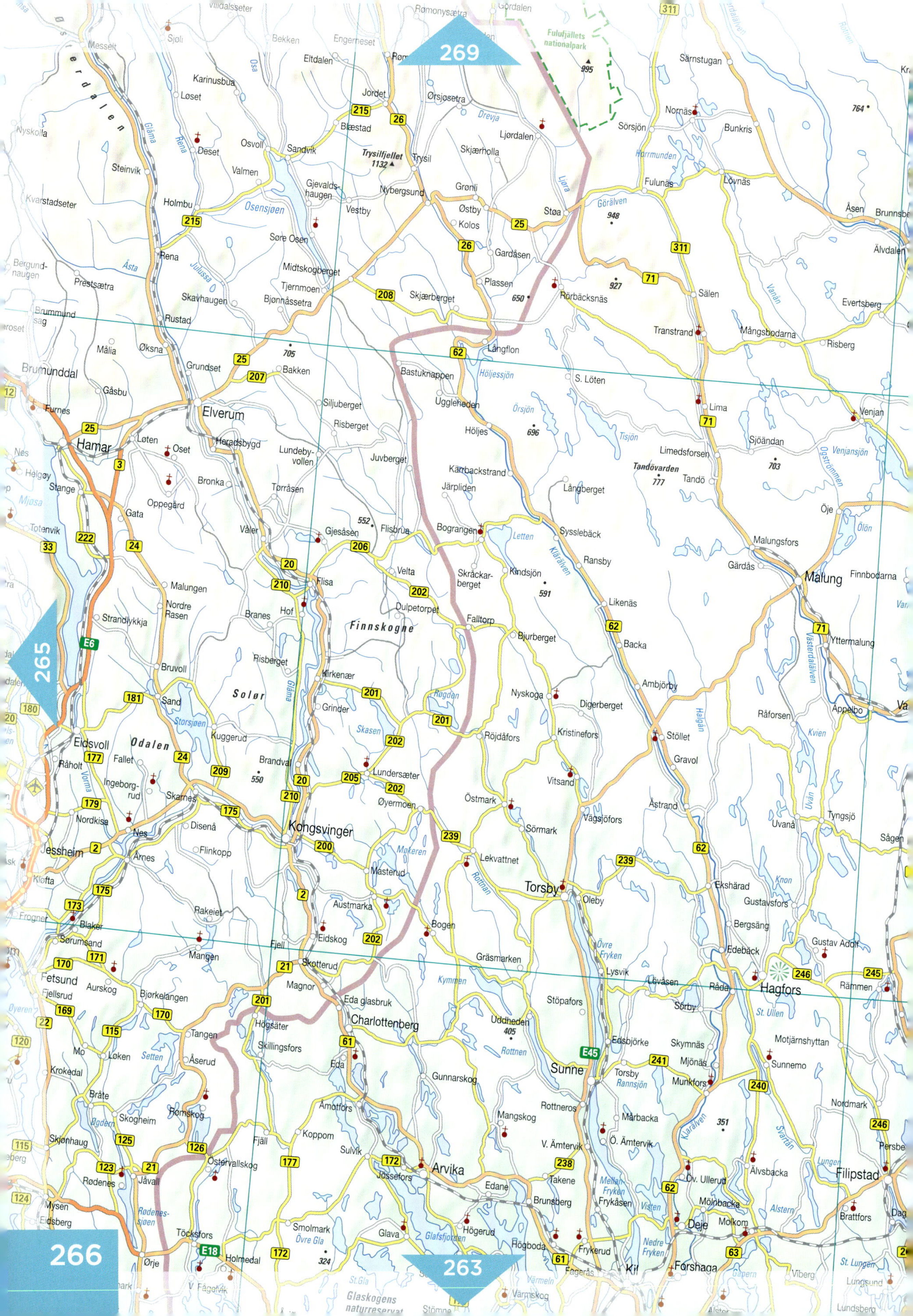
269
265
266
263
Fulufjällets nationalpark
Elverum
Hamar
Brumunddal
Furnes
Stange
Løten
Oset
Heradsbygd
Rena
Rustad
Øksna
Grundset
Eidsvoll
Råholt
Jessheim
Nes
Årnes
Kongsvinger
Flisa
Våler
Gjesåsen
Kirkenær
Grinder
Finnskogne
Solør
Odalen
Skarnes
Disenå
Flinkopp
Eidskog
Skotterud
Magnor
Charlottenberg
Eda glasbruk
Arvika
Glava
Sunne
Torsby
Oleby
Lekvattnet
Östmark
Sörmark
Vitsand
Kristinefors
Röjdåfors
Nyskoga
Bograngen
Sysslebäck
Höljes
Långflon
Trysil
Nybergsund
Trysilfjellet 1132
Sälen
Transtrand
Lima
Malung
Yttermalung
Malungsfors
Stöllet
Ekshärad
Hagfors
Filipstad
Munkfors
Deje
Forshaga
Kil
Fryksände
Lysvik
Edebäck
Gustav Adolf
Uddheden
Gräsmarken
Bogen
Austmarka
Masterud
Lundersæter
Øyermoen
Fetsund
Sørumsand
Bjørkelangen
Aurskog
Løken
Mysen
Eidsberg
Ørje
Töcksfors
Holmedal
Årjäng
Mjøsa
Glomma
Klarälven
Fryken
Glafsfjorden
Storsjøen
Osensjøen
E6
E18
E45
2
3
20
21
24
25
26
33
61
62
63
71
172
175
177
200
201
202
206
208
215
239
240
241
245
246
311

Norskehavet
Stadhavet
Sildegapet
Fuglefjell (Vogelfelsen)
Breisunddjupet
Ona
Sandøy
Steinshamn
Harøya
Myklebust
Fjørtoft
Nordøyane
Nogva
Austnes
Dryna
Midsund
Ørsnes
Roald
Skjeltene
Brattvåg
Søvik
Fiksdal
Alnes
Ålesund
Vatne
Skodje
Langevåg
Sulasundet
Spjelkavik
Solevåg
Storfjorden
Sørøyane
Runde
Kvalsvik
Flø
Branddal
Fosnavåg
Moltustranda
Gurskøy
Ulsteinvik
Hareid
Festøya
Torvika
Sandshamn
Vestkapp
Haugsbygda
Eiksund
Vartdal
Årset
Storestandel
Hjørundfjorden
Hundeidvik
Aursnes
Sykkylven
Sunnmøre
Rjåneset
Larsnes
Årvik
Berkneset
Stadlandet
Eltvika
Åram
Rovde
Lauvstad
Ørsta
Sæbo
Trandal
Lekneset
Øye
Leikanger
Koparnes
Syvdsnes
Eidså
Dalsfjord
Volda
Vanylvsgapet
Selje
Folkestad
Vatne
Viddal
Herdalen
Vågsøy
Sylte
Bjørke
Hellesylt
Raudeberg
Åheim
Dale
Høydal
Austefjord
Sju-systre
Geirangerfjord
Måløy
Bremangerlandet
Almklov
Åmelfot
Bjørkedal
Kjellstadli
Sunnylvon
Oldeide
Maurstad
Heggjabugda
Hornindal
Bremanger
Bryggja
Stårheim
Nordfjord
Davik
Nordfjordeid
Hornindalsvatnet
Berle
Bortnen
Isane
Frøya
Storhamn
Torheim
Lote
Randabygd
Stryn
Strynsvatnet
Kalvåg
Frøysjøen
Anda
Utfjorden
Dokset
Oppstryn
Loen
Kjelkenes
Svelgen
Førde
Hestnesøyri
Innvik
Hovden
Botnane
Gjegnabu
Vereide
Moldreim
Lovatnet
Bataldøn
Fessebu
Sandane
Olden
Oldevatn
Skorpa
Hauka
Grondalen
Hyen
Bødalsseter
Florø
Bjørnset
Breimsvatnet
Byrkjelo
Kjenndal
Lodalskåpa
Kalsvik
Lykkjebø
Heimseta
Dalheim
Breim
Myklebust
Askrova
Seljeset
Solheim
Brigsdalsbreen
Oldedalen
Nigardsbreen
Stavang
Eikefjord
Mykland
Årdal
Brigsdal
Jostedalsbreen
Svanøy
Nes
Klakegg
Stavfjord
Vevring
Hove
Aksla
Fonn
Gjerde
Flokeneset
Naustdal
Ålhus
Skei
Jostedalsbreen nasjonalpark
Stongfjorden
Førdefjorden
Kjøsnes
Tungastølen
Atløy
Sunnfjord
Erdalen
Jølstravatnet
Hærland
Eikeneset
Moskog
Vassenden
Sægrov
Lunde
Standnes
Førde
Høgebru
Vilnes
Askvoll
Norsk Bremuseum
Værlandet
Vilnesfjorden
Dale
Storenaug
Holsen
Groning
Supphella
Fure
Osen
Jostefonni
Mundal
Fjærland
Korssundet
Skifjord
Flekke
Hestad
Viksdalen
Gaupne
Sande
Mjell
Distad
Veitastrondvatnet
Steinset
Salbu
Guddal
Mel
Sværen
Risnes
Selseng
Sula
Krakhella
Vadheim
Høyanger
Menes
Fjærlandsfjorden
Rysjedalsvika
Dragsvik
Ytre Sula
Solund
Torvund
Leirvik
Balestrand
Rutledalen
Lavik
Låne
Hella
Sogndalsfjøra
Nåra
Sognesjøen
Dingja
Sognefjorden
Nordgulen
Tredalen
Nessane
Vangsnes
Hermannsverk
Ytre
Vambråka
Norum
Ortnevik

268
264

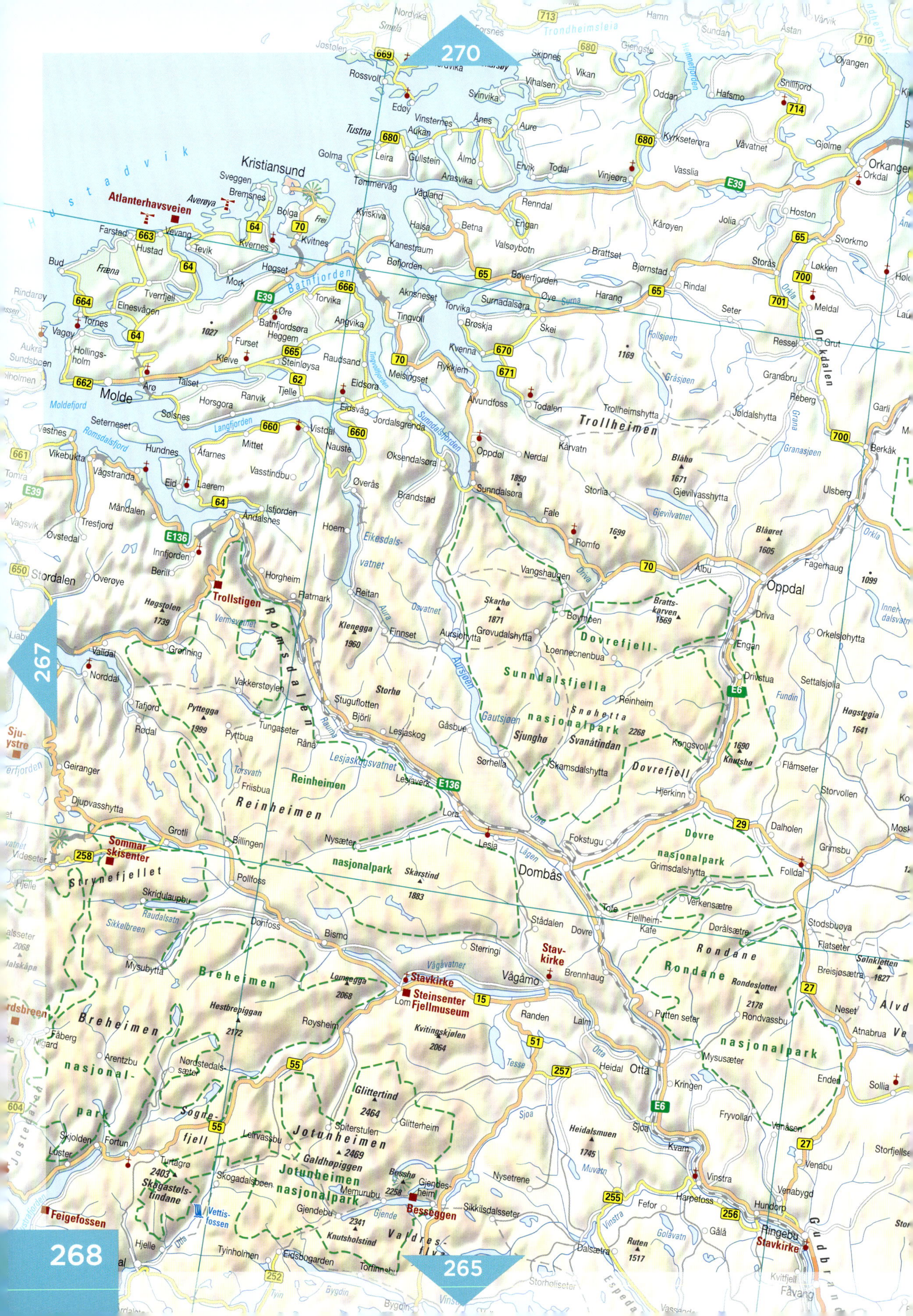
Nordvika
Smøla
Trondheimsleia
Hamn
Sundan
Astan
Vårvik
Jøstolen
Rossvoll
Edøy
Vinsternes
Skipnes
Vikan
Gjengste
Vihalsen
Svinvika
Oddan
Hafsmo
Snillfjord
Øyangen
Tustna
Leira
Gullstein
Aukan
Ånes
Aure
Ålmo
Ertvik
Todal
Vinjeøra
Kyrkseterøra
Våvatnet
Gjølme
Orkanger
Orkdal
Golma
Kristiansund
Sveggen
Bremsnes
Averøya
Atlanterhavsveien
Hustadvik
Tømmervåg
Arasvika
Vågland
Renndal
Vassli
Kårøyen
Jolia
Hoston
Svorkmo
Farstad
Hustad
Vevang
Tevik
Kvernes
Bolga
Frei
Kvitnes
Kviksiva
Halsa
Betna
Engan
Valsøybotn
Brattset
Bjørnstad
Storås
Løkken
Bud
Fræna
Høgset
Mork
Batnfjorden
Kanestraum
Bøfjorden
Bøverfjorden
Surnadalsøra
Øye
Surna
Harang
Rindal
Seter
Meldal
Orkla
Rindarøy
Elnesvågen
Tverrfjell
Øre
Torvika
Aknes
Tingvoll
Broskja
Skei
Follsjøen
Ressel
Grut
Orkdalen
Tornes
Vågøy
Batnfjordsøra
Heggem
Angvika
Kvenna
1169
Aukra
Hollingsholm
Furset
Kleive
Steinløysa
Raudsand
Meisingset
Rykkjem
Todalen
Gråsjøen
Granabru
Reberg
Molde
Årø
Talset
Horsgora
Ranvik
Tjelle
Eidsøra
Eidsvåg
Jordalsgrenda
Sunndalsfjorden
Ålvundfoss
Trollheimshytta
Trollheimen
Jøldalshytta
Garli
Moldefjord
Langfjorden
Seterneset
Vestnes
Romsdalsfjord
Hundnes
Solsnes
Åfarnes
Mittet
Vistdal
Nauste
Oppdøl
Nerdal
Kårvatn
Blåhø
1671
Gjevilvasshytta
Granasjøen
Berkåk
Vikebukta
Vågstranda
Eid
Laerem
Vasstindbu
Øksendalsøra
Øverås
Brandstad
Sunndalsøra
1850
Storlia
Gjevilvatnet
Ulsberg
Måndalen
Isfjorden
Åndalsnes
Hoem
Fale
Romfo
1699
Blåøret
1605
Tresfjord
Øvstedal
Innfjorden
Vagsvik
Eikesdalsvatnet
Vangshaugen
Driva
Ålbu
Oppdal
Fagerhaug
1099
Stordalen
Overøye
Berill
Horgheim
Trollstigen
Flatmark
Reitan
Skarhø
1871
Bøymoen
Brattskarven
1569
Høgstolen
1739
Vermevatnet
Romsdalen
Osvatnet
Aura
Klenegga
1960
Finnset
Aursjøhytta
Grøvudalshytta
Dovrefjell-
Sunndalsfjella
nasjonalpark
Loennecnenbua
Engan
Orkelsjøhytta
Valldal
Norddal
Grønning
Vakkerstøylen
Aursjøen
Drivstua
Settalsjølla
Tafjord
Storhø
Stuguflotten
Bjørli
Gåsbue
Gautsjøen
Reinheim
Snøhetta
Fundin
Høgstegia
1641
Pyttegga
1999
Tungaseter
Pyttbua
Rødal
Råna
Lesjaskog
Sjunghø
Svanåtindan
2268
Kongsvoll
1690
Knutshø
Sjustyre
Geiranger
Torsvath
Friisbua
Reinheimen
Lesjaskogsvatnet
Lesjaverk
Sørhella
Skamsdalshytta
Dovrefjell
Flåmseter
Hjerkinn
Storvollen
Djupvasshytta
Lora
Grotli
Billingen
Nysæter
Lesja
Lågen
Fokstugu
Dovre
nasjonalpark
Dalholen
Grimsbu
Sommar skisenter
Videseter
Strynefjellet
Skridulaupbu
Pollfoss
Skarstind
1883
Dombås
Grimsdalshytta
Folldal
Raudalsatn
Sikkelbreen
Dønfoss
Bismo
Stådalen
Tofte
Fjellheim-Kafe
Verkensætre
Doralsætre
Stodsbuøya
Flatseter
Mysubytta
Sterringi
Vågåvatnet
Stavkirke
Vågåmo
Brennhaug
Rondane
Solnkletten
1827
Breisjøsætra
Breheimen
Lomsegga
2068
Stavkirke
Steinsenter Fjellmuseum
Lom
Rondeslottet
2178
Hestbrepiggen
2172
Røysheim
Randen
Lalm
Putten seter
Rondvassbu
Neset
Atnabrua
Fåberg
Nigard
Kvitingskjølen
2064
Otta
Heidal
Mysusæter
nasjonalpark
Arentzbu
Nordstedalsseter
Tesse
Kringen
Enden
Sollia
Glittertind
2464
Glitterheim
Sjoa
Fryvollan
Venåsen
Sognefjell
Spiterstulen
Jotunheimen
Heidalsmuen
1745
Skjolden
Fortun
Leirvassbu
Galdhøpiggen
2469
Muvatn
Kvam
Storfjellsete
Venabu
Luster
Turtagrø
2403
Skagastølstindane
Skogadalsbøen
Jotunheimen nasjonalpark
Memurubu
Besshø
2258
Gjendesheim
Nysetrene
Vinstra
Venabygd
Vettisfossen
Gjendebu
2341
Gjende
Besseggen
Sikkilsdalsseter
Fefor
Harpefoss
Hundorp
Feigefossen
Knutsholstind
Valdresflya
Gålå
Ringebu
Stavkirke
Hjelle
Tyinholmen
Eidsbugarden
Torfinnsbu
Dalsætra
Ruten
1517
Gudbrandsdalen
Tyin
Bygdin
Storhøliseter
Espedalen
Kvitfjell
Fåvang
Vassenden
Jostedalen
E39
E136
E6
15
27
29
51
55
64
65
70
255
256
257
258
252
604
650
660
661
662
663
664
665
666
669
670
671
680
700
701
710
713
714

270

267

265

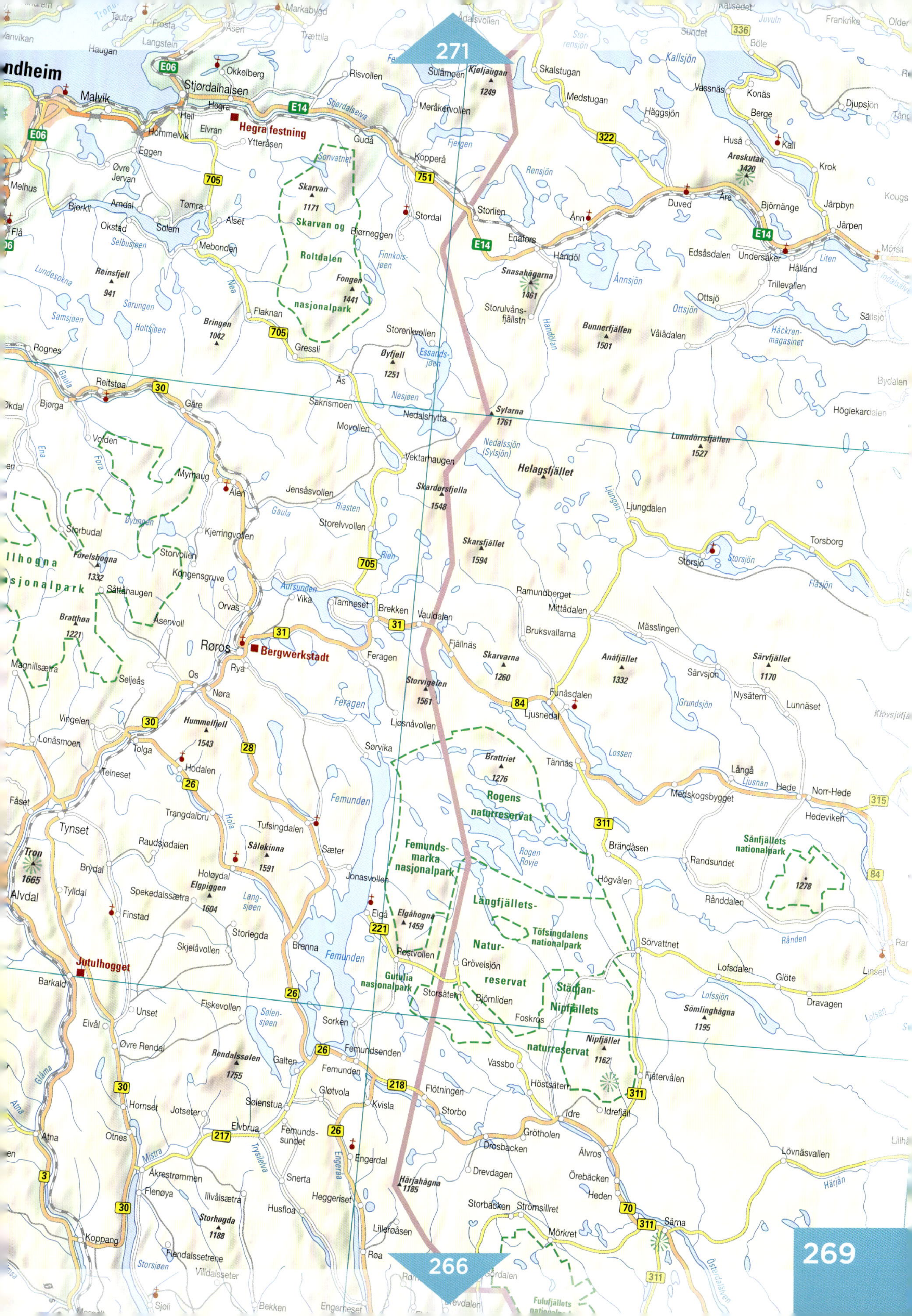
271
266
Trondheim
Malvik
Stjørdalshalsen
Hegra
Hegra festning
Hommelvik
Elvran
Ytteråsen
Okkelberg
Risvollen
Sulamoen
Kjølјaugan
1249
Meråkervollen
Gudå
Kopperå
Stjørdalselva
Sonvatnet
Skarvan
1171
Skarvan og
Roltdalen
nasjonalpark
Fongen
1441
Bjørneggen
Stordal
Storlien
Eggen
Øvre Jervan
Melhus
Bjørkli
Amdal
Tømra
Alset
Okstad
Solem
Selbusjøen
Mebonden
Flå
Lundesokna
Reinsfjell
941
Sørungen
Samsjøen
Holtsjøen
Bringen
1042
Nea
Flaknan
Gressli
Rognes
Storerikvollen
Øyfjell
1251
Essandsjøen
Nesjøen
Ås
Sakrismoen
Nedalshytta
Movollen
Gaula
Reitstøa
Gåre
Bjørga
Volden
Fora
Ena
Myrhaug
Ålen
Jensåsvollen
Riasten
Storelvvollen
Dyrsjøen
Kjerringvollen
Storbudal
Forelshogna
1332
Storvollen
Kongensgruve
Såttahaugen
Sylan
Bratthøa
1221
Aursunden
Vika
Tamneset
Brekken
Vauldalen
Orvas
Åsenvoll
Røros
Bergwerkstadt
Feragen
Magnillsætra
Seljeås
Rya
Os
Nøra
Vingelen
Hummelfjell
1543
Lonåsmoen
Tolga
Hodalen
Telneset
Fåset
Tynset
Trangdalbru
Hola
Tufsingdalen
Raudsjødalen
Sålekinna
1591
Sæter
Tron
1665
Brydal
Tylldal
Alvdal
Holøydal
Elgpiggen
1604
Spekedalssætra
Langsjøen
Finstad
Storlegda
Skjelåvollen
Jutulhogget
Barkald
Unset
Elvål
Fiskevollen
Sølensjøen
Øvre Rendal
Rendalssølen
1755
Galten
Glåma
Atna
Hornset
Jotseter
Sølenstua
Otnes
Elvbrua
Femundsundet
Mistra
Trysilelva
Engeråa
Engerdal
Snerta
Akrestrømmen
Flenøya
Illvålsætra
Storhøgda
1188
Husfloa
Heggeriset
Koppang
Rendalssetrene
Storsjøen
Villdalsseter
Sjøli
Bekken
Engerheset
Sørvika
Ljøsnåvollen
Storvigelen
1561
Femunden
Jonasvollen
Elgå
Elgåhogna
1459
Røstvollen
Gutulia nasjonalpark
Femundsmarka nasjonalpark
Sorken
Femundsenden
Flötningen
Kvisla
Gløtvola
Storbo
Härjahågna
1185
Lilleroåsen
Røa
Ådalsvollen
Skalstugan
Medstugan
Häggsjön
Storrensjön
Kallsjön
Vassnäs
Konäs
Berge
Huså
Kall
Areskutan
1420
Krok
Djupsjön
Frankrike
Sundet
Böle
Juvuln
Fjergen
Rensjön
Duved
Åre
Ånn
Björnänge
Järpbyn
Järpen
Kougs
Mörsil
Enafors
Handöl
Edsåsdalen
Undersåker
Liten
Hålland
Trillevallen
Snasahögarna
1461
Ånnsjön
Storulvåns-fjällstn
Handölan
Ottsjö
Ottsjön
Bunnerfjällen
1501
Vålådalen
Häckren-magasinet
Sällsjö
Bydalen
Höglekardalen
Sylarna
1761
Nedalssjön (Sylsjön)
Lunndörrsfjällen
1527
Vektarhaugen
Helagsfjället
Skardørsfjella
1548
Ljungan
Ljungdalen
Skarsfjället
1594
Storsjö
Storsjön
Torsborg
Flåsjön
Ramundberget
Mittådalen
Bruksvallarna
Mässlingen
Fjällnäs
Skarvarna
1260
Anåfjället
1332
Särvfjället
1170
Särvsjön
Funäsdalen
Ljusnedal
Grundsjön
Nysätern
Lunnäset
Klövsjöfjäll
Brattriet
1276
Rogens naturreservat
Tännäs
Lossen
Långå
Ljusnan
Hede
Norr-Hede
Medskogsbygget
Hedeviken
Rogen
Rovje
Bråndåsen
Randsundet
Sånfjällets nationalpark
1278
Högvålen
Rånddalen
Långfjällets-Natur-reservat
Töfsingdalens nationalpark
Sörvattnet
Rånden
Grövelsjön
Storsätern
Björnliden
Städjan-Nipfjällets naturreservat
Foskros
Lofsdalen
Glöte
Linsell
Lofssjön
Dravagen
Sömlinghågna
1195
Nipfjället
1162
Vassbo
Höstsätern
Fjätervålen
Idre
Idrefjäll
Grötholen
Drosbacken
Älvros
Lövnäsvallen
Drevdagen
Härjån
Örebäcken
Heden
Storbäcken
Strömsillret
Särna
Mörkret
Österdalälven
Gördalen
Drevdalen
Fulufjällets nationalpark
E06
E14
705
751
322
336
30
31
28
26
84
311
315
221
218
217
3
70

Kya fyr
Buholmråsa fyr
Sætervik
Vingsand
Mostervika
Storvika
Sumstad
Utro
Viksvat
Hofsta
715
Halten
Kiran
Nordskjørin
Stokkøya
Harbak
345
Harsvika
Tørvik
Børmarka
Linesøya
Stokksund
723
Frohavet
Tårnes
Lauvøy
Eid
Åfjord
Arsenvågøy fyr
Selnes
Vorpbukta
Flenstad
Tiltrem
Mørriaunet
Mausund
Sula
Nord-Frøya
Frøya
714
716
Tuvnes
Sistranda
Flatval
Titran
716
Kjerringvåg
Frøyfjorden
Knarrlagsundet
Hitra
Fillan
Veiholmen
713
Kvenvær
Hitra
Straum
714
Hestvika
Hopen
Dyrnes
Laksåvika
Nordvika
Smøla
713
Forsnes
Trondheimsleia
Sundan
721
Teksdalen
Oksvoll
Gjølja
Nes
Botngård
710
Gjølga
Fosna
Opphaug
Råkvågen
718
Rausjøseter
Fines
Uthaug
Sollia
Brekstad
Østråtborgen
Saga
Osløya
Kulia
Garten
Fevåg
Skjelbreia
Leksvik
Agdenes
Selva
715
Storvatnet
Hoven
Kongensvollen
Rissa
Sund
Hindrem
Vårvik
Åstan
710
Rørvika
Vanvikan
Botnen
Trondheimsfjorden

268

272

Vega
Sundsvoll
Rørøya
Eidem
Vegafjord
Ylvingen
Vevelstad
Hamn
Horn
Anddalsvågen
Tilrem
Stortorgnes
Brønnøysund
Engelsneset
Skomovik
Tofte
Kråknes
Inntorget
Hommelstø
Berg
Hongset
Skålvik
Vik
Hombørneset
Skog
Rossvika
Hjelmset
Båtneset
Vennesund
Bindalfjorden
Holfm
Åkvika
Tosaunet
Tosenfjorden
Austra
Otervika
Leka
Skei
Solsem
Sør-Gutvika
Lysfjord
Vassås
Bangstad
Skotnes
Terrak
Sandvik
Årsand
Fuglstad
Kvaløyhamn
Lyngsneset
Ramstad
Valøya
Drag
Vikna
Lødding
Elvåsen
Måneset
Eiternes
Gravvik
Årfora
Foldereid
Rødseidet
Eidshaug
Rørvik
Saltbotn
Bergsnov
Ottersøya
Kolvereid
Storvatnet
Bjøråa
Nærøy
Hofles
Kongsmoen
Strandvalen
Geisnes
Salsbruket
Steine
Abelvær
Folda
Harraneset
Lund
Skroyvstad
Rosendal
Fosnes
Salsvatnet
Hognes
Salen
Aglen
Otterøya
Seierstad
Utvorda
Brekksittan
Årnes
Leirvika
Duna
Høylandet
Flått
Skorstad
Ytterby
Vetterhusbotn
Eidabru
Lauvsnes
Nord-Statland
Otterøy
Vemundvik
Flasnes
Gartland
Flatanger
Tøttdal
Lokkaren
Namsos
Overhalla
Bahem
Fiskumfossen
Grong
Namsen
Fjell
Selnes
Bangsund
Klinga
Homstad
Formofoss
Jøssund
Aunet
Romstad
Heia
Sjøåsen
Årgård
Solem
Kjønnerås
Namdalseid
Vegset
Agle
Skromoen
Deråsbrenna
Gilten
Hegge
Snåsa
Almlia
Tørring
Kvam
Snåsavatnet
Jørstad
Hjellbotn
Vallamelen
Valøya
Åsa
Beistad
Sem
Malm
Asp
Sunnan
Steinkjer
Follafoss
Ogndal
Holsengsætra
Skjelstad
Skjækerhatten
Beitstadfjorden
Vist
Kjerknesvågen
Sparbu
Henning
Bodom
Gaulstad
Skjækervatnet
nasjonalpark
Straumen
Veimo
Innherad
Vangshylla
Røra
Leksdalsvatnet
Nasjonalt Kultursenter
Kjerringvik
Vollen
Åkran
Ytterøy
Verdalsøra
Levanger
Rinnan
Stiklestad
Vuku
Steine
Vera
Sore Moen
Ekne
Skogn
Ronglan
Buran
Vaterholm
Markabygd
Åsen
Ådalsvollen
Trættlia
Tro
Stokka
Finnknoet 1458
Lagvatnet
Herringbotn
Tustervatnet
Kvalfors
Kjerringneset
Vesterbukta
Vistenl
Laksfors
Grane
Haustreisa
Svartvatnet
Skjåvika
Hattfjelldal
Seltra
Holmen
Vefsna
Lomsdal-Visten nasjonalpark
Kvitfjellet 1245
Trofors
Kløvmoen
Kvalpskartinden 1337
Storbørja
Svenningdal
Breivasstinden 1220
Håkaunet
Fiplingdalen
Tosbotn
Holmvassdalen
Endresplass
Børgefjellskolen
Sørgard
Bjørkåsen
Kvannlitinden 1096
Sefrivatnet
Jensneset
Børgefjellet
Store Majavatnet
Øvre Fiplingvatnet
Majaklumpen 1021
Majavatn
Børgefjell nasjonalpark
Smalåsen
Store Namsvatnet
Mellingsmoen
Abjørvatnet
Bjørnstad
Nordre Steinfjellet 1169
Namsvassgårdan
Nonsfjellet 927
Bjørhusdalen
Namsskogan
Vektarlia
Vallervatnet
Gjersvika
Røyrvik
Brekkvasselv
Tunnsjørørvika
Ornes
842
Strompdalen
Kjølstadfjellet
Tromsfjellet 1063
1150 Jomafjellet
Limingen
St. Blåsjön
Namdalen
Trones
Lassemoen
Grøndalselv bru
Furutangvika
Jormlien
Tunnsjøen
Ingjelsvatnet
Jormvattnet
Fjerdingøya
Skorovatn
Østnes
Lill-Jorm
1160 Heimdalshaugen
Havdalsfjellet
Viken
Björkvattnet
Stor-Jorm
Leirlia
Kvarnbergsvattnet
Arnbygget
Kvelia
Sanddøla
Sandmoren
Skjelbreid
Nordli
Gäddede
Sandnes
Mortenslund
Murumoen
Eide
Holand
Lauvsjølia
Lierne
Lierne nasjonalpark
Hestkjølen 1390
Aune
Blåfjella-
Gressåmoen
Skjækerfjella
Lenglingen
Berglia
Sørli
Prestesetera
1335 Blåfjellshatten
Ingerdalen
Jule
941
Gunnarvattnet
Rongen
Björkede
Jävsjön
Holdern
Valsjöbyn
Burvattnet
Torrön
Sösjöfjällen
Rörvattnet
Hotagen
1202 Skäckerfjällen
Korsvattnet
Häggsjövik
Bakvattnet
Jänsmässholmen
Kolåsen
Överäng
Kallsedet
Frankrike
Olden
Sundet
Finnsäter
17
73
76
804
771
802
770
769
768
776
775
773
764
766
767
760
74
765
763
762
720
72
E06
342
340
336

269

274

Moskenstraumen
Mosken
Værøy
Nordland
Røssnevågen
Røsthavet
Røst
Sk
Leira
Kjerringøy
Helligvær
Kvalvika
Sørvær
Selnes
Landegode
Festvåg
Landegodefjorden
834
Bliksvær
Luftfahrtmuseum
Bodø
80
Saltfjorden
Straumøya
Alsvik
Evjen
Skånland
Amøy
Mårnes
Sørarnøy
Fleina
Børelv
17
Horsdal
Saura
Eggesvika
Lurfjellt
1286
Fugløya
Sund
Skjellvika
Kjelling
Svartnes
Inndyr
Grønna
Valle
Skaugvoll
1329
Beiarn
Storjorda
Storvika
Ternholmfjorden
Kunna
Mevik
Oppsal
Sundsfjord
Marka
Fore
Ørnes
Habrestinden
Gråtånes
1354
Meløya
Meløy
Neverdalen
Glomfjord
Kyksmoen
Valværfjorden
Glomfjorden
Vallsjøen
Vassdalsvik
Myken
Åmnøya
Storglomvass-brakka
Åmøyhamna
Skarsfjorden
Halsa
Bjærangen
Vågaholmen
831
Agskaret
Storjorda
1640
Saltfje
Rødøya
Holand
Skjelåtinden
Staupåmoen
Tjong
Rødøy
Gletscherzunge
Svar
Rødøyfjorden
Nordværnes
17
Storglomvatnet
nasjon
Snøtinden
1599
Gjerdøya
Reppen
Nesøya
Renga
Jektvika
Nordfjorden
Blakkådalen
Rangsundøya
Melfjorden
Steinfje
Træna
Hestmona
Langnes
Hestmon
Tonnes
Steinsland
Blakkådalshytta
Trænfjorden
Oldervika
Gletscherzunge
Kilboghamn
Glomdalen
Melfjorden
Vesterdalen
Svartisdalen
Lurøya
Sørfjorden
Hja
Hagen
Stigen
Øresvika
Høgtuybreen
Messingslett
1291
Lovund
Ørnvika
Aldra
Sakriheia
Ørtfjellet
Lundeura
Onøya
Ravna
Bjørnåga
E6
Moflaget
Sjona
Haugland
Nordsfjorden
Snøfjellåga
Gullvik
Almia
Storforshei
Buøy
Stokkvågen
Røssvoll
Tomfjorden
Røytvik
Båsmoen
Ranelva
Langfjellseter
Tomma
Venes
Utskarpen
Ru
Åsvær
Forsland
Sjona
Longset
Bustnes
Mo i Rana
Handnes
12
Toftlia
Stifjorden
Sørsåsværfjorden
Dønnes
Handnes
Ranafjorden
Andfiskå
Rølvåg
Alsøya
Rana
Hemnesberget
Dalselv
Rauvatn
Vikholmen
Bardal
Vandved
Glein
Finneidfjord
Løkta
Nesna
808
Storakersvatnet
Kallvatnet
Leirvika
E12
Nordvik
Koppardal
Sørfjorden
Lavong
Bjurbekkdalen
Umbukta-fjellstue
Skaga
Bjørn
Fagervika
Mula
Bjerka
Gåsvær
Dønna
Angersnes
17
Leira
Elsfjord
1417
828
Hestad
Ytterholmen
Seløy
Engan
Leland
Drevvatn
Korgen
Bredviken
Sandnessjøen
Villtoven
909
E6
Tverrå
Øksningen
Silvalen
Alstenfjorden
Sundøy
Grasvatnet
Øverumen
Alsten
Remnes
Drevje
Røssåga
Tennvalen
Hundåla
78
806
Okstindan
Vindelfjällens
Lund
Vefsnfjorden
Alstahaug
Bleikvassli gruver
Artfjället
Blomøya
17
Vestvågan
Straum
Søfting
Bleikvasslia
naturreservat
Offersøya
Hestøy
Sandvika
Vikdalen
Røssvassbukt
Bessedør
Tjøtta
Ånes
Nordvatnet
Raudlia
Rødøya
Husvika
Mosjøen
Mindtangen
Tustervatnet
Bakketun
Klippe
Tortenlia
Mindlandet
Tustervatnet
Fiankmoet 1458
Tro
Vega
Vågsodden
Stokka
Layassøtta
Lagvatnet
Herringbotn
Røssvatnet
Varntresk
Siverts-gården
Tangvatnet
Kjerringgnoet

271

274
275

Kebnekaise
2114
Tarfala
Singistugorna
Nikkaluokta
1464
Sitasjaurestugorna
Alitâive
1584
Kåtsak
Autajaure
Seukojaure
Ritsem
Kallaktjåkkå
1810
Kaitumjaurestugorna
Kaitumjaure
Stora Sjöfallets
nationalpark
Kuoperatjåkka
1731
Tjonajåk
Vaisaluokta-
stugan
Akkastugorna
Akkajaure
Akka
2016
Vakkotavare-
stugan
Suorva
Vietas
Stora Sjöfallet
Kisurisstugan
Sarektjåkkå
2090
1804
Sarek
Sareks
nationalpark
Kirjaluokta
Saltoluokta
turiststation
Langas
Aluokta
Ultevis-
tuottar-
Sitojaure
Sitojaura
1094
Tjengalluok
Kaltes
Pårte
2005
Rapadalen
Aktse
Alkastugan
Rautåive
1578
Kalpejaure
Slappe-
jaure
Sallohaure
925
Vuojatätno
Vastenjaure
Vastenjaure
Låddejåkkåstugan
Padjelanta
Virihaure
Arasluokta
Staloluokta-
stugorna
1345
nationalpark
Tarraluoppal-
stugorna
Råvve-
jaure
Tsäkkak
1565
Vaimok
Såmmarlappastugan
Tarrekaise
1829
Pårtestugan
Tjaktjajaure
Tarrekaisestugan
Kvikkjokk
Njunjes
Pieskehaurestugan
Bieskehávre
Piteälven
Mavas
Mavasjaure
Ikesjaure
Njavve
Tjåmotis
Årrenjarka
Saggat
Tsielekjåkk
1552
Skalka
Björkholm
1628
Kuoddujaure
Peuraure
951
Karatj
Parkijaure
Karats
Luvos
Pärlälven
Västerfjäll
Kaisatj
1046
Arvesjaure
965
Arvestuottar
Bartaure
Örnvik
Tjeggelvas
Stenudden
Skierfa-
jäävrre
Riebnes
Vuonatjluokta
Nipetjåkkå
880
Skuppe
Rappen
Vuolvojaure
Arvesjåkkå
Labbas
Sundnäs
Hornavan
Hällnäs
Gittun
Märsa
Eggelats
Forsnäs
Galtisjaur
Tjuorre
743
Piteälven
Hällvik
Svannäs
Stensund
Arjeplog
Abraur
Radnejaur
Uddjaure
Kurrokvejk
780
Racksund
Båtsjaur
Akkelis-
jaure
Aisjaure
Hammar-
träsket
Laisvall
Laisvallsby
Laisan
Dellikälven
Laisälven
Klippen
Bergnäs
Jutis
Hällbacken
Adolfsström
Ribas
Jäkkvik
1138
Pieljekaise
Pieljekaise
nationalpark
Sädvaluspen
Ringselet
Ballasviken
Sädvajaure
Vuoggatjålme
Tjidtjakgaise
1587
Merkenis
95
Merkenis-
vupmekietje
1277
Guikultjårro
Straitastjåkkå
1569
Smuolekåtan
1605
Fierras
Laisälven
Laisstugan
Svaipa
1431
Tjålmejaure
Ahajure
Tjamuk
1021
Råker
1380
Björkfjället
1136
Vindelfjällens
Gabbi
1387
Rerrogaise
1611
Ammarfjället
Tärnasjön
Tärnasjö-
stugorna
Rödingvik
Ammarnäs
Aigert
Äivisåive
1250
Djupfors
Kraddsele
naturreservat
Guvertfj
Övre
Ålsvattnet
Vindelälven
Steigen
Alstad
Bogøy
Sagfjorden
Innhavet
835
1227
Straumfjorden
Råna
Hellemo-
fjorden
Mannfjorden
1312
Fjelltun
Kråkmo
Hellemobotn
1061
Alvnes
Hopen
Mørsvikfjorden
E6
Botnen
Nordfold
1213
Mørsvik
Nordfolda
Sandbakk
Slåttvik
Storeidet
Gaskacokka
1512
Reinoks-
vatnet
Rørstad
Tårnvika
Bonåsjøen
Elvekroken
Langvatnet
Styrkesnes
Sørfolda
930
1135
Sjunkhatten
nasjonalpark
Sørfold
Kalvik-
tunnel
Rago
nasjonal-
park
826
Gyltvika
Megården
Jordbru
Djupvika
Nordvika
Straumen
Valnesfjord
Fauske
Grønnås
Siso-
vatnet
Øynes
Blåmanns-
isen
1571
Solvik
Breivik
Skipmannvik
Saltdalsfjorden
830
Hellarmo
Sorjushytta
Setså
Sulitjelma
Saltdal
Jakobsbakken
Rognan
Medby
812
1138
Muorkke-
jávre
Tjorvihytta
Vensmoen
Sørdal
Storengstua
1625
Balvatnet
Rusåga
Rusånes
Satertid
Junkerdal
nasj. park
Storjord
Junkerdal
1754
Skaiti
77
Lønsdal
Lønselva
Graddis
Semska
1506
Stødi
Polarkreiscenter
Nasafjøllet
1214
Virvasshytta
Fjellkåta

Vesterålen
Lofoten
Andenes
Bleik
Stave
509
82
Breivik
Kvalnes
Nordmela
Dverberg
Børvagen
Andøy
Myre
Å
Bjørnskinn
Åse
Stø
Nyksund
Sørmela
Strengelvåg
Gisløya
Risøyhamn
Dragnes
Kinn
Grøtavær
Skogsøya
Myre
Øksnes
Sandnes
Buksnes
Elgsnes
Hjellsand
Smines
821
Alsvåg
760
Finnseter
Fornes
Bremnes
Hovden
Utskor
Elvenes
Holm
Haugen
Roksøy
890
Kasfjord
Nykvåg
Sandset
820
Vik
Maurnes
Røkenes
Borkenes
Malnes
Langøya
Eidbukta
Bjønnrå
Sandvik
83
Straumsjøen
Sortland
Strand
Holand
Revsnes
820
Guvåg
Strømsnes
Bø
Eidsfjord
Eidsfjorden
Gavlfjorden
Sortlandsundet
Sigerfjord
Hinnøya
Steine
Bø
Vik
E10
Langvassbukt
Vesterålsfjorden
Skagen
Djupfjord
Gullholmen
Breidvika
822
Møysalen nasjonalpark
Hadseløya
Stokmarknes
Hadsel
Kaljord
Kongsvika
Melbu
1266
Gullesfjordbotn
Fiskøy
Tjeldsund
Helgenes
E10
1081
Tjeldøya
Hadselfjorden
Hanøy
Kanstad
Hadselsand
Austvågøy
Kongselva
Kjerstad
Laukvika
Morfjorden
Fiskebøl
Raften
837
Dalheim
Russhaugen
Lødingen
Kvalnes
Brenna
Øksneshamn
Rinøya
Skardstad
Vestvågøy
Eggum
Gimsøy
Digermulen
Unnstad
Alstad
Sildpollen
Vestbygda
Barøya
Valle
Vikingerhof
Borge
Sundklakk
1062
Holand
Offersøya
E10
Steinfjorden
Utakleiv
Liland
Klep-stad
Svolvær
Øyhelle
Årstein
E10
St. Molla
Tysnes
Myrland
Flakstad
942
Skarberget
Ulvika
815
Valberg
816
Kabelvåg
L. Molla
Bognes
Leknes
Tranøya
Kaldvika
Fredvang
818
Stamsund
Henningsvær
E6
Ramberg
Ure
Buvåg
Tysfjorden
Hundholmen
Ballstad
Ulsvåg
911
Hamarøya
Hamsund
81
Nusfjord
Kjøpsvik
Hulløya
Moskenes
E10
Hammarøy
Drag
Tørrnes
Finnøya
Skutvika
Reine
Hamnøy
Finnøya
Klingenberg
Helland
Lundøya
Kjerr
Engeløya
Mjelde
Steigen
Sagfjorden
Innhavet
Råna
Ålstad
835
1227
Josommerset
Hellemo

274

272

Tromsø
Eismeer-kathedrale
Tromsdalstind 1283
Kvaløya
Ringvassøy
Reinøya
Senja
Ånderdalen nasjonalpark
Lyngsalpen
Langdalstindan
Storsteinnes
Målselv
Moen
Narvik
Øvre Dividal nasjonalpark
Njunjes 1713
Kirkestinden 1681
Kjelelvtinden 1571
Rokkomborre 1659
Torneträsk
Abisko nationalpark
Abisko turiststn
Abisko Östra
Njulla
Vadvetjåkka nationalpark
Kåtotjåkka 1991
Frostisen 1744
Malla kansallispuisto 986
Kilpisjärvi
Skittendalstinden 1306
Rivtind 1458
Altevatnet
Bardu
Setermoen
Finnsnes
Sørreisa
Storfjord
Skibotn
Lyngseidet
Olderdalen
Ullsfjorden
Balsfjorden
Malangen
Bjørnfjell
Riksgränsen
Katterjåkk
Stordalen
Kaisepakte
Stenbacken
Torneträsk
Bergfors
Rensjön
Rautas
Kebnekaise
276
276
273

Europäisches Nordmeer
Sørøya
Sørvær
Breivik
Haraldseng
Hasfjord
882
Hasvik
Loppa
Øra
Loppkalven
Iververæ
Silda
Sandlandsfjorden
Bergsfj.
Samuelsnes
Bogen
Neset
Andsnes
Skavnakk
Sør-Tverrfjord
Bergsfjord
Øksfjordjøkelen
1204
Sirineset
Seglvik
Rødøyk
Langfjordjøkelen
Reinfjord
Arnes
Langfjord
Holmbukt
Alteidet
Spildra
Ravelsnes
Laukeng
E6
Kviteberg
Burfjord
Moldvik
Skorpa
Nøklen
Gildetun
Sørstraumen
Kjækan
Vaddas gruver
Sørfjord
Kvænangen
Lopphavet
Fugløya
Fugløysveet
Stora Skorøya
Arviksand
Nymoen
Hellnes
Arnøy
1168
Laukøy
Lavksundskaret
Nikkeby
Haukøya
Skjervøy
Akkarfjord
Haugnes
Kågsundet
869
1161
Kågen
Skorpa
Vorterøya
Hamneidet
Maursundet
Storenga
1171
Bergheim
Sandbukt
Klauvnes
Reisafjorden
Uløybukt
1142
Langslett
866
Storvik
Sørkjosen
Helgeli
Storslett/Nordreisa
Rieppe
1337
Spåknes
Engnes
Hauge
1312
Øv. Kildal
E6
Olderdalen
Bergmo
Kroken
865
Bæccegælhaldde
1326
Reisadalen
Bilto
Sarelv
Løkvoll
Kåfjordbotn
Kåfjorddalen
Brennes
Sabitjokka
Åpmelassæter
Nadrefosshytta
Nakkesletta
Burøya
Burøysund
Vannareid
Hamrefjorden
Sengskroken
Vannavalen
Helgøya
487
Vannøya
1033
Vannakammen
Skåningsbukt
Vannvåg
Vannsasundet
Karlsøy
553
Nordkvaløy
Grøtøy
Grøtdjupet
Laukvik
Grøtøysundet
Rasa
Hersøygard
Hersøya
Helgøy
Brømnes
Rebbensøy
Mikkelvik
Engvika
Steinnes
Mjölvik
Sandøya
676
Skogsfjord
Grunnfjord
Måsvik
Risøy
Elvebakken
Botn
Skarsfj.
Kornagvik
Langsundet
Nordeidet
Teigen
Russelv
588
Ringvassøy
Hessfjord
Gammnes
Reinskar
Reinøya
Gasvær
Kvaløyvågen
Kvalsundet
1051
Bjørnskar
Skavberg
1260
Vengsøya
Naustbukt
Simavika
863
Finnkrokan
Styrmannstö
Sør-Lenangen
Vengsøyfjorden
Skulsfjorden
Skulgam
Grøttsundet
Tromvik
Skittenelv
Snarby
Ullsfjorden
Sessøya
Skjelvika
Kaldfj.
Oldervik
Botn
Jægervatnet
Rekvik
Kvaløysletta
Tønsvik
Tussøy
Bø
Tullenga
Eidkjosen
Eismeer-kathedrale
Breivikeidet
Koppangen
Tromsøya
Svensby
Kvaløya
Tromsø
Hov
1275
Hillesøy
Sandneshamn
862
Tromsdalstind
1283
91
Skarmunken
91
Odden
Laukvik
953
E8
Fagernes
Forneset
Lyngseidet
Karnes
Lyngsalpen
Sandvika
Ullsfjord
Sørfjorden
Bakkejord
Straumsfjorden
Vikran
Holmbukt
Polleidet
Botnhamn
Malangen
Kobbevågen
Andersdal
1282
Tennskjer
Selnes
Stordal
Bakkeby
Middagsnes
Lakselvbukt
1118
1554
Svartnes
Laksvatn
Langdalstinden
858
Skrean
Lingrasmo
Balsfjorden
868
Brennfjell

275

Nördlichster Punkt Europas
Nordkap
Nordishavet
Tufjorden
Gjesvær
Skarvsvåg
Helnes
Magerøya
Kamøyvær
417
Nordvågen
Honningsvåg
E69
Kinnarodden
Oksfjorden
Bjørnsvik
Skjøtningberg
Oksevåg
89
Kjøllefjord
362
Brenngam
Ersvågen
Mårøya
Akkarfjord
Hjelmsøya
377
Måsøyfjorden
Måsøya
Måsøy
Havøya
Havøysund
Breisundet
Måsøysundet
Vannfj.
Kobbefjorden
Gåsnes
Ingøya
Mafjordhamn
334
Tufjord
Sørkjosen
Rolvsøya
Gåsvika
Rolvsøysundet
Burstad
Relnøya
Snefjorden
Strømmen
889
Rypefj.
Rysvik
Gullgammen
Laholmen
Lafj.
Kåfjord
Kjerringvik
Mannskarvik
Repvåg
Porsanger-halvøya
510
Skavik
Slåtten
Lillefjord
Revsbotn
Revsneshamn
Russelv
Kokelv
Nordmannset
Rekvik
Hellarvik
Tømmervika
Sværholt-halvøya
Sinkelvik
578
Veigam
Langbukta
Elvekrok
Lille Porsangen
Veidnes
Store Tamsøya
Porsangen
Ytre Kiæs
Indre Brenna
Veidneselva
525
Aronnes
Golpusfjellet
Kjæs-vatnet
Korsnes
Laksefjorden
Breidvik
Kalak
Bekkarfj.
Bekkarfjord
888
Skjånes
Landfjorden
Ifjorden
Elvebakken
Ifjord
Tårnvik
Adamsfjord
98
Kjøtvika
Gamvik
Mefjorden
Akkarfjord
Skarvfjord
470
Sandøyfjord
Hellefjord
Langstrand
Forsol
Storvik
Hammerfest
Sletnes
Rypefjord
Kvaløya
Store Vinna
Kjerringholmen
Grøtnes
Ikarnes
Straumen
Sammelsundet
Brennsvik
671
Repparfj.
Sørøysundet
Hønsebybot
Russelva
Kvalsund
94
Oldernes
E6
Olderfjord
Langstrand
Russenes
Kistrand
Indre Brenna
Ytre Leirpollen
Ytre Leirpollen
Suolojávri
Kunes
Stuora Sobmerjavrre
278
1075
Seiland
Seilands-jøkelen
Nordmannsfjord-jøkelen
Seiland nasjonalpark
Neverfjord
Saraby
Vargsund
Skáidi
Ytre Billefjord
Ytre Veines
Sandvik
Indre Billefjord
Børselv
Børselvfjellet kapell
Bibaktad
650
Gjerdebakken
Altnes
Klakkegga
698
Rognsundet
Hakkstabben
Vieluft
Korsfjorden
Duoddarsion
Skáiddejávri
Ikkaidas
Reinøya
Stuorajokskaide
714
Nyvoll
Storekorsnes
Lægtoaivi
Stabbursnes
Vesterbotn
Østerbotn
Altafjorden
Årøya
883
Leirbotn
Isnestoften
Laukvik
Sarves
Russeluft
E6
Rafsbotn
Hamnbukt
Stråskogen
Lakselv
Brennelv
Stabbursdalen nasjonalpark
Slåttenes
1139
Talvik
Suonjergaissa
1007
Tana
E6
Yläköngäs
Kaava
Utsjoki
Paatus
Loussarjärgä
Kirchen
Alta
Flintnes
Elvebakken
Kåfjord
Øvre
Tangen
Stilla
Porsangermoen
970
4
E75
Erttetvarri
457
Patoni
Kevo
Nordhus
Øvre Stilla
Stabbursdalen
Skoganvarri
Mo
Nuvvus
Port
Aittijoki
Skogstue
Gargia fjellstue
Mattiselva
93
Joatkajávri
Stuorajávri
Sávon
Avzejohka
Kvænangstua
Válljokka
Nuorpinniemi
Guivi
641
Kevon luonnonpuisto
Kevojoki
627
Iesjávri
Fattevarre
528
Nattvatnstua
Nattvatnet
Outakoski
Nuppevarre
841
Geahtaveadji
Teno
Mierašjärvi
Suolovuobmi
Mollešjohka
Gæimmejávri
Ravnastua
E6
Piesjoki
Ruohtir
552
Ragesjávri
656
Corotjávri
Kárásjohka
Rovisuvanto
92
Svineng
Karigasniemi
Assebakte
Kaamasmukka
Čárajávri
Holmestrand
Buollanjagga
Kielajoki
Másí
92
Pisto-oja
Biggeluobbal
Iskuras
642
520
Muotkatunturit
Caravarre
891
Gargoluobbal
Raite
Kamiljoki
458
Iskuras
Poststue
Dalabojegoatte
Lahpojávri
Finnmarksvidda

278

277

Barentshavet
Austhavet
Kinnarodden
Slettnes
Steinvåg
Gamvik
341
Bjørnsvik
Mehamn
Oksfjorden
Skjøtningberg
888
Nordkinnhalvøya
Omgang
Finnkongkeila
Oksevåg
894
Kjøllefjord
362
Brenngam
Tyfjorden
Sandfjellet
486
Losvik
Ersvågnes
Hopseidet
Skjånes
Eidsfj.
Mårøya
Hopsfjorden
Tanafjorden
Berlevåg
Kjølnes
Kvitnes
Store Molvik
Kongsøyfjorden
Kongsfjord
Makkaur
Raggocokka
480
Båtsfjorden
Båtsfjord
Syltefjordfjellet
418
Nordfjord
Hamningberg
Vesterelva
Syltefjorden
Syltevikmyra
Langfjordnes
Vardnes
Gulgofjorden
890
Breidvik
Nervei
Langfjorden
Perletind
635
Laggo
Lille Molvik
504
891
Laksefjorden
Bekkarfj.
Kalak
Bekkarfjord
Lávvonjárga
Gaednajavre
Persfj.
Krognes
Smelror
Vardø
Festung
Svartnes
630
Larsholmen
Vestertana
Gavesluft
Kjærrisbukta
Varangerhalvøya
Lyggenangr
405
888
Skiånes
Landfjorddalen
Tanagård
Tørhop
Kiberg
Ifjord
Leirpollen
Skipskjølen
637
Indre Kiberg
Vestertana
Rustefjelbma
Varangerhalvøya nasjonalpark
Komagelva
98
Petterlund
Gouvddaoaivve
501
E75
Komagvær
890
Fingervatn
Falkefjellet
545
Njuksagaissa
498
Hana
Skallelv
Stuora Sobmerjavrre
Maskjok
98
Luoftjok
Krampenes
Nyborg
Tanabru
Hamarnes
Laksebybukt
Ekkerøy
E6
Karlebotn
E75
Vestre Jakobselv
Vadsø
Gurtteoaive
350
Skipagurra
Kiby
Nyelv
Varangerfjorden
Skogstad
E75
Polmak
Bugøynes
Stabburstranda
E6
Njuorggán
Gandvik
E6
Bugøyfjorden
Skogerøyvær
970
Niemelä
Korgåsen
400
Garsjøen
Skogerøya
Sirbma
Pajukoste
Pumankijärvi
Vággi
Reinøysund
Grense-Jakobselv
Loussarjárga
Vetsikko
Arola
Gierdebukta
Nord-Leirvåg
E6
Valen
322
Steinskjernes
Jakobsnes
Kaava
Gárnjárga
Buolbmátjohka
Vintervollen
Bjørnstad
Utsjoki
Vetsijoki
Sandtangen
E6
Kirkenes
Kirchdorf
Hesseng
886
Tårnet
4
Galddoaivi
450
Neiden
Bjørnevatn
Erttetvarri
457
E75
Patoniva
Villavaara
344
Näätämö
Angeifjell
Midtfjellet
405
Kevo
Kenespahta
Vetsijärvi
Siilisjoki
Jääjärvi
885
Kenestupa
Näätämöjoki
Kirakkajärvi
Munkelva
Langfjordeid
Furuly
Leppälä
Langvatnet
Store Sametti
Kuyetsayrvi
Zapolyarny
Kevon luonnonpuisto
Utsjoki
971
Svanvik
Salmiyarvi
E105
Mieraslompola
Sevettijärvi
Melkefoss
Nikel
631
Kuopnukas
Kevojoki
Rautapera
Skogfoss
Patsojoki
Mieralsjärvi
Suolisjärvi
Surnujärvi
Vajoki
Iijärvi
Pautujärvi
Petsikko
Kobbfoss
Iijärvi
Supru
Hauge
Sáytsjärvi
Suojanpera
885
Shuort
494
oz. Shuoniyaur
351
Kaamasmukka
313
Yagatiem
Vaggatem
Nitsijärvi
Kielajoki
Kaamasjoki
Nyrud
oz. Terskelyaur
Pechenga
Palomaa
Øvre Pasvik nasjonalpark
oz. Piedsyaur
Partakko
Nammijärvi
Huutoniemi
92
Vasikkaselkä

Eines der Wahrzeichen Stavangers: Die bunte Fargegaten.

REGISTER

Brütende Dreizehenmöwe, Wolf im Osten Norwegens, junge Norwegerin in Tracht, Brücke über den Latefoss im Hordaland, Rentiere freuen sich über Extra-Futter: Flechten, Bootshäuser in Furuholmen vor Mandal (v.l.n.r.).

Polarlichter über dem Strand von Skagsanden auf den Lofoten

REGISTER

In rasanter Fahrt geht es mit dem RIB-Boot über den zum Weltnaturerbe gehörenden Geirangerfjord, Lachs ist überall zu bekommen, Sandefjord war einst Heimathafen der Walfänger, Leuchtfeuer am Verdens Ende, gut bestückte Trockengestelle, der Struve-Bogen in Hammerfest (v.l.n.r.).

Farbenfroh gestaltet sich die Hedmark zur Herbstzeit.

Der Autor

Hans-Joachim Spitzenberger ist promovierter Biologe. Mehrere Forschungsaufenthalte in Spitzbergen haben ihn für die Polarregion begeistert, bis er auch Norwegen insgesamt sowie die Antarktis als Reiseziel für sich entdeckte.

Die Fotografin

Petra Woebke († 2022) reiste auf ihren Recherchen bis in die entlegensten Gebiete der Erde. Das einzigartige Licht und die arktische Eiswelt des Nordens begeisterten sie sehr.

Bildnachweis

Petra Woebke: S. 4 (3); 5 (3); 6 o., 6 u.m.; 7 u.l.; 19; 20 (2); 24; 26; 30 (2); 31 o.; 36; 39 u.; 42; 43 u.; 54; 57 o.; 59 o.; 64 o.; 66; 67 u.; 70 (2); 74 o.; 80; 81 u.; 82; 83 o.; 87 o.; 88; 90; 91 o.; 98; 100; 101 (2); 102 o.; 104; 111 o.; 113 (2); 119 (2); 121 u.; 122; 124; 125; 126; 127 o.; 128; 129 o.; 133 o.; 137 (2); 138 o.; 139 (2); 140; 141 (2); 148; 149; 166; 167 u.; 168; 169 o.; 70; 172; 173 o.; 176; 177 u.; 178; 182; 183 o.; 184; 185 o.; 189 u.; 190; 200; 201 o.; 205 (2); 212; 217; 223 o.; 227 o.; 231 u.; 235 o.; 282 u. (3); 283 u.l.; 283 u.r.; 285 o.

Thomas Krämer: S. 7 u.m.; 91 u.; 105 u.; 183 u.; 213 o.; 227 u.; 229 o.; 255 o.; 283 u.m.; 284 u.m.; 284 u.r.; 285 u.l.

Dr. Hans-Joachim Spitzenberger: S. 189 o.; 223 u.

Shutterstock: S. 1 (Ondrej Prosicky); 4 o. (Simon Dannhauer); 6 u.l., 138 u. (Red Squirrel); 6 u.r. (Rudmer Zwerver); 7 u.r. (Marek Rybar); 8, 174, 177 o., 191 o. (Anibal Trejo); 10 (Martin Huhnholz); 12 (Filip Bjorkman); 13 l. (Pawel Uchorczak); 14 (TTstudio); 18 (Eder); 21, 75 u. (May_Lana); 23 o. (Kellee Kovalsky); 23 u., 59 u. (Nightman1965); 25, 47 o., 61 o. (Barnabas Davoti); 27 u. (Maykova Galina); 27 o. (Bayerl, Günther); 29 (Dmitry Naumov); 31 u. (Sergii Figurnyi); 33 u. (CHANUN.V); 34, 37 u. (trabantos); 37 o. (Imladris); 38, 134 (mariusz.ks); 39 o. (Rosselyn); 40, 241 o. (Lillian Tveit); 41 o.(Patnaree Asavacharanitich); 41 u., 55 o. (Trygve Finkelsen); 43 o. (Aastels); 44 (Morten Normann); 45 o. (Nick Fox); 45 u. (Leif-Gunnar Hombrekk); 46 (SKristina); 47 u. (Wirestock Creators); 49 u. (Tsuguliev); 50 (Sergey Kamshylin); 51 o. (Vidar Lennart Fredheim); 51 u. (Steffen.E); 52 (CA Irene Lorenz); 55 u. (Anetlanda); 57 u. (Ingrid Pakats); 61 u. (Vadim Nefedoff); 62, 63 u. (Feel good studio); 63 o. (andrey polivanov); 64 u. (Koldunov), 65 o. (Viktor Ronnert); 65 u. (Patricia GM); 67 o. (Prajwal Madhav); 68 (IGOR STEPANENKO); 69 o. (Kochneva Tetyana); 69 u. (Alesia Verem); 71 o., 116, 280 (Travel Faery); 71 u. (Moarly); 72 (Samot); 74 u. (Andrey Armyago); 75 u., 85 u.; 123 u. (saiko3p); 76, 77 u. (Evikka); 77 o. (Guido Vermeulen-Perdaen); 79 u. (Karin de Jonge-Fotografie); 81 o. (Benny Marty); 83 u. (V. Belov); 84 (Haidamac); 85 o. (Jelena Safronova); 86, 87 u. (Ondrej Bucek); 96 (Umomos); 97 o. (Grisha Bruev); 97 u. (Gerthan Hooijer); 99 (RPBaiao); 102 u. (Frank Fichtmueller); 103 o. (Nils Prause); 103 u. (Tupungato); 105 o. (reisegraf.ch); 106 (Arild Lilleboe); 107 o. (Eleanor Scriven); 107 u. (Radim Hamal); 108 (Oetr Salinger); 110 (Vova Shevchuk); 111 u. (Grisha Bruev); 112 (Bildgigant); 114 (Patryk Kosmider); 117 o. (RUBEN M RAMOS); 117 u. (Marek Pelikan); 118, 194 (LouiLea); 120 u. (Libor Klimek); 123 (Petroos); 125 (kimso); 127 (Tupungato); 130, 131 (2) (iwciagr); 132 (Katepax); 133 u. (Catuncia); 135 u. Natalia Lisovskaya); 136 (Kedardome); 142, 152 (Altrendo Images); 143 o. (Sergey Vovk); 143 u. (Romija); 144 (Bara Vavrova); 146 (MM.Wildlifephotos); 147 u. (PhotoVisions); 147 o. (Bildagentur Zoonar GmbH); 151 o. (kajanosterud); 151 u. (Bpfoto); 154 (Jan Miko); 155 o. (Tatiana Diuvbanova); 155 u. (evoPix.evolo); 156 (Matous_Blaha); 157 o. (Oskar Orsag); 161 (2) (Andrei Armiagov); 162 (spacedrone808); 163 (Michal Balada); 164 o. (Jtuomimaki); 164 u. (Mark Castro); 169 u. (Tommy57); 171 (INTREEGUE); 173 u. (Sasha64f); 175 o. (Inger Eriksen); 175 u. (The Arctic); 179 (Almazoff); 185 u. (Mikko Karjalainen); 186 (Fotos593); 188 (Trey Ardland); 191 u. (ergei Proshchenko); 192 o. (Alexey_Medvedev), 192 u. (Karoutchken); 193 u. (Gabriel von Gaisberg); 193 o. (dvlcom); 195 o. (rikujokinen.com); 195 u. (Stuedal); 197 u. (Pablo77); 197 o. (ChrisNo); 201 u. (KuKanDo); 204 (canadastock); 206 o. (Thanakorn.P); 206 u., 217 u. (kasakphoto); 207 o. (Dmitry Pistrov); 207 u. (Ana del Castillo); 211 u. (biletskiyevgeniy.com); 216 (Norwara Nirvana); 221 u. (Pecold); 222 (Sina Ettmer Photography); 224 (orxy); 225 o. (peelman eddy); 225 u. (alex_c_stuart); 226 (2) (Olesya Kuznetsova); 228 (kodin07); 229 u. (villorejo); 230 (Tyler Olson); 231 o., 233 o. (Ana Flasker); 232, 246 (Jane Rix); 233 u. (Chase Dekker); 234 o. (JoannaPerchaluk); 234 u. (ginger_polinka_bublik); 237 u. (Uladzimir Navumenka); 244 (Danita Delimont); 245 o. (Richard Seeley); 247 o. (Wildnerdpix); 247 u. (Michelle van Dijk); 248 (Steve Allen); 249 u. (Anton Berking); 253 u. (Kjetil Kolbjornsrud); 255 u. (imageBROKER.com); 279 (Tatiana Popova); 284 u.l. (ELEPHOTOS); 285 u.m. (MORENO01); 285 u. r. (Mikhail Varentsov); 287 (Sunoloud)

Lookphotos: S. 2, 16 (ClickAlps); 22, 35 o., 49 o., 56, 60, 95 o., 167 o. (Mirau, Rainer); 28 (Fleisher, Elan); 32 (Richter, Tobias); 33 o., 79 o., 89 (Bäck, Christian); 35 u., 78 (Frank van Groen); 48 (Hoffmann, Per-Andre); 58, 59 u., 73, 92, 180, 213 u.; 214; 236; 237 o., 245 u., 250, 251 o., 257 o. (robertharding); 94, 95 u., 210, 219 o. (Merz, Brigitte); 109 (Stankiewicz, Thomas); 120 o., 135 o., 150, 158, 159 (2), 165 o., 209 o., 252, 253 o. (age fotostock); 121 o., 153 u., 157 u., 211 (Fotohof Blomster); 153 o., 199 o., 238, 239 u. (Wothe, Konrad); 160 (Greune, Jan); 196, 240, 258 (Delimont, Danita); 199 u. (Meinhardt, Olaf); 202 (Lars Bergmann); 208 (Lubenow, Sabine); 209 u. (Derbis, Dave); 218 (Leue, Holger); 219 u. (Schellig, Peter); 220 (Feiner, Denis); 221 o. (Dirscherl, Reinhard); 235 u. (Saga Photo); 239 (Strauß, Andreas); 241 u. (Avalon.red2); 242 (Chichester, Page); 243 o. (HunsaBKK); 243 u. (Pascal Halder); 249 o. (Wohner, Heinz); 251 u., 254 (van Dierendonck); 257 u. (Grundner, Thomas); 282 o. (Schellig, Peter)

Mauritius: S. 13 r. (Mariano Garcia/Alamy); 129 u. (Olga Miltsova/Alamy)

Andere: S. 256 (Kjersti Holmang/wikimedia)

Impressum

Verantwortlich: Maren Langendorff
Lektorat: Daniela Hansjakob
Layout: VerlagsService Gaby Herbrecht
Korrektorat: Christiane Gsänger
Umschlaggestaltung: Kaj Ritter, VerlagsService Gaby Herbrecht
Repro: Ludwig:media
Kartografie: Astrid Fischer-Leitl (Übersichtskarte, Locators), Huber Kartographie, Heike Block (Routenkarten und Kartenatlas)
Herstellung: Alexander Knoll
Printed in Turkey by Elma Basim

★★★★★

Sind Sie mit diesem Titel zufrieden? Dann würden wir uns über Ihre Weiterempfehlung freuen.

Erzählen Sie es im Freundeskreis, berichten Sie Ihrem Buchhändler, oder bewerten Sie bei Onlinekauf.
Und wenn Sie Kritik, Korrekturen, Aktualisierungen haben, freuen wir uns über Ihre Nachricht an Bruckmann Verlag, Postfach 400209, D-80702 München oder per E-Mail an lektorat@verlagshaus.de.

Unser komplettes Programm finden Sie unter

www.bruckmann.de

In diesem Buch wird aus Gründen der besseren Lesbarkeit das generische Maskulinum verwendet. Weibliche und anderweitige Geschlechteridentitäten werden dabei ausdrücklich mitgemeint, soweit es für die Aussage erforderlich ist.

Empfehlung der Redaktion:
Sie sind auf der Suche nach weiterführender Literatur? Dann empfehlen wir Ihnen den Titel »Das Reisebuch Skandinavien« von Thomas Krämer, Carsten Dohme, Hans-Joachim Spitzenberger, Hans Günther Meurer.

Umschlagvorderseite: Der Aurlandsfjord, ein Seitenarm des Sognefjords
Umschlagrückseite großes Bild: Polarlicht über den Bergen der Lofoten,
Umschlagrücken: Sverd i Fjelll an der Küste Stavangers
Umschlagrückseite kleine Bilder v.o.n.u.: Viele der Speicherhäuser am Brosundet werden heute als Wohnhäuser genutzt; Rentiere im Norden des Landes; Das Tragen von Trachten ist Kulturgut in Norwegen.

S. 1: Elche sind nicht nur typisch für Schweden, sondern auch in Norwegen zugegen.
S. 2/3: Reiner Fjord in der Morgendämmerung, mit den Gipfeln von Navaren und Olstinden
S. 8: Die bequemste Art in Norwegen zu reisen, ist mit einem Kreuzfahrtschiff.
S. 279: Von den steilen Flanken stürzen an vielen Stellen Wasserfälle in den Geirangerfjord.
S. 287: Weite Strände gehen in Norwegen nahtlos in schroffe Berge über.

Die Deutsche Nationalbibliothek verzeichnet diese Publikation in der Deutschen Nationalbibliografie; detaillierte bibliografische Daten sind im Internet über http://dnb.d-nb.de abrufbar.

ISBN: 978-3-7343-2825-1

Infanteriestraße 11a
80797 München